本书系河北省教育厅 2015 年人文社会科学研究重大课题攻关项目
"河北省义务教育城乡一体化发展研究"(编号 ZD201509)研究成果

本书出版同时得到了河北大学
"河北省教育学一流学科建设项目"的经费资助

河北省城乡义务教育发展研究

（2013—2017）

田宝军 李燕 著

人民出版社

责任编辑：江小夏
文字编辑：李倩文
封面设计：胡欣欣

图书在版编目（CIP）数据

河北省城乡义务教育发展研究：2013—2017 / 田宝军，李燕 著 . — 北京：人民出版社，2024.11
ISBN 978 - 7 - 01 - 022055 - 0

Ⅰ.①河… Ⅱ.①田…②李… Ⅲ.①义务教育 - 城乡一体化 - 发展 - 研究 - 河北 - 2013 - 2017　Ⅳ.① G522.3

中国版本图书馆 CIP 数据核字（2020）第 066271 号

河北省城乡义务教育发展研究（2013—2017）
HEBEISHENG CHENGXIANG YIWU JIAOYU FAZHAN YANJIU (2013–2017)

田宝军　李　燕　著

人民出版社 出版发行
（100706　北京市东城区隆福寺街 99 号）

北京建宏印刷有限公司印刷　新华书店经销

2024 年 11 月第 1 版　2024 年 11 月北京第 1 次印刷
开本：710 毫米 ×1000 毫米 1/16　印张：26.25
字数：340 千字

ISBN 978 - 7 - 01 - 022055 - 0　定价：86.00 元

邮购地址 100706　北京市东城区隆福寺街 99 号
人民东方图书销售中心　电话（010）65250042　65289539

版权所有·侵权必究
凡购买本社图书，如有印制质量问题，我社负责调换。
服务电话：（010）65250042

目 录

前 言　/ 1

第一编　基础数据分析　/ 1

　　一、教育规模　/ 1

　　二、师资队伍　/ 29

　　三、办学条件　/ 54

　　四、教育经费　/ 82

　　五、主要问题　/ 105

　　六、对策建议　/ 125

第二编　专题调查研究　/ 141

专题一　关于城乡教育公平问题的调研报告　/ 141

　　一、河北省促进教育公平发展的主要情况　/ 141

　　二、当前存在的突出问题　/ 142

　　三、几点建议　/ 146

专题二　供给侧视角下河北省县域城乡义务教育一体化研究　/ 154
——基于河北省四县的调查

一、绪　言　/ 154

二、主要成效　/ 158

三、现实问题　/ 164

四、原因分析　/ 176

五、解决对策　/ 183

专题三　保定市特困地区寄宿制初中学生管理的调查研究　/ 189

一、绪　言　/ 189

二、特困地区寄宿制初中学生管理的现状调查　/ 197

三、特困地区寄宿制初中学生管理问题及原因分析　/ 218

四、解决特困地区寄宿制初中学生管理问题的对策　/ 228

专题四　张家口坝上地区农村小规模学校办学困境及对策研究　/ 236

一、绪　言　/ 236

二、坝上地区小规模学校办学现状调查　/ 245

三、张家口坝上地区小规模学校办学困境分析　/ 260

四、坝上地区农村小规模学校办学困境的原因分析　/ 281

五、改善坝上地区农村小规模学校办学困境的对策　/ 289

专题五 保定市对接京津和雄安教育发展研究报告 / 300

一、保定市教育事业发展概况 / 302

二、保定市与其他区域教育比较 / 313

三、保定市教育系统对接工作的回顾 / 318

四、保定市教育系统对接工作的建议 / 327

专题六 保定市公共教育服务均等化政策建议 / 336

一、保定市基本公共教育服务均等化的发展成效 / 337

二、保定市基本公共教育服务均等化的现存问题 / 341

三、保定市基本公共教育服务"非均等"的影响
因素分析 / 351

四、推进保定市基本公共教育服务均等化的对策 / 354

专题七 雄安新区"三年教育提升"的政策建议 / 359

一、雄安新区教育基本情况 / 360

二、雄安新区教育的突出问题 / 373

三、雄安新区三年教育提升的对策建议 / 391

参考文献 / 398

后记 / 405

前　言

城乡教育一体化是城乡经济社会一体化的重要组成部分。新中国成立之初，国家为了快速实现工业化尤其是重工业化，集中有限人力、物力、财力搞重点建设，实施了重城市、轻农村的非均衡经济发展战略，由此形成了城乡二元分离的经济社会结构。

改革开放以来，城乡二元结构成为我国经济社会发展中的一个严重障碍，其主要表现在资源配置制度、户籍壁垒、居民收入差距等方面，在传统的城乡二元分割的经济社会背景、精英教育价值取向以及落后的管理体制下，城乡二元的教育结构应运而生，使得城乡教育机会和教育质量产生了巨大差异，而且已经成为制约教育发展，乃至影响社会和谐稳定、促进社会公平的桎梏。因此，推进教育均衡、提高教育质量、促进教育公平，成为新时期义务教育改革与发展的时代主题，城乡教育一体化也正式进入政策研究和教育实践的视野。

2010年7月，《国家中长期教育改革和发展规划纲要（2010—2020年）》正式提出，要"加快缩小城乡差距，建立城乡一体化义务教育发展机制"。由此，"城乡教育一体化"正式成为国家义务教育改革与发展的新方向，成为我国义务教育改革与发展的重要路径与实现目标。2016年7月，《国务院关于统筹推进县域内城乡义务教育一体化改革发展的若干意见》第一次从国家政策层面全面系统地提出了县域内城乡义务教育一体化发展的总体目标和发展举措。至此，中国县域内城乡义务教育一体化进程进入了一个新的发展阶段。

2019年4月15日印发的《中共中央国务院关于建立健全城乡融合发展体制机制和政策体系的意见》，明确提出要重塑城乡关系，走城乡融合发展之路，促进乡村振兴和农业农村现代化。可以说，城乡融合发展是推进乡村振兴战略和建设美好乡村的必由之路。不论是推进城乡要素的有序流动、公共服务的标准化和一体化建设，还是建设普惠共享的城乡基本公共服务体系、形成乡村经济多元化和农村人口收入可持续增长的体制机制，教育的优先地位和基础作用都是不可忽视的。想要早日实现城乡融合发展，破解新时代乡村建设的关键难题，就必须重塑城乡教育融合发展的理念，深入推进城乡基本公共服务标准统一，确保融合发展的长期效益和可持续性。

"城乡教育一体化"目标的提出，是对过去几十年国家义务教育改革和发展的总结与升华，是教育均衡发展、实现教育公平这一核心价值诉求的必然趋势。它包含而且超越了城乡教育均衡发展的目标，在城乡教育均衡的基础上建立了新的体制机制和发展模式。

伴随着经济社会的历史变迁和教育事业的发展变革，城乡教育一体化也逐渐成为学术界探讨的核心问题。1995年，王克勤最早在他的论文《论城乡教育一体化》中提出"城乡教育一体化"的概念。此后，或是久负盛名的教育前辈，或是颇具建树的年轻后生，都对此进行了大量的研究，从概念内涵、发展愿景、实现目标、主要任务到价值取向、实现途径、体制机制改革与制度重构，取得了大量有价值的学术成果，为政策制定和改革实践提供了较为坚实的理论支撑。

同时，我们也应该看到，城乡教育一体化是一个复杂的社会工程、系统工程，受教育自身发展特点和政治、经济、社会、文化、自然条件等多种因素的影响，而且必将经历一个比较长的历史发展时期，会表现出非常复杂的区域特点。从这个角度讲，无论是学术研究，还是实践探索，都尚处于起步阶段，还留有巨大的探究空间。一方面，城乡差异本身就是一个多层次的概念，既包括广义的大中城市与传统县域之间的差异，也包括县域之内城镇与乡村的差异，还包括城市内部主城区与边缘城郊的差异；另一方面，我国幅员辽阔，经济社会发展极不平衡，区域之间、城乡之间，特别是各地农村之间的情况差异极大。因此针对特定层级、特定区域展开研究就显得尤为重要。

河北省是一个很独特的省份，东临渤海，西依太行，北跨塞外，南抵中原，又是中国唯一一个兼有高原、山地、丘陵、平原、湖泊和海滨的省份，区域间发展差距较大，既有深度贫困的太行山——燕山贫困带，又包围着几乎是中国最发达的京津地区，具有强烈的典型性和代表性。改革开放以来，河北省县域发展水平显著提升，但是县域之间发展不平衡的问题愈发严重，突出表现为，冀北地区县域仍旧贫困落后，而传统的发达地区的县域继续快速发展。县域发展差距逐渐拉大，两极分化趋势愈加明显，直接影响着河北省综合实力的壮大和社会协调发展。正是基于国家经济、社会发展和教育改革实践的宏观背景，基于已有的丰富的理论研究成果和我国城乡教育一体化的复杂性的思考，以及河北城乡分布的区域特点及发展现状，笔者选择以河北省县域内城乡义务教育一体化为重点，以政策变革和实践探索为视角，于2017年在人民出版社出版了《县域内义务教育城乡一体化发展研究——基于河北省的调查》一书，对城乡义务教育一体化的理论发展、政策变迁、实践探索、问题难点、背景原因展开研究，并提出进一步推进县域内城乡义务教育一体化的理念与建议。本书是在前期研究的基础上，结合"京津冀协同发展"国家战略的实施和雄安新区建设的最新进展，进一步梳理了2013—2017年河北省义务教育发展的各种统计数据，进行专题调查研究，整理成文，以期为全省的教育改革实践和理论研究提供借鉴。

本书共分两编，第一编为基础数据分析，第二编包括七个专题，从不同侧面和角度论述了城乡教育一体化。

第一编为基础数据分析，主要在2013—2017年河北省城乡教育统计数据基础上，通过统计分析、比较分析、文献研究等方法，从教育规模、师资队伍、办学条件、教育经费等维度，通过对河北相关指标与全国标准的比较，河北省内的11个地级市，2个省直管市城区、镇区和乡村教育之间横向和相关数据指标纵向变化趋势分析，并结合部分实地调研和政策分析论证，较系统、全面、客观地剖析了2013—2017年河北省城乡教育结构状况、质量水平和存在的问题。

第二编分为七大专题，从不同侧面论述了城乡教育一体化。其中：

专题一是关于城乡教育公平问题的调研报告。河北省政协"城乡教育公平问题"课题组用两个月时间，深入河北省5市18个县（市、区），通过实地考察、座谈协商、问卷调查等方式进行调研，经过系统梳理、集中研讨和协商论证，向大家介绍了河北省促进教育公平发展的主要情况，从义务教育资源配置数量和质量、职业教育改革与发展、学前教育发展规模与管理、动力和机制四方面分析出当前存在的突出问题并给出11点建议。

专题二是供给侧视角下河北省县域城乡义务教育一体化研究——基于河北省四县的调查。绪言中向读者介绍了问题的提出、研究的现状、概念的界定、调研地点和方法等内容。后文中笔者从经费投入、办学条件、师资配置、全面发展四方面阐述了研究成效，针对资源浪费和短缺的现实问题进行了剖析，并最终给出了四大方面的对策。

专题三是保定市特困地区寄宿制初中学生管理的调查研究，笔者在绪言中对问题缘起、研究目的及意义、国内外研究综述、相关概念的界定、研究内容与方法、研究难点和创新点进行了一一阐述。在后文中，笔者为读者提供了对特困地区寄宿制初中学生管理的现状调查结果，分析了管理问题与原因，并在五大方面提出了解决对策。

专题四是张家口坝上地区农村小规模学校办学困境及对策研究。笔者在绪言中按照研究缘起、意义、国内外研究综述、概念界定、理论基础、研究内容与方法、研究难点与创新点的顺序进行阐述。笔者为读者呈现了坝上地区农村小规模学校的办学现状调查结果，对办学的困境及其原因进行分析，并在最后给出四大方面的对策建议。

专题五是保定市对接京津和雄安教育发展研究报告。笔者首先从学前教育、义务教育、普通高中教育和中等职业教育等四个方面对保定市的教育事业发展概况进行了阐述，从办学规模、师资队伍、办学条件、教育经费四方面与其他区域进行了比较分析。后文中笔者回顾了保定市对接工作，提出了三大方面的建议。

专题六是保定市公共教育服务均等化政策建议。笔者从基本公共教育普及水平、投入、师资队伍、基础设施、信息化等五方面对保定市基本公共服务均等化的发展成效进行了阐述，剖析了办学规模、师资队伍、办学条件、教育经费四个方面的现存问题，并分析了"非均等"的六个主要影响因素，进一步提出了五点政策建议。

专题七是雄安新区"三年教育提升"的政策建议。文中首先对雄安新区教育基本情况按照学前教育、义务教育、普通高中教育和中等职业教育的顺序，分别从办学规模、师资队伍、办学条件、教育经费等方面进行了阐述。将雄安新区的问题分为原发性问题和继发性问题，并对此提出了八大方面的政策建议。

本书力图体现以下特点：

一、系统性。横向对河北省内不同地域的城乡教育一体化的实际情况进行分析，纵向则体现在对2013—2017年这五年的发展趋势分析中，特别是在第二编中按照专题形式，由大到小逐一进行实践效果举例分析，这样就形成一个相对立体的系统理论网格。

二、可靠性。对书中相关数据和具体事实的表述都是第一手资料，具较强的可靠性。

三、实践性。本书的主要着眼点没有放在系统理论的建构上，而是在梳理理论成果的基础上，总结实践中的经验，分析实践中的问题，并力求在具体的政策制定和实践措施上提出一些可供借鉴的建议。

需要指出的是，本书第一编中的基础数据大多来源于河北省教育厅提供的2013—2015年《河北省基础教育综合数据年度报表》、2009—2014年《河北省教育经费支出的相关报表》、2014—2015年《河北省义务教育均衡发展情况汇报》和2013—2015年《国家教育督导检查组对河北省申报的26个全国义务教育发展基本均衡县（市、区）督导检查反馈意见》。

第二编中七大专题中的数据来源各不相同，笔者本人及其课题组成员在调研过程中获得的资料，包括教育行政部门提供的总结材料和报表，对教育行政干部、校长、教师访谈过程中口述的事实等。由于数据来源的渠道较多，在统计口径上难免出现一些偏差。

此外，本书在写作过程中所参考的文献研究视角多元，也造成了概念内涵上的很多混淆之处。书中使用的城乡概念中的"城"大部分是指县域范围内的县政府所在的县城和镇政府所在的镇区，"乡"指的是县级以下乡政府所在地及其所属村级单位和镇政府所在地及其所属村级单位。同时，在涉及市辖区这一县级行政区域的时候，"城"指的是大中城市的城区，而"乡"指的是与城区相对应的以乡（镇）、村命名的行政区域。但是，在运用到省、市（地级以上市）范围的"城乡"概念时，受原始资料的限制，只能按照原始资料中的概念内涵来表述。

本书是一部合作研究的著作，是集体智慧的结晶，在这里有必要交代一下合作的方式及相关情况。全书的篇章结构、内容要点及写作风格均由田宝军教授完成。各部分分工具体如下：

第一编由田宝军、李燕（河北大学教育学院博士研究生）、田媛（河北保定幼儿师范高等专科学校）完成，钱若莹、刘璐、郜佳祺、闫岩（四人均为河北大学教育学院硕士研究生）分别对各部分做了资料上的补充。

第二编由七个专题组成。

专题一由王冠军、田宝军、徐凤娟完成，其中田宝军完成了初稿撰写，王冠军、徐凤娟（二人为河北省政协研究室干部）完成了修改和最后定稿。

专题二在田宝军、杨会良、薄建国（二人为河北大学教授）指导下，由汪春娜、李璐璐、陈怡冰、李天骄等（均为河北大学教育学院或管理学院本科生）完成。

专题三在田宝军指导下，由展翔（河北大学教育学院硕士研究生）完成。

专题四在田宝军指导下，由王溢清（河北大学教育学院硕士研究生）完成。

专题五、六、七均由田宝军、李燕、成轶男（保定市教师进修学校）共同完成。

第一编
基础数据分析

一、教育规模

(一) 学校数量

1. 义务教育阶段学校

表 1-1-1 河北省城乡义务教育阶段学校数量

(单位:所)

年份	总计	城区	镇区	乡村
2013	15130	1845	4625	8660
2014	15135	1884	4644	8607
2015	14732	1864	4656	8212
2016	14567	1962	4612	7993
2017	14335	2018	4656	7661
年均增长率	−1.34%	2.27%	0.17%	−3.02%

注：义务教育阶段学校含教学点、小学、初中、九年制学校及完全中学、十二年制学校中的义务教育阶段。

如表 1-1-1 所示，2013—2017 年，河北省义务教育学校数量（九年制、十二年制学校的小学初中合并计算）总体上呈下降趋势，共减少 795 所，比例为 5.25%。其中乡村地区下降趋势明显，减少 999 所，比例为

11.54%。而城区则呈现出数量上升的趋势，增加173所，比例为9.38%。到2017年，河北省义务教育阶段学校总数为14335所。

表1-1-2　河北省城乡小学和初中学校数量

(单位：所)

年份	小学 合计	城区	镇区	乡村	初中 合计	城区	镇区	乡村	总计
2013	12965	1441	3602	7922	2592	501	1214	877	15557
2014	13004	1470	3637	7897	2606	519	1221	866	15610
2015	12630	1454	3642	7534	2606	512	1250	844	15236
2016	12495	1541	3612	7342	2623	544	1255	824	15118
2017	12272	1589	3652	7031	2638	557	1282	799	14910
年均增长率	−1.38%	2.47%	0.35%	−3.03%	0.44%	2.68%	1.37%	−2.36%	−1.07%

注：小学含教学点、完全小学以及九年制学校、十二年制学校中的小学阶段；初中含初中以及九年制学校、完全中学、十二年制学校中的初中阶段。由于各学段学校数量单独计算，小学初中学校总量高于义务教育阶段学校总量。

如表1-1-2所示，2013—2017年五年间，小学数量（九年制、十二年制学校的小学、初中阶段分别单独计算）总体上呈下降趋势。小学总体减少693所，比例为5.35%。

小学减少的主体在乡村。五年间乡村小学数量减少了891所，比例为11.25%。而镇区小学数量增加50所，城区小学数量增加148所，增加比例分别为1.39%和10.27%。

初中学校数量总体上平稳，共增加46所，比例为1.77%。但是初中学校的城乡布局结构却发生了较大的变化。城区、镇区学校增加，而农村初中数量减少，其中城区增加56所，比例为11.18%，镇区增加68所，比例为5.60%。而乡村地区初中则减少78所，比例为8.89%。由此可见，初中学校向城区和镇区集中的趋势明显。

截至2017年，河北省拥有义务教育阶段学校数量为14910所（九年制、十二年制学校的小学、初中阶段分别单独计算），其中小学12272

所，初中2638所。从分布态势上来看，城区小学数量低于镇区，镇区低于乡村，乡村小学仍然过半，占全部小学总数的57.29%；而初中分布则是镇区最多，乡村次之，城区最少，镇区初中占全部初中总数的48.60%。

2001年，《国务院关于基础教育改革与发展的决定》发布后，全国各地开始了农村义务教育阶段学校布局调整。各地根据当地经济社会发展水平和居民对教育的高质量需求出发，通过撤销、合并和新建等形式将农村地区部分教学点和学校集中起来，调整布局，以扩大农村义务教育学校办学规模、提高教育资源投入的效益。通俗地讲，就是裁撤大量农村教学点，合并大量农村中小学校，将学生集中到附近规模比较大的村镇来上学，即所谓"撤点并校"。"点"指教学点，"校"是指完全小学。2002年和2003年，国务院和财政部又分别下达了《国务院办公厅关于完善农村义务教育管理体制的通知》和《中小学布局调整专项资金管理办法》，进一步推动了农村中小学布局调整，各地政府也都加快了布局调整的步伐。

河北省于2001年发布了《河北省人民政府办公厅关于进一步调整中小学布局的意见》，2005年又发布了《关于推进农村中小学标准建设的实施意见》，开始实施大规模的"撤点并校"。

但是，在此后的农村学校布局调整过程中，有些地区脱离农村办学实际，盲目追求教育投入的高效益，忽视了义务教育的公益性特征，采取"一刀切"的方式，大量撤并农村中小学，导致农村学校数量急剧减少，以致暴露出了各种问题，引起了社会关注。

2012年，国家下发了《关于规范农村义务教育学校布局调整的意见》（国办发〔2012〕48号），要求"坚决制止盲目撤并农村义务教育学校。多数学生家长反对或听证会多数代表反对，学校撤并后学生上学交通安全得不到保障，并入学校住宿和就餐条件不能满足需要，以及撤并后将造成学校超大规模或'大班额'问题突出的，均不得强行撤并现有学校或教学点"。[①] 各地暂停了"撤点并校"并且对"撤点并校"造成的问题进行修正和弥补。

在这期间，河北省与全国形势同步，也多次出台措施，推进中小学布局调整。2013年，河北省教育厅下发了《关于制定2013—2015年农村义务教育学校布局调整专项规划的通知》，要求从通知下发之日起，各地农村义务教育学校布局专项规划未经省政府批准之前，暂停撤并。凡是要撤并的，需严格按照规范程序报经省人民政府审批。另外，此通知对十年来的"撤点并校"工作进行了总结和反思，为河北省更加科学地进行农村义务教育学校布局指明了方向。由此，农村义务教育阶段学校数量减少的速度较之前慢了很多。但是统计显示，总体上乡村小学和初中的数量还是逐年下降的，而且仍然以年均3.03%和2.36%的速度在减少。

表1-1-3 河北省义务教育一贯制学校数量

（单位：所）

年份	九年一贯制学校					十二年一贯制学校			
	总计	城区	镇区	乡村	民办	总计	城区	镇区	乡村	民办
2013	527	84	183	135	125	42	13	8	4	17
2014	587	91	205	151	140	45	14	9	5	17
2015	626	90	221	161	154	55	12	15	5	23
2016	681	104	237	167	173	76	19	18	6	33
2017	712	106	254	161	191	96	22	24	8	42
年均增长率	6.70%	5.99%	8.54%	4.50%	11.18%	21.23%	14.06%	31.61%	18.92%	25.37%

九年一贯制学校是近些年逐步发展起来的义务教育阶段的办学形式。如表1-1-3所示，2013—2017年，河北省九年一贯制学校数量明显增加，

---

① 《国务院办公厅关于规范农村义务教育学校布局调整的意见》（国办发〔2012〕48号），2012年9月7日，见http://www.gov.cn/zhengce/content/2012-09/07/content_5334.htm。

总体上增加 119 所，增长比例为 29.60%。其中城区、镇区和乡村分别增加了 22 所、71 所和 26 所，增幅分别为 26.19%、38.80% 和 19.26%。由此可见，小学初中一体化趋势还是比较明显的。

到 2017 年，河北省九年一贯制学校有 521 所，其中民办学校 191 所，占比 36.66%；十二年一贯制学校 54 所，其中民办学校 42 所，占比 77.78%。

"一贯制"学校在课程设置方面能"量体裁衣"，不仅国家课程和地方课程的内容不会交叉重复，而且颇有特色的校本课程内容也能得到更为系统、科学的开发，实现小学教育、初中教育甚至高中教育的无缝对接。同时，校内资源也能共享、师资也能得到最大程度的整合。无论从学生身心发展的一般规律来看，还是从教师的专业知识结构来考虑，一年级至九年级的"九年一贯制"较为合理，也与我国现行的九年义务教育相吻合。

2001 年，新一轮的基础教育课程改革启动，国务院在颁布的《关于基础教育改革与发展的决定》（国发〔2001〕21 号）中提出"规范义务教育学制"，"国家将整体设置九年义务教育课程……有条件的地方可以实行九年一贯制"。[①] 基础教育课程的一贯性奠定了"九年一贯制"办学形式的内核基础。此后，国家及地方的教育规划都鼓励建设九年一贯制学校，推动义务教育的均衡发展。

对农村教育而言，九年一贯制学校能有效整合教育资源，集中优势力量办学、提升教育质量，更重要的是降低辍学率，保障学生以一贯制的方式完成九年义务教育。对城市学校而言，九年一贯制的办学形式是破解择校难题、"小升初"乱象的一项重要举措。2012 年国务院在《关于深入推

---

① 《国务院关于基础教育改革与发展的决定》（国发〔2001〕21 号），2001 年 5 月 29 日，见 https://www.gov.cn/gongbao/content/2001/content_60920.htm。

进义务教育均衡发展的意见》（国发〔2012〕48号）中指出，"支持初中与高中分设办学，推进九年一贯制学校建设"①。2013年党的十八届三中全会通过的《中共中央关于全面深化改革若干重大问题的决定》要求"义务教育免试就近入学，试行学区制和九年一贯对口招生"②。这两项政策的出台进一步明确了九年一贯制办学形式在深入推进义务教育均衡发展中的战略地位。九年一贯制学校的建设正成为我国基础教育制度改革的重要内容。

2. 城乡小学阶段学校

表 1-1-4　河北省城乡小学阶段学校数量

(单位：所/个)

年份	合计 小学阶段	合计 完全小学	合计 教学点	城区 小学阶段	城区 完全小学	城区 教学点	镇区 小学阶段	镇区 完全小学	镇区 教学点	乡村 小学阶段	乡村 完全小学	乡村 教学点
2013	12965	7005	5960	1441	1357	84	3602	2955	647	7922	2693	5229
2014	13004	6730	6274	1470	1379	91	3637	2939	698	7897	2412	5485
2015	12630	6034	6596	1454	1344	110	3642	2875	767	7534	1815	5719
2016	12495	5778	6717	1541	1417	124	3612	2796	816	7342	1565	5777
2017	12272	5305	6967	1589	1435	154	3652	2713	939	7031	1157	5874
年均增长率	−1.36%	−6.71%	3.98%	2.47%	1.41%	16.36%	0.35%	−2.11%	9.76%	−2.94%	−19.04%	2.95%

注：小学阶段学校含教学点、完全小学以及九年制学校、十二年制学校中的小学阶段；完全小学是指除教学点以外的完全小学以及九年制学校、十二年制学校中的完全小学阶段。

目前，河北省县级以下乡镇和农村地区的小学教育阶段已经形成了三种主要办学模式：

---

① 《国务院关于深入推进义务教育均衡发展的意见》（国发〔2012〕48号），2012年9月7日，见 https://www.gov.cn/zhengce/content/2012-09/09/content_9339.htm。

② 《中共中央关于全面深化改革若干重大问题的决定》，2013年11月15日，见 http://www.gov.cn/jrzg/2013-11/15/content_2528179.htm。

(1) 九年一贯制学校

在比较大的乡镇政府所在地建立义务教育阶段的九年一贯制学校，小学与初中贯通，中间也没有转段考试，相互衔接比较紧密。这种学校办学模式是比较理想的，其优点在于有利于整合教育资源，提高教育质量和办学效益。缺点是会有部分学生上学路途较远，要解决交通问题。

(2) 完全小学

涵盖一至六年级的完全小学，一般建立在乡镇政府所在地和规模比较大、生源比较多的村庄，周围几个村的孩子都集中在这一个学校上学。这种模式的优点是有利于整合教育资源。学校辐射周围几个村庄，学生上下学路途不是很远。学校规模有利于教师之间的学习交流、形成良好的校园文化，由此带来的办学效益也比较高。

(3) 教学点

教学点也被称为"小微学校"，一般位于农村地区，特别是在边远贫困地区农村大量存在（城区、镇区也有教学点，但数量不多）。一个教学点一般只有小学一、二年级或者一、二、三年级，学生数量很少，每个年级也就有十个人或者更少，甚至一两个人。一般配备一两个教师，采取类似于复式教学形式的教学。农村教学点处于农村整体办学体系的末端，办学条件差异极大。

自 2013 年以来，学校布局调整持续进行，特别是完全小学合并力度依然较大。在合并过程中，高年级学生集中完全小学，低年级学生仍在保留的部分教学点中上学，这导致小学总体数量减少，其中完全小学明显减少，但教学点数量却明显增加，"撤校设点"已成为近几年河北省各地小学布局结构调整的主要特征。同时，有些教学点的增加是由于当地需要恢复"撤点并校"政策撤掉的教学点。2013—2017 年，河北全省完全小学减少了 1700 所，减少比例为 24.27%，特别是乡村地区，减少 1536 所，比例为 57.04%，镇区减少 242 所，占比 8.19%；而教学点则增加了 1007

个，增加比例为16.90%。其中城区、镇区、农村教学点分别增加70个、292个和645个，增加比例分别为83.33%、45.13%和12.34%，增减变化趋势都非常明显。

城区的调整原则总体上与农村相似，即通过合并校的方式减少了完全小学数量，增加了教学点数量，但通过新建校的方式保持了完全小学总体数量上小幅度增加（见表1-1-4）。

到2017年，河北省小学教学点共计6967个，占小学总数56.77%。其中城区、镇区和乡村分别有154个、939个和5874个，分别占所在区域小学总数的9.69%、25.71%和83.54%。教学点已经成为乡村小学办学的主要形式（见图1-1-1和图1-1-2）。

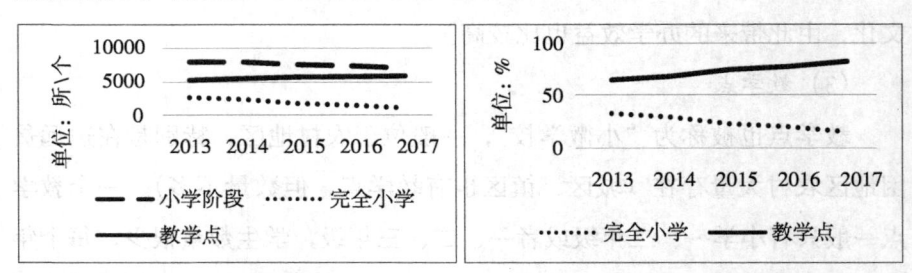

图1-1-1　小学阶段、完全小学、教学点数量变化

图1-1-2　完全小学和教学点占农村小学比例变化

3. 城乡初中阶段学校

表1-1-5　河北省城乡初中阶段学校数量

(单位：所)

年份	合计			城区			镇区			乡村		
	初中阶段	初级中学	一贯制	初中阶段	初级中学	一贯制	初中阶段	初级中学	一贯制	初中阶段	初级中学	一贯制
2013	2592	1979	613	501	295	206	1214	955	259	877	729	148
2014	2606	1944	662	519	301	218	1221	938	283	866	705	161
2015	2606	1906	700	512	292	220	1250	942	308	844	672	172

(续表)

年份	合计 初中阶段	合计 初级中学	合计 一贯制	城区 初中阶段	城区 初级中学	城区 一贯制	镇区 初中阶段	镇区 初级中学	镇区 一贯制	乡村 初中阶段	乡村 初级中学	乡村 一贯制
2016	2623	1840	783	544	303	241	1255	892	363	824	645	179
2017	2638	1854	784	557	307	250	1282	923	359	799	624	175
年均增长率	0.44%	–1.62%	6.34%	2.68%	1.00%	4.96%	1.37%	–0.85%	8.50%	–2.30%	–3.81%	4.28%

注：初中阶段学校含三年制初级中学以及九年制学校、完全中学、十二年制学校中的初中阶段。一贯制指除三年制初级中学以外的九年制学校、完全中学、十二年制学校中的初中阶段。

2013—2017年，河北省初中阶段学校数量总体上趋于平稳，略有增长，五年内增长了46所，比例仅为1.77%。但是初中阶段学校的城乡布局结构发生很大的变化，城镇初中阶段学校数量明显增加，而乡村初中数量则快速减少。如表1-1-5，初中阶段学校数量，城区增长了56所，比例为11.18%；镇区增长了68所，比例为5.60%；而乡村地区初中阶段学校数量则减少了78所，增长比例为–8.89%。与此同时，初中阶段学校的内部办学结构也出现了明显变化，初级中学在减少，一贯制学校在增加。

如表1-1-5所示，全省三年制初中总体减少了125所，增长比例为–6.32%，其中城区增加12所，增长比例为4.07%；镇区减少32所，增长比例为–3.35%；乡村减少105所，增长比例为–14.40%。

而含有初中阶段的一贯制学校总体增加171所，增长比例为27.90%。其中城区增长44所，比例为21.36%；镇区增长100所，比例为38.61%；乡村增长27所，比例为18.24%。正如前文所述，一贯制学校在课程设置和资源整合上都具有明显的优势，也与学生身心发展的一般规律和教师的专业发展需求相吻合。一贯制学校的建设正成为我国基础教育制度改革的重要内容。

4. 特殊教育学校

表1-1-6 河北省城乡特殊教育学校数量

(单位：所)

年份	总计	城区	镇区	乡村
2013	155（1/21/15/118）	47	94	14
2014	157（1/20/16/120）	48	98	11
2015	159（1/20/17/121）	48	99	12
2016	160（1/20/17/122）	51	94	15
2017	161（1/20/18/122）	54	95	12

注：数量总计括号中表示的是特殊教育学校的类别数量，分别为盲人、聋哑人、智力障碍儿童和其他综合性特殊教育学校。

身体或智力有缺陷、障碍的少年儿童是义务教育阶段中最为特殊的群体，为保障他们都能接受义务教育，河北省大力加强特殊教育学校建设，到2011年底基本实现了每个县（市）都建有一所特殊教育学校的目标。此后，从特殊教育学校数量和布局结构上来看，2013—2017年的变化不大，但是，办学规模和办学质量均取得了明显提升。后文将详细阐述。

（二）学生数量

1. 在校生总量

表1-1-7 河北省城乡义务教育阶段在校生数

(单位：万人)

年份	小学 总计	小学 城区	小学 镇区	小学 乡村	初中 总计	初中 城区	初中 镇区	初中 乡村	总计
2013	546.21	114.55	202.54	229.12	208.85	62.08	110.96	35.80	755.06
2014	564.29	120.37	211.15	232.77	228.82	65.74	122.97	40.11	793.11
2015	596.24	126.41	230.92	238.91	236.13	64.48	130.40	41.25	832.37

(续表)

年份	小学 总计	小学 城区	小学 镇区	小学 乡村	初中 总计	初中 城区	初中 镇区	初中 乡村	总计
2016	620.55	138.64	240.51	241.40	243.58	68.92	132.96	41.70	864.13
2017	637.22	147.84	253.99	235.39	260.07	73.83	142.96	43.28	897.29
年均增长率	3.93%	6.59%	5.82%	0.68%	5.64%	4.43%	6.54%	4.86%	4.41%

注：小学在校生人数包括小学（含教学点）、九年一贯制学校和十二年一贯制学校小学阶段的在校生人数；初中在校生人数包括初级中学、九年一贯制学校、十二年一贯制学校和完全中学的初中阶段在校生人数。

2013—2017年，河北省义务教育阶段在校生人数呈现出不断增长的趋势。小学、初中阶段无论是城区、镇区还是乡村都有不同程度的增长，小学阶段人数增幅最大的是城区，初中阶段人数增幅最大的是镇区。义务教育阶段学生由农村向城镇流动趋势明显。

如表1-1-7所示，2013—2017年，小学和初中在校生数量均逐年增长，分别增长了91.01万和51.22万，五年增幅分别为16.66%和24.52%。其中城区、镇区和乡村小学在校生人数分别增长了33.29万、51.45万和6.27万，增幅分别为29.06%、25.40%和2.74%。城区、镇区、乡村初中在校生人数分别增加了11.75万、32万和7.48万，增幅分别为18.93%、28.84%和20.89%。

需要指出的是，2017年乡村小学在校生数量出现了负增长，比2016年减少了6.01万，降幅为2.49%。而城区和镇区小学在校生数量分别增长了9.2万和13.48万，增幅分别为6.64%和5.60%。

截至2017年，河北省义务教育阶段在校生总数为897.29万，其中小学在校生人数637.22万，城区、镇区和乡村小学在校生人数分别为147.84万、253.99万和235.39万，镇区小学生首次超过乡村小学生人数；初中在校生人数260.07万，其中城区、镇区和乡村初中在校生人数分别为73.83万、142.96万和43.28万，镇区初中生占54.97%。

从学生的区域分布比例的变化趋势来看，2013年，城区、镇区、乡村小学生占总体的比例分别为20.97%、37.08%和41.95%。到了2017年，这个比例变化分别为23.20%、39.86%和36.94%。城区和镇区小学生占比增加，乡村小学生占比明显下降，小学生向城区、镇区流动趋势明显。

2013年，城区、镇区和乡村初中生占总体比例分别为29.72%、53.13%和17.14%。到了2017年，这个比例分别为28.39%、54.97%和16.64%，总体变化不大，镇区所占比例小幅上升，城区和乡村所占比例小幅下降，镇区比例仍然超过一半。也就是说，超过一半的初中生集中在镇区。这与初中学校布局结构密切相关，初中生去乡镇和县城求学成为主要趋势。

2. 校均在校生数量

表1-1-8　河北省城乡中小学校均在校生数量

（单位：万人）

年份	小学				初级中学			
	总计	城区	镇区	乡村	总计	城区	镇区	乡村
2013	421.30	794.93	562.30	289.22	805.75	1239.12	914.00	408.21
2014	433.94	818.84	580.56	294.76	878.05	1266.67	1007.13	463.16
2015	472.08	869.39	634.05	317.11	906.10	1259.38	1043.20	488.74
2016	496.64	899.68	665.86	328.79	928.63	1266.91	1059.44	506.07
2017	519.25	930.40	695.48	334.79	985.86	1325.49	1115.13	541.68
年均增长率	5.36%	4.01%	5.46%	3.73%	5.17%	1.70%	5.10%	7.33%

注：小学含教学点、完全小学以及九年制学校、十二年制学校中的小学阶段；初中学校含初中以及九年制学校、完全中学、十二年制学校中的初中阶段。

人口数量增加、学校数量减少和社会对教育的重视程度不断提高，使得学校规模总体上呈扩大态势。不管是城区、镇区还是农村，义务教育阶段学校的平均在校生人数都有着不同程度的增长。

如表1-1-8所示，2013—2017年河北省城乡中小学校平均学生数逐年递增，学校办学规模不断扩大。城区学校规模大于镇区学校，而城区和镇区学校办学规模均明显大于乡村学校，为乡村学校规模的两倍以上。

如城区、镇区小学平均规模分别为农村小学平均规模的 2.78 倍和 2.08 倍，城区、镇区初中平均规模分别为农村初中平均规模的 2.45 倍和 2.06 倍，整体呈现出明显的城区、镇区学校扩大化，乡村学校小微化、空心化的发展态势。

但从总体变化趋势上来看，城乡小学规模差距越来越大，城乡初中规模的差距则越来越小。2014 年 12 月 25 日，国务院办公厅印发《国家贫困地区儿童发展规划（2014—2020 年）》（国办发〔2014〕67 号）[①]，又进一步对义务教育"控辍保学"提出了要求。这种态势表明，近些年河北省大力加强义务教育阶段控辍保学力度取得了明显成效。原来农村学生大量流失的情况得到有效控制，大量初中阶段农村学生的稳定与回流，使得乡村初中的学校规模增长幅度在各类小学和初中之中是最高的，2013 年到 2017 年的平均增长率为 7.33%，为城区初中办学规模年增长率的 4.31 倍。

3. 招生与毕业学生数量

表 1-1-9　河北省小学招生与毕业人数

（单位：万人）

年份	招生 总计	招生 城区	招生 镇区	招生 乡村	毕业 总计	毕业 城区	毕业 镇区	毕业 乡村
2013	99.61	20.26	35.29	44.07	84.01	18.45	30.70	34.87
2014	98.99	21.22	35.33	42.43	82.04	18.63	31.78	31.63
2015	109.27	22.90	40.98	45.34	78.09	16.34	31.22	30.53
2016	110.88	25.07	42.02	43.79	87.26	20.06	35.32	31.87
2017	113.45	27.19	43.94	42.33	97.69	22.49	39.69	35.51
年均增长率	3.31%	7.63%	5.63%	−1.01%	3.84%	5.07%	4.56%	0.46%

注：小学含教学点、完全小学以及九年制学校、十二年制学校中的小学阶段。

[①] 《国务院办公厅关于印发国家贫困地区儿童发展规划（2014—2020 年）》（国办发〔2014〕67 号），2014 年 12 月 25 日，见 http://www.gov.cn/zhengce/content/2015-01/15/content_9398.htm。

如表 1-1-9 所示，2013—2017 年，河北省小学招生人数和毕业人数分别增加了 13.84 万和 13.68 万。其中城区和镇区小学招生数增加了 6.93 万和 8.65 万，分别增长 34.21% 和 24.51%，乡村小学招生人数下降 1.74 万，降幅为 3.95%。城区、镇区和乡村毕业人数分别增加了 4.04 万、8.99 万和 0.64 万，分别增长 21.90%、29.28% 和 1.84%。

表 1-1-10 河北省初中招生与毕业人数

(单位：万人)

年份	招生				毕业			
	总计	城区	镇区	乡村	总计	城区	镇区	乡村
2013	78.36	22.45	42.24	13.67	66.78	18.95	35.04	12.79
2014	81.27	22.43	43.83	15.01	60.25	18.68	31.55	10.03
2015	77.06	19.82	43.18	14.06	69.19	20.57	37.33	11.29
2016	85.41	24.59	46.33	14.49	77.44	22.96	41.75	12.73
2017	96.50	27.72	52.57	16.21	80.94	23.33	44.39	13.22
年均增长率	5.34%	5.41%	5.62%	4.35%	4.93%	5.32%	6.09%	0.83%

注：初中含初级中学以及九年制学校、完全中学、十二年制学校中的初中阶段。

如表 1-1-10 所示，2013—2017 年，河北省初中学校年招生人数和毕业人数分别增长了 18.14 万和 14.16 万。其中城区、镇区和乡村初中年招生数分别增加 5.27 万、10.33 万和 2.54 万，增幅分别为 23.47%、24.46% 和 18.58%；城区、镇区和乡村初中年毕业人数分别增加 4.38 万、9.35 万和 0.43 万，增幅分别为 23.11%、26.68% 和 3.36%。

但是需要注意的是，无论是小学还是初中，无论是招生数量还是毕业生数量，在 2014—2015 年，都出现了程度不同的由高到低再快速升高的过程，而且拐点清晰，趋势非常明显（图 1-1-3 和图 1-1-4）。

从图 1-1-3 看，小学生入学人数以 2014 年为拐点，入学人数最少，2015 年突然增加十多万人，此后缓慢增长。小学毕业生人数以 2015 年为拐点，前后分别为快速下降和快速上升。

图 1-1-3　河北省小学招生与毕业人数变化趋势

图 1-1-4　河北省初中招生与毕业人数变化趋势

从图 1-1-4 看，初中生入学人数以 2015 年为拐点，入学人数最少，此后快速增加。初中毕业生人数以 2014 年为拐点，此后也是快速增加。

自 2014 年 9 月 1 日起，河北省中小学开始实行新的学籍管理办法。新办法规定，义务教育阶段学校不得以任何理由劝退、开除学生；学生在接受义务教育期间，除因出国定居外，不得以任何理由申请退学。上述拐点现象与该政策的实施有关。

但是，无论从小学毕业生与初中在校生数量的比较，还是从小学毕业生与初中招生数量的比较来看，初中都存在着生源或在校生流失的现象。但从总体上来讲，流失程度呈明显下降态势。

理论上讲，如果初中生源或在校生不流失，初中在校生数量应与前三年小学毕业生数量之和基本持平。但从统计数据来看，二者还是存在明显差距。2015—2017 年，河北省初中在校生总数分别为 236.13 万、243.58 万和 260.07 万，而当年与前两年小学毕业生总量分别为 244.14 万、247.39 万和 263.04 万，二者差距分别为 8.01 万、3.81 万和 2.97 万。

从当年小学毕业生与初中招生数量比较来看，同样如此。理论上讲，初中当年招生数量应与当年小学毕业生数量基本持平，但实际上二者差距也非常明显。2013 年，小学毕业人数为 84.01 万，初中招生人数为 78.36 万，流失 5.65 万；2014 年，小学毕业人数为 82.04 万，初中招生人数为 81.27 万人，流失 0.77 万；2015 年，小学毕业人数为 78.09 万，初中招人数为77.06万，流失1.03万；2016年，小学毕业人数为87.26万，初中招生人数为85.41万，流失1.85万；2017年，小学毕业人数为97.69万，初中招生人数为96.50万，流失1.19万。

（三）班级数量

1. 总体班级数量

表1-1-11　河北省城乡中小学班级数量

（单位：个）

年份	小学 合计	城区	镇区	乡村	初中 合计	城区	镇区	乡村	总计
2013	144980	23023	46610	75347	40317	11098	21071	8148	185297
2014	149572	24307	48853	76412	43252	11794	22847	8611	192824
2015	155900	25472	52983	77445	45030	11849	24358	8823	200930
2016	159038	27868	54434	76736	46311	12635	24823	8853	205349
2017	163587	29959	58111	75517	49806	13486	27114	9206	213393
年均增长率	3.06%	6.80%	5.67%	0.06%	5.43%	4.99%	6.51%	3.10%	3.59%

注：小学班数包括小学、九年一贯制学校和十二年一贯制学校小学阶段的班数；初中班数包括初级中学、九年一贯制学校、十二年一贯制学校和完全中学初中阶段的班数。

如表1-1-11所示，河北省小学和初中班级数量逐年增长，增幅基本平稳，总体班数分别增加了18607个和9489个，增长幅度分别为12.83%和23.54%。其中，城区、镇区和乡村小学分别增加6936个、11501个和170个，增幅分别为30.13%、24.67%和0.23%，城镇小学班数增长明显，乡村小学班数稳定，基本没有变化。城区、镇区和乡村初中分别增加2388个、6043个和1058个，增幅分别为21.52%、28.68%和12.98%，镇区初中班数增幅超过城区和乡村。

至 2017 年，河北省义务教育阶段班级总数为 213393 个，其中小学班数 163587 个，初中班数 49806 个。在 163587 个小学班中，城区、镇区和乡村小学班数分别为 29959 个、58111 个和 75517 个，乡村小学班数占 46.16%，将近一半；在 49806 个初中班中，城区、镇区和乡村初中班数分别为 13486 个、27114 个和 9206 个，镇区初中班数占 54.44%，超过一半。

2. 校均班级数量

表 1-1-12　河北省城乡中小学校均班级数量

(单位：个)

年份	小学				初中			
	总计	城区	镇区	乡村	总计	城区	镇区	乡村
2013	11.18	15.98	12.94	9.51	15.55	22.15	17.36	9.29
2014	11.50	16.54	13.43	9.68	16.60	22.72	18.71	9.94
2015	12.34	17.52	14.55	10.28	17.28	23.14	19.49	10.45
2016	12.73	18.08	15.07	10.45	17.66	23.23	19.78	10.74
2017	13.33	18.85	15.91	10.74	18.88	24.21	21.15	11.52
年均增长率	4.50%	4.22%	5.30%	3.09%	4.97%	2.25%	5.06%	5.53%

注：小学班数包括小学、九年一贯制学校和十二年一贯制学校小学阶段的班数；初中班数包括初级中学、九年一贯制学校、十二年一贯制学校和完全中学初中阶段的班数。

河北省城乡中小学校均班数呈增长态势，镇区涨幅高于城区和乡村，城区校均班数最多，镇区次之，乡村最少。初中校均班数多于小学。

(四) 班额规模

班额是指一个教学班级中的学生数量，即班级规模的大小。班级是构成学校教育系统的基本要素，班级规模衡量了每位学生获得的教育机会以及教育资源的多寡，反映了教师的教学工作环境以及工作量，对学生发展、教师工作状态和班级管理产生直接影响。

现有国家班额标准为小学 40 人至 45 人，初中 45 人至 50 人。结合《河北省义务教育学校办学基本标准（试行）》（冀教基〔2011〕32 号）规定，小学班额一般不超过 45 人，初中班额一般不超过 50 人。[①] 一般来说，小学班级人数在 46—55 人之间，初中班级人数在 51—55 人之间为"大班额"；中小学班级人数在 56—65 人之间为"超大班额"；中小学班级人数在 66 人以上为"特大班额"。

1. 平均班额

表 1-1-13　河北省城乡中小学平均班额

（单位：人）

年份	小学 合计	小学 城区	小学 镇区	小学 乡村	初中 合计	初中 城区	初中 镇区	初中 乡村
2013	37.68	49.75	43.45	30.41	51.80	55.94	52.66	43.94
2014	37.73	49.52	43.22	30.46	52.90	55.74	53.82	46.58
2015	38.24	49.63	43.58	30.85	52.44	54.42	53.53	46.75
2016	39.02	49.75	44.18	31.46	52.60	54.55	53.56	47.10
2017	38.95	49.35	43.71	31.17	52.22	54.75	52.73	47.01

注：小学班额包括小学、九年一贯制学校和十二年一贯制学校小学阶段的平均班额；初中班额包括初级中学、九年一贯制学校、十二年一贯制学校和完全中学初级中学阶段的平均班额。

如表 1-1-13 所示，2013—2017 年河北省义务教育平均班额呈现轻微起伏、略有增长态势，城区的小学和初中及镇区初中的平均班额明显超标，均处于大班额区间。具体来讲，2013—2017 年，城区小学平均班额接近 50 人，基本保持不变；镇区小学平均班额为 44 人，但呈现出轻微增长态势；乡村小学平均班额约 31 人，班额逐年缓步递增，增幅为 2.50%，

[①] 《河北省义务教育学校办学基本标准（试行）》（冀教基〔2011〕32 号），2013 年 3 月 30 日，见 http://www.moe.gov.cn/jyb_xwfb/xw_zt/moe_357/s7865/s8513/qmgs_gkgs/201507/t20150706_192706.html。

一直保持在略高于 30 人，班额过小。城区初中平均班额约 55 人，从 2013 年至 2017 年减少 2.13%；镇区初中平均班额约 53 人，呈轻微起伏；乡村初中平均班额约 47 人，从 2013 年至 2017 年增长 6.99%，但未超过 50 人/班的规定班额标准，基本维持在国家标准范围内。

2017 年，城区小学班额是乡村小学班额的 1.58 倍，城区初中班额是乡村初中班额的 1.16 倍。初中平均班额达 52.22 人，超出国家标准。从区域总体分布来看，城区班额明显大于镇区班额，镇区班额明显大于乡村班额。

2. 城乡学校大班额

表 1-1-14　河北省城乡义务教育大班额总体情况

			小学			初中		
			城区	镇区	乡村	城区	镇区	乡村
2013		班级总数（个）	23023	46610	75347	11098	21071	8148
	大班额	数量（个）	14121	18787	9383	6796	10950	2130
		比例（%）	61.33	40.31	12.45	61.24	51.97	26.14
2014		班级总数（个）	24307	48853	76412	11794	22847	8611
	大班额	数量（个）	14975	20034	9142	7498	13010	2901
		比例（%）	61.61	41.01	11.96	63.57	56.94	33.69
2015		班级总数（个）	25472	52983	77445	11849	24358	8823
	大班额	数量（个）	—	—	—	7025	13437	2857
		比例（%）	—	—	—	63.57	56.94	33.69
2016		班级总数（个）	27868	54434	76736	12635	24823	8853
	大班额	数量（个）	17441	23842	10327	7777	14196	3093
		比例（%）	62.58	43.80	13.46	61.55	57.19	34.94
2017		班级总数（个）	29959	58111	75517	13486	27114	9206
	大班额	数量（个）	19307	25283	9429	8912	15364	3232
		比例（%）	64.44	43.51	12.49	66.08	56.66	35.11

注：小学班额包括小学、九年一贯制学校和十二年一贯制学校小学阶段的平均班额；初中班额包括初级中学、九年一贯制学校、十二年一贯制学校和完全中学初级中学阶段的平均班额；"—"表示没有相关的项目和数据。本表中的大班额数量是指小学班级人数 >45，初中班级人数 >50 的班级总量。

表 1-1-15 河北省城乡义务教育大班额具体类别

分类			小学			初中		
			城区	镇区	乡村	城区	镇区	乡村
2013	班级总数（个）		23023	46610	75347	11098	21071	8148
	大班额	数量（个）	5538	7211	6525	1423	2470	804
		比例（%）	24.05	15.47	8.66	12.82	11.72	9.87
	超大班额	数量（个）	4584	5120	2114	2598	4326	851
		比例（%）	19.91	10.98	2.81	23.41	20.53	10.44
	特大班额	数量（个）	3999	6456	744	2775	4154	475
		比例（%）	17.37	13.85	0.99	25.00	19.71	5.83
2014	班级总数（个）		24307	48853	76412	11794	22847	8611
	大班额	数量（个）	6756	9611	6974	2039	3792	1263
		比例（%）	27.79	19.67	9.13	17.29	16.60	14.67
	超大班额	数量（个）	4458	5315	1728	3114	5393	1146
		比例（%）	18.34	10.88	2.26	26.40	23.60	13.31
	特大班额	数量（个）	3761	5108	440	2345	3825	492
		比例（%）	15.47	10.46	0.58	19.88	16.74	5.71
2015	班级总数（个）		25472	52983	77445	11849	24358	8823
	大班额	数量（个）	—	—	—	2206	4443	1311
		比例（%）				18.62	18.24	14.86
	超大班额	数量（个）	—	—	—	2904	5508	1151
		比例（%）				24.51	22.61	13.05
	特大班额	数量（个）	—	—	—	1915	3486	395
		比例（%）				16.16	14.31	4.48
2016	班级总数（个）		27868	54434	76736	12635	24823	8853
	大班额	数量（个）	7845	12644	8295	2820	4675	1374
		比例（%）	28.15	23.23	10.81	22.32	18.83	15.52
	超大班额	数量（个）	5928	6421	1708	3037	6348	1314
		比例（%）	21.27	11.80	2.23	24.04	25.57	14.84
	特大班额	数量（个）	3668	4777	324	1920	3173	405
		比例（%）	13.16	8.78	0.42	15.20	12.78	4.57

(续表)

分类			小学			初中		
			城区	镇区	乡村	城区	镇区	乡村
2017	班级总数（个）		29959	58111	75517	13486	27114	9206
	大班额	数量（个）	10593	14875	7863	3932	6873	2044
		比例（%）	35.36	25.60	10.41	29.16	25.35	22.20
	超大班额	数量（个）	5540	6566	1383	3293	6024	975
		比例（%）	18.49	11.30	1.83	24.42	22.22	10.59
	特大班额	数量（个）	3174	3842	183	1687	2467	213
		比例（%）	10.59	6.61	0.24	12.51	9.10	2.31

注：小学班额包括小学、九年一贯制学校和十二年一贯制学校小学阶段的平均班额；初中班额包括初级中学、九年一贯制学校、十二年一贯制学校和完全中学初级中学阶段的平均班额；"—"表示没有相关的项目和数据。本表中的大班额数量是指小学班级人数在46—55人之间，初中班级人数在51—55人之间的班级总量。小学初中超大班额均为56—65人之间，小学初中特大班额均为66人以上。

如表1-1-14和表1-1-15所示，2013—2017年，河北省小学普通大班额比例上升，超大班额和特大班额比例呈递减趋势。城区和镇区小学的特大班额比例五年间下降了6.78%和7.24%。如果按此速度估算，消除大班额还需近10年的时间，任重道远。初中阶段，城区和镇区的特大班额比例五年间下降了12.49%和10.61%，改善比较明显。

2017年，河北省小学超过国家标准的班级（以下统称"大班额"）有54019个，占小学班级总数的33.02%，其中城区大班额班级数量占城区班数的64.44%，镇区大班额班级数量占镇区班数的43.51%。

初中阶段有27508个班级的学生人数在51人及以上，占比为55.23%，其中城区、镇区、乡村比例分别为66.08%、56.66%和32.32%。总体上，大班额问题初中比小学严重，城镇比乡村严重，城镇学校大班额问题突出。据调查，某县第一、二、三小学平均班额达69人，有的小学班级规模在80人以上，某县第二中学有的班级人数甚至达到90人。

不少地区为了解决农村学校班额过小、资源浪费的问题，提倡"小学中心化、初中集中化"的原则，所有的学生都被聚集在乡镇学校，致使镇区义务教育学校"大班额"问题凸显,这对镇区义务教育阶段学校无疑又是一个不小的压力。

大班额问题加重了教师的工作负担,且使得多种教学方法难以展开,影响了学生的受关注度和学习效果,更重要的是给学生的安全和健康带来了极大的隐患。

2017年,河北省出台《关于统筹推进县域内城乡义务教育一体化改革发展的实施意见》(冀政字〔2017〕6号)(以下简称《意见》)。《意见》提出实施消除大班额计划,城区内小学不再办学前班,保障寄宿学生每人一个床位。《意见》要求"到2018年底前各县(市/区)基本消除66人以上超大班额(超大班额的比例控制在2%以内),之后不得新增超大班额,到2020年全部消除"[1]。

3. 乡村学校小班化

表1-1-16 河北省乡村中小学小班化情况

年份	小学 班数	小学 25人及以下 班数	小学 25人及以下 比例	小学 26—30人 班数	小学 26—30人 比例	初中 班数	初中 25人及以下 班数	初中 25人及以下 比例	初中 26—30人 班数	初中 26—30人 比例
2013	75347	26148	34.70	12339	16.38	8148	354	4.34	651	7.99
2014	76412	26367	34.51	11918	15.60	8611	211	2.45	388	4.51
2015	77445	—	—	—	—	8823	178	2.02	336	3.81
2016	76736	23542	30.68	11283	14.70	8853	184	2.08	321	3.63
2017	75517	23288	30.84	11217	14.85	9206	183	1.98	280	3.04

注:小学班数包括小学、九年一贯制学校和十二年一贯制学校小学阶段的平均班数;初中班数包括初级中学、九年一贯制学校、十二年一贯制学校和完全中学初级中学阶段的平均班数;"—"表示没有相关的项目和数据。

---

[1] 《河北省人民政府关于统筹推进县域内城乡义务教育一体化改革发展的实施意见》(冀政字〔2017〕6号),2017年2月24日,见 http://info.hebei.gov.cn/hbszfxxgk/6806024/6807473/6807180/6808600/6808635/6813163/index.html。

如表 1-1-16 所示，从 2013 年到 2017 年，河北省乡村小学和初中 30 人及以下班额的数量和比例均逐年递减。乡村小学 25 人及以下和 26—30 人的班级数量减少 10.94%（2860 个）和 9.09%（1122 个），占乡村小学班级总数的比例分别降低 3.86% 和 1.53%，但占比仍然分别有 30.84% 和 14.85%，小班化问题依然比较严重。

乡村初中 25 人及以下和 26—30 人的班级数量减少 48.31%（171 个）和 56.99%（371 个），占乡村初中班级总数的比例分别下降 2.36% 和 4.95%，且总体占比不大，分别为 1.98% 和 3.04%，乡村初中基本上不存在小班化问题。

2017 年，乡村小学 30 人及以下班额的数量为 34505 个，占总班数比例为 45.69%。初中阶段，乡村初中 30 人及以下占比 5.03%。随着小规模学校的撤并，乡村小学班额过小现象明显。

近年来，农村人口快速向城区、镇区流动，农村学校入学儿童逐年减少，学校规模越来越小，小学小班额现象随处可见，有的班级只有 2—3 人，部分刚刚完成标准化建设的学校近乎空校，空心化（微型化）趋势严重，浪费了很多的教育资源。有些农村被撤并学校闲置的校址又因产权不明而造成了教育资源的流失。

（五）流动人口子女入学

1. 随迁子女

表 1-1-17　河北省义务教育阶段随迁子女入学人数

（单位：人）

年份	小学（一到六年级在校生数）				初中（一到三年级在校生数）			
	总计	城区	镇区	乡村	总计	城区	镇区	乡村
2013	265785	193441	58503	13841	123978	91153	28356	4469
2014	299374	222099	67541	9734	136689	103373	29584	3732

(续表)

年份	小学（一到六年级在校生数）				初中（一到三年级在校生数）			
	总计	城区	镇区	乡村	总计	城区	镇区	乡村
2015	316579	223851	84104	8624	132380	90709	37832	3839
2016	328137	229981	89213	8943	139187	93715	42147	3325
2017	358486	249507	100569	8410	164585	114574	46249	3762
年均增长率	7.77%	6.57%	14.50%	−11.71%	7.34%	5.88%	13.01%	−4.21%

注：小学包括小学（含教学点）、九年一贯制学校和十二年一贯制学校小学阶段；初中包括初级中学、九年一贯制学校、十二年一贯制学校和完全中学初级中学阶段。

如表1-1-17所示，从2013年到2017年，小学随迁子女总体增加92701人，增长34.88%，其中城区增加56066人，增幅为28.98%，镇区增加42066人，增幅为71.90%，乡村减少5431人，降幅为39.24%。五年间，初中随迁子女总体增加40607人，增幅为32.75%，其中城区增加23421人，增幅为25.69%，镇区增加17893人，增幅为63.10%，乡村则减少707人，降幅为15.82%。总体上，随迁子女数量城区高于镇区，乡村人数最少。

2. 进城务工人员随迁子女

表1-1-18 河北省义务教育阶段进城务工人员随迁子女入学人数

（单位：人）

年份	小学（一到六年级在校生数）				初中（一到三年级在校生数）			
	总计	城区	镇区	乡村	总计	城区	镇区	乡村
2013	232326	182823	49503	—	114543	87312	24361	2870
2014	243367	195464	47903	—	102402	82205	19222	975
2015	260465	200990	59475	—	102373	75993	25404	976
2016	268926	204624	64302	—	105478	77313	27733	432
2017	291288	221112	70176	—	116442	86876	29108	458

注：小学包括小学（含教学点）、九年一贯制学校和十二年一贯制学校小学阶段；初中包括初级中学、九年一贯制学校、十二年一贯制学校和完全中学初级中学阶段。

如表1-1-18所示，小学阶段进城务工人员随迁子女五年增加58962人，增幅为25.38%。其中城区增加38289人，增幅为20.94%，镇区增加

20673人，增幅为41.76%。

初中阶段进城务工人员随迁子女五年总体增加1899人，增幅不大。但从内部结构来看，进城务工人员随迁子女入学，呈现出镇区增加，城区、农村减少的趋势，其中城区减少436人，下降比例为0.50%，镇区增加4747人，增长比例为19.49%，乡村减少2412人，下降比例为84.04%，人数减少幅度最大。另外，还有一种现象，2013—2016年间，初中进城务工人员随迁子女人数从总量看减少9065人，下降比例为7.91%。其中城区和乡村的这种变化趋势明显。但是2016—2017年，在各个区域上都出现了明显的增加，总共增加10964人，这从某种程度上反映了近几年进城务工人员的变化规律。

为保障进城务工人员随迁子女平等接受义务教育，河北省多年来始终坚持"两为主"和"两个全部纳入"的政策。"两为主"即以流入地政府为主、以公办学校为主，"两个全部纳入"即将常住人口全部纳入区域教育发展规划、将随迁子女全部纳入财政保障范围，按照"就近入学、一视同仁"和"公办为主、民办为辅"的原则，采取定点接收、经费保障、困难资助、对口帮扶等多项措施，保障他们接受义务教育的权利，确保绝大多数进城务工人员随迁子女能够进入全日制公办中小学就读。

2016年印发的《河北省农民工工作领导小组2016年工作要点》进一步督促各地依据常住人口规模变化，编制城镇学校建设用地和学位供给需求，保障进城务工人员随迁子女入学需求。进一步完善城乡义务教育经费保障机制，建立健全城乡统一、重在农村的义务教育经费保障机制，引导各地完善扶持农民工子女入学入园的政策措施。[1]

---

[1] 《权威发布河北农民工随迁子女可免试就近入学权》，2016年3月5日，见http://hebei.hebnews.cn/2016-03/05/content_5376069.htm。

根据国务院《居住证暂行条例》[①]、河北省人民政府《河北省居住证实施办法（试行）》（冀政发〔2016〕4号）[②]的要求，2018年的《河北省教育厅关于转发教育部办公厅关于做好2018年普通中小学招生入学工作的通知》（冀教基〔2018〕8号）[③]要求，"落实以居住证为主要依据的随迁子女入学政策；要简化随迁子女入学流程和证明要求，实行混合编班和统一管理，加强随迁子女教育管理服务，保障随迁子女平等接受教育"。

3. 留守儿童

表1-1-19　河北省留守儿童入学人数

（单位：人）

年份	小学（一到六年级在校生数）				初中（一到三年级在校生数）			
	总计	城区	镇区	乡村	总计	城区	镇区	乡村
2013	258836	5061	86553	167222	97044	2638	64619	29787
2014	264159	3748	90329	170082	109579	1558	72678	35343
2015	250323	3662	88751	157910	104892	1446	69658	33788
2016	247986	5193	88073	154720	107948	1745	70203	36000
2017	228315	4701	84757	138857	105108	2028	70698	32382
年均增长率	−3.09%	−1.83%	−0.52%	−4.54%	2.02%	−6.36%	2.27%	2.11%

注：小学包括小学（含教学点）、九年一贯制学校和十二年一贯制学校小学阶段；初中包括初级中学、九年一贯制学校、十二年一贯制学校和完全中学初级中学阶段。

如表1-1-19所示，2013—2017年，河北省在校小学生中，留守儿童

[①]《居住证暂行条例（国务院令第663号）》，2015年12月12日，见 http://www.gov.cn/zhengce/2015-12/14/content_5023611.htm。

[②]《河北省人民政府关于印发河北省居住证实施办法（试行）的通知》（冀政发〔2016〕4号），2016年2月15日，见 http://info.hebei.gov.cn/hbszfxxgk/6898876/7026469/7026511/7026505/7031823/index.html。

[③]《河北省教育厅关于转发教育部办公厅做好2018年普通中小学生招生入学工作的通知》（冀教基〔2018〕8号），2018年4月2日，见 http://www.hee.gov.cn/001/1410097726928/2018/04/02/152263690729.html。

总体减少 30521 人，降幅为 11.79%。其中城区小学减少 360 人，降幅为 7.11%，镇区小学减少 1796 人，降幅为 2.08%，乡村小学减少 28365 人，降幅为 16.96%。

全省初中留守儿童总体增加 8064 人，增幅为 8.31%。其中城区初中减少 610 人，降幅为 23.12%，镇区初中增加 6079 人，增幅为 9.41%，乡村初中增加 2595 人，增幅为 8.71%。

到 2017 年，河北省全省小学生中留守儿童人数为 228315 人，占全省小学在校生的 3.58%。其中乡村小学中留守儿童人数为 138857 人，占全部小学在校留守儿童的 60.82%；全省初中生中，留守儿童人数为 105108 人，占全省初中在校生的 4.04%。其中镇区初中留守儿童人数为 70698 人，占全部初中在校留守儿童的比例达 67.26%。留守儿童大部分集中在乡镇地区。

为建立健全农村留守儿童关爱服务体系，河北省按照教育部等五部门的相关文件精神，各级教育部门和妇联、共青团、综治办等协调配合，把关爱留守儿童工作纳入社会管理创新体系之中，动员和统筹各类社会资源，逐步构建起学校、家庭和社会各界广泛参与的关爱网络。同时，健全动态监测机制，对留守儿童较多的农村地区学校实行经费、编制等方面的倾斜政策。农村寄宿制学校优先满足农村留守儿童的寄宿学习需求，为农村留守儿童创设优良的教育环境。

（六）残障儿童入学

表 1-1-20　河北省特殊教育学校在校生人数

（单位：人）

年份	小学				初中			
	总计	城区	镇区	乡村	总计	城区	镇区	乡村
2013	9352	3732	3983	1637	3396	2667	543	186
2014	9913	3760	4599	1554	2259	1304	768	187

(续表)

年份	小学				初中			
	总计	城区	镇区	乡村	总计	城区	镇区	乡村
2015	10626	3978	5010	1638	2519	1377	942	200
2016	11010	4130	4967	1913	3127	1604	1249	274
2017	12557	4555	5611	2391	4220	1860	1986	374
年均增长率	7.65%	5.11%	8.95%	9.93%	5.58%	−8.62%	38.29%	19.08%

注：小学包括小学（含教学点）、九年一贯制学校和十二年一贯制学校小学阶段的平均班额；初中包括初级中学、九年一贯制学校、十二年一贯制学校和完全中学初级中学阶段。

2014年6月，河北省结合国务院《特殊教育提升计划（2014—2016年）》（国办发〔2014〕1号）制定了《河北省特殊教育提升计划实施方案（2014—2016年）》，进一步明确了河北省特殊教育事业的发展目标和保障措施。

2015年1月，河北省石家庄市、唐山市丰南区被教育部确定为国家特殊教育改革实验区，两地积极探索残疾儿童学前教育与康复训练融合和随班就读工作的改革与实践。2015年10月9日，石家庄市教育局、石家庄市残联印发《关于进一步做好2015年未入学适龄残疾儿童少年调查工作》的通知，藁城区残联联合藁城区教育局向城区内的学校转发了这一通知并认真开展这项工作，为做好下一步工作打下良好的基础。

2017年11月，河北省教育厅等八部门印发《河北省第二期特殊教育提升计划实施方案（2017—2020年）》。"根据《方案》，河北省将在巩固第一期特殊教育提升计划成果的基础上，全面改善贫困地区特殊教育办学条件，优化管理方式，加强内涵建设，提升发展水平，推进特殊教育现代化，到2020年，残疾儿童少年义务教育入学率达到95%以上。"[1]

如表1-1-20所示，2013—2017年，小学和初中特殊教育在校生数量

---

[1] 《河北省第二期特殊教育提升计划实施方案（2017—2020年）》，2017年11月21日，见 https://mp.weixin.qq.com/s?__biz=MzI3MzMwMTYyNg%3D%3D&idx=1&mid=2247485032&sn=4c06e4e0018c5868b70862b113e2ebea。

均呈增长趋势，分别增长了 3205 人和 824 人，五年增幅分别为 34.27%和 24.26%。其中城区、镇区和乡村小学分别增长了 823 人、1628 人和 754 人，增幅分别为 22.05%、40.87%和 46.06%。2017 年镇区、乡村初中特殊教育在校生是 2013 年的 3.66 倍和 2.01 倍，分别增加了 1443 人和 188 人。

需要指出的是，城区初中特殊教育在校生数量出现了负增长，2014 年比 2013 年在校生人数减少近一半，2014—2017 年逐年增长，但 2017 年初中城区特殊教育在校生人数较 2013 年减少 807 人，降幅为 30.26%。

截至 2017 年，河北省小学和初中特殊教育在校生总数为 16777 人，其中小学在校生 12557 人，其中城区、镇区和乡村小学在校生占比分别为 36.27%、44.68%和 19.04%；初中在校生 4220 人，其中城区、镇区和乡村初中在校生占比分别为 44.08%、47.06%和 8.86%，乡村初中特殊教育薄弱。

二、师资队伍

（一）师资数量

1. 教职工与专任教师

（1）教职工总数

表 1-2-1　河北省义务教育阶段教职工人数统计

（单位：万人）

年份	小学 合计	小学 城区	小学 镇区	小学 乡村	初中 合计	初中 城区	初中 镇区	初中 乡村	总计
2013	32.72	6.12	11.18	15.42	15.13	3.44	8.18	3.50	47.85

(续表)

年份	小学 合计	城区	镇区	乡村	初中 合计	城区	镇区	乡村	总计
2014	33.94	6.44	11.70	15.80	15.26	3.54	8.26	3.46	49.20
2015	34.46	6.58	12.29	15.58	15.34	3.58	8.46	3.30	49.80
2016	35.48	7.19	12.68	15.61	15.40	3.76	8.42	3.23	50.88
2017	36.74	7.63	13.57	15.55	15.79	3.93	8.67	3.19	52.53
年均增长率	2.94%	5.67%	4.96%	0.21%	1.07%	3.39%	1.47%	−2.29%	2.36%

注：小学含小学和教学点；初中指三年制初级中学。九年一贯制学校、完全中学和十二年一贯制学校义务教育阶段教职工未列入表中。

如表1-2-1，河北省义务教育阶段教职工人数逐年增加，城镇增幅明显高于乡村，而乡村初级中学教职工人数则减少0.31万人。到2017年，河北省义务教育阶段教职工总计52.53万人（含九年一贯制学校教职工59973人，不含完全中学和十二年一贯制学校义务教育阶段教职工）。

河北省小学教职工人数中，乡村小学的教职工人数最多，占到全省小学教职工总数的40%以上，已经趋于饱和，并呈现缓慢减少的趋势。初级中学中，镇区初中教职工比例较高，占全省初中教职工的50%以上。同时，我们也应该注意到，乡村初级中学的教职工人数呈负增长。由于20世纪90年代推行的"普九攻坚"运动，大量教师踏上乡村地区的教育岗位。但由于计划生育和城乡一体化进程加快，学校适龄儿童数量下降，学校内闲置教育资源增多，农村小学对乡村教师的需求趋于饱和，乡村地区的小学教职工人数呈现逐年下降的趋势。

同时，随着城镇化进程的加快以及家长对优质教育资源需求的上升，家长更希望子女进入城镇获得更全面的优质教育。很多父母将孩子送往城区的初级中学就读，导致乡村初级中学的教职工人数呈负增长，而城区、镇区初级中学的教职工人数不断上升。

（2）专任教师数

表 1-2-2　河北省义务教育阶段专任教师人数

（单位：万人）

年份	小学 合计	城区	镇区	乡村	初中 合计	城区	镇区	乡村	总计
2013	31.89	6.15	10.97	14.77	16.49	4.42	8.49	3.57	48.38
2014	33.35	6.48	11.61	15.26	17.01	4.67	8.81	3.54	50.36
2015	33.89	6.59	12.30	15.00	17.38	4.77	9.15	3.46	51.27
2016	35.14	7.26	12.78	15.10	17.92	5.07	9.37	3.48	53.06
2017	36.59	7.74	13.81	15.03	18.75	5.28	9.98	3.49	55.34
年均增长率	3.50%	5.92%	5.92%	0.44%	3.26%	4.54%	4.13%	−0.56%	3.42%

注：小学指小学和九年一贯制学校、十二年一贯制学校小学阶段，初中指初级中学和九年一贯制学校、十二年一贯制学校、完全中学的初中阶段。

如表 1-2-2 所示，河北省义务教育阶段专任教师人数逐年增加，城镇增幅明显高于乡村，小学增幅高于初中，而乡村初级中学专任教师人数减少 0.08 万人。到 2017 年，河北省义务教育阶段专任教师总计 55.34 万人，涨幅为 14.39%。

（3）专任教师占比

表 1-2-3　河北省义务教育阶段专任教师比例

（单位：%）

年份	小学 城区	镇区	乡村	初中 城区	镇区	乡村
2013	92.89	91.67	93.65	86.97	86.75	89.96
2014	92.95	92.08	94.13	88.02	87.98	90.25
2015	92.91	92.05	93.65	89.01	88.49	90.68
2016	93.38	92.20	93.83	89.11	89.15	91.47
2017	93.16	92.52	93.66	89.77	90.14	92.47
年均增长率	0.07	0.23	0.00	0.80	0.96	0.69

注：小学指完全小学和教学点，初中指三年制初级中学。

如表 1-2-3 所示，河北省城乡义务教育阶段专任教师占教职工总数的比例呈轻微上涨趋势。城区、镇区和乡村小学专任教师占比分别增长

0.27%、0.85%和0.01%；城区、镇区和乡村初级中学专任教师占比分别增长2.8%、3.39%和2.51%。城镇专任教师占比增幅高于乡村专任教师占比增幅，但乡村小学和初中的专任教师比例仍是最高。

(4) 员工占比

表1-2-4　河北省义务教育阶段职员、教学辅助人员和工勤人员占比

(单位：%)

年份	小学			初中		
	城区	镇区	乡村	城区	镇区	乡村
2013	7.11	8.33	6.35	13.03	13.25	10.04
2014	7.05	7.92	5.87	11.98	12.02	9.75
2015	7.09	7.95	6.35	10.99	11.51	9.32
2016	6.62	7.80	6.17	10.89	10.85	8.53
2017	6.84	7.48	6.34	10.23	9.86	7.53
年均增长率	−0.96	−2.65	−0.04	−5.87	−7.12	−6.94

注：小学指完全小学和教学点，初中指三年制初级中学。

2001年，《关于制定中小学教职工编制标准的意见》（国办发〔2001〕74号）规定，"中小学校的管理工作尽可能由教师兼职，后勤服务工作应逐步实行社会化。确实需要配备职员、教学辅助人员和工勤人员的，其占教职工的比例，高中一般不超过16%、初中一般不超过15%、小学一般不超过9%"。[①] 从表1-2-4的数据来看，员工比例都在国家规定范围之内。

2018年，河北省"实行教师编制配备和政府购买工勤服务相结合，将置换出的编制全部用于补充专任教师。建立完善教职工编制城乡、区域统筹和动态调整机制，省级统筹、市域调剂、以县为主，动态调配"。[②]

[①] 《国务院办公厅转发中央编办、教育部、财政部关于制定中小学教职工编制标准的意见》（国办发〔2001〕74号），2001年10月8日，见 http://www.gov.cn/gongbao/content/2001/content_61159.htm。

[②] 杨勇：《新时代燕赵教师队伍建设的改革与探索》，《中国教师》2018年第10期。

2. 生师比

生师比是指某一单位所有学生数量与所有教职工数量的比值。生师比不仅能衡量教师平均工作量和教学效率，而且能反映教育投入与教育质量，体现学校人力资源利用率。

表1-2-5　河北省义务教育阶段生师比统计

年份	小学 城区	小学 镇区	小学 乡村	初中 城区	初中 镇区	初中 乡村
2013	17.10∶1	16.77∶1	14.51∶1	11.78∶1	10.90∶1	8.98∶1
2014	17.05∶1	16.68∶1	14.33∶1	11.96∶1	12.05∶1	10.15∶1
2015	17.66∶1	17.28∶1	14.90∶1	11.71∶1	12.34∶1	10.79∶1
2016	17.69∶1	17.36∶1	14.99∶1	11.72∶1	12.41∶1	10.93∶1
2017	17.75∶1	16.99∶1	14.65∶1	12.01∶1	12.60∶1	11.42∶1

注：小学含小学和教学点；初中指三年制初级中学，九年一贯制学校、完全中学和十二年一贯制学校义务教育阶段未列入表中。

生师比越小，这一单位的教师平均工作量越小，每一位老师平均服务的学生数越少，教学负担越小，就越反映了这一单位的教育投入越大、教育质量越好，但也体现了教师教学效率越低。从教育效率的角度来看，生师比不宜过小，应控制在合理范围之内。

2014年11月，中央编办、教育部、财政部联合发布的《关于统一城乡中小学教职工编制标准的通知》（中央编办发〔2014〕72号）提出，"统一编制标准，促进城乡中小学教育资源均衡配置……将县镇、农村中小学教职工编制标准统一到城市标准，即高中教职工与学生比为1∶12.5、初中为1∶13.5、小学为1∶19"[①]。

---

① 《中央编办　教育部　财政部关于统一城乡中小学教职工编制标准的通知》（中央编办发〔2014〕72号），2014年12月9日，见http://moe.gov.cn/s78/A10/tongzhi/201412/t20141209_/181014.html。

如表1-2-5所示，2013—2017年，河北省城乡义务教育阶段生师比总体上都在标准内，但小学乡村有所扩大。其中城区、镇区和乡村小学生师比分别增长3.80%、1.31%和0.96%，但增长幅度不大。城区增幅虽然明显，但预计镇区和乡村小学未来变动态势不会出现大幅度的变化。初级中学阶段，城区生师比上涨1.95%，镇区和乡村生师比分别增长15.60%和27.17%，镇区和乡村初中生师比增幅明显。

2017年，城区小学生师比比乡村小学高21.16%。城区小学生师比高于镇区，镇区高于乡村。镇区初级中学生师比高出乡村10.33%。

3. 班师比

班师比是指某一单位全部班级数量与全部教职工人数的比值，即每班可配备的教师人数。与生师比为同一类指标，用来衡量教师平均工作量和教学效率，反映教育投入与教育质量，体现学校人力资源利用率。

表1-2-6 河北省义务教育阶段班师比统计

年份	小学 城区	小学 镇区	小学 乡村	初中 城区	初中 镇区	初中 乡村
2013	1∶2.90	1∶2.58	1∶2.09	1∶4.77	1∶4.80	1∶4.89
2014	1∶2.89	1∶2.58	1∶2.11	1∶4.69	1∶4.47	1∶4.60
2015	1∶2.81	1∶2.52	1∶2.06	1∶4.65	1∶4.34	1∶4.35
2016	1∶2.81	1∶2.54	1∶2.09	1∶4.63	1∶4.33	1∶4.33
2017	1∶2.78	1∶2.56	1∶2.11	1∶4.55	1∶4.19	1∶4.15

注：小学含小学和教学点；初中指三年制初级中学；九年一贯制学校、完全中学和十二年一贯制学校义务教育阶段未列入表中。

班师比越小，每班配备的教师人数越多，教师平均工作量越小，每一位老师平均服务的班级数越少，教学负担越小。

如表1-2-6所示，2013—2017年，河北省城区、镇区义务教育阶段班师比总体呈增长趋势，但变动不大，乡村小学班师比基本不变，初级中学城乡班师比增长幅度均明显高于小学。总体上，初级中学教师工作负担逐年加重。2017年,城区小学和初级中学班师比低于镇区,镇区低于乡村,城区教师负担明显较重。

从生师比的维度来看,2017年乡村小学生师比为14.65∶1,低于镇区小学生师比16.99∶1,每位乡村小学教师平均服务的学生人数小于镇区小学,出现了乡村小学教师利用率低的现象。但是,从班师比的角度来看,乡村小学班师比为1∶2.11,高于镇区小学1∶2.56,每位乡村小学教师平均服务的班数多于镇区小学,初级中学生师比与班师比与小学情况相同,出现了乡村小学和初级中学教师供给不足的现象。

为了进一步解释河北省义务教育阶段生师比与班师比相悖的问题,必须结合小学班额情况整体进行分析（如表1-1-13和表1-1-16),由于广大乡村人口居住分散、交通不便,乡村中小学规模小,乡村中小学平均班额明显低于城镇小学班额。

乡村学校班额相对较小、生源不足,乡村义务教育阶段教师平均服务的学生数少但班数多,教学负担不减。单维地坚持以生师比为依据而罔顾班师比（课堂教学需要）进行城乡师资配置,就会出现按照生师比标准,农村师资在数量上可能超编了,但是按照班师比（课堂教学需要）标准,农村小学却存在严重的缺人问题,而且在编不在岗的挂编现象突出。特别是在农村学校班级日益呈现小规模化的过程中,农村学校师资不足问题日益严重。

《河北省乡村教师支持计划（2015—2020年）实施办法》中明确提出:"乡村中小学教职工编制按照城市标准统一核定,其中村小学、教学点编制按照生师比和班师比相结合的方式核定。确保乡村中小学教职工编制满足教育教学实际需求,以保证开足开齐国家规定课程。"[1]

---

[1] 《河北省乡村教师支持计划（2015—2020年）实施办法》,2015年11月13日,见http://www.moe.gov.cn/jyb_xwfb/xw_zt/moe_357/jyzt_2015nztzl/2015zt17_gdssbf_hb/201511/t20151113_218928.html。

(二)师资结构

1. 性别结构

表 1-2-7　河北省义务教育阶段专任教师中女性占比

(单位:%)

年份	小学 平均	小学 城区	小学 镇区	小学 乡村	初中 平均	初中 城区	初中 镇区	初中 乡村
2013	72.09	84.97	78.11	62.27	66.16	74.07	65.67	57.56
2014	73.44	85.32	78.81	64.32	67.05	74.69	66.31	58.85
2015	75.05	85.94	79.97	66.25	67.98	75.33	67.19	59.97
2016	76.46	86.17	80.54	68.34	69.04	76.12	67.92	61.76
2017	78.09	86.35	81.81	70.41	69.96	76.25	69.00	63.17

注:原始数据中只标明"小学""初中""高中",没有具体学校类别。

如表 1-2-7 所示,河北省义务教育阶段专任教师中,女教师所占比例较高,且有逐年上升的趋势。2013—2017 年,城区、镇区和乡村小学女教师占专任教师总数的比例分别增长了 1.38 个百分点、3.7 个百分点和 8.14 个百分点;城区、镇区和乡村初中女教师占专任教师总数的比例分别增长了 2.18 个百分点、3.33 个百分点和 5.61 个百分点。

截至 2017 年,河北省城区、镇区、乡村的小学和初中均以女教师为主,城区女教师占比高于镇区,镇区高于乡村,小学高于初中。其中城区小学女教师占比最高,达 86.35%,男女教师比例为 1∶6.33,乡村初中女教师占比最低,为 63.17%,但男女教师比例仍为 1∶1.72。河北省城乡义务教育专任教师男女比例严重失衡。

比例合理的男女教师搭配,有利于学生各方面的综合发展。虽然女性教师比例高于男性教师不会影响到教育教学质量,但合理的教师性别比例更有利于学生身心的健康发展。

2. 年龄结构

联合国教科文组织研究报告认为，教师年龄是一个完整的表示经验的量度。教师的年龄结构指标反映了教师队伍总体年龄梯度，也反映了教师工作的活力、教学和科研能力的未来趋势以及发展潜力。了解教师年龄结构的发展态势有利于合理统筹教师队伍的良性发展，为日后招收教师提供参考依据，进而优化教师资源配置。合理的教师年龄结构有利于教育的良性发展，如果教师队伍年龄结构太年轻，就会因经验不足无法保证教学质量。相反，如果教师队伍呈老龄化态势发展，老年教师教学理念不够先进，难以适应不断发展的教育改革，跟不上时代的进步，教学缺乏活力。

表1-2-8　河北省小学专任教师年龄结构

(单位：人)

年份	24岁及以下	25—29岁	30—34岁	35—39岁	40—44岁	45—49岁	50—54岁	55—59岁	总计
2013	8273	31163	67570	65793	47016	44339	35276	19377	318856
2014	10895	37027	62397	73446	49548	43935	37296	18921	333537
2015	11127	41405	56696	79014	51606	43077	38906	17009	338901
2016	12870	47999	53392	81489	55129	43778	41911	14778	351408
2017	13905	54015	53352	82512	60126	45818	42953	13135	365877

注：原始数据中只标明"小学""初中""高中"，没有具体学校类别；60岁以上教师很少，未统计在内。

表1-2-9　河北省初中专任教师年龄结构

(单位：人)

年份	24岁及以下	25—29岁	30—34岁	35—39岁	40—44岁	45—49岁	50—54岁	55—59岁	总计
2013	2932	15744	37778	44182	31036	19811	9228	4119	164869
2014	3992	17198	33726	45519	33393	21296	10776	4173	170121

(续表)

年份	24岁及以下	25—29岁	30—34岁	35—39岁	40—44岁	45—49岁	50—54岁	55—59岁	总计
2015	4142	17885	30984	45595	35879	22730	12591	3982	173822
2016	5009	19881	28383	44629	38073	24516	14827	3822	179189
2017	6652	22693	26550	43224	40501	27004	16809	4064	187549

注：原始数据中只标明"小学""初中""高中"，没有具体学校类别；60岁以上教师很少，未统计在内。

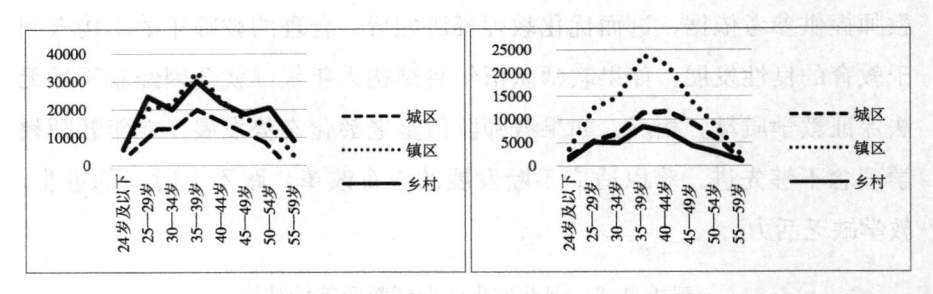

图 1-2-1　2017年小学专任教师年龄结构

图 1-2-2　2017年初中专任教师年龄结构

注：60岁以上教师很少，未统计在内。

据图 1-2-1 和图 1-2-2 所示，无论是小学还是初中，两个图都呈现出很明显的正三角形状，而且峰值点很清楚，正好居中。这意味着从年龄段来看，35—39岁教师数量最多，40—44岁教师数量次之，而且是明显高于左右两个年龄段的教师数量，占全部专任教师的比例也大。如表 1-2-8 和表 1-2-9 所示，2017 年，35—44 岁的小学教师有 142638 人，占全省小学教师总数的 38.99%，35—44 岁的初中教师有 83725 人，占全省初中教师总数的 44.64%。这意味着河北省义务教育阶段教师队伍，无论是年龄结构还是质量结构，都存在着很明显的问题。

一方面，河北省义务教育阶段教师呈现出快速老龄化的趋势，而且十年后，这些教师逐步进入职业退出期时，教师队伍会出现明显的断层，目前没有足够的教师储备能够弥补这一重大缺口。另一方面，虽然35—44岁的中年教师是教师队伍的主力，占比很高，在某些县区已经超过50%，但是，在这部分教师中，当年"普九攻坚"时期各县职教中心师资班毕业的教师占据相当数量。这些教师中虽不乏优秀教师，但整体上文化基础较为薄弱，发展后劲不足，不能满足现阶段教育对教师素质的需求，"教师主力非骨干"已成为当前教师队伍中的焦点问题。

了解教师年龄结构的发展态势有利于合理统筹教师队伍的良性发展，为日后招收教师提供参考依据。如果再扩大一下中年教师的统计范围，在河北省2017年中小学专任教师的年龄结构图中，30—49岁这个中年段教师数量占比当然是最高的。小学阶段中，中年教师的人数为241808人，占总人数的66%（如图1-2-1）；初中阶段中，中年教师的人数为137279人，占总人数的73.2%（如图1-2-2）。应该说，30—49岁的教师是教学的骨干力量，是整个教师队伍的主力。为进一步对城乡教师年龄结构进行分析，结合相关研究，本书将29岁及以下教师定为青年教师，50岁以上定为老年教师，以求进一步分析探讨。

表1-2-10 河北省城乡小学专任教师年龄结构比例

(单位：%)

年份	青年教师 城区	青年教师 镇区	青年教师 乡村	老年教师 城区	老年教师 镇区	老年教师 乡村
2013	13.33	13.02	11.49	10.44	13.68	22.53
2014	13.19	14.78	14.55	10.93	13.52	21.95
2015	13.27	16.00	16.07	11.28	13.34	21.42
2016	14.71	17.56	18.36	11.94	13.27	20.61
2017	15.25	18.63	20.21	11.98	12.72	19.49

表 1-2-11　河北省城乡初中专任教师年龄结构比例

(单位：%)

年份	青年教师			老年教师		
	城区	镇区	乡村	城区	镇区	乡村
2013	10.52	11.67	11.51	8.08	7.58	9.46
2014	12.14	12.21	13.48	8.79	8.41	9.85
2015	12.16	12.51	13.80	10.17	8.94	10.00
2016	12.42	13.88	16.07	11.80	9.72	10.43
2017	13.44	15.89	18.29	13.02	10.24	10.95

如表 1-2-10 和表 1-2-11 所示，2013—2017 年，河北省城乡小学和初中的青年教师比例呈现出逐年递增的趋势，其中乡村青年教师的比例涨幅最大，应该说这是一个非常大的变化。青年教师比例增长的趋势为乡村高于镇区、镇区高于城区。乡村小学教师年龄结构从老龄化转为年轻化，但更多年轻且经验不足的教师涌向乡村，也是值得关注的问题。

从老年教师所占比例来看，城区小学老年教师比例逐年递增，但增幅不大，比较平缓。而镇区和乡村小学老年教师比例则逐年递减。全省各区域的初中老年教师比例则是逐年递增。这从另一个侧面也说明，近几年，乡村小学青年教师的补充力度还是比较大的。

但总体上来看，教师老龄化问题依然比较明显，而且乡村教师老龄化程度要比城镇严重。具体来说，从 2013 年到 2017 年，虽然乡村小学老年教师比例减少 3.04 个百分点，但占比仍然近 20%。

截至 2017 年，从城乡的区域比较来看，河北省义务教育阶段教师中青年教师和老年教师的分布状况为，乡村小学和初中青年教师比例分别高于城区 4.96 个百分点和 4.85 个百分点，乡村小学老年教师比例高于城区 7.51 个百分点，城区初中老年教师比例高于乡村 2.07 个百分点。乡村小学和城区初中教师老龄化问题比较明显。

3. 学科结构

表1-2-12　2017年河北省小学专任教师学科比例情况

(单位:%)

学科	总计	城区	镇区	乡村
品德	5.50	5.17	5.52	5.66
语文	31.87	32.19	31.9	31.69
数学	27.79	26.07	28.51	28.02
外语	8.82	8.54	9.06	8.73
体育	5.10	6.25	5.00	4.61
科学	4.61	4.58	4.70	4.54
艺术	0.51	0.55	0.54	0.46
音乐	3.49	4.52	3.63	2.82
美术	3.27	4.29	3.45	2.58
信息技术	4.24	3.23	3.65	5.30
劳动与技术	0.92	1.29	0.91	0.75

表1-2-13　2017年河北省初中专任教师学科比例情况

(单位:%)

学科	总计	城区	镇区	乡村
品德	7.76	7.40	7.88	7.95
语文	15.93	16.11	15.94	15.65
数学	15.82	16.00	15.87	15.38
外语	15.05	15.53	15.00	14.46
科学	0.18	0.09	0.22	0.18
物理	6.84	7.18	6.66	6.83
化学	4.46	4.74	4.37	4.27
生物	4.94	4.55	5.04	5.26
历史与社会	0.68	0.68	0.71	0.62
地理	4.81	4.19	5.02	5.14
历史	6.42	6.23	6.46	6.62
信息技术	3.21	2.99	3.15	3.68
劳动与技术	1.06	0.77	1.16	1.23
体育健康	4.88	5.26	4.70	4.79
艺术	0.21	0.11	0.24	0.26
音乐	2.71	2.65	2.72	2.76
美术	2.65	2.56	2.67	2.75

表 1-2-14　国家义务教育课程设计及比例①

课程门类	一	二	三	四	五	六	七	八	九	九年级课时总计（比例）
	品德与生活	品德与生活	品德与社会	品德与社会	品德与社会	品德与社会	思想品德	思想品德	思想品德	7%~9%
							历史与社会（或历史、地理）			3%~4%
			科学	科学	科学	科学	科学（或生物、物理、化学）			7%~9%
	语文	语文	语文	语文	语文	语文	语文	语文	语文	20%~22%
	数学	数学	数学	数学	数学	数学	数学	数学	数学	13%~15%
			外语	外语	外语	外语	外语	外语	外语	6%~8%
	体育	体育	体育	体育	体育	体育	体育与健康	体育与健康	体育与健康	10%~11%
	艺术（或选择音乐、美术）									9%~11%
	综合实践活动									6%~8%
	地方与学校开发或选用的课程									10%~12%
周总课时数	26	26	30	30	30	30	34	34	34	274
学年总课时数	910	910	1050	1050	1050	1050	1190	1190	1122	9522

如表 1-2-12、1-2-13 所示，根据表 1-2-14 "国家义务教育课程设计及比例"的要求，河北省小学语文和数学专任教师富余，音、体、美或艺术学科教师缺乏，乡村问题更为突出。初中分课程专任教师分配情况相对合理，但音、体、美或艺术学科教师依然缺乏，且乡村外语和体育专任教师比例低于全省平均水平，与城区有一定差距，其他副科专任教师比例

---

① 《教育部关于印发义务教育课程设置实验方案的通知》（教基〔2001〕28号），2001 年 11 月 19 日，见 http://old.moe.gov.cn/publicfiles/business/htmlfiles/moe/moe_711/201006/xxgk_88602.html。

高于城区。

2016年，河北省教育厅和河北省财政厅发布《关于推进教育脱贫行动的实施方案》，里面涉及"实施农村学校教育硕士培养计划向集中连片特困地区倾斜"[1]。2017年，河北省教育厅开展实施农村小学全科教师免费培养试点工作，计划培养300名小学教育专业的教师，原则是"从本县招生、回本县就业"，进行定向培养。

2018年，《中共河北省委河北省人民政府关于全面深化新时代教师队伍建设改革的实施意见》（冀发〔2018〕42号）政策中提到，"实施乡村学校短缺学科教师补充计划，逐步补齐音乐、体育、美术、信息技术等短缺学科教师。其中，'治本之术'是完善教师长效补充机制。完善教师长效补充机制，市县教育、机构编制、人力资源社会保障部门坚持按需统筹原则，确定年度教师补充计划，建立符合教育行业特点的中小学教师招聘办法。'对症之术'是扩大小学全科教师公费培养规模。推动各市尽快启动实施市级小学全科教师免费培养试点，培养一批能够承担农村小学各门课程教学任务的全科教师，逐步实现省内教学点全科教师全覆盖。'应急之术'是实施学区内短缺学科教师走教制度。市、县政府根据实际给予相应补贴，将短缺学科师资使用效益最大化，确保乡村学校开齐开足国家规定课程"[2]。

同年，河北省教育厅发布《关于扩大师范院校师范生招生比例和培养规模的意见》（冀教发〔2018〕52号），提出"力争用5年左右时间，全省师范院校普通本专科师范类在校生占比达到60%以上，师范类专业占

---

[1] 《河北省扶贫开发办公室关于印发〈关于推进教育脱贫行动的实施方案〉的通知》（冀教财〔2016〕2号），2016年1月19日，见 http://jyt.hebei.gov.cn/col/1410097726928/2016/01/19/1453184857934.html。

[2] 《〈中共河北省委 河北省人民政府关于全面深化新时代教师队伍建设改革的实施意见〉政策解读》，2018年9月28日，见 http://jyt.hebei.gov.cn/col/1538104359628/2018/09/28/1538117920987.html。

比达到50%以上，师范生培养能力明显增强，初步建立起与我省教育事业改革发展相适应的师范生培养体系"[1]的目标，强调"完善师范生招生办法和培养方式，扩大公费师范生培养规模"[2]和"推进回归师范主业"[3]。

同时，河北省教育厅继续开展实施农村小学全科教师公费培养工作，计划培养300名小学教育专业的学生，坚持"面向农村、按岗就业、专项招聘、定向就业、限期服务"的原则，通过公费培养的方式，培养一批既能适应基础教育改革发展和全面实施素质教育需要，又能承担农村小学各门课程教学任务的全科教师，进一步优化农村教师队伍结构，提高农村教育质量。

（三）师资质量

1. 学历结构

学历是教师入职前学科专业水平的体现，学历结构是衡量教师队伍水平的一个重要标志，可以反映教师业务素质的高低以及未来发展的可能性，也直接影响教育质量的提升。《中华人民共和国教师法》第11条明确规定："取得小学教师资格，应当具备中等师范学校毕业及其以上学历"；"取得初级中学教师、初级职业学校文化、专业课教师资格，应当具备高

---

[1] 《河北省教育厅关于扩大师范院校师范生招生比例和培养规模的意见》（冀教发〔2018〕52号），2018年11月22日，见 http://jyt.hebei.gov.cn/col/1533808854669/2018/11/22/1542849380145.html。

[2] 《河北省教育厅关于扩大师范院校师范生招生比例和培养规模的意见》（冀教发〔2018〕52号），2018年11月22日，见 http://jyt.hebei.gov.cn/col/1533808854669/2018/11/22/1542849380145.html。

[3] 《河北省教育厅关于扩大师范院校师范生招生比例和培养规模的意见》（冀教发〔2018〕52号），2018年11月22日，见 http://jyt.hebei.gov.cn/col/1533808854669/2018/11/22/1542849380145.html。

等师范专科学校或者其他大学专科毕业及其以上学历"。我国实行高等教育扩招以后,大批的本科生和研究生逐渐地充实到中小学教师队伍中,所以之前对中小学校教师的学历要求已经不适合了,仅用《中华人民共和国教师法》中规定的合格学历要求不能真实反映城乡教师学历结构的差别。

(1) 小学教师总体

表 1-2-15 河北省小学专任教师各学历层次数量情况

(单位:人,%)

年份	总计	研究生 数量	比例	本科 数量	比例	专科 数量	比例	高中阶段及以下 数量	比例
2013	318856	573	0.18	115654	36.27	171251	53.71	31378	9.84
2014	333537	849	0.25	134090	40.20	174009	52.17	24589	7.37
2015	338901	1127	0.33	148772	43.90	170314	50.25	18688	5.51
2016	351408	1634	0.46	166657	47.43	168283	47.89	14834	4.22
2017	365877	2132	0.58	186181	50.89	166932	45.63	10632	2.91
年均增长率	3.50	38.89	—	12.64	—	−0.64	—	−23.70	—

注:研究生含取得研究生学历和取得硕士学位者,后同;小学指小学和九年一贯制学校、十二年一贯制学校小学阶段。

(2) 小学教师城乡区域分布比例

表 1-2-16 河北省小学专任教师各学历层次区域比例

(单位:%)

年份	研究生 城区	镇区	乡村	本科 城区	镇区	乡村	专科 城区	镇区	乡村	高中阶段及以下 城区	镇区	乡村
2013	0.51	0.12	0.09	54.67	36.97	28.10	40.87	55.12	58.00	3.95	7.79	13.81
2014	0.70	0.17	0.13	58.96	40.38	32.10	37.50	53.56	57.34	2.84	5.89	10.42
2015	0.89	0.24	0.16	61.64	44.31	35.77	35.30	50.90	56.29	2.20	4.54	7.78
2016	1.17	0.39	0.19	63.98	47.73	39.21	33.29	48.31	54.55	1.55	3.58	6.05
2017	1.43	0.40	0.31	66.34	51.38	42.47	31.19	45.66	53.03	1.03	2.56	4.19

注:小学指小学和九年一贯制学校、十二年一贯制学校小学阶段。

(3) 初中教师总体

表 1-2-17　河北省初中专任教师各学历层次数量情况

(单位：人，%)

年份	总计	研究生 数量	研究生 比例	本科 数量	本科 比例	专科 数量	专科 比例	高中阶段及以下 数量	高中阶段及以下 比例
2013	164869	1573	0.95	125400	76.06	36988	22.43	908	0.55
2014	170121	2163	1.27	134682	79.17	32849	19.31	427	0.25
2015	172822	2732	1.58	141241	81.73	28577	16.54	272	0.16
2016	179189	3225	1.80	148573	82.91	27244	15.20	147	0.08
2017	187549	3932	2.10	157993	84.24	25490	13.59	134	0.07
年均增长率	3.27	25.74	—	5.95	—	−8.89	—	−38.02	—

注：初中指初级中学和九年一贯制学校、十二年一贯制学校、完全中学的初中阶段。

(4) 初中教师城乡区域分布比例

表 1-2-18　河北省初中专任教师各学历层次区域比例

(单位：%)

年份	研究生 城区	研究生 镇区	研究生 乡村	本科 城区	本科 镇区	本科 乡村	专科 城区	专科 镇区	专科 乡村	高中阶段及以下 城区	高中阶段及以下 镇区	高中阶段及以下 乡村
2013	2.12	0.56	0.44	84.62	73.96	70.47	13.09	24.88	28.19	0.17	0.61	0.90
2014	2.58	0.86	0.57	85.20	77.67	74.95	12.18	21.20	23.99	0.04	0.26	0.49
2015	3.10	1.10	0.71	85.58	80.06	78.46	11.26	18.66	20.61	0.06	0.18	0.22
2016	3.60	1.16	0.88	86.19	81.96	80.70	10.17	16.78	18.28	0.03	0.09	0.14
2017	4.18	1.36	1.04	86.46	83.61	82.69	9.35	14.93	16.19	0.01	0.10	0.08

注：初中指初级中学和九年一贯制学校、十二年一贯制学校、完全中学的初中阶段。

如表 1-2-15 至表 1-2-18 所示，河北省义务教育阶段研究生和本科学历的专任教师比例逐年递增，且增长显著。专科和高中阶段及以下学历的专任教师比例呈下降态势。2013—2017 年，城区、镇区和乡村小学研究生和本科学历专任教师比例分别增长 12.59%、14.69% 和 14.59%；城区、镇区和乡村初中研究生和本科学历专任教师比例分别增长3.90%、10.45%和12.82%。

河北省义务教育阶段高学历专任教师比例趋势是城区高于镇区，镇区高于乡村，乡村中小学研究生和本科学历专任教师比例增幅超过城镇中小学。小学研究生和本科学历专任教师比例城乡差距明显，初中研究生和本科学历专任教师比例城乡趋于均衡。乡村中小学专科和高中阶段及以下学历专任教师比例降幅超过城镇中小学。小学低学历专任教师比例城乡差距明显，整体趋于均衡。

截至2017年，城区小学研究生和本科学历教师比例高于乡村27.01个百分点，乡村小学专科和高中及以下学历专任教师比例高于城区25.00个百分点，乡村初中专科和高中及以下学历专任教师比例高于城区6.91个百分点，城乡教师学历差距明显。

同时，我们必须清醒地认识到，表面上拥有较高的学历层次，并不能完全说明教师拥有扎实的知识储备和较高的教学能力。一方面，原始学历层次较低的大部分教师通过培训取得后续学历，其含金量众所周知（据某县调查）。另一方面，学历专业与任教学科是否匹配，有待进一步调查。

2018年，教育部等五部门关于印发《教师教育振兴行动计划（2018—2022年）》的通知（教师〔2018〕2号）中提出，"全面提高师范生的综合素养与能力水平。根据各地实际，为义务教育学校培养更多接受过高质量教师教育的素质全面、业务见长的本科层次教师"[①]。义务教育专任教师学历层次要求提高。

同年，河北省提出加快"中小学教师准入制度改革。新入职教师必须取得教师资格。逐步将幼儿园教师学历提升至专科，小学教师学历提升至

---

① 《教育部等五部门关于印发〈教师教育振兴行动计划（2018—2022年）〉的通知》（教师〔2018〕2号），2018年3月28日，见http://www.gov.cn/xinwen/2018-03/28/content_5278034.htm。

师范专业专科和非师范专业本科,初中教师学历提升至本科,有条件的地方将普通高中教师学历提升至研究生"①。

2. 职称结构

职称结构是衡量教师业务综合能力的重要标志之一,体现了教师的教学水平和教学经验,反映了教师的执教水平和从业能力,是衡量优质教师资源的重要尺度。通常情况下,小学阶段把中学高级及小学高级职称定义为高级职称。在中学阶段,将中学高级职称定义为高级职称。

本书分别采用小学高级职称专任教师人数(中学高级职称人数+小学高级职称人数)所占小学专任教师总人数百分比和初中高级职称专任教师(中学高级职称)人数所占初中专任教师总人数百分比,来衡量小学和初中教师的职称水平。

表1-2-19 河北省义务教育专任教师高级职称占比统计

(单位:%)

年份	小学			初中		
	城区	镇区	乡村	城区	镇区	乡村
2013	56.97	50.20	49.91	21.31	14.18	11.54
2014	55.48	49.45	48.25	20.89	15.39	12.51
2015	54.73	47.28	46.42	21.57	16.86	14.11
2016	53.93	45.10	44.88	21.97	17.52	15.63
2017	52.52	44.10	43.59	21.49	17.62	16.40

注:小学指小学和九年一贯制学校、十二年一贯制学校小学阶段,初中指初级中学和九年一贯制学校、十二年一贯制学校、完全中学的初中阶段。

如表1-2-19所示,2013—2017年河北省城乡小学高级职称专任教师比例逐年递减,城区、镇区和乡村小学高级职称专任教师比例分别降低

---

① 杨勇:《新时代燕赵教师队伍建设的改革与探索》,《中国教师》2018年第10期。

4.45个百分点、6.10个百分点和6.32个百分点,这与近几年补充青年教师有关;河北省城区初中高级职称专任教师比例基本不变,镇区和乡村初中高级职称专任教师比例分别增长3.44个百分点和4.86个百分点。

河北省义务教育阶段专任教师高级职称比例趋势为城区高于镇区,镇区高于乡村。2017年,城区小学高级职称专任教师比例高于乡村小学比例8.93个百分点,城区初中高级职称专任教师比例高于乡村初中比例5.09个百分点,较2016年差距有所缩小。

这表明,在义务教育阶段,高级职称教师资源配置倾向于城市,存在结构性失衡。河北省乡村中小学还需要进一步提升教师队伍的教学和研究水平,以促进乡村教育质量快速提升。

2016年,河北省教育厅和河北省财政厅发布《关于推进教育脱贫行动的实施方案》,里面涉及"提高师资队伍水平",具体表现为"完全符合贫困地区村小学和教学点实际的职称评审标准,荣誉奖励和绩效工资分配向村小学和教学点专任教师倾斜"[1]。2016年,河北省教育厅发布的《2016年工作要点》(冀教〔2016〕2号)再一次强调要"推进中小学职称制度改革,落实职称评聘向乡村教师倾斜政策"[2]。2017年,河北省教育厅发布《关于做好2017年职称工作的通知》,里面提到"贯彻落实职称制度改革""认真做好职称评审工作"[3]等。

---

[1]《河北省扶贫开发办公室关于印发〈关于推进教育脱贫行动的实施方案〉的通知》(冀教财〔2016〕2号),2016年1月19日,见 http://jyt.hebei.gov.cn/col/1410097726928/2016/01/19/1453184857934.html。

[2]《河北省教育厅关于印发2016年工作要点的通知》(冀教〔2016〕2号),2016年3月18日,见 http://jyt.hebei.gov.cn/col/1410097726928/2016/03/18/1458291817983.html。

[3]《河北省教育厅关于做好2017年职称工作的通知》(冀教〔2016〕2号),2017年7月7日,见 http://jyt.hebei.gov.cn/col/1410097726928/2017/07/07/1499419668622.html。

对此，河北省中小学将会提高中、高级教师岗位比例，将教师到乡村学校、师资力量薄弱学校任教一年以上的经历作为申报高级教师职称和特级教师的必要条件，职称评审向乡村教师、特教教师倾斜，实现职称评定与聘用相衔接。

3. 骨干教师

骨干教师所占比例反映了城乡优秀教师资源的拥有量和配置情况，体现了学校教师质量，也影响着学校的声誉。

表1-2-20 河北省义务教育骨干教师比例统计

(单位：%)

年份	小学				初中			
	合计	城区	镇区	乡村	合计	城区	镇区	乡村
2013	12.33	13.05	14.60	10.35	16.21	14.39	17.52	15.34
2014	11.44	12.39	13.69	9.31	15.98	13.55	17.79	14.70
2015	11.82	13.60	13.40	9.74	15.70	14.11	16.68	15.31
2016	12.77	13.92	13.82	11.33	16.75	16.36	17.02	16.55
2017	12.74	14.13	13.43	11.38	16.39	16.09	16.71	15.92

注：原始《中小学县级及以上骨干教师情况表》中只标明"小学""初中""高中"，没有具体范围。而在专任教师数量统计中，小学指小学和九年一贯制学校、十二年一贯制学校小学阶段，初中指初级中学和九年一贯制学校、十二年一贯制学校、完全中学的初中阶段，以相对应的骨干教师数量除以专任教师数量得出此骨干教师比例统计表。

如表1-2-20所示，2013—2017年，河北省义务教育阶段骨干教师比例变动不大，分布趋势为城区高于镇区，镇区高于乡村。2017年，城区小学骨干教师比例高于乡村小学骨干教师比例3.05个百分点，初中城乡骨干教师比例基本持平。

2018年，《河北省教师教育振兴行动计划（2018—2022年）》（冀教师〔2018〕22号）提出，"加强在职中小学教师专业梯队建设。建立中小学省级骨干教师、特级教师、燕赵名师、教育家型教师的梯队成长机制。全省培养认定教育家型教师控制在10名以内，燕赵名师控制在100名左右，特级教师 1200 名左右，骨干教师 5000 名左右。遵循规律，梯次成长；待遇激励，履行职责；定期考核，动态管理。突出名师、名校长的示范引领作用"①。

4. 教师培训

教师培训是指教师入职后对其专业知识和教学水平进行的学习型培训。2013 年 5 月，教育部发布的《关于深化中小学教师培训模式改革全面提升培训质量的指导意见》（教师〔2013〕6 号）提出"增强培训针对性，确保按需施训""改进培训内容，贴近一线教师教育教学实际""转变培训方式，提升教师参训实效"等意见。② 2016 年 12 月，教育部发布的《关于大力推行中小学教师培训学分管理的指导意见》（教师〔2016〕12 号）提出"推行教师培训学分管理，深化培训管理改革""分层提供教师培训课程，强化培训内容的针对性和系统性""建立教师培训学分认定规范，实现学时学风合理转换""严格教师培训学分审核认定，规范培训考核评价""探索建立教师培训学分银行，推动非学历培训与学历教育衔接"等。③

目前，河北省义务教育阶段的省级及以上培训项目主要包括三大类，即"国培计划"、"省培计划"和"全员远程培训计划"。

---

① 《关于印发〈河北省教师教育振兴行动计划（2018—2022 年）〉的通知》（冀教师〔2018〕22 号），2018 年 12 月 25 日，见 http://jyt.hebei.gov.cn/col/1533808854669/2018/12/29/1546053498271.html。

② 《教育部关于深化中小学教师培训模式改革全面提升培训质量的指导意见》（教师〔2013〕6 号），2013 年 5 月 8 日，见 http://www.moe.gov.cn/srcsite/A10/s7034/201305/t20130508_151910.html。

③ 《教育部关于大力推行中小学教师培训学分管理的指导意见》（教师〔2016〕12 号），2016 年 12 月 29 日，见 http://www.moe.gov.cn/srcsite/A10/s7034/201612/t20161229_293348.html。

"国培计划"是"中小学教师国家培训计划"的简称，最早于2009年提出，由教育部、财政部在2010年开始推广实施。"国培计划"以示范引领、雪中送炭和促进改革为宗旨，以提高中小学教师的整体素质为目标，面向中小学教师，更以推动农村中小学教师专业发展为重点。2011年又增设了幼儿园教师国家级培训项目。

从纵向体系来看，我国的"国培计划"由两部分组成，一部分是"中小学、幼儿园教师示范性培训项目"，另一部分是"中西部农村骨干教师培训项目和幼儿园骨干教师培训项目"。"中小学、幼儿园教师示范性培训项目"由教育部直接组织策划实施，面向各级中小学、幼儿园教师进行培训，资金来源为中央本级财政拨款。作为示范性项目，其目的是给"国培计划"的实施提供方向性的指导和示范，在全国中小学、幼儿园教师队伍中培养一批骨干教师，为"国培计划"的实施研发提供一批优质的培训教学资源，为各省组织实施的"国培计划"项目提供有力的指导和支持。

"中西部农村骨干教师培训项目和幼儿园骨干教师培训项目"作为先进经验与各地教育实践相结合的"示范性培训项目"，其资金来源为中央财政安排的专项资金，采用转移支付的方式对中西部省份在"国培计划"总体要求框架下的培训活动提供资金支持。"中西部农村骨干教师培训项目和幼儿园骨干教师培训项目"一方面要对中西部农村的在岗教师进行有针对性的培训，以提高农村教师的教育教学能力和教师专业水平；另一方面更要建立健全教师培训体系，以体系为保障，促进教师培训制度化、完善化、专业化。

河北省作为中部省份之一，自2013年至2017年，共争取"国培计划"资金6.91亿元，其中用于义务教育阶段教师培训的"中西部农村骨干教师培训项目"资金4.63亿元，累计培训义务教育阶段教师50.91万人次，加上直接由教育部组织的示范性培训项目培训的1.28万人次，五年间"国培计划"为河北省培训义务教育阶段教师达 52.19 万人次，占河北省 2017 年义务教育阶段专任教师总数的 94.30%，基本上达到了"国培计划"全覆盖。

同时，省级教师培训力度也进一步加大，2013—2017 年省级财政共安排教师培训资金 1.01 亿元，开展中学骨干教师培训、中小学教师短期集中培训、农村教师新课标培训、中小学校长培训等项目，培训教师 7.78 万人，其中义务教育阶段教师 3.11 万人次。

全员远程培训由各区县安排教师培训专项经费，由省级教师培训主管机构组织实施，2013—2017 年累计培训基础教育阶段教师 231.07 万人次。

表 1-2-21　河北省省级及以上主要教师培训项目培训人数统计

（单位：人次）

年份	国培计划示范性项目	国培计划中西部项目	省级教师培训计划项目		省级全员远程培训项目
	小学初中	小学初中	小学	初中	基础教育阶段
2013	3600	106125	5900	1600	328833
2014	3200	124700	7700	900	428932
2015	3597	143450	5500	1700	444948
2016	2100	91080	4100	300	530019
2017	300	43706	2890	550	577937
合计	12797	509061	26090	5050	2310669

注：受原始数据统计的影响，本表中未能完全区分参训教师的具体学段和城乡区域的具体分配，但是从项目设计来看，绝大部分参训教师为镇区和乡村教师。

2018 年，根据教育部等五部门印发的《教师教育振兴行动计划（2018—2022 年）》（教师〔2018〕2 号），河北省教育厅等五部门制定了《河北省教师教育振兴行动计划（2018—2022 年）》。该计划提出，"实施骨干培训者队伍建设工程。配合国家开展万名专兼职教师培训者培训能力提升专项培训。组建教育家型教师领航团队、燕赵名师工作室、特级教师流动站、企业导师人才库，充分发挥教研员、学科带头人、特级教师、高技能人才在师范生培养和在职教师常态化研修中的重要作用"①。

目前,河北省义务教育阶段中年教师中有相当比例学历为大专学历,由于周围环境的限制和自身的局限性,他们接收知识的渠道还不是很通畅,不利于提高教育教学水平,各地应在依靠"国培计划""省培计划"的同时,根据当地具体情况,有计划、有步骤地推进教师培养计划;设立教师专项培训基金,组织专家依靠现有资源对义务教育阶段的中年教师进行有针对性的培训,提升中年教师的教育教学水平。各地政府还应积极筹划具有本地特色的"优秀学校交流计划",与其他学校多交流,鼓励优秀教师和优秀管理工作者调动,将先进的教育教学经验和管理经验传递到急需帮助的学校,并以此作为优秀教师职称评定的重要条件,使学校做到资源互享,帮助部分中年教师提升专业素质。同时,部分中小学学校应选派代表到重点学校跟岗学习,学习优秀专业教师的教育教学理念、授课方式和班级管理方式等。义务教育阶段的中年教师队伍建设是关涉河北省基础教育均衡发展的重要问题,只有政府高度重视,切实帮助教师提升自身能力,河北省基础教育均衡发展才能得以实现。

三、办学条件

义务教育阶段学校的标准化建设,不仅是缩小学校办学条件差异的重要举措,更是实现义务教育均衡发展目标的重要途径。为努力改善办学条件、均衡配置办学资源,河北省不断加大经费投入,本着"巩固、深化、

---

① 《关于印发〈河北省教师教育振兴行动计划(2018—2022年)〉的通知》(冀教师〔2018〕22号),2018年12月25日,见http://jyt.hebei.gov.cn/col/1533808854669/2018/12/29/1546053498271.html。

提高、发展"的工作方针,大力推动义务教育标准化学校建设。2011年河北省制定了《河北省义务教育学校基本办学标准(试行)》(冀教基〔2011〕32号),并将其作为义务教育均衡发展县(市、区)评估验收的重要内容。①同时,河北省规定,全省校舍安全工程、农村中小学危房改造和布局调整、农村寄宿制学校建设、新农村卫生校园建设、农村初中校舍改造等一系列改善农村办学条件的重大工程,要与推进义务教育标准化学校建设相结合,从而使义务教育标准化学校建设真正落到实处。

2013年,教育部、国家发展改革委、财政部共同出台《全面改善贫困地区义务教育薄弱学校基本办学条件的意见》(教基一〔2013〕10号)(以下简称《意见》),《意见》中明确指出了开展工作的方向,保障基本教学条件,并逐步引入新的教学器材;改善和提高校园的生活设施,满足教学和生活的基本需求;合理配置教师资源,用更多优质的教师来源来保证学生的学习质量;完善学校的信息化设备;扩充教师队伍,保障农村教师的生活和工作。②《意见》展现了党中央、国务院发展贫困地区义务教育的决心,提出了改进薄弱环节的要求,推进师资力量薄弱学校向教育标准化的方向发展。

教育部办公厅、国家发展改革委办公厅、财政部办公厅于2014年7月18日联合发布了《全面改善贫困地区义务教育薄弱学校基本办学条件底线要求的通知》(教基一厅〔2014〕5号),通知中指出,"为进一步加强对各地全面改善贫困地区义务教育薄弱学校基本办学条件工作指导,面

---

① 《河北省义务教育学校基本办学标准(试行)》(冀教基〔2011〕32号),见http://www.moe.gov.cn/jyb_xwfb/xw_zt/moe_357/s7865/s8513/qmgs_gkgs/201507/t20150706_192706.html。

② 参见《教育部 国家发改委 财政部关于全面改善贫困地区义务教育薄弱学校基本办学条件的意见》(教基一〔2013〕10号),2013年12月31日,见http://www.moe.gov.cn/srcsite/A06/s3321/201312/t20131231_161635.html。

向贫困地区，聚焦薄弱学校，确保实现'保基本、补短板'工作目标"，针对办学基础差、设备短缺等方面提出了 20 项薄弱学校基本办学条件底线。[1] 在通知中，主管部门要求教育、财政等部门认真按照底线的要求来开展改善义务教育薄弱学校的工作，并加大校园的建设水平，同时在具体实施过程中，要以学校为单位，优先落实和改造义务教育薄弱学校。

全面实施改善贫困地区义务教育薄弱学校基本办学条件工作。经河北省政府同意，2014 年初，河北省教育厅、发展改革委员会、财政厅联合印发了《关于全面改善贫困地区义务教育薄弱学校基本办学条件的实施意见》（冀教财〔2014〕42 号），制订了《河北省全面改善贫困地区义务教育薄弱学校基本办学条件项目建设规划实施方案（2014—2018 年）》，简称"五年规划"，并于 2015 年以省政府办公厅名义（冀政办函〔2015〕6 号）上报教育部、财政部、国家发展改革委，"全面改薄"在全省规划的实施范围内全面铺开。将新建、改扩建校舍项目列入省政府年度重点工作和督查内容，明确实施目标和考核内容，并作为 2015 年省政府"八件民生实事"向社会公开进展情况。

河北省"全面改薄"2016 年工作总结中提到，"遵循'总量控制、突出重点、动态调整、包干使用'的原则，我省将中央、省级的薄弱学校改造计划专项资金、农村义务教育经费保障机制、农村中小学校舍维修改造长效机制、初中校舍改造工程、进城务工农民子女接受义务教育、特殊教育等资金进行了统筹，并做到'倾斜支持重点改薄县'和'倾斜农村薄弱学校'的'两个倾斜'，在资金分配上予以 30%的倾斜

---

[1] 《教育部办公厅　国家发改委办公厅　财政部办公厅关于印发全面改善贫困地区义务教育薄弱学校基本办学条件底线要求的通知》（教基一厅〔2014〕5 号），2014 年 7 月 30 日，见 http://www.moe.gov.cn/srcsite/A06/s3321/201407/t20140730_172545.html。

支持"①。

河北省把"全面改薄"作为扶贫攻坚的"兜底"工程,把20条底线作为必须兜底的网底并牢牢坚守。各地都本着兜住教育民生底线、促进教育公平的原则,以加强薄弱环节和关键领域为重点,优先解决农村义务教育薄弱学校的突出问题,优先满足学校最为紧迫急需的基本条件,优先保障基本教学、学生生活的校舍和设施建设。按照轻重缓急合理排序,注重效益,建一所,成一所。

2017年5月,河北省义务教育均衡发展现场推进会在邯郸召开,会议指出,要深入贯彻国家推进义务教育均衡发展的决策部署,确保到2020年河北省所有县(市、区)全部实现县域义务教育基本均衡发展的任务目标。加快学校标准化建设,夯实均衡发展基础,逐步实现校际、城乡、区域间的基本均衡;要确保教育投入实现"三个增长";探索有效办法,破解"大班额"等重点难点问题。②

2014年至2017年,河北省"34个县用于义务教育均衡发展经费达134.2亿元,其中涿州市、邯郸市永年区、固安县、大名县、魏县、兴隆县、河间市、威县、易县分别投入8.7亿、8.7亿、8.7亿、8.7亿、8.2亿、6.1亿、5.9亿、5.3亿、5.1亿元,改善义务教育学校办学条件。黄骅市两年来投资4000万元,推进教育信息化建设。沧县、文安县2015年以来分别募集社会教育捐资2500万元、2174万元"。③

---

① 《河北省全面改薄2016年工作总结》,2017年3月1日,见http://www.moe.gov.cn/jyb_xwfb/xw_zt/moe_357/s7865/s8513/s8517/201703/t20170301_297775.html。

② 参见《2020年河北县域义务教育基本均衡发展》,2017年5月26日,见http://hebei.hebnews.cn/2017-05/26/content_6495832.htm。

③ 《国家教育督导检查组对河北省36个县(市、区)义务教育均衡发展督导检查反馈意见》,2018年1月5日,见http://www.moe.gov.cn/jyb_xwfb/moe_2082/zl_2018n/2018_04/201801/t20180105_323823.html。

（一）校舍建筑

1. 总体概况

2006年，教育部颁布的《教育部关于进一步加强中小学校校舍建设与管理工作的通知》（教发〔2006〕21号）[①]制定了义务教育学校办学条件，提高了办学质量的门槛。

河北省校舍安全工程坚持"统筹规划、突出重点、分类指导、分步实施、集中财力、全面推进"原则，明确总体目标和阶段性任务，根据排查鉴定结果，结合中小学布局结构调整和同时实施的其他有关专项工程，制定出各市、县（市、区）校舍安全工程实施规划和方案。2009年7月，河北省召开中小学校舍安全工程电视电话会议，正式启动实施中小学校舍安全工程。会议强调，中小学校舍安全工程覆盖全省城市和农村、公立和民办、教育系统和非教育系统的所有中小学，认真做好排查鉴定工作，实施加固改造，提高校舍综合防灾能力，使避险迁移重建学校"建一所，达标一所"，重建项目"建一栋，达标一栋"，并要求各教育行政部门加强与相关部门的沟通和协调，当好参谋，搭好平台，限时保量完成各项任务，即2009年各地要完成总任务量的30%，2010年完成60%，2011年要全面完成工程任务。截至2018年8月底，河北省校舍建设开工学校8944所，开工面积达997.3万平方米，开工率为114.15%。[②]

[①] 《教育部关于进一步加强中小学校校舍建设与管理工作的通知》（教发〔2006〕21号），2006年11月14日发布，见 http://www.moe.gov.cn/srcsite/A03/s7050/200611/t20061114_172008.html。

[②] 参见《全面改善贫困地区义务教育薄弱学校基本办学条件工作截至2018年8月底进展情况》，2018年10月26日，见 http://hee.gov.cn/col/1533808843331/2018/10/26/1540538969025.html。

校舍是开展教学活动的基本保障，校舍建筑从功能上分为教学及辅助用房、行政办公用房和生活用房，反映校舍建筑质量的结构分为四种，即框架结构、砖混结构、砖木结构和土木结构。

（1）建筑面积

表1-3-1 河北省义务教育学校建筑面积

（单位：百万平方米）

学校	年份	总建筑面积	教学及辅助用房	行政办公用房	生活用房	危房（千平方米）
小学	2013	33.08	19.76	3.40	6.28	8.93
	2014	35.39	21.14	3.41	6.86	46.51
	2015	37.33	22.32	3.42	7.59	16.11
	2016	39.46	23.49	3.48	8.06	9.51
	2017	42.21	24.72	3.53	8.66	12.75
	年均增长率	5.65%	5.76%	0.94%	8.37%	9.31%
初中	2013	22.08	9.72	2.13	8.62	6.21
	2014	23.60	10.28	2.15	9.46	15.28
	2015	24.82	10.76	2.12	10.28	3.20
	2016	26.24	11.21	2.17	10.96	6.01
	2017	27.90	11.60	2.18	11.75	3.85
	年均增长率	6.02%	4.52%	0.58%	8.05%	−11.27%

注：小学指小学和教学点，初中指三年制初级中学和九年一贯制学校初中阶段。

如表1-3-1所示，2013—2017年，河北省义务教育校舍面积逐年增长，总建筑面积年均增长率约6%。行政办公用房呈平稳的变化趋势，说明其在总量上已趋于稳定。2017年，小学和初中教学及辅助用房和生活用房面积合计占总建筑面积的79.08%和83.69%，且增幅明显，生活用房年均增长率超过8%，随着学校布局调整、寄宿制学校的增加，生活用房面积将持续增长。危房面积变化幅度明显，从2013年到2014年危房面积增长明显，从2014年到2017年呈下降态势。2017年初中危房比2013年减少了约2360平方米。小学危房2017年比2013年增加了3820平方米，可能跟校舍折旧和新危房产生有关。

(2) 建筑结构

表1-3-2 河北省义务教育学校建筑结构

(单位：百万平方米)

学校	年份	框架结构	砖混结构	砖木结构	土木结构
小学	2013	4.61	23.10	5.36	0.0039
	2014	5.89	24.33	5.12	0.05
	2015	6.98	25.83	4.48	0.04
	2016	8.38	26.97	4.08	0.032
	2017	9.96	28.70	3.53	0.016
	年均增长率	21.24%	5.58%	−9.92%	−19.97%
初中	2013	4.99	15.25	1.83	0.0042
	2014	6.13	15.73	1.71	0.03
	2015	6.97	16.45	1.39	0.01
	2016	8.07	16.88	1.28	0.0039
	2017	9.50	17.29	1.10	0.0066
	年均增长率	17.46%	3.19%	−11.59%	11.96%

注：小学指小学和教学点，初中指三年制初级中学和九年制学校初中阶段。

如表1-3-2所示，框架和砖混结构的建筑面积逐年增长，小学增速高于初中，校舍质量总体上得到改善。框架结构面积占总面积比例小，但增长显著，年均增长率约20%。相应地，砖木和土木结构面积逐年减少，其中小学土木结构面积从2013年的3937平方米上涨到2017年的16324平方米，但也仅占总建筑面积约0.1%。

2017年，中共河北省委高校工委对深入推进教育领域综合改革工作进行了总结，其中改善办学条件方面："2017年，河北省下达中央和省级'全面改薄'和校舍安全专项资金41.45亿元，竣工项目学校1822所，竣工校舍建筑面积258.81万平方米，累计竣工766.97万平方米，完成规划建设面积的87.8%。集中连片特困县和国家贫困县全部完成国家规定的校舍开工率和设备采购完成率'两个100%'目标，超额完成了省政府重点工作要求的年底前完成建设面积110万平方米的目标。"[1]

2. 教学及教学辅助用房

（1）教学及教学辅助用房面积

表1-3-3　河北省城乡义务教育生均教学及辅助用房面积

（单位：平方米）

年份	小学			初中		
	城区	镇区	乡村	城区	镇区	乡村
2013	3.23	3.27	4.58	4.36	4.40	5.95
2014	3.12	3.47	4.73	4.35	4.23	5.35
2015	3.31	3.47	4.78	4.58	4.24	5.23
2016	3.30	3.57	4.88	4.34	4.26	5.28
2017	3.31	3.70	5.14	4.49	4.16	5.12
年均增长率	0.61%	3.14%	2.93%	0.74%	−1.39%	−3.69%

注：小学指小学和教学点，初中指三年制初级中学和九年一贯制学校。生均算法为九年一贯制学校的小学和初中在校生数量与三年制初级中学在校生数量的总和。

如表1-3-3所示，小学生均教学及辅助用房面积逐年递增，乡村面积最大，镇区次之，城区最小。2013—2017年，小学城区、镇区和乡村生均教学及辅助用房面积增加0.08平方米、0.43平方米和0.56平方米，增幅分别为2.48%、13.15%和12.23%。小学乡镇年均增长率明显高于城区，城乡差距将逐年扩大。初中城区生均教学及辅助用房面积增加0.13平方米，增长2.98%。初中镇区和乡村生均教学及辅助用房面积减少0.24平方米和0.83平方米，分别下降5.45%和13.95%。初中阶段城区面积增幅明显，乡镇总体减少，城乡趋于均衡。

---

[1]《中共河北省委高校工委河北省教育厅2017年工作总结》，2018年3月9日，见 http://jyt.hebei.gov.cn/col/1537864936442/2018/03/09/1520577114809.html。

2017年，乡村小学生均教学及辅助用房面积是城区小学的1.55倍，乡村初中生均教学及辅助用房面积高于城区0.63平方米，生均教学及教学辅助用房面积乡村高于城镇。

(2) 教学及辅助用房类别

教学及辅助用房指教室、实验室、图书室、微机室、语音室和体育馆六类。

表 1-3-4 2017 年河北省城乡义务教育生均教学及辅助用房面积

（单位：平方米）

年份	小学			初中		
	城区	镇区	乡村	城区	镇区	乡村
教室	2.73	2.99	4.10	3.01	2.87	3.39
实验室	0.19	0.25	0.38	0.77	0.74	1.02
图书室	0.17	0.20	0.33	0.31	0.24	0.32
微机室	0.08	0.17	0.26	0.19	0.19	0.24
语音室	0.04	0.05	0.05	0.05	0.06	0.08
体育馆	0.06	0.03	0.01	0.16	0.06	0.07

注：小学指小学和教学点，初中指三年制初级中学和九年一贯制学校。生均算法为九年一贯制学校的小学和初中在校生数量与三年制初级中学在校生数量的总和。

如表 1-3-4 所示，2017 年，河北省义务教育生均教室面积、生均实验室面积、生均图书室面积、生均微机室面积和生均语音室面积均为乡村高于城镇，其中乡村小学和初中生均教室面积是城区的 1.50 倍和 1.13 倍。这些数据差异产生的原因与乡村地区就学人数相对较少有关。但是在体育馆的生均面积上无论是小学还是初中阶段，城区、镇区都远远大于乡村，城区小学和初中生均体育馆面积是乡村的 6.00 倍和 2.29 倍，差距明显。这样的差异表明，乡村学校在体育馆的建设上明显不足。当然，在比较分散的乡村学校，建设投资巨大的体育馆，显然是不现实的事情，从投资效益角度来看也不可行。

3. 行政办公用房

表 1-3-5　河北省义务教育师均行政用房面积

(单位：平方米)

年份	小学			初中		
	城区	镇区	乡村	城区	镇区	乡村
2013	11.35	9.70	10.49	13.13	10.58	12.12
2014	11.15	9.46	10.06	13.50	10.08	11.73
2015	10.62	9.47	9.96	12.94	9.91	11.23
2016	10.09	9.52	9.90	13.06	9.84	10.93
2017	9.93	9.27	9.75	12.70	9.49	10.52
年均增长率	−3.29%	−1.13%	−1.81%	−0.83%	−2.68%	−3.48%

注：表中小学指小学和教学点，初中指三年制初级中学和九年一贯制学校。师均算法采用《基础教育学校教职工数》中教师人数的总和。

如表 1-3-5 所示，2013—2017 年，河北省城乡义务教育师均行政用房面积呈下降趋势，小学阶段城区的下降速度高于乡村，镇区最小。小学城区师均行政用房面积从 2013 年的 11.35 平方米下降到 9.93 平方米，减少 1.42 平方米，降低 12.51%，年均增长率为 −3.29%；镇区则从 9.7 平方米下降为 9.27 平方米，减少 4.43%，年均增长率为 −1.13%；乡村从 10.49 平方米下降为 9.75 平方米，减少 7.05%，年均增长率为 −1.81%。城区的师均行政用房面积下降最多，速度最快，乡村的则下降较少较慢，2017 年小学阶段城乡差距不大，基本均衡。

初中阶段城区的下降速度最慢，小于镇区、乡村。城区从 2013 年的 13.13 平方米下降为 12.70 平方米，减少 3.27%，年均增长率为 −0.83%；镇区从 10.58 平方米下降为 9.49 平方米，减少 10.30%，年均增长率为 −2.68%；乡村从 12.12 平方米下降为 10.52 平方米，减少 13.20%，年均增长率为 −3.48%。可以看出乡村地区师均行政用房面积下降最多，下降速度最快，城区则是最少且最慢，初中城乡差距明显，2017 年，城区初中师均行政用房面积是乡村的 1.21 倍。

4. 生活用房

生活用房包括教师宿舍、学生宿舍、食堂、厕所和其他用房。

表 1-3-6　河北省城乡义务教育生均生活用房面积统计

(单位：平方米)

年份	小学 城区	小学 镇区	小学 乡村	初中 城区	初中 镇区	初中 乡村
2013	0.75	1.21	1.45	2.41	4.62	5.11
2014	0.80	1.28	1.54	2.54	4.58	4.80
2015	0.83	1.36	1.61	2.85	4.69	4.96
2016	0.84	1.42	1.65	2.71	4.84	5.22
2017	0.83	1.50	1.78	2.96	4.81	5.40
年均增长率	2.57%	5.52%	5.26%	5.27%	1.01%	1.39%

注：小学指小学和教学点，初中指三年制初级中学和九年一贯制学校。生均算法为九年一贯制学校的小学和初中在校生数量与三年制初级中学在校生数量的总和。

如表 1-3-6 所示，2013—2017 年，河北省城乡义务教育生均生活用房面积呈增长态势，乡村高于镇区，城区最小。小学城区、镇区和乡村生均生活用房面积增加 0.08 平方米、0.29 平方米和 0.33 平方米，分别增长 10.67%、23.97%和 22.76%；初中城区、镇区和乡村生均生活用房面积增加 0.55 平方米、0.19 平方米和 0.29 平方米，分别增长 22.82%、4.11%和 5.68%。镇区小学和城区初中生均生活用房面积年均增长率最高，小学城乡差距逐年拉大。2017 年，乡村小学和初中生均生活用房面积高于城区 0.95 平方米和 2.44 平方米，是城区小学和初中的 2.14 倍和 1.82 倍，城乡差距明显。

2016 年完成"五年规划校舍建设项目"学校 9413 所，规划建筑面积 873.66 万平方米，截至 10 月底，校舍建设开工项目学校 6166 所，开工校舍建筑面积 607.08 万平方米，完成规划建设面积的 69.5%；已竣工项目学校 4818 所，竣工校舍建筑面积 457.64 万平方米，完成规划建设面积

52.4%，校舍建设竣工率提前完成了国家要求"双过半"的目标任务。①取得成果的同时，项目本身也存在一些值得重视的问题，乡村生均生活用房面积的确明显高于城区，这并不能说明农村学校办学条件优于城镇学校，而是体现出农村学校逐渐小微化。义务教育阶段学生的日常生活和学习环境不能仅从单一生均面积大小来考虑，更要结合城区乡村的实际情况合理看待数据，从而实现均衡发展。

（二）教学仪器设备

1. 总体概况

表 1-3-7　2013—2017 年河北省义务教育学校教学仪器设备总体概况

学校	年份	图书（万册）	计算机（万台）	网络多媒体教室（万间）	仪器设备资产值（亿元）
小学	2013	12232.15	44.90	5.22	30.83
	2014	13201.11	54.55	6.43	36.74
	2015	14518.23	63.12	8.31	44.67
	2016	15561.80	70.81	9.90	50.87
	2017	17074.58	81.61	14.50	58.43
	年均增长率	8.70%	16.11%	29.10%	17.33%
初中	2013	7149.57	23.77	3.09	21.58
	2014	7881.30	26.84	3.60	24.40
	2015	8671.94	29.47	4.02	27.68
	2016	9219.02	32.47	4.52	31.41
	2017	10116.81	35.93	5.69	34.49
	年均增长率	9.07%	10.88%	16.49%	12.44%

注：小学指小学和教学点，初中指三年制初级中学和九年一贯制学校。

---

① 《河北省全面改薄 2016 年工作总结》，2017 年 3 月 1 日，见 http://www.moe.gov.cn/jyb_xwfb/xw_zt/moe_357/57865/58513/58517/201703/t20170301_297775.html。

如表1-3-7所示，2013—2017年，河北省义务教育图书、计算机、网络多媒体教室和教学仪器设备资产值在总量上都呈明显的逐年增长态势，五年间分别增长7809.67万册、48.87万台、11.88万间和40.51亿元。其中，小学计算机、网络多媒体教室和教学仪器设备资产值增长81.76%、177.78%和89.52%，增幅格外明显。

2015年河北省出台了《河北省农村义务教育薄弱学校改造补助资金管理办法》，重点针对教学、生活设施条件等不能满足基本需求的农村义务教育阶段学校，其中第八条规定，"中央财政拨付的薄改补助资金用于'校舍及设施建设类'和'设备及图书购置类'两类项目"，包括"购置计算机、投影仪等必要的多媒体教学设备和信息化网络设备"。[1] 河北省利用专项的薄改补助资金重点投入，大力增添了小学阶段镇区和乡村的多媒体教室。截至2018年，完成《河北省全面改善贫困地区义务教育薄弱学校基本办学条件项目建设规划实施方案（2014—2018年）》，"五年规划设备购置项目学校12543所，规划投资54.22亿元，截至10月底，累计购置生活设施、课桌凳、教学仪器设备等2037.2万台（件、套），采购图书3560万册，数字教育资源25万GB，累计采购价值39.5亿元，完成规划采购额的72.9%。校舍建设竣工率和设备采购完成率均提前完成了国家要求'双过半'的目标任务"。[2]

---

[1] 《河北省财政厅 河北省教育厅关于印发〈河北省农村义务教育薄弱学校改造补助资金管理办法〉的通知》（冀财教〔2015〕59号），2015年4月15日，见http://czt.hebei.gov.cn/root17/zfxx/201505/t20150505_256663.html。

[2] 《河北省全面改薄2016年工作总结》，2017年3月1日，见http://www.moe.gov.cn/jyb_xwfb/xw_zt/moe_357/57865/58513/58517/201703/t20170301_297775.html。

2. 图书拥有量

表 1-3-8　河北省城乡义务教育阶段生均图书拥有量

(单位：册)

年份	小学 城区	小学 镇区	小学 乡村	初中 城区	初中 镇区	初中 乡村
2013	24.83	21.34	25.17	29.66	32.71	45.82
2014	25.81	23.29	25.72	30.38	33.24	42.46
2015	26.29	24.35	27.10	32.36	35.59	43.53
2016	26.77	25.54	27.94	34.29	35.44	43.83
2017	28.18	27.63	30.24	36.95	37.81	42.88
年均增长率	3.21%	6.67%	4.69%	5.65%	3.69%	−1.64%

注：小学指小学和教学点，初中指三年制初级中学和九年一贯制学校。生均算法依据九年一贯制学校的小学和初中在校生数量与三年制初级中学在校生数量的总和。

如表 1-3-8 所示，2013—2017 年，图书资源明显优化，城区、镇区和乡村小学生均图书拥有量分别增加 3.35 册、6.29 册和 5.07 册，分别增长 13.49%、29.48% 和 20.14%。城区和镇区初中生均图书拥有量分别增加 7.29 册和 5.10 册，分别增长 24.58% 和 15.59%。乡村初中生均图书拥有量减少 2.94 册，下降 6.42%。

2017 年，小学、初中生均图书拥有量均超过 "改薄" 不低于 15 册和 25 册的要求。乡村小学和初中生均图书拥有量高于城区 2.06 册和 5.93 册，但是仅仅生均图书拥有量并不能说明乡村图书资源比城镇有优势，从年均增长率来看，乡村的初中阶段处于负增长。而且不能简单地从生均数据较大来说明乡村的图书资源就优于城镇，乡村生均数据较大，可能是由于乡村学校学生数量较少。在图书管理和使用中，也不能只看数量而不求质量，学生真正拥有的图书资源要符合学生学习情况，总量、种类以及可使用率都是下一步均衡过程中值得关注的方面。

3. 学生计算机拥有量

表1-3-9 河北省义务教育阶段百名学生计算机拥有量

(单位：台)

年份	小学 城区	小学 镇区	小学 乡村	初中 城区	初中 镇区	初中 乡村
2013	11.01	7.58	8.57	12.31	10.41	13.38
2014	11.74	9.26	10.42	13.02	10.71	12.91
2015	11.78	10.31	11.86	13.65	11.46	13.50
2016	12.30	11.11	13.12	14.36	12.15	14.59
2017	13.24	12.40	15.40	15.30	12.56	15.06
年均增长率	4.72%	13.09%	15.78%	5.59%	4.81%	3.00%

注：小学指小学和教学点，初中指三年制初级中学和九年制学校初中阶段。

"每百名学生拥有教学计算机数量"可监测和评价全国及各地教育信息化基本设施条件，反映信息化配备水平，指标值高说明学校的教学数字化终端充足，能够满足教学和学生的使用需要。河北省义务教育阶段学校每百名学生拥有教学计算机台数在五年之中有较大的提高，但是初中阶段的发展速度比较缓慢。

如表1-3-9所示，小学阶段城区每百名学生计算机拥有台数从2013年的11.01台提高到2017年的13.24台，净增2.23台，年均增长率为4.72%；乡村小学的每百名学生计算机拥有台数从2013年的8.57台增长到2017年的15.40台，净增6.83台，年均增长率达15.78%。乡村小学的每百名学生拥有计算机数量的年均增长率远远大于城区，2015年乡村与城区数据基本持平，但在2015年之后，乡村仍然大幅度增长，并在2017年高于城区2.16台。这些成果得益于2014年初河北省印发了《关于全面改善贫困地区义务教育薄弱学校基本办学条件的实施意见》(冀教财〔2014〕42号)，制定了《河北省全面改善贫困地区义务教育薄弱学校基本办学条件项目建设规划实施方案(2014—2018年)》，将"全面改薄"在全省铺开,针对义务教育薄弱学校"补短板",加大了对乡村地区信息化基础设备的投入,尤其是乡村的小学阶段。

初中阶段,城区学校每百名学生计算机拥有台数从2013年的12.31台增长到15.30台,年均增长5.59%;乡村初中从2013年13.38台增长到2017年15.06台,年均增长3.00%。

2017年,乡村小学和初中百位学生计算机拥有台数分别高于镇区3.00台和2.50台,就城乡比较而言,这五年里均表现为镇区最低。因此,发展的下一阶段工作应当重视镇区发展,不能单一关注义务教育薄弱学校而忽视了基本的均衡问题。

4. 网络多媒体教室

表1-3-10 河北省义务教育阶段学校网络多媒体教室数量

(单位:间)

年份	小学			初中		
	城区	镇区	乡村	城区	镇区	乡村
2013	17035	17701	17442	7941	17111	5804
2014	19785	23528	21032	9913	19427	6610
2015	21722	31129	30275	10239	22279	7649
2016	24555	35852	38546	11675	24445	9067
2017	29740	51084	64136	13765	30873	12256
年均增长率	14.95%	30.34%	38.48%	14.74%	15.90%	20.55%

注:小学指小学和教学点,初中指三年制初级中学和九年制学校初中阶段。

如表1-3-10所示,2013—2017年,城区、镇区和乡村小学网络多媒体教室数量分别增加12705间、33383间和46694间,分别增长74.58%、188.59%和267.71%;城区、镇区和乡村初中网络多媒体教室数量分别增加5824间、13762间和6452间,分别增长73.34%、80.43%和111.16%。可以看出,河北省在近五年内对多媒体教室资源的投入很多,其中小学阶段的镇区、乡村的增长速度最为突出,年均增长率达30%以上。

表 1-3-11　每百名学生占有网络多媒体教室数量

(单位：间)

年份	小学 城区	小学 镇区	小学 乡村	初中 城区	初中 镇区	初中 乡村
2013	1.63	0.94	0.78	1.51	1.49	1.44
2014	1.80	1.21	0.93	1.78	1.52	1.45
2015	1.87	1.47	1.30	1.85	1.64	1.63
2016	1.93	1.63	1.65	1.96	1.75	1.90
2017	2.20	2.21	2.82	2.18	2.06	2.49
年均增长率	7.79%	23.83%	37.89%	9.61%	8.44%	14.67%

如表 1-3-11 所示，2013—2017 年，小学阶段城区、镇区和乡村每百名学生占有网络多媒体教室数量分别增加了 0.57 间、1.27 间和 2.04 间，分别增长 34.97%、135.11% 和 261.54%。从年均增长率来看，镇区和乡村明显较高，分别为 23.83% 和 37.89%，从 2013 年开始，镇区和乡村地区的每百名学生占有网络多媒体教室开始明显增加，尤其是 2016 年增加的幅度最大，镇区增加了 0.58 间，乡村增加了 1.17 间。2016 年河北省通过实施"教学点数字教育资源全覆盖"项目，为 4183 个农村教学点配备数字资源和多媒体远程设备，使得 24.2 万名农村学生受益。这一项目的实施工作受到了教育部的通报表扬。[①]

城区、镇区和乡村初中每百名学生占有网络多媒体教室数量分别增加 0.67 间、0.57 间和 1.05 间，增长幅度分别为 44.37%、38.26% 和 72.92%。

---

① 《河北省全面改薄 2016 年工作总结》，2017 年 3 月 1 日，见 http://www.moe.gov.cn/jvb_xwfb/xw_zt/moe_357/57865/58513/58517/201703/t20170301_297775.html。

5. 教学仪器设备资产值

表 1-3-12　河北省义务教育阶段生均教学仪器设备资产值拥有量统计

(单位：元)

年份	小学 城区	小学 镇区	小学 乡村	初中 城区	初中 镇区	初中 乡村
2013	823.79	549.81	531.71	1151.53	935.56	1196.92
2014	939.21	609.97	641.70	1234.69	972.14	1115.75
2015	1009.38	714.76	764.83	1275.77	1094.06	1223.57
2016	1071.67	786.93	851.31	1377.22	1196.51	1364.21
2017	1160.67	876.19	988.35	1429.06	1236.18	1404.50
年均增长率	8.95%	12.36%	16.76%	5.55%	7.21%	4.08%

注：小学指小学和教学点，初中指三年制初级中学和九年制学校初中阶段。

如表 1-3-12 所示，从 2013 年到 2017 年，教学仪器设备资源明显改善，小学城区、镇区和乡村生均教学仪器设备资产值拥有量分别增加 336.88 元、326.38 元和 456.64 元，分别增长 40.89%、59.36% 和 85.88%。可以看出，镇区和乡村生均教学仪器设备资产值增加的幅度明显大于城区，且年均增长率也明显高于城区。初中城区、镇区和乡村生均教学仪器设备资产值拥有量分别增加 277.53 元、300.62 元和 207.58 元，分别增长 24.10%、32.13% 和 17.34%。初中阶段乡村增长幅度较小，且增长速度最慢。

截至 2015 年，河北省义务教育阶段学校生均教学仪器设备资产值拥有量，除去镇区和乡村小学，其他学校均达 1000 元以上。同年，河北省教育厅制定了《河北省"全面改薄"教学仪器设备采购项目采购基本技术要求》，进一步规范设备采购流程，要求设备采购做到"制定采购评标规则、编制采购项目技术参数、规范招标采购过程、项目验收程序、项目档案管理'五个严格'，确保采购设备的质量"[①]。

---

① 《河北省 2015 年全面改薄工作总结》，2016 年 3 月 8 日，http://www.moe.gov.cn/jyb_xwfb/xw_zt/moe_357/s7865/s8513/s8517/201603/t20160308_232404.html。

如表 1-3-12 所示，2017 年河北省义务教育生均教学仪器设备资产值拥有量城区高于乡村，镇区最低，小学和初中城镇差距分别为 284.48 元和 192.88 元，城区和乡镇差距仍然很大，下一步工作的发展不仅要关注到乡村地区的"补短板"，更要关注到镇区、乡村、城区的均衡问题。

（三）学校信息化建设

教育信息化是教育创新和发展的趋势，是促进义务教育均衡发展的重要内容，《教育信息化十年发展规划（2011—2020 年）》中明确指出，基础教育开展教育信息化工作要"以促进义务教育均衡发展为重点"[1]。由于经济条件、自然地理环境和历史条件等多方面因素的制约，部分地区信息化发展水平的不均衡、不充分成为教育发展失衡的新表现。因此，密切关注义务教育阶段信息化发展的现状，分析建设义务教育阶段信息化均衡发展过程中存在的问题，是义务教育信息化均衡发展的必然要求。

2016 年通过实施"教学点数字教育资源全覆盖"项目，为 4183 个农村教学点配备数字教育资源和多媒体远程设备，24.4 万名农村学生因此受益。河北省这一项目的实施工作受到了教育部的通报表扬。与此同时，河北省对"百木林"和"E 学 100"数字化教育资源进行了深度研发和全面升级，并组织了 2017 年河北省教育装备展示会，加强教育信息化发展研究，围绕推动信息化中遇到的实际问题，立项 30 余个，初步建成国家 A

---

[1] 《教育部关于印发〈教育信息化十年发展规划（2011—2020 年）〉的通知》（教技〔2012〕5 号），2012 年 3 月 13 日，http://moe.gov.cn/srcsite/A16/s3342/201203/t20120313_133322.html。

类省级教育数据中心，基本建成比较完整的教育基础数据库，形成河北教育大数据雏形，有力支撑了国家系统在省内的正常运行。在教学方面，初步实现学校"一校一码"，学生和教师"一人一号"，实现信息化教育分享和管理。①

1. 总体概况

表1-3-13 2013—2017年河北省义务教育阶段信息化建设总体概况

学校	年份	建立校园网校（所）	接入互联网校（所）	接受过相关培训的教师（人次）	信息化工作人员（人）
小学	2013	3407	12317	92738	13346
	2014	7290	11255	102489	16411
	2015	9278	11566	113489	17923
	2016	10363	11553	103689	18864
	2017	11282	11515	95853	19651
	年均增长率	34.90%	−1.67%	0.83%	10.16%
初中	2013	1508	2265	67745	6440
	2014	2071	2305	64463	6925
	2015	2233	2345	67829	7473
	2016	2280	2339	60052	7710
	2017	2331	2347	54035	7980
	年均增长率	11.50%	0.89%	−5.50%	5.51%

注：小学指小学和教学点，初中指三年制初级中学和九年制学校的初中阶段。

2013年到2017年，河北省义务教育阶段信息化建设水平稳步提升，取得了很大进展。如表1-3-13所示，从建立校园网校来看，小学增长了7875所，增加231.14%，年均增长率高达34.90%；初中增长54.58%，年均增长率为11.50%。从师资上来看，接受相关培训的教师和信息化工

---

① 参见《中共河北省委高校工委河北省教育厅2017年工作总结》，2018年3月9日发布，见http://jyt.hebei.gov.cn/col/1537864936442/2018/03/09/1520577114809.html。

作人员数量变化比较平稳，小学和初中信息化工作人员分别增加6305人和1540人，分别增长47.24%和23.91%，基本上呈增长趋势，只有初中接受相关培训的教师有逐年减少的趋势，但都没有大幅度的变化；接入互联网校数和接受过信息技术相关培训的专任教师数变化平稳。

2. 建立校园网校数比例

表1-3-14　河北省城乡义务教育阶段学校建立校园网校数比例

（单位：%）

年份	小学			初中		
	城区	镇区	乡村	城区	镇区	乡村
2013	55.13	27.85	22.05	76.52	65.73	54.40
2014	82.86	63.07	51.67	92.86	88.36	81.43
2015	89.87	80.62	72.16	96.34	94.58	91.84
2016	92.45	87.91	85.10	95.82	96.12	95.44
2017	96.24	97.07	96.20	97.58	98.05	98.60

注：小学指小学和教学点，初中指三年制初级中学和九年一贯制学校的初中阶段。

"建立校园网校数比例"可监测和评价全国及各地学校校园网建设情况，作为教育条件保障类指标，说明教育信息化的实现程度。河北省建立校园网校的比例可以反映出"宽带网络校校通"工程的完成情况，到2017年城区、镇区和乡村的中小学建立网校比例都达到了96%—98%，基本上实现"校校通"。

如表1-3-14所示，城区义务教育阶段小学建立校园网校数比例从2013年的55.13%提高到2017年的96.24%，几乎要翻一番；乡村小学从2013年的22.05%增长到96.20%，增长3倍。截至2017年，河北省城区和乡村建立校园网校数比例仅相差0.04个百分点，城乡基本实现均衡。初中阶段，城区达97.58%，乡村所占比例达98.60%，乡村的比例比城区高出了1.02个百分点。2017年，河北省城乡义务教育阶段学校校园网覆盖率超过96%，城乡校园网覆盖率差距明显缩小。

2013年到2015年，义务教育阶段学校的网校建设增长速度较快，尤其是镇区和乡村学校以每年20%—30%的幅度增长。2012年，为贯彻落实全国教育信息化工作电视电话会议精神，加快全国教育信息化进程，国家教育部同国家发展改革委、财政部、工业和信息化部等九部门印发了《教育部等九部门关于加快推进教育信息化当前几项重点工作的通知》（教技〔2012〕13号），对2012年、2013年的教育信息化的工作重点进行了部署。河北省依照文件制定了《河北省教育信息化今明两年重点工作方案》，从2012年开始，推进农村中小学宽带接入与网络条件下教学环境的建设，按照"三通两平台"建设要求，夯实教育信息化工作的基础。

3. 接入互联网校数比例

表1-3-15 河北省城乡义务教育阶段学校接入互联网校数比例

（单位：%）

年份	小学			初中		
	城区	镇区	乡村	城区	镇区	乡村
2013	98.96	90.71	88.56	94.99	95.61	94.56
2014	96.34	90.36	88.45	95.92	96.76	96.14
2015	97.78	95.98	94.67	97.12	98.80	99.04
2016	97.88	97.20	96.28	96.56	98.53	98.89
2017	98.22	98.67	98.38	97.82	98.73	99.49

注：小学指小学和教学点，初中指三年制初级中学和九年制学校的初中阶段。

如表1-3-15所示，2013—2017年河北省城乡义务教育阶段学校接入互联网校数比例呈增长态势，城区小学变化不大，镇区和乡村学校接入互联网校数比例增加7.96个百分点和9.82个百分点，初中城区、镇区和乡村学校接入互联网校数比例分别增加2.83个百分点、3.12个百分点和4.93个百分点。到2017年，学校互联网覆盖率达97%以上。

4. 接受过信息技术相关培训的专任教师比例

表 1-3-16　河北省城乡义务教育阶段接受过信息技术相关培训的专任教师比例

(单位：%)

年份	小学 城区	小学 镇区	小学 乡村	初中 城区	初中 镇区	初中 乡村
2013	36.78	30.40	28.16	40.55	47.38	48.21
2014	47.96	28.08	29.27	40.41	43.24	43.07
2015	46.61	31.53	33.79	44.46	42.39	47.54
2016	42.53	25.30	31.11	43.15	36.09	36.97
2017	38.29	23.03	27.29	35.65	31.19	34.01

注：小学指小学和教学点，初中指三年制初级中学和九年制学校的初中阶段。

教师资源的配置也是影响信息化教学的重要因素，教师担任着向学生传授相关的信息化知识的任务，同时也担任着让课堂教学形式更加信息化、数字化的任务。信息技术专任教师的配置可以反映出义务教育学校的信息化人才储备情况。

如表 1-3-16 所示，城区小学接受过信息技术相关培训的专任教师比例增长 1.51 个百分点，镇区和乡村降低 7.37 个百分点和 0.87 个百分点；初中阶段，城区、镇区和乡村分别降低 4.90 个百分点、16.19 个百分点和 14.20 个百分点。总体来说，信息化专任教师的比例是呈下降趋势的，只有城区小学是微微上涨的趋势，2017 年，小学城区分别高于镇区和乡村 15.26 个百分点和 11.00 个百分点，城乡差距明显，尤其是初中阶段的镇区和乡村下降更为明显，这与当代大学生毕业之后的就业观念有很大的关系，因薪资以及生活环境，毕业生不愿意去乡村就业，专任教师就面临着人数的减少。

5. 信息化工作人员占教职工比例

表 1-3-17　河北省城乡义务教育阶段信息化工作人员数量

（单位：人）

年份	小学			初中		
	城区	镇区	乡村	城区	镇区	乡村
2013	2147	4075	7124	1405	3255	1780
2014	2549	4902	8960	1455	3548	1922
2015	2535	5322	10066	1465	4045	1963
2016	2839	5590	10435	1548	4305	1857
2017	2896	5971	10784	1868	4347	1765
年均增长率	7.77%	10.02%	10.92%	7.38%	7.50%	−0.21%

如表 1-3-17 所示，2013—2017 年，小学和初中信息化工作人员数量均逐年增长，分别增长 6305 人和 1540 人，五年增幅分别为 47.24% 和 23.91%，其中城区、镇区和乡村小学分别增长 749 人、1896 人和 3660 人，增幅分别为 34.89%、46.53% 和 51.38%。城区、镇区初中在校生分别增加 463 人、1092 人，增幅分别为 32.95%、33.55%。需要指出的是，2017 年，乡村初中信息化工作人员数量出现了负增长，比 2016 年减少了 92 人，降幅为 4.95%。

截至 2017 年，河北省义务教育阶段信息化工作人员总数为 27631 人，其中小学信息化工作人员 19651 人，初中信息化工作人员 7980 人。

表 1-3-18　河北省城乡义务教育阶段信息化工作人员比例

（单位：%）

年份	小学			初中		
	城区	镇区	乡村	城区	镇区	乡村
2013	3.51	3.65	4.62	3.29	3.28	4.15
2014	3.96	4.19	5.67	3.27	3.45	4.43
2015	3.85	4.33	6.46	3.25	3.78	4.64
2016	3.95	4.41	6.68	3.87	3.95	4.36
2017	3.80	4.40	6.94	3.73	3.77	4.15

如表 1-3-18 所示，2013—2017 年，河北省城乡义务教育阶段信息化工作人员占比很小，呈缓慢上升态势。小学城区、镇区和乡村分别增加 0.29 个百分点、0.75 个百分点和 2.32 个百分点，初中城区、镇区分别增加 0.44 个百分点、0.49 个百分点，乡村初中基本不变。

从接受过信息化相关培训的专任教师的比例来看，镇区和乡村低于城区，尤其是初中阶段差距明显。然而，从信息化工作人员占教职工人数的比例来看，镇区和乡村倒是比城区高出很多。从数据对比可以看出，镇区和乡村虽然从事信息化方面的教师人数相对城区多、占比大，但是接受过培训的专任教师占比较少，不利于义务教育阶段学校的信息化发展。

（四）学校卫生设施

1. 总体概况

表 1-3-19　河北省义务教育阶段学校卫生设施概况

（单位：所）

学校	年份	按学校供水方式分			按学校厕所情况分		
		自备水源	网管供水	无水源	卫生厕所	非卫生厕所	无厕所
小学	2013	5329	7094	115	3073	9436	29
	2014	5094	7341	94	3218	9263	48
	2015	4787	7311	28	3434	8662	30
	2016	4649	7275	20	3611	8308	25
	2017	3415	8267	15	5905	5769	23
	年均增长率	−10.53%	3.90%	−39.90%	17.74%	−11.57%	−5.63%
初中	2013	1230	1135	16	1049	1321	11
	2014	1206	1168	17	1092	1280	19
	2015	1188	1182	8	1144	1223	11
	2016	1130	1242	7	1193	1174	12
	2017	704	1140	10	1216	623	15
	年均增长率	−13.02%	0.11%	−11.09%	3.76%	−17.13%	8.06%

注：小学指小学和教学点，初中指三年制初级中学。

如表1-3-19所示，2013—2017年，河北省小学和初中卫生情况得到改善，小学和初中自备水源学校减少1914所和526所，降低35.92%和42.76%；小学和初中网管供水学校增加1173所和5所，上涨16.54%和0.44%；小学和初中卫生厕所学校增加2832所和167所，上涨92.16%和15.92%；小学和初中非卫生厕所学校减少3667所和698所，降低38.86%和52.84%。

2017年，河北省义务教育阶段网管供水学校9407所，卫生厕所学校7121所，卫生情况得到改善。

2. 城乡学校卫生设施

表1-3-20　2017年河北省城乡义务教育阶段学校卫生设施分类

（单位：%）

卫生设施	小学			初中		
	城区	镇区	乡村	城区	镇区	乡村
自备水源	14.92	25.49	34.06	16.71	37.81	45.73
网管供水	84.67	74.39	65.87	82.32	61.68	54.27
无水源	0.41	0.12	0.07	0.97	0.51	0
卫生厕所	75.63	55.31	42.76	85.96	67.46	56.94
非卫生厕所	23.89	44.40	57.16	13.08	31.61	42.93
无厕所	0.48	0.30	0.09	0.97	0.93	0.13

注：小学指小学和教学点，初中指三年制初级中学。

在2017年河北省城乡中小学卫生设施情况中，城区优于镇区，镇区优于乡村，城乡差距明显。如表1-3-20所示，小学和初中城区网管供水学校占比高于乡村学校18.80个百分点和28.05个百分点，城区小学卫生厕所学校占比是乡村小学的1.77倍，小学和初中乡村非卫生厕所比例高于城区学校33.27个百分点和29.85个百分点。

(五) 办学条件达标情况

1. 总体达标率概况

表 1-3-21　河北省义务教育阶段学校办学条件达标率

(单位:%)

项目	小学 2013	2014	2015	2016	2017	初中 2013	2014	2015	2016	2017
体育运动场面积	52.51	57.23	67.64	73.07	82.51	72.01	72.17	79.54	83.65	88.46
体育器材配备	53.49	58.78	71.49	78.47	88.28	76.91	77.01	84.94	89.20	93.53
音乐器材配备	50.99	57.00	70.35	77.52	87.53	74.08	74.90	83.79	88.35	92.66
美术器材配备	50.84	56.67	70.16	77.40	87.34	73.98	75.15	83.79	88.13	92.56
数学自然实验仪器(理科实验仪器)	57.07	61.97	74.34	80.93	89.62	83.78	83.23	90.24	93.05	95.69
有校医院(卫生室)	28.03	27.58	29.99	32.43	38.91	54.27	53.40	54.72	57.24	61.33
有专职校医	4.25	2.52	3.18	3.31	4.57	22.44	17.95	19.41	19.13	20.66
有专职保健人员	5.26	2.35	2.55	3.31	5.64	16.47	8.33	8.92	10.74	13.75

注:表中小学指小学和教学点,初中指三年制初级中学。

从2013年到2017年,河北省中小学办学条件达标率呈增长态势,至2017年,初中办学条件达标率高于小学,但小学办学条件达标率的增幅高于初中。如表1-3-21所示,小学体育运动场面积、音乐器材配备、体育器材配备、美术器材配备、数学自然实验仪器(理科实验仪器)、有校医院(卫生室)达标率分别上涨30.00个百分点、34.79个百分点、36.54个百分点、36.50个百分点、32.55个百分点、10.88个百分点;初级中学的相关办学条件达标率分别上升16.45个百分点、16.62个百分点、18.58个百分点、18.58个百分点、8.78个百分点、7.06个百分点。初中有专职校医和专职保健人员达标率略下降,小学则有所上升。

2017年,小学和初中体育运动场面积、音乐器材配备、体育器材配备、美术器材配备、数学自然实验仪器(理科实验仪器)达标率均在

80%以上，但小学有专职校医和专职保健人员达标率仅4.57%和5.64%。

2. 城乡学校办学条件达标率

表 1-3-22 河北省城乡义务教育阶段办学条件达标率

(单位：%)

分类	年份	小学 城区	小学 镇区	小学 乡村	初中 城区	初中 镇区	初中 乡村
体育运动场面积	2013	64.06	56.90	48.59	73.90	75.39	66.80
	2014	67.33	60.77	53.88	74.09	75.27	67.23
	2015	73.08	71.08	65.05	78.77	82.06	76.34
	2016	75.88	75.75	71.27	79.21	89.24	82.02
	2017	80.22	84.00	82.26	82.41	90.68	88.14
体育器械配备	2013	77.08	58.19	47.36	73.90	75.39	66.80
	2014	79.05	63.16	53.27	74.09	75.27	67.23
	2015	83.51	75.78	67.30	78.77	82.06	76.34
	2016	86.88	81.56	75.35	79.21	89.24	82.02
	2017	91.85	89.39	86.97	92.83	95.12	91.51
音乐器材配备	2013	75.52	56.26	44.44	78.64	79.16	65.57
	2014	77.95	62.17	51.01	80.73	79.64	66.10
	2015	82.99	75.13	65.83	87.33	87.05	77.68
	2016	86.67	81.14	74.01	88.78	94.39	84.03
	2017	91.44	88.89	86.02	92.51	94.80	89.58
美术器材配备	2013	75.45	55.97	44.34	77.97	78.74	66.12
	2014	77.95	61.61	50.73	79.73	79.42	67.52
	2015	82.84	74.66	65.74	85.96	86.94	78.42
	2016	86.25	80.88	74.03	88.12	93.83	84.50
	2017	91.17	88.77	85.82	91.86	94.58	89.90
数学自然实验仪器（理科试验仪器）	2013	78.20	61.45	51.50	84.75	87.75	78.19
	2014	80.22	66.64	56.69	84.05	87.31	77.45
	2015	84.99	78.16	70.62	89.38	93.10	86.61
	2016	88.50	83.29	78.32	90.76	98.43	91.16
	2017	92.74	90.22	88.66	93.81	96.86	94.87

(续表)

分类	年份	小学 城区	小学 镇区	小学 乡村	初中 城区	初中 镇区	初中 乡村
有校医院（卫生室）	2013	52.83	31.81	22.10	70.85	57.91	42.80
	2014	52.01	30.38	22.04	67.77	57.25	42.13
	2015	52.66	33.18	24.36	66.78	59.66	42.56
	2016	53.24	35.45	26.89	66.01	62.89	48.06
	2017	58.45	42.18	33.14	72.96	64.25	51.28
有专职校医	2013	9.08	7.68	1.91	42.71	27.23	7.96
	2014	7.11	3.86	1.12	35.22	21.43	5.96
	2015	8.21	4.55	1.63	39.04	22.29	6.85
	2016	8.11	4.92	1.60	35.64	22.98	6.98
	2017	9.31	6.19	2.75	39.74	23.51	7.05
有专职保健人员	2013	12.65	7.12	3.17	32.20	18.01	8.09
	2014	7.77	2.63	1.28	19.27	8.74	3.12
	2015	7.47	3.11	1.38	19.52	10.08	2.68
	2016	8.53	4.38	1.77	20.79	12.78	3.72
	2017	10.54	7.05	3.91	26.38	14.52	6.41

注：表中小学指小学和教学点，初中指三年制初级中学。

如表1-3-22所示，2013—2017年，河北省城乡中小学办学条件达标率除有校医院（卫生室）、有专职校医和专职保健人员达标率外，呈逐年递增趋势，城镇办学条件达标率高于乡村，医疗水平方面城乡差距很大。2017年，城乡小学办学条件达标率除有校医院（卫生室）、有专职校医和专职保健人员达标率外，均超过80%，乡村初中主要的问题是医疗条件明显落后于城镇。

四、教育经费

依据全国教育经费统计体系规定，教育经费投入来源包括国家财政性教育经费、社会团体和公民个人办学经费、社会捐（集）资经费、事业收入及其他教育经费。其中，国家财政性教育经费又分四项：一是公共财政预算内教育经费；二是各级政府征收用于教育的税费；三是企业办学校教育经费；四是校办产业、勤工俭学和社会服务收入用于教育的经费。公共财政预算内教育经费又可分为教育事业费拨款、基建拨款、科研经费拨款和其他经费拨款。

党的十八大以来，随着经济社会的发展进步以及思想观念的不断转变，河北省各级政府对教育事业的重视程度不断提高，积极筹措经费，确保"两个增长"，促进义务教育事业均衡发展。

《中共河北省委教育工委河北省教育厅 2013 年工作要点》指出："加强教育经费使用和管理。积极协调有关部门切实增加教育经费投入，保障教育经费稳定来源和增长。"[1]《中共河北省委教育工委河北省教育厅 2014 年工作要点》又进一步强调"落实新增财政经费来源渠道，确保各级政府教育支出占财政支出的比例不降低，确保财政性教育经费占 GDP 比例不降低"[2]。

《中共河北省委教育工委河北省教育厅 2015 年工作要点》强调"在不断提高教育经费保障与管理水平，保持教育经费稳定增长，各地落实《教育法》规定的'三个增长'和'两个提高'的基础上，从 2015 年春季学期起，建立城市义务教育阶段学校公用经费保障机制，统一城乡义务教育公用经费标准"[3]。

---

[1] 《中共河北省委教育工委河北省教育厅 2013 年工作要点》，2013 年 4 月 4 日，见 http://jyt.hebei.gov.cn/col/1537864936442/2013/04/04/1446786582666.html。

[2] 《中共河北省委教育工委河北省教育厅 2014 年工作要点》，2014 年 3 月 6 日，见 http://jyt.hebei.gov.cn/col/1537864936442/2014/03/06/1446786582556.html。

[3] 《中共河北省委教育工委河北省教育厅 2015 年工作要点》，2015 年 3 月 18 日，见 http://jyt.hebei.gov.cn/col/1537864936442/2015/03/18/1446786582461.html。

2015年12月，河北省出台的《关于加快发展民族教育的实施意见》（冀政发〔2015〕46号）中指出："各级政府要切实增加民族教育投入，加快推进民族地区基本公共教育服务均等化。省级财政加大转移支付力度，着力加大改善中小学办学条件的倾斜力度，对自治县和民族县分别按照高于其他县的15%和10%安排补助资金。'十三五'期间，省级财政增加投入3亿元，重点支持自治县、民族县和民族乡改善幼儿园、中小学基本办学条件，提高教育教学信息化水平，力争2018年率先实现教育现代化。"①

2016年1月经省委、省政府同意，河北省印发了《关于推进教育脱贫行动的实施方案》（冀教财〔2016〕2号），提出加大资金支持，"加强对各项教育经费的统筹，加大对教育扶贫工程的投入，经费要向扶贫开发任务较重的地区倾斜。加大中央一般性转移支付、教育专项转移支付等增量资金向教育扶贫工程的投入力度"②。

2016年，结合国家京津冀协同发展战略的实施，《中共河北省委教育工委河北省教育厅2016年工作要点》指出："推进京津冀教育协同发展工作。加强与教育部的沟通联系以及同京津两市的协调衔接，积极争取国家在政策、资金等方面对河北给予更大的支持。"同时，进一步强调，"以建立健全各级教育生均拨款制度为抓手，加快形成保证财政教育投入稳定增长的长效机制。制定出台我省完善城乡义务教育保障机制的实施意见。继续实施统一的城乡义务教育学校生均公用经费基准定额"③。

---

① 《河北省人民政府关于加快发展民族教育的实施意见》（冀政发〔2015〕46号），2015年12月3日，见www.hebei.gov.cn/columns/06182712-83cd-432f-9d0e-696fe898149d/202309/12/2368b116-8713-425a-8c9c-0123a3d66cfe.html。

② 《河北省扶贫开发办公室关于印发〈关于推进教育脱贫行动的实施方案〉的通知》（冀教财〔2016〕2号），2016年1月13日，见http://hee.hebei.gov.cn/col/1410097726928/2016/01/19/1453184857934.html。

③ 《中共河北省委教育工委河北省教育厅2016年工作要点》，2016年3月10日，见http://jyt.hebei.gov.cn/col/1410097726928/2016/03/18/1458291817983.html。

（一）义务教育经费投入

1. 全省义务教育经费总投入

表 1-4-1　2013—2017 年河北省义务教育经费总投入情况

年份	教育经费总投入 金额（亿元）	国家财政性教育经费投入 金额（亿元）	国家财政性教育经费投入 占总投入比重（%）	公共财政预算教育经费投入 金额（亿元）	公共财政预算教育经费投入 占总投入比重（%）
2013	1029.81	852.40	82.77	806.72	78.34
2014	1086.17	892.65	82.18	887.05	81.67
2015	1286.16	1073.30	83.45	1068.16	83.05
2016	1420.38	1188.82	83.70	1176.67	82.84
2017	1593.85	1337.48	83.92	1301.01	81.63
年均增长率	11.54%	11.92%	—	12.69%	—

在国家政策的大力支持下，河北省各级政府对教育事业的重视程度不断加强，且有效落实了政府在经费投入方面的政策，政策在河北省义务教育阶段经费投入上起到了支撑、保障的作用，客观上促进了河北省义务教育阶段经费投入逐年递增。

如表 1-4-1，2013—2017 年，河北省义务教育阶段经费投入逐年增加，且增速较快。河北省教育经费总投入、国家财政性教育经费投入、公共财政预算教育经费投入分别增加 564.04 亿元、485.08 亿元、494.29 亿元，分别增长 54.77%、56.91% 和 61.27%。从 2013 年到 2017 年，国家财政性教育经费投入占总投入比例、公共财政预算教育经费投入占总投入比重分别增加 1.15 个百分点、3.29 个百分点。2017 年，教育经费总投入、国家财政性教育经费投入和公共财政预算教育经费投入达 1593.85 亿元、1337.48 亿元和 1301.01 亿元，分别是 2013 年的 1.55 倍、1.57 倍和 1.61 倍，增幅明显。

2. 城乡义务教育经费投入

表 1-4-2　河北省城乡义务教育阶段经费投入情况

年份	小学 普通小学 金额(亿元)	小学 普通小学 占比(%)	小学 其中:农村小学 金额(亿元)	小学 其中:农村小学 占比(%)	初中 普通初中 金额(亿元)	初中 普通初中 占比(%)	初中 其中:农村初中 金额(亿元)	初中 其中:农村初中 占比(%)
2013	322.62	31.33	222.13	21.57	184.93	17.96	94.06	9.13
2014	351.30	32.30	276.28	25.40	195.45	17.97	136.51	12.55
2015	430.17	33.40	335.85	26.08	234.98	18.25	165.82	12.88
2016	477.14	33.54	363.92	25.58	260.50	18.31	174.78	12.29
2017	534.40	33.47	408.75	25.60	300.73	18.83	204.71	12.82
年均增长率	13.45%	—	16.47%	—	12.93%	—	21.46%	—

注：表中占比为该项投入占教育经费总投入的比例。

如表 1-4-2 所示，2013—2017 年，河北省普通小学、农村小学、普通初中和农村初中教育经费投入逐年递增，分别增加 211.78 亿元、186.62 亿元、115.80 亿元和 110.65 亿元，分别增长 65.64%、84.01%、62.62% 和 117.64%，占比分别增长 2.14 个百分点、4.03 个百分点、0.87 个百分点和 3.69 个百分点。小学经费投入高于初中，农村义务教育阶段经费投入增幅明显。

虽然农村义务教育经费投入呈不断上涨的趋势，但是与城市相比仍存在一定差距，截止到 2017 年，河北省普通小学和普通初中教育经费投入占比高于农村小学和农村初中 7.87 个百分点和 6.01 个百分点。

3. 国家财政性教育经费投入

表 1-4-3　河北省城乡义务教育阶段国家财政性教育经费投入情况

年份	小学 普通小学 金额(亿元)	小学 普通小学 占比(%)	小学 其中:农村小学 金额(亿元)	小学 其中:农村小学 占比(%)	初中 普通初中 金额(亿元)	初中 普通初中 占比(%)	初中 其中:农村初中 金额(亿元)	初中 其中:农村初中 占比(%)
2014	338.37	37.85	267.70	29.95	184.83	20.68	131.11	14.67

(续表)

年份	小学 普通小学 金额(亿元)	占比(%)	其中:农村小学 金额(亿元)	占比(%)	初中 普通初中 金额(亿元)	占比(%)	其中:农村初中 金额(亿元)	占比(%)
2015	413.67	38.48	323.74	30.11	220.50	20.51	157.88	14.69
2016	457.38	38.40	350.00	29.39	244.48	20.53	166.50	13.98
2017	511.46	38.16	408.75	29.23	278.05	20.74	191.45	14.28
年均增长率	14.76%	—	15.15%	—	14.58%	—	13.45%	—

注：表中占比为该项投入占国家财政性教育经费总投入的比例。

如表1-4-3所示，2014—2017年，河北省小学和初中国家财政性教育经费投入增加明显，但是所占比重略有下降，其中，农村小学和农村初中所占比重低，降幅超过普通小学和普通初中。

4. 公共财政预算安排的教育经费投入

表1-4-4 河北省城乡义务教育阶段公共财政预算安排的教育经费投入情况

年份	小学 普通小学 金额(亿元)	占比(%)	其中:农村小学 金额(亿元)	占比(%)	初中 普通初中 金额(亿元)	占比(%)	其中:农村初中 金额(亿元)	占比(%)
2014	312.25	37.13	245.01	29.13	171.00	20.33	120.65	14.34
2015	412.31	38.60	322.53	30.20	219.82	20.58	157.29	14.73
2016	456.02	38.75	349.02	29.66	242.71	20.62	165.24	14.04
2017	502.10	38.58	386.89	29.73	270.88	20.81	187.72	14.42
年均增长率	17.16%	—	16.45%	—	16.57%	—	15.88%	—

注：表中占比为该项投入占公共财政预算安排的教育经费总投入的比例。

如表1-4-4所示，河北省小学和初中公共财政预算教育经费投入从2014年到2017年的年均增长率分别为17.16%和16.57%，增速较快。农村小学和农村初中公共财政预算教育经费占比明显小于普通小学和普通初中，呈平稳的发展趋势，农村初中占比略有下降。

近年来，河北省不断深化义务教育阶段经费保障机制改革，把义务教育经费保障纳入"民生工程",加大省级政府统筹力度,重点对农村地区、贫困地区以及薄弱环节和重点领域给予支持,从而努力均衡配置中小学办学资源,为均衡发展提供物质保障。

早在 2014 年底,全省"全面改薄"工作调度会议提出"省和各市县要共同努力,科学估算中央和省补助资金,加大资金投入力度,各市、县要根据本地薄弱学校改造任务及资金需求情况,合理确定地方各级财政应承担资金,切实落实财政投入责任,要合理使用各类专项资金,积极统筹中央财政已经安排的农村义务教育经费保障机制、农村中小学校舍维修改造长效机制、初中校舍改造工程等资金和项目,提高各类资金使用的综合效益"[1]。

2015 年初,全省教育工作会议上又强调"要大力实施改善贫困地区义务教育薄弱学校基本办学条件工程,各地要加强与发改委、财政部门的沟通协调,统筹好义务教育各类资金,加大地方资金投入力度,要将'全面改薄'与推进学校标准化建设结合起来,优先解决农村薄弱学校的突出问题,优先满足学校最为紧迫急需的基本条件;在经费方面,要着力提高教育经费保障水平"[2]。"全面改薄"在资金上对农村义务教育的发展予以了一定程度的经济保障,在该政策的指引下,从表 1-4-3 和表 1-4-4 可以明显看出,与 2014 年相比,2015 年农村义务教育阶段国家财政性教育经费、公共财政预算安排的教育经费都大幅增长。尽管农村义务教育经费投入有所增加,但是与城市相比仍存在一定差距,截止到 2015 年,小学和初中国家财政性教育经费城乡占比相差 8.37 个百分点和 5.82 个百分点。

---

[1] 《杨勇副厅长在"全面改薄"工作调度会议上要求加强领导加大投入积极作为全面完成义务教育"改薄"任务》,2014 年 12 月 15 日发布,见 http://jyt.hebei.gov.cn/col/1405610764482/2014/12/15/1433921627227.html。

[2] 《关于印发刘教民厅长在 2015 年全省教育工作会议上讲话的通知》,2015 年 4 月 9 日发布,见 http://jyt.hebei.gov.cn/col/1405611247709/2015/04/09/1434535798594。

针对此状况，河北省相继出台了一系列政策进一步缩小城乡义务教育阶段经费投入差距。

2016年1月，河北省出台了《关于推进教育脱贫行动的实施方案》（冀教财〔2016〕2号），提出"加强对各项教育经费的统筹，加大对教育扶贫工程的投入，经费要向扶贫开发任务较重的地区倾斜，加大中央一般性转移支付、教育专项转移支付等增量资金向教育扶贫工程的投入力度，加强教育扶贫工程资金的使用管理"[1]。2月，河北省出台的《河北省全面改善贫困地区义务教育薄弱学校基本办学条件工作专项督导实施办法》（冀教督办〔2016〕3号）进一步指出，"落实资金，市县切实加大财政投入，优化财政支出结构，向贫困地区、义务教育薄弱学校倾斜，做好改善基本办学条件需求与各项义务教育资金的统筹和对接，逐步缩小区域、城乡、校际差距；资金、项目安排无重复交叉或支持缺位现象"[2]。

在政策的指引下，义务教育经费在农村地区的投入不断加大，如表1-4-2，2013—2017年，河北省农村小学和农村初中教育经费投入逐年递增，分别增加186.62亿元和110.65亿元，分别增长84.01%和117.64%，占比分别增长4.03个百分点和3.69个百分点，农村义务教育经费投入增幅明显。

由此可见，2014年底的"全面改薄"工作调度会议切实加大了对农村地区教育经费的投入力度，出台的《关于推进教育脱贫行动的实施方案》（冀教财〔2016〕2号）等政策继续推进了经费要向扶贫开发任务较重的农村地区倾斜，一系列政策的出台使得教育经费在一定程度上向农村贫困

---

[1] 《关于推进教育脱贫行动的实施方案的通知》，2016年1月13日发布，http://jyt.hebei.gov.cn/col/1410097726928/2016/01/19/1453184857934.html。

[2] 《河北省全面改善贫困地区义务教育薄弱学校基本办学条件工作专项督导实施办法》（冀教督办〔2016〕3号），2016年2月22日发布，http://jyt.hebei.gov.cn/col/1410097726928/2016/02/23/1456209436721.html。

地区倾斜,而且在实施和落实上卓有成效。但是截止到 2017 年,如表 1-4-2,河北省普通小学和普通初中教育经费投入占比高于农村小学和农村初中 7.87 个百分点和 6.01 个百分点,具体表现在教育经费投入上,普通小学比农村小学多 125.65 亿元,普通初中比农村初中多 96.02 亿元,差距仍然显著。

(二)义务教育经费支出

1. 全省义务教育经费总支出

图 1-4-1 河北省公共财政预算教育经费拨款占财政支出的比例

如图 1-4-1 所示,2013—2014 年,河北省公共财政预算教育经费拨款占财政支出的比例呈下降趋势,具体表现为下降 0.3 个百分点。义务教育作为国家予以保障的公益性事业,其优质发展需求的成本绝大部分应由政府承担,在任何情况下都不能打折扣。为了促进义务教育的良好发展,要进一步明确各级政府应履行的对教育投入的法定职责,继续加大资金投入,加强公共财政对教育的保障力度,保持财政支出中教育经费所占比重的稳定。针对此情况,2014 年 3 月出台的《中共河北省委教育工委河北省教育厅 2014 年工作要点》提出:"筹措、管理和使用好教育经费。督促各地落实法定增长，落实新增财政经费来源渠道，确保各级政府教育支出占财政支出的比例不降低，确保财政性教育经费占 GDP 比例不降低。"[①] 在该政策的影响下，2014 年之后，河北省公共财政预算教育经费拨款占财政支出的比例持续增长，截止到 2017 年占比达到 18.84%。

2. 城乡义务教育经费支出

（1）教育经费总支出

表 1-4-5　河北省城乡义务教育经费总支出情况

（单位：亿元）

年份	小学		初中	
	普通小学	其中：农村小学	普通初中	其中：农村初中
2014	343.67	271.21	190.92	133.10
2015	423.76	333.19	231.91	163.55
2016	474.89	362.33	258.71	173.41
2017	529.41	404.48	299.11	203.11
年均增长率	15.49%	14.25%	16.14%	15.13%

如表 1-4-5 所示，2014—2017 年，河北省普通小学、农村小学、普通初中和农村初中教育经费总支出分别增加 185.74 亿元、133.27 亿元、108.19 亿元和 70.01 亿元，分别增长 54.05%、49.14%、56.67% 和 52.60%。2017 年，河北省普通小学和普通初中教育经费总支出达 828.52 亿元，农村小学和农村初中教育经费总支出达 607.59 亿元。从年均增长率来看，城乡在义务教育阶段基本持平，相差 1 个百分点左右，但是从经费支出总量来看，城乡仍然存在较大差距。截至 2017 年，普通小学与农村小学教育经费支出相差 124.94 亿元，在初中阶段教育经费支出相差

---

① 《中共河北省委教育工委河北省教育厅 2014 年工作要点》，2014 年 3 月 6 日，见 http://jyt.hebei.gov.cn/col/1537864936442/2014/03/06/1446786582556.html。

96亿元，差距明显。

(2) 教育经费分项支出

表 1-4-6　2017 年河北省小学和初中教育经费支出情况

（单位：亿元）

	教育经费总支出	事业性经费支出	个人支出	公用支出	基建支出
普通小学	529.41	529.32	382.03	145.41	1.88
其中：农村小学	404.48	404.39	292.35	110.45	1.59
普通初中	299.11	298.69	207.68	89.91	1.11
其中：农村初中	203.11	202.98	140.28	61.78	0.93

如表 1-4-6 所示，2017 年，公用支出占事业性经费支出的比例具体表现为：普通小学为 27.47%，农村小学为 27.31%，普通初中为 30.10%，农村初中为 30.43%，城乡之间基本持平，差距不明显。

(3) 公共财政预算教育经费支出

表 1-4-7　河北省城乡义务教育阶段学校公共财政预算教育事业费支出情况

（单位：亿元）

年份	小学		初中	
	普通小学	其中：农村小学	普通初中	其中：农村初中
2014	274.99	217.26	148.68	106.69
2015	380.78	299.51	207.11	148.71
2016	410.35	315.09	221.15	152.93
2017	474.93	365.83	257.25	179.21
年均增长率	19.98%	18.97%	20.05%	18.87%

如表 1-4-7 所示，2014—2017 年，河北省普通小学、农村小学、普通初中、农村初中学校公共财政预算教育事业费支出分别增加 199.94 亿元、148.57 亿元、108.57 亿元、72.52 亿元，分别增长 72.71%、68.38%、73.02%、67.97%。可见，支出呈快速增长之势，年均增长率约 20%，小

学增速高于初中。

表 1-4-8　河北省城乡义务教育阶段学校公共财政预算教育事业费公用部分支出情况

年份	小学 普通小学（亿元）	公用部分占支出比例（%）	其中：农村小学（亿元）	公用部分占支出比例（%）	初中 普通初中（亿元）	公用部分占支出比例（%）	其中：农村初中（亿元）	公用部分占支出比例（%）
2014	73.96	26.90	59.94	27.59	40.61	27.31	31.37	29.40
2015	111.54	29.29	88.22	29.46	60.13	29.03	45.72	30.75
2016	104.73	25.52	83.26	26.42	56.71	25.64	42.58	27.84
2017	127.87	26.92	99.12	27.09	71.56	27.82	51.15	28.54

如表 1-4-8 所示，2014—2017 年，河北省城乡义务教育阶段学校公共财政预算教育事业费中公用部分比例轻微浮动，变化不大。农村小学和农村初中公用经费比重高于普通小学和普通初中。

（三）教育经费"三个增长"

1995 年颁布的《中华人民共和国教育法》第 55 条规定，各级人民政府教育财政拨款的增长比例应当高于财政经常性收入增长比例，并按在校学生人数平均教育费用逐步增长，保证教师工资和学生人均公用经费逐步增长。

1."第一个增长"

表 1-4-9　河北省公共财政教育拨款的增长与财政经常性收入增长百分比比较

（单位：%）

年份	公共财政教育支出的增长百分比	财政经常性收入的增长百分比	公共财政教育支出的增长与财政经常性收入增长的比较
2014	4.29	2.90	1.39

(续表)

年份	公共财政教育支出的增长百分比	财政经常性收入的增长百分比	公共财政教育支出的增长与财政经常性收入增长的比较
2015	24.77	3.99	20.78
2016	11.44	7.82	3.62
2017	11.75	—	—

如表 1-4-9 所示,将河北省 2014—2016 年预算内教育经费拨款的增长百分比与财政经常性收入增长的百分比比较来看,达到了"第一个增长"的要求,尤其是 2015 年,预算内教育经费拨款的增长比例高出财政经常性收入增长比例 20.78 个百分点。

2."第二个增长"

表 1-4-10 河北省城乡义务教育阶段生均财政预算教育事业费

(单位:元)

年份	小学 普通小学	其中:农村小学	初中 普通初中	其中:农村初中
2013	4936.80	5143.76	7470.83	8368.17
2014	5349.05	5351.66	7749.39	7696.61
2015	6752.72	6784.95	9557.77	9366.44
2016	7300.16	7205.72	10532.56	9871.71
2017	7914.19	7974.72	11441.39	10980.88
年均增长率	12.52%	11.59%	11.24%	7.03%

生均教育经费既反映了教育事业的整体投入,又反映了教育发展规模对教育经费投入的影响,具体到生均预算内教育事业费,还可以反映各级政府对义务教育阶段经费投入的程度。如表 1-4-10 所示,从"第二个增长"来看,2013—2017 年河北省义务教育阶段生均预算内教育事业费均达到了教育经费投入"第二个增长"的标准,普通初中和普通小学年均增长率高于农村小学和农村初中。

3."第三个增长"

表1-4-11 河北省城乡义务教育阶段生均财政预算公用经费

（单位：元）

年份	小学		初中	
	普通小学	其中：农村小学	普通初中	其中：农村初中
2013	1390.81	1451.80	2083.65	2206.41
2014	1439.30	1477.20	2121.14	2269.90
2015	1770.62	1834.69	2533.69	2690.96
2016	1861.95	1905.95	2695.48	2759.53
2017	1922.14	1990.74	2796.80	2877.73
年均增长率	8.42%	8.21%	7.64%	6.87%

公用经费是指主要用于学校购买办公用品、缴纳水电费等日常开支的费用，预算内公用经费反映了各级政府对改善学校办学条件的支持程度，它保证着学校的正常运转。从"第三个增长"来看，如表1-4-11所示，2013—2017年，河北省义务教育阶段生均预算内公用经费同样达到了教育经费投入"第三个增长"的标准，普通小学年均增长率高于普通初中，农村初中年均增长率为6.87%。

党的十八大以来，河北省各级政府积极响应国家政策，在年度工作要点中多次提到要贯彻落实"三个增长"。2015年3月出台的《中共河北省委教育工委河北省教育厅2015年工作要点》第27条指出，"不断提高教育经费保障与管理水平。保持教育经费稳定增长，各地落实《教育法》规定的'三个增长'和'两个提高'。加大对教育经费执行情况监测检查力度，对各市县教育经费增长情况予以公示"[1]。具体来看，如表1-4-9所

---

[1] 《中共河北省委教育工委河北省教育厅2015年工作要点》，2015年3月18日，见 http://jyt.hebei.gov.cn/col/1537864936442/2015/03/18/1446786582461.html。

示，2015年，预算内教育经费拨款的增长高出财政经常性收入增长20.78个百分点，较之前1.39%的数据来看，增幅非常明显，这与2015年工作要点中提出的要求密不可分。

2016年工作要点中进一步提出，"着力提高教育经费保障与管理水平，积极落实新《教育法》规定的教育经费'两个提高''三个增长'要求，以建立健全各级教育生均拨款制度为抓手，加快形成保证财政教育投入稳定增长的长效机制"①。在政策的推动和鼓励下，河北省不断加大在义务教育阶段的经费投入，逐步实现了"三个增长"的目标。

（四）义务教育阶段经费区域内外比较

1. 城乡义务教育阶段生均经费与全国比较

（1）生均公共财政预算教育事业费

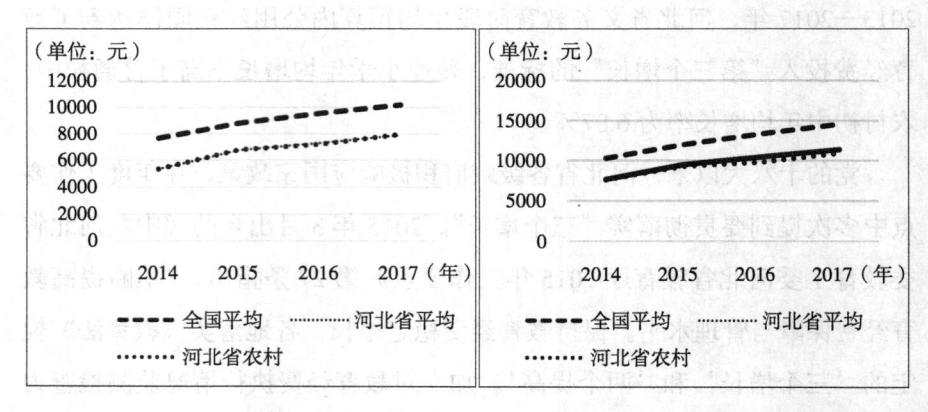

图1-4-2　河北省与全国普通小学生均公共财政预算教育事业费对比

图1-4-3　河北省与全国普通初中生均公共财政预算教育事业费对比

---

① 《中共河北省委教育工委河北省教育厅2016年工作要点》，2016年3月10日，见http://jyt.hebei.gov.cn/col/1410097726928/2016/03/18/1458291817983.html。

表 1-4-12　河北省与全国义务教育阶段生均公共财政预算教育事业费

(单位：元)

年份	普通小学				普通初中			
	2014	2015	2016	2017	2014	2015	2016	2017
全国平均	7679.84	8806.92	9556.18	10196.96	10357.50	12061.59	13412.04	14637.72
河北省平均	5349.05	6752.72	7300.16	7914.19	7749.39	9557.77	10532.56	11441.39
河北省农村	5351.66	6784.95	7205.72	7974.72	7696.61	9366.44	9871.71	10980.88

如图 1-4-2、图 1-4-3 和表 1-4-12 所示，2014—2017 年，河北省生均经费呈逐年递增趋势，小学阶段生均公共财政预算教育事业费增长 2565.14 元，初中增长 3692 元，但是放在全国视角下，河北省生均公共财政预算教育事业费偏低，仍与全国平均水平存在很大差距。其中，农村普通初中阶段生均公共财政预算教育事业费与全国水平差距尤为明显。

截止到 2017 年，河北省普通小学、农村小学、普通初中和农村初中生均公共财政预算教育事业费低于全国平均水平 2282.77 元、2222.24 元、3196.33 元和 3656.84 元，生均差距尚且如此，计算到总量上更是不可忽视。

(2) 生均公共财政预算公用经费

表 1-4-13　河北省与全国义务教育阶段生均公共财政预算公用经费

(单位：元)

年份	普通小学				普通初中			
	2014	2015	2016	2017	2014	2015	2016	2017
全国平均	2241.01	2405.68	2609.94	2730.41	3119.04	3322.23	3559.13	3789.65
河北省平均	1439.30	1770.62	1861.95	1922.14	2121.14	2533.69	2695.48	2769.80
河北省农村	1477.20	1834.69	1905.95	1990.74	2269.90	2690.96	2759.53	2877.73

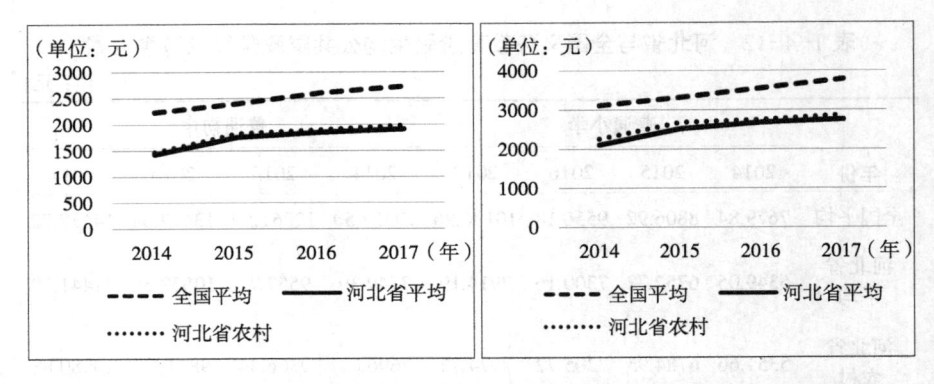

图 1-4-4　河北省与全国普通小学生均公共财政预算公用经费对比　　图 1-4-5　河北省与全国普通初中生均公共财政预算公用经费对比

如图 1-4-4、图 1-4-5 和表 1-4-13 所示，2014—2017 年，全国生均公共财政预算公用经费水平与河北省对比，全国平均水平最高，河北省农村水平次之，河北省平均水平最低。从 2014 年到 2017 年，普通小学阶段全国平均水平与河北省平均水平差距分别为 801.71 元、635.06 元、747.99 元和 808.27 元；从 2014 年到 2017 年，普通初中阶段全国平均水平与河北省平均水平差距分别为 997.90 元、788.54 元、863.65 元和 1019.85 元。2014 年以来，虽然河北省生均公共财政预算公用经费一直呈增长态势，但是与全国相比，差距是继续加大的。

2. 城乡义务教育阶段生均经费的京津冀比较

（1）京津冀生均公共财政预算教育事业费比较

表 1-4-14　京津冀义务教育阶段生均公共财政预算教育事业费比较

(单位：元)

年份	普通小学 2015	普通小学 2016	普通小学 2017	普通初中 2015	普通初中 2016	普通初中 2017
北京市	23757.49	25793.55	30016.78	40443.73	45516.37	57636.12
天津市	18128.16	18284.41	18683.78	28208.67	29961.87	30949.79
河北省	6752.72	7300.16	7914.19	9557.77	10532.56	11441.39

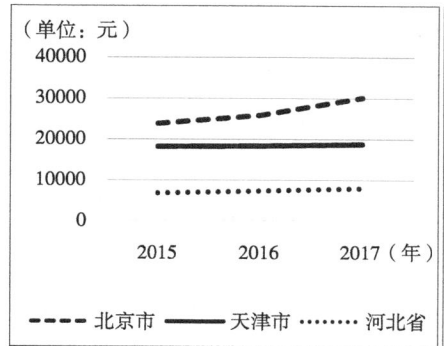

图 1-4-6　京津冀普通小学生均公共财政预算教育事业费比较

图 1-4-7　京津冀普通初中生均公共财政预算教育事业费比较

如图 1-4-6、图 1-4-7 和表 1-4-14 所示，2015—2017 年，河北省普通小学和普通初中的生均公共财政预算教育事业费呈不断上涨趋势，2015—2016 年普通小学和普通初中生均公共财政预算教育事业费分别增加 547.44 元和 974.79 元，2016—2017 年分别增加 614.03 元和 908.83 元，整体都有所增加。小学阶段，北京市、天津市和河北省 2015 年到 2017 年生均公共财政预算教育事业费分别增加 6259.29 元、555.62 元和 1161.47 元，分别增长 26.35%、3.06% 和 17.20%。初中阶段，北京市、天津市和河北省 2015 年到 2017 年生均公共财政预算教育事业费分别增加 17192.39 元、2741.12 元和 1883.62 元，分别增长 42.51%、9.72% 和 19.71%。

(2) 京津冀生均公共财政预算公用经费比较

表 1-4-15　京津冀义务教育阶段生均公共财政预算公用经费比较

(单位：元)

年份	普通小学 2015	普通小学 2016	普通小学 2017	普通初中 2015	普通初中 2016	普通初中 2017
北京市	9753.38	10308.69	10855.08	15945.08	16707.86	21282.49
天津市	4361.41	4244.66	3649.46	6356.92	5790.51	5014.55
河北省	1770.62	1861.95	1922.14	2533.69	2695.48	2769.80

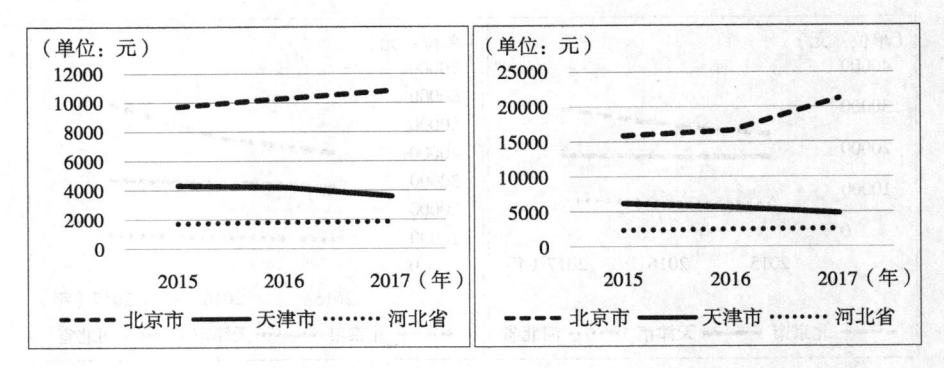

图 1-4-8　京津冀普通小学生均公共财政预算公用经费对比

图 1-4-9　京津冀普通初中生均公共财政预算公用经费对比

如图 1-4-8、图 1-4-9 和表 1-4-15 所示，小学阶段，北京市、天津市和河北省 2015 年到 2017 年生均公共财政预算公用经费分别增加 1101.70 元、-711.95 元和 151.52 元，分别增长 11.30%、-16.32% 和 8.56%。初中阶段，北京市、天津市和河北省 2015 年到 2017 年生均公共财政预算公用经费分别增加 5337.41 元、-1342.37 元和 236.11 元，分别增长 33.47%、-21.12% 和 9.32%。

河北省地理环境复杂，兼具高原、平原和海滨，具有多元化的区域特征，在地理位置上更是有着独特的优势，与首都北京、直辖市天津相邻。为了更好地利用先天优势、促进河北省教育更好更快发展，2016 年 3 月出台的《中共河北省委教育工委河北省教育厅 2016 年工作要点》中提出，"推进京津冀教育协同发展工作，加强与教育部的沟通联系以及同京津两市的协调衔接，积极争取国家在政策、资金等方面对河北给予更大的支持"①。

京津冀教育协同发展工作政策的推动，客观上促进了河北省教育

---

① 《中共河北省委教育工委河北省教育厅 2016 年工作要点》，2016 年 3 月 10 日，见 http://jyt.hebei.gov.cn/col/1410097726928/2016/03/18/1458291817983.html。

事业费和公用经费的增长。如表1-4-14所示，2015—2017年，北京市、天津市和河北省小学阶段的生均公共财政预算教育事业费分别增加6259.29元、555.62元和1161.47元，分别增长26.35%、3.06%和17.20%；初中阶段分别增加17192.39元、2741.12元和1883.62元，分别增长42.51%、9.72%和19.71%，河北省涨幅较快，但是从增长金额来看，小学阶段北京市生均公共财政预算教育事业费增加6259.29元，超出河北省5097.82元，初中阶段北京市增加17192.39元，而河北省增加1883.62元，两地之间相差15308.77元，较为悬殊。

3. 省内各市间生均教育经费比较

（1）各市生均公共财政预算教育事业费

表1-4-16 河北省小学生均公共财政预算教育事业费比较

（单位：元）

各市	2013年	2014年	2015年	2016年	2017年	年均增长率
A市	5572.53	5777.64	7069.62	8272.40	8713.85	11.83%
B市	5771.43	5864.64	6705.14	7383.47	7913.70	8.21%
C市	5596.05	6325.74	7422.96	8448.70	9174.18	13.15%
D市	4077.22	4680.83	5342.62	5615.71	6038.06	10.31%
E市	4090.55	4840.95	6381.42	6964.53	7489.64	16.32%
F市	3620.49	3908.48	5806.05	6202.73	6751.68	16.86%
G市	6025.25	6453.30	8347.73	9379.99	11044.27	16.36%
H市	6719.89	7337.91	9486.23	10165.11	10475.36	11.74%
J市	5080.78	5331.13	6722.21	7020.42	7418.73	9.93%
R市	6019.48	6067.09	8064.39	7957.03	8884.37	10.22%
T市	4170.41	4952.69	6220.89	6907.72	7373.27	15.31%

表 1-4-17　河北省初中生均公共财政预算教育事业费比较

(单位：元)

各市	2013 年	2014 年	2015 年	2016 年	2017 年	年均增长率
A 市	8804.59	8736.17	10199.17	12418.26	13163.02	10.58%
B 市	9179.08	8961.50	10168.90	11571.58	12817.06	8.70%
C 市	8330.63	9191.87	11527.91	14067.93	15804.95	17.36%
D 市	7047.72	7841.91	8828.09	8958.48	9164.78	6.79%
E 市	5491.84	6250.08	7975.68	8778.31	9552.95	14.84%
F 市	5779.28	6003.80	8074.73	8815.23	9689.99	13.79%
G 市	6886.64	7333.62	9376.65	10658.01	13081.41	17.40%
H 市	8691.76	8900.43	11035.89	11210.98	11536.53	7.34%
J 市	7500.60	7409.32	9598.84	10011.74	10697.23	9.28%
R 市	7786.53	7740.89	11636.69	12343.06	14469.27	16.76%
T 市	6015.43	6047.50	8049.17	8929.13	9154.48	11.07%

如表 1-4-16 和表 1-4-17，2013—2017 年，河北省小学生均公共财政预算教育事业费排前两位的都是 G 市和 H 市，C 市和 R 市四年间交替位于第三位，D 市和 F 市位列最后两位。F 市四年间的年均增长率最高，B 市年均增长率最低。河北省初中生均公共财政预算教育事业费，A 市、C 市、B 市和 R 市四年间排名靠前，年均增长率最高的是 G 市，排在后三位的是 C 市、E 市和 F 市。从数据可以明显看出，H 市和 G 市经济发展水平在全省范围内并不突出，但是教育事业费却在省内处于前位，其中，H 市的教育事业费以 2014 年为明显转折点，G 市的教育事业费以 2015 年为明显转折点，较前一年相比有明显增长。

受经济发展水平、历史环境等因素的影响，各市之间的生均公共财政预算教育事业费必然存在一定的差距，除此之外，政策上的扶持也会在很大程度上影响当地的生均公共财政预算教育事业费。

2014 年承德市政府出台了《承德市人民政府关于扎实推进县域义务教育均衡发展的实施意见》（承市政字〔2014〕17 号），制定出推进县域义务教育均衡发展的多种举措，提出"在教育经费方面提高投入保障能力，落实教育投入各项政策，提高各县公用经费标准。具体包括提高各县小学、初中生均公用经费标准，提高教师培训经费，改善农村教师待遇，给予村小、教学点工作的教师生活补助，拿出专门资金用于对义务教育均衡发展工作优秀的县区予以奖励等"[1]。2013—2014年，承德市小学生均公共财政预算教育事业费增加618.02元，初中增加208.67元，但是在《承德市人民政府关于扎实推进县域义务教育均衡发展的实施意见》（承市政字〔2014〕17号）出台后，与2014年相比，2015年承德市小学生均公共财政预算教育事业费增加2148.32元，初中增加2135.46元。可以明显看出，上述实施意见在教育经费方面得到了良好的落实。

2013—2014年，张家口市生均公共财政预算教育事业费小学阶段增加428.05元，初中阶段增加446.98元。2016年4月，河北省出台的《关于加快发展民族教育的实施意见》指出："省级财政加大转移支付力度，着力加大改善中小学办学条件的倾斜力度，对自治县和民族县分别按照高于其他县的15%和10%安排补助资金。在'十三五'期间，省级财政增加投入3亿元，重点支持自治县、民族县和民族乡改善幼儿园、中小学基本办学条件，提高教育教学信息化水平，力争2018年率先实现教育现代化。"[2]一系列政策的出台切实提高了承德、张家口地区的教育经费投入，2015—2017年，张家口生均公共财政预算教育事业费小学阶段增加2696.54元、初中阶段增加3704.76元，较之前增幅明显，可见政策得到了有效落实。

---

[1] 《承德市教育扶贫工程实施方案》，2014年9月17日发布，见 http://www.chengde.gov.cn/art/2014/9/19/art_2143_112825.html。

[2] 《关于加快发展民族教育的实施意见》（冀政发〔2016〕），见 http://jyt.hebei.gov.cn/col/1405610764482/2016/04/06/1459912465223.html。

(2) 各市生均公共财政预算公用经费

表 1-4-18　河北省小学生均公共财政预算公用经费比较

(单位：元)

各市	2013 年	2014 年	2015 年	2016 年	2017 年	年均增长率
A 市	1356.52	1358.64	1556.51	1797.32	1889.59	8.64%
B 市	1238.82	1233.02	1184.54	1385.4	1294.19	1.10%
C 市	1101.70	1403.08	1636.17	1750.42	1870.33	14.15%
D 市	1541.25	1805.52	1944.64	1936.22	2000.86	6.74%
E 市	1173.72	1213.55	1761.30	1949.37	2042.17	14.85%
F 市	1166.32	1183.86	1869.63	1928.73	1953.38	13.76%
G 市	1916.59	1661.27	1809.61	2141.02	2500.98	6.88%
H 市	1628.32	1913.04	2279.38	2169.64	2304.05	9.07%
J 市	1217.33	1214.12	1378.39	1366.76	1486.31	22.10%
R 市	1992.42	1887.08	2765.06	2588.48	2367.10	4.40%
T 市	1332.24	1396.15	1545.12	1890.74	1866.36	8.79%

表 1-4-19　河北省初中生均公共财政预算公用经费比较

(单位：元)

各市	2013 年	2014 年	2015 年	2016 年	2017 年	年均增长率
A 市	1935.32	1896.94	2120.34	2441.04	2608.14	7.74%
B 市	1505.15	1480.23	1517.65	1688.20	1839.19	5.14%
C 市	1307.63	1529.77	1889.03	2529.49	3365.76	26.66%
D 市	3021.22	3647.94	4130.96	4031.74	3683.39	5.08%
E 市	1908.35	2130.42	2777.48	3182.17	3501.19	16.38%
F 市	1830.42	1986.81	2433.55	2524.09	2591.68	9.08%
G 市	2472.78	1957.79	2141.54	2415.00	2849.05	3.60%
H 市	2144.77	1954.06	2444.76	1737.55	2038.48	-1.26%
J 市	2067.33	1844.83	2151.78	2258.51	2501.58	4.88%
R 市	2063.32	1777.67	2833.33	3214.79	3002.04	9.83%
T 市	1705.68	1817.46	2070.83	2285.59	2132.69	5.74%

如表 1-4-18 和表 1-4-19 所示，河北省小学生均公共财政预算公用

经费 2013 年到 2017 年位于前三位的是 G 市、R 市和 H 市，2013 年到 2014 年位于后两位的是 F 市和 E 市；2013 年到 2015 年 E 市排在后两位，2015 年到 2016 年增长 33.9%，2016 年排在第四位，年均增长率最高；河北省小学生均公共财政预算公用经费投入最高的 G 市与最低的 B 市相差 1206.79 元。

2016 年秦皇岛政府出台《秦皇岛市乡村教师支持计划（2016—2020 年）实施办法》（秦政办发〔2016〕3 号），提出"切实加大财政投入，大力支持乡村教师队伍建设，财政教育经费要优先用于解决乡村教师队伍建设中最薄弱、最迫切的问题。市财政要加大资金统筹力度，对全市乡村教师支持计划的实施给予支持，确保各项乡村教师支持政策落实到位"[1]。

该实施办法在客观上促进了政府在教育经费上的资金支持，2013—2017 年秦皇岛小学生均公共财政预算公用经费的年均增长率为 14.15%；初中生均公共财政预算公用经费的年均增长率达到 26.66%。可见，该实施办法得到了贯彻执行和落实。

H 市初中生均公共财政预算公用经费不稳定，出现负增长。2013—2017 年，H 市初中生均公共财政预算公用经费变化波动较大，截止到 2017 年为 2038.48 元，与 2013 年相比减少了 206.29 元。

五、主要问题

2017 年，河北省教育厅在教育部和河北省委、省政府的正确领导下，

---

[1] 《秦皇岛市乡村教师支持计划（2016—2020 年）实施办法》（秦政办发〔2016〕3 号），2016 年 1 月 13 日发布，见 http://jyt.hebei.gov.cn/col/1458632715665/2016/03/24/1458807734294.html。

深入学习贯彻习近平总书记系列重要讲话精神，以立德树人为根本，以深化改革为动力，以促进公平为重点，以提高质量为主线，统筹推进城乡义务教育一体化发展，有力保障随迁子女、留守儿童和特殊儿童受教育权利，全省基础教育呈现快速健康发展的良好态势。但是，也应该清醒地看到，其中也存在一些问题，这些问题如果不解决，将直接影响河北省义务教育发展的质量和水平。

（一）义务教育办学规模逐渐扩大但城乡发展不均衡

1. 在校生人数逐年增加但生均教育资源相对较低

2013年至2017年，河北省义务教育事业持续稳步发展，规模逐步扩大，在校生人数持续上升，在校生数、招生数和毕业生数有较大增长。如表1-1-7和表1-1-9，2017年，义务教育阶段在校生数、招生数和毕业生数分别有897.29万人、209.95万人和178.66万人，比2013年分别增加142.23万人、31.98万人和27.87万人，增长比例分别为18.84%、17.97%和18.48%。

值得注意的是，河北省义务教育阶段相对办学规模远高于京津，生均教育资源相对较低。河北省义务教育阶段相对办学规模（每10万人口在校生数量）略高于全国平均规模，都是京津两地的2倍以上。小学规模是北京的2.12倍、天津的2.06倍，初中规模是北京的2.84倍、天津的2.07倍。也就是说，即便在河北与北京、天津同等经济发展水平和同等比例教育资源投入的情况下，河北省所负担的学生人数要远远多于北京和天津，河北省生均教育资源量就会远远低于北京或天津（见表1-5-1）。

表 1-5-1　2017 年各地每 10 万人口各级学校平均在校生数

(单位：人)

地区	小学	初中
全国	7300	3213
北京	4031	1226
天津	4149	1679
河北	8530	3481

2. 中小学布局快速调整但城乡办学规模两极分化

随着城市化建设步伐的加快，人们对优质教育资源的追求日渐迫切，许多农村人口迁移到城镇，导致生源集中在城镇学校，学校规模参差不齐。

河北省义务教育阶段学校总量减少，城区义务教育阶段学校数量呈上升趋势，乡村地区有所下降。如表 1-1-1，2013—2017 年，河北省义务教育阶段学校总量逐年递减，城区学校数量占义务教育阶段学校总数比例从 12.19% 扩增到 14.08%，乡村义务教育学校占比从 57.24% 缩减为 53.44%，呈现出由乡村向城镇快速转移集中的趋势。

2013—2017 年，河北省义务教育阶段在校生总数呈上升趋势。其中，城区在校生数不断上升，增长较快；乡村在校生数基本稳定，呈小幅波动上升趋势。如表 1-1-7 所示，在校学生总数中，城镇小学在校生比例始终在 58% 以上，从 2013 年的 58.05% 增长到 2017 年的 63.06%，呈现缓慢持续上升的态势。城镇初中在校生比例始终在 82% 以上，呈现波动增长的态势，比例从 2014 年的 82.47% 上升到 2017 年的 83.36%，但 2013 年至 2014 年稍微下降，而乡村义务教育阶段在校生的比例始终低于城镇，生源集中于城镇学校，分布不均衡。

近年来，河北省城区学校出现了"三超"，即学校超规模招生、超大班额容量、超长距离布局。全省县城以上主城区内，从小学到初中，普遍面临学生严重超员问题，大校额、大班额现象司空见惯。

（1）城镇学校办学规模急剧扩张

河北省城镇小学和初中规模逐步扩大。如表1-1-8，2013—2017年，城区、镇区和乡村小学校均在校生数分别增长17.04%、23.68%和15.76%；城区、镇区和乡村初中校均在校生数分别增长6.97%、22.01%和32.67%。

河北省义务教育阶段城镇学校办学规模明显大于乡村学校，为乡村学校规模的近两倍。如表1-1-8和表1-1-12，2017年，城区小学的校均在校生数和校均班级数量分别为乡村小学的2.78倍和1.75倍，镇区小学的校均在校生数和校均班级数量分别为乡村小学的2.08倍和1.48倍；城区初中的校均在校生数和校均班级数量分别为乡村初中的2.45倍和2.10倍；镇区初中的校均在校生数和校均班级数量分别为乡村初中的2.06倍和1.84倍。

如表1-1-9和表1-1-10，与2016年相比，2017年河北省小学新生入学人数增加了2.57万人，其中城区、镇区分别增加2.12万人、1.92万人，乡村减少1.46万人；初中新生入学人数增加11.09万人，其中城区、镇区和乡村分别增加3.13万人、6.24万人和1.72万人，尤其是当年招生数远远高于当年毕业生数，也就是说，当年学生毕业后所空余下来的学位，根本不足以满足当年新招学生的需要，出现了较大差额。具体来看，小学总体差额为15.77万人，其中城区4.70万人、镇区4.25万人、乡村6.82万人；初中总体差额为15.56万人，其中城区4.39万人、镇区8.18万人、乡村2.99万人，进一步加剧了城镇学校的压力。

（2）城镇学校大班额现象明显

截至2017年底，如表1-1-14，河北省义务教育阶段大班额总数比2016年底减少3676个，大班额占比下降2.44个百分点；超大班额总数比2016年底减少2701个，超大班额占比下降1.5个百分点。河北省消除义务教育阶段学校大班额工作初见成效,但大班额问题依然存在。

根据河北省教育厅 2017 年的统计,如表 1-1-14 和表 1-1-15,河北省城市、城镇小学呈现出严重的大班额现象。全省范围内无论是城市、城镇还是乡村,初中学校整体上大班额问题更加突出。大班额问题加重了教师的工作负担,使得多种教学方法难以展开,影响了一般学生的受关注度和学习效果。

(3) 乡村学校空心化,资源浪费严重

如表 1-1-16,2017 年,河北省乡村小学所有教学班中,25 人及以下班额数量占教学班总数的三分之一,规模 30 人以下的教学班(含复式班)占乡村小学教学班总数近一半,呈现出严重的小班化、微型化趋势。

如表 1-1-9,乡村小学入学儿童逐年减少,学校规模越来越小,小学小班额现象随处可见,有的班级只有 2—3 人,乡村小学小微化问题严重,导致教育资源分散,造成教育资源浪费。

如表 1-1-1,2013—2017 年,河北省乡村义务教育学校数量由 8660 所减少到 7661 所,以年均 3.11% 的速度递减。如表 1-1-4,2017 年,乡村小学教学点为 5874 个,占乡村小学的比例从 2013 年的 66.01% 上升到 2017 年的 83.54%。义务教育学校总量下降,乡村小学教学点增加,乡村学校小微化现象越来越明显。

3. 特殊群体的受教育权利得到有力保障但教育基础仍显薄弱

(1) 保障随迁子女、留守儿童和残疾儿童的受教育权利

一是建立了以居住证为主要依据的随迁子女入学制度。目前全省城市(含县镇)中小学接收进城务工人员随迁子女入学总人数已达 40.7 万人,在公办学校就读的有 36 万人,占 88.3%,切实做到了以公办学校接收为主。

二是重视支持特殊教育。河北省出台了《河北省第二期特殊教育提升计划实施方案(2017—2020 年)》,按照"一人一案"原则开展了 2017

度残疾儿童少年义务教育招生入学工作，共新招生入学 4121 人。

三是加大对农村留守儿童的关爱保护力度。积极开展农村留守儿童"合力监护、相伴成长"关爱保护专项行动，配合民政等有关部门积极开展辍学留守儿童劝返复学行动，圆满完成行动任务。

（2）弱势群体教育基础薄弱

特殊教育对帮助残疾人回归主流社会具有十分重要的意义，没有特殊教育的发展就不会有整体教育的公平。如表 1-1-6，2017 年，全省特教学校 161 所，基本实现每县有特教学校的目标，适龄残疾儿童、少年入学率已达到 90%，但入学率不稳定，应收尽收不到位，尚有一定数量的残疾儿童不能入校接受教育。许多残疾儿童因为家庭贫困、生活不便等原因而中途辍学，能够完整接受义务教育的学生不多，能够继续接受高中、中职乃至高等教育的更是凤毛麟角。

许多特教学校教师编制严重短缺，教师队伍专业化程度低，绝大多数教师是普通师范毕业或从普通教师转岗过来，经过专业特教训练的教师更是缺乏，无法适应特殊教育需要，大多数学历层次不高，教育教学水平偏低，根据不同残疾类别和接受能力而实施的针对性教育极少。

特殊教育的办学经费依然捉襟见肘，很多地方未能落实特殊教育生均公用经费每年 6000 元的标准，进一步制约了特教学校的发展。同时，缺乏支持保障体系，家庭和社会参与不够，学校教育、社会救助、家庭教育三者不能很好地结合。

留守儿童教育未形成合力。从本质上讲，留守儿童问题并不是教育问题，而是社会问题，是经济社会发展的不平衡和社会管理的不到位导致的。孩子们主要缺失的并不是与同龄人一样的学校教育，而是家庭和社会的关爱，是一种与其他同龄孩子一样的生活方式和情感依托。解决这个问题需要各方合力，特别是地方基层政府、社会管理部门、群众团队和社会组织的积极参与。目前，仅仅或者主要靠中小学的力量，实际上是难以取得明显成效的。

流动人口子女入学还存在着政策性歧视。目前各区市基本上都出台了相关政策保障流动人口子女在当地公办学校就读。但是，对于进入区域内的优质学校增加了诸多限制，而真正对流动人口子女开放的学校是当地本来就生源不足、办学质量较低的薄弱学校。

4. 民办教育发展加快但占比过低

2013年至2017年，河北省义务教育阶段学校总数减少，义务教育阶段民办学校数量增加。义务教育阶段民办学校数量从2013年的668所增加到2017年的1030所，增长54.19%。但民办教育在全省教育总量的比重过低，力量微薄。2017年，全省共有义务教育阶段学校14335所，经教育行政部门审批的义务教育阶段民办学校只有1030所，占义务教育阶段学校总量的7.19%。民间资本对促进教育均衡、公平发展的积极作用没有得到充分发挥。

（二）教师队伍数量增长、质量提高但师资结构不合理

1. 教师队伍数量持续增长但师资力量仍显匮乏

（1）教师总体数量持续增长

2013年至2017年，河北省义务教育阶段学校教职工总数和专任教师数逐年持续增长。如表1-2-1和表1-2-2，义务教育阶段学校教职工总数从2013年的47.85万人增长到2017年的52.53万人，涨幅为9.78%；专任教师数五年中增加6.96万人，涨幅为14.39%。小学教师队伍总体数量增长幅度高于初级中学。虽然就学学生数量增多一定程度上抵消了教师数量增长的影响，但通过数据仍可看出义务教育阶段教师

队伍逐渐壮大。

(2) 师资力量存在不足

A. 河北省义务教育教师数量与北京市、天津市差距较大

2013年至2017年，河北省义务教育阶段教师队伍的配置不断优化，略高于全国平均水平，但与北京市、天津市相比存在较大的差距，师资力量仍显不足，其中小学师生比分别低于北京的15.97%和天津的6.81%；初中师生比分别低于北京的36.69%和天津的20.07%。与京津相比，河北省义务教育阶段教师数量远远不足（见表1-5-2）。

表1-5-2 2017年义务教育学校师生比

地区	普通小学	初中
全国	1：16.98	1：12.52
北京	1：13.58	1：7.73
天津	1：15.06	1：9.76
河北	1：16.16	1：12.21

B. 乡村义务教育教师严重短缺

如表1-2-5和表1-2-6，从生师比和班师比的维度，并结合班额情况（如表1-1-13和表1-1-16）整体进行分析，乡村小学和初中教师缺额现象依然存在，师资严重不足。

C. 副科教师严重短缺

截至2017年，全省累计招聘"特岗教师"4.14万人，录取各类专业共1400名优秀免费师范生，培养了900名农村优秀小学全科师范生，但学科结构失衡问题依然存在。如表1-2-12和表1-2-13，2017年，河北省小学教师中，语文、数学教师占比达59.66%，艺术、音乐和美术教师总体比例仅占7.27%，外语教师占8.82%。初中教师中，语文、数学、外语教师占46.80%，音、体、美、艺术、信息技术教师总计占13.66%。音、体、美、艺术和信息技术教师短缺，教师跨学科跨班级任课现象普遍，副科教师普遍缺乏，农村地区尤为严重。

2. 教师年龄集中于中年但结构断层、主力非骨干

（1）教师年龄集中在30—44岁

专任教师年龄划分为24岁及以下、25—29岁、30—34岁、35—39岁、40—44岁、45—49岁、50—54岁、55—59岁和60岁及以上九个阶段。如表1-2-8和表1-2-9所示，2013年至2017年，河北省义务教育阶段专任教师年龄在35—39岁人数最多，占比最高。河北省小学35—39岁的专任教师人数从2013年的65793人增加到2017年的82512人，比例从2013年的20.63%增长到2017年的22.55%；初中35—39岁的专任教师人数从2013年的44182人下降到2017年的43224人，比例从2013年的26.80%下降到2017年的23.05%。

如图1-5-1所示，2017年，河北省小学和初中年龄在35—44岁的专任教师人数分别为14.26万人和8.37万人，占比分别为38.99%和

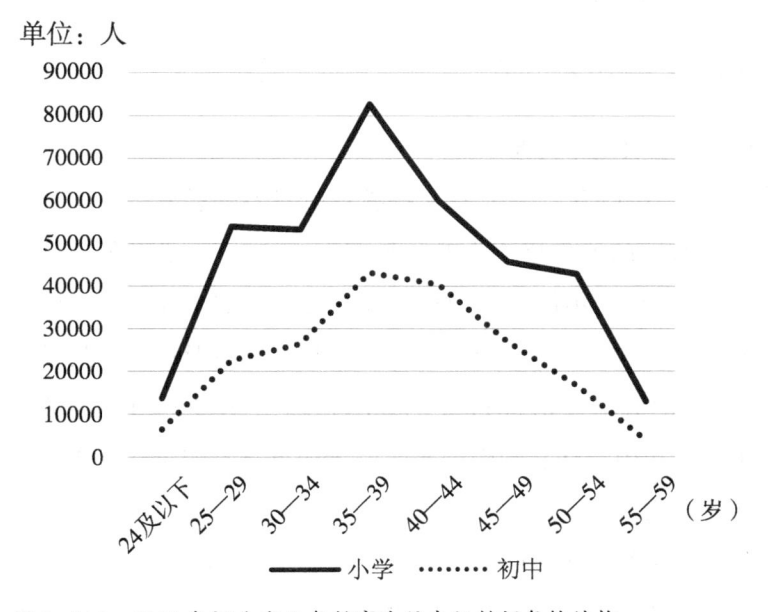

图1-5-1　2017年河北省义务教育阶段专任教师年龄结构

44.64%。教学经验丰富的中年教师是河北省义务教育阶段教师队伍的主力。

(2) 青年教师数量少，后备力量不足

如表 1-2-10 和表 1-2-11 所示，2013 年至 2017 年河北省小学 29 岁及以下的青年教师比例分别为 12.37%、14.37%、15.50%、17.32% 和 18.56%，初中 29 岁及以下的青年教师五年比例分别为 11.33%、12.46%、12.67%、13.89% 和 15.65%。虽然青年教师占比逐年增长，但增幅小，教师后备力量出现断层，而且其中有相当数量为代课教师，稳定性很差。

(3) 教师主力非骨干

35—44 岁的中年教师是教师队伍的主力，为中坚力量。但是这部分教师中，当年"普九"攻坚时期，各县职教中心师资班毕业的教师占据相当数量。这些教师中虽不乏优秀教师，但整体上文化基础较为薄弱，发展后劲不足，素质相对较低，不能满足现阶段教育对教师素质的需求，教师主力非骨干是焦点问题。

3. 学历层次逐年提升但素质总体偏低、差距较大

(1) 学历层次逐年提升

2013 年至 2017 年，河北省义务教育阶段专任教师中，学历达到研究生和本科水平的比例逐年上升。如表 1-2-15，小学专任教师本科及以上学历的比例从 2013 年的 36.45% 增长到 2017 年的 51.47%，上升 15.02 个百分点；如表 1-2-17，初中专任教师本科及以上学历的比例从 2013 年的 77.01% 增长到 2017 年的 86.34%，上升 9.33 个百分点，增长较快。小学和初中专任教师学历水平的大幅度提升对义务教育水平的提升具有重要影响。

(2) 学历主要集中在本科和专科

如表 1-2-15 和表 1-2-17，2017 年具有本科学历和专科学历的小学

专任教师比例为96.52%、初中专任教师比例为97.83%，其中本科学历的小学和初中专任教师比例分别为50.89%和84.24%，专科学历的小学和初中专任教师比例分别为45.63%和13.59%。

（3）学历层次明显偏低

如表1-5-3，河北省小学专任教师中，本科及以上学历占比为51.47%，低于全国55.07%的平均水平，远远低于北京的91.88%和天津的79.36%。

如表1-5-4，河北省初中专任教师中，本科及以上学历占比为86.35%，明显低于北京的99.12%和天津的96.38%，其中研究生占比仅2.11%，远远低于北京的17.60%和天津的8.73%。

表1-5-3　2017年各地小学专任教师各学历层次情况比较

（单位：人，%）

区域	总计	研究生 数量	研究生 比例	本科 数量	本科 比例	专科 数量	专科 比例	高中阶段及以下 数量	高中阶段及以下 比例
全国	5944910	56460	0.95	3217461	54.12	2389380	40.19	281609	4.74
北京	64514	4523	7.01	54755	84.87	4910	7.61	326	0.51
天津	43023	2123	4.93	32023	74.43	7853	18.25	1024	2.38
河北	365877	2132	0.58	186181	50.89	166932	45.63	10632	2.91

表1-5-4　2017年各地初中专任教师各学历层次情况比较

（单位：人，%）

区域	总计	研究生 数量	研究生 比例	本科 数量	本科 比例	专科 数量	专科 比例	高中阶段及以下 数量	高中阶段及以下 比例
全国	3548688	92411	2.60	2910727	82.02	539517	15.20	6033	0.17
北京	34451	6065	17.60	28085	81.52	294	0.85	7	0.02
天津	26869	2347	8.73	23552	87.65	927	3.45	43	0.16
河北	187549	3952	2.11	157993	84.24	25490	13.59	135	0.07

在调研中还发现，实际上，河北省专任教师初始学历普遍偏低，且普遍存在教师任教学科与所学专业不一致的"教非所学"现象。

(4) 学历水平城乡差距较大

河北省城镇义务教育专任教师的学历普遍高于乡村义务教育专任教师，乡村较高学历水平的专任教师极为匮乏。如表 1-2-16，2017 年，城区和镇区小学专任教师的学历主要集中在本科阶段，分别占城区和镇区专任教师数的 66.34% 和 51.38%；乡村小学专任教师的学历主要集中在专科阶段，占乡村教师数的 53.03%。如表 1-2-18，初中阶段，城区本科学历的专任教师占比高出乡村 3.77 个百分点，乡村专科学历的专任教师占比为城区的 1.73 倍。

如表 1-2-16 和表 1-2-18 所示，截至 2017 年，仍有 4.19% 的乡村小学专任教师的学历处在高中及以下学历，城镇为 1.03%；仍有 16.27% 的乡村初中专任教师的学历处在专科及以下学历，城镇为 9.36%。

4. 教师培训有序开展但高职称、骨干教师不足

(1) 积极推进实施"国培计划"和"省培计划"

"国培计划"近五年来共获得中央财政经费累计达 4.63 亿元，培训中小学教师超 49.7 万人次；"国培计划——幼师国培项目"共获得中央财政经费累计达 2.28 亿元，培训幼儿园教师及园长超过 13 万人次。"省培计划"开展了包括省级骨干教师培训、农村薄弱学科培训等多个项目，近五年投入资金超过 1 亿元，培训教师超过 4.6 万人。"国培计划"和"省培计划"为河北省培养了一批"种子"教师，在推进全省素质教育、提高农村和基层教师整体素质上发挥了示范、辐射、带动作用。

(2) 高职称教师、骨干教师比例偏低

如表 1-2-19，2013—2017 年，河北省城乡小学高职称专任教师比例逐年递减，城区、镇区和乡村小学高职称专任教师比例分别降低 4.45%、6.10% 和 6.32%，这与近几年补充青年教师有关；河北省城区初中高职称专任教师比例基本不变，镇区和乡村初中高职称专任教师比例分别增长

3.44%和4.86%（小学高职称专任教师是指具有中学高级职称和小学高级职称的小学专任教师，初中高职称专任教师即具有中学高级职称的初中专任教师）。如表1-2-20，截止到2017年，河北省小学和初中骨干教师比例分别为12.74%和16.39%，比例偏低。

（三）城乡办学条件不断改善但差距依然明显

1. 办学条件不断改善

如表1-3-1，2013—2017年，河北省义务教育阶段校舍面积逐年增长，教学及辅助用房和生活用房面积合计占总建筑面积的80%，且增幅明显。生均校舍面积呈上升态势，变化平稳。

图书数、计算机数、网络多媒体教室和教学仪器设备资产值在总量上都呈明显的逐年增长态势。生均图书数、每百名学生计算机拥有量、每百名学生占有网络多媒体教室数量和生均教学仪器设备资产值都不断增加，其中网络多媒体教室数和仪器设备资产值的增幅较大。

近年，河北省义务教育阶段学校建立校园网和接入互联网的数量及比例呈上升态势，信息化建设成绩显著。

办学条件达标率逐年上升。如表1-3-21所示，河北省小学体育运动场面积达标率从2013年的52.51%增长到2017年的82.51%，初中从2013年的72.01%增长到2017年的88.46%，小学和初中体育运动场面积达标率分别增长30.00个百分点和16.45个百分点；小学体育器械设备达标率从2013年的53.49%增长到2017年的88.28%，初中从2013年的76.91%增长到2017年的93.53%，小学和初中体育器械设备达标率分别增长34.79个百分点和16.62个百分点；小学音乐器材配置达标率从2013年的50.99%增长到2017年的87.53%，初中从2013年的74.08%增长到2017年的92.66%,小学和初中音乐器材配置达标率分别增长36.54个百分点和18.58个百分点;小学美术器材配置达标率从2013年的50.84%增长到2017年的87.34%,初中从2013年的73.98%增长到2017年的92.56%,小学和初中美术器材配置达标率分别增长36.50个百分点和18.58个百分点;小学数学自然实验仪器（理科实验仪器）达标率从2013年的57.07%增长到2017年的89.62%,初中理科实验仪器达标率从2013年的83.78%增长到2017年的95.69%,小学和初中的达标率分别增长32.55个百分点和8.78个百分点。

2. 办学条件差距较大

尽管近几年政府在办学条件方面逐步加大改善力度,但河北省办学条件与北京市学校的各项硬件设施和教育教学设备相比还有很大差距,如表1-5-5,而乡村地区学校的差距就更为明显。

表1-5-5　2017年北京和河北学校总体办学条件达标率对比

(单位:%)

学校	地区	体育运动场面积	体育器械配备	音乐器材配备	美术器材配备	数学自然实验仪器（理科实验仪器）
小学	北京	85.80	96.10	96.10	95.80	95.30
	河北	82.51	88.28	87.53	87.34	89.62
初中	北京	93.50	95.00	94.40	95.30	94.10
	河北	88.59	93.31	92.38	92.08	94.65

注：表中小学指小学和教学点,初中指三年制初级中学和九年一贯制学校;北京为2016年数据,且北京市与河北省办学标准不同。

城乡办学条件达标率是反映教育质量均衡状况的重要指标之一。2017年,河北省义务教育阶段学校各项主要办学条件达标率城乡差距显著,主要表现如下：

在信息基础设备上,河北省投入发展的力度很大,重视城乡均衡发展，领会政策精神，把相关资源倾向农村。但是从数据中可以看出，这种倾向乡村的做法并没有真正缩小城乡的差距。到 2017 年为止，如表 1-3-14，全省建立网校的比例高达 96% 以上，虽然"校校通"工程基本完成，实现了校园网络上的覆盖，但是学校当中信息化设备的城乡差距依然存在。

在校园卫生建设方面，河北省同样面临挑战。如表 1-3-23 所示，2017 年，小学阶段河北省有校医院以及卫生室的学校比例，在城区、镇区、乡村分别为 58.45%、42.18%、33.14%；初中阶段情况稍好，分别为 72.96%、64.25%、51.28%，学校对校医院的建设重视不够。同时有专职校医的比例，小学阶段城区为 9.31%，镇区为 6.19%，乡村仅为 2.75%；初中阶段稍稍有所升高，城区为 39.74%，镇区为 23.51%，乡村仅为 7.05%。小学和初中阶段专职保健人员比例最高不超过 30%，最低仅为 3.91%。学校校医和专职保健人员肩负着学校传染病监控、健康教育、食品卫生监督、突发公共卫生事件应急处理等任务，对校园公共卫生安全起着非常重要的作用。学校的专职校医和专职保健人员很稀缺，忽视了义务教育阶段学生的身体状况和心理状态对学习和品格的影响，给学校卫生安全带来了极大的隐患。

3. 硬件利用率不足

在硬件设施上，河北省乡村小学生均占地面积普遍较高，但资源利用率低。而在教学设备上，有的学校即使配置了先进的教学设施，如计算机房、多媒体网络教室等，但是由于接受过培训的教师少，利用率也不高。

如表 1-3-18，河北省小学信息化工作人员比例仅为 5.35%，初中仅为 3.91%。虽然初中阶段硬件器材设备达标率乐观，但是没有专业对口的教师、没有相关教程和教学方法的配合，课程不能正常开设，微机室、电脑和网络这些硬件资源和教学硬件设施形同虚设，是对教育资源的隐性浪费，造成了财力和物力的极大浪费。各学校新配置的标准化教学仪器设备和技术装备，利用率普遍不足，农村学校更为突出。大量教学场地、仪器设备闲置，看不出有使用过的痕迹，有的甚至还没有打开包装。图书资料摆放整齐、书页崭新，很明显平时无人问津。信息技术装备偶有运用，但显得很初级，未能充分发挥效用，有时甚至成为应付检查的摆设或表演，主要原因是不适用、不会用，师资和管理不匹配。

如表1-3-21、表1-2-12和表1-2-13所示，2017年河北省小学音、体、美器材配备达标率为87.53%、88.28%、87.34%，但音、体、美学科专任教师占比仅为3.49%、5.10%、3.27%；初中音、体、美器材配备达标率为92.66%、93.53%、92.56%，但音、体、美学科专任教师占比仅为2.71%、4.88%、2.65%。虽然硬件器材设备达标率乐观，但相关学科专任教师、课程教材和教学方法等资源缺乏，使教学硬件设施形同虚设，是一种对教育资源的隐性浪费，违反了教育自身的发展规律，对学校办学质量造成了一定程度的负面影响。

（四）教育经费逐年增加但投入水平总体不高

1. 义务教育阶段经费以国家财政拨款为主、渠道相对单一

2017年，河北省普通小学和普通初中的经费收入来源中，国家财政性教育经费所占比重分别为95.71%和92.46%。如表1-4-3，在国家财政性教育经费中，所占比例最大的仍然是义务教育阶段，普通小学和普通初中的比例分别为38.16%和20.74%。就公平而言，政府财政扶持的重点首先应该是义务教育阶段，这点与统计数据相契合。

河北省普通小学财政性教育经费占教育经费总投入的比例从2014年的96.32%下降到2017年的95.71%，普通初中的财政性教育经费占教育

经费总投入的比例从2014年的94.57%下降到2017年的92.46%,那么其他渠道来源的教育经费所占比例必然有所增长。2014年至2017年,义务教育阶段经费来源结构情况发生了一些变化,普通小学民办学校创办者投入比例从24.13%上升到33.22%,普通初中民办学校创办者投入比例从9.86%上升到36.64%。这表明,在河北省义务教育阶段经费来源中,虽然国家财政性教育经费始终占教育总投入的主体,民间资金办学比例明显上升,但社会团体、企业和民间力量等参与仍然不够、发挥不足,经费来源渠道相对单一。

2.各级财政投入力度加大但城乡投入不均衡

教育经费的投入是"努力让每个孩子都能享有公平而有质量的教育"的基础。教育强则国家强,教育兴则国家兴,教育事业被摆到了优先发展的战略地位,财政对此贡献极大。

加大教育经费投入,提升学校办学条件和保障水平。河北省政府将"在37个贫困山区县建设163所义务教育阶段寄宿制学校"列为政府2017年"十件民生实事"之一,省级财政共安排资金1.3亿元,在37个山区县新改建校舍12.37万平方米,有效改善了河北省义务教育阶段学校特别是农村学校的基本办学条件。截至2017年,全省各级财政已累计投入212.6亿元,统一了城乡生均公用经费基准定额,对寄宿制学校按照寄宿生每年每生200元标准增加公用经费补助,优先落实好农村不足100人的学校按100人核定公用经费等政策。从2017年春季学期开始,河北省实现了"两免一补"政策城乡全覆盖,并且大力加强义务教育阶段教师队伍建设,提高农村教师待遇。2017年,河北省共为乡村教师发放乡镇工作补贴11.3亿元,为8.5万名教师发放乡村教师生活补助2.72亿元,为乡村教师提供免费体检18.3万人次,新建周转宿舍3813套。近年来,河北省加大了对农村义务教育阶段的经费投入,如表1-4-2所示,截止到 2017 年，农村小学和农村初中的教育经费投入达到了 408.75 亿元和 204.71 亿元，但是普通小学和普通初中教育经费投入占比却高于农村小学和农村初中 7.87 个百分点和 6.01 个百分点。从国家财政性教育经费投入情况来看，如表 1-4-3，2014—2017 年，河北省小学和初中国家财政性教育经费投入增长明显，但是农村小学和初中投入所占比重低，城镇和农村在义务教育阶段经费投入上仍然存在着不均衡的问题。

3. 义务教育阶段经费支出逐年增加但生均教育经费偏低

从 2013 年至 2017 年，河北省义务教育阶段经费总支出和预算内义务教育阶段经费支出都实现了逐年上升。如表 1-4-6 所示，义务教育经费总支出从 2014 年的 534.59 亿元增加到 2017 年的 828.52 亿元，增幅达到 54.98%；义务教育阶段学校公共财政预算教育事业费支出从 2014 年的 423.67 亿元增加到 2017 年的 732.18 亿元，增幅达到 72.82%，增长显著。

然而，值得注意的是，虽然河北省义务教育阶段经费逐年增加，但是生均教育经费水平仍然较低。

第一，河北省义务教育阶段生均经费水平明显低于高等教育生均经费水平。

理论和国际经验都表明，政府支出用于义务教育的效益和公平效应要大于用于高等教育的效益和公平效应，因此义务教育应成为政府教育支出的优先对象，但河北省各级教育经费比例失调，义务教育阶段生均经费比重较低。2017 年，普通小学、普通初中和普通高等学校的生均公共财政预算教育事业费分别为 7914.19 元、11441.39 元和 17134.71 元，比例为 1∶1.45∶2.17；普通小学、普通初中和普通高等学校的生均公共财政预算公用经费分别为 1922.14 元、2796.80 元和 7834.22 元，比例为 1∶1.46∶4.08。虽然中央和地方财政都对义务教育加大了投入，但相对于高等教育经费来说仍显不足。

第二，河北省义务教育阶段生均经费水平低于全国平均水平，与北京市和天津市差距显著。

如表1-4-13所示，2017年，河北省普通小学、普通初中生均公共财政预算教育事业费低于全国平均水平2282.77元和3196.33元，生均公共财政预算公用经费低于全国平均水平808.27元和1019.85元，两者差距明显，且呈现出扩大的趋势。

与北京、天津相比，如表1-4-14和表1-4-15所示，2017年，北京市和天津市普通小学生均公共财政预算教育事业费是河北省的3.79倍和2.36倍，北京市和天津市普通初中生均公共财政预算教育事业费是河北省的5.04倍和2.71倍，河北省义务教育生均公共财政预算教育事业费与天津市、北京市差距明显；2017年，北京市和天津市普通小学生均公共财政预算公用经费是河北省的5.65倍和1.90倍，北京市和天津市普通初中生均公共财政预算公用经费是河北省的7.68倍和1.81倍，河北省义务教育生均公共财政预算公用经费与北京市差距巨大，与天津市也存在一定差距。

第三，河北省义务教育阶段生均经费各市之间差距明显。

如表1-4-16和表1-4-17所示，2017年，河北省各市小学生均公共财政预算教育事业费最高的是G市，达到了11044.27元，最低的D市为6038.06元，二者相差5006.21元；初中生均公共财政预算教育事业费最高的C市为15804.95元，比最低的T市多了6650.47元。小学生均公共财政预算公用经费最高的是G市，达到了2500.98元，最低的B市为1294.19元，二者之间相差1206.79元；初中生均公共财政预算公用经费最高的是D市，为3683.39元，比最低的B市多了1844.2元。以上数据表明，在中小学生均预算内教育事业费和生均预算内公用经费方面，河北省各市间差距很大。

由此可见，河北省各级政府对义务教育阶段经费投入的力度还是不够，在经费投入总量上仍需扩大。

4. 教育经费支出结构仍需优化

2014年，河北省普通小学教育事业性经费支出中，个人部分占比为65.97%，公用部分占比为33.74%，基建部分占比为0.29%；普通初中教育事业性经费支出中，个人部分占比为63.86%，公用部分占比为34.53%，基建部分占比为1.62%。如表1-4-6所示，2017年，河北省普通小学教育事业性经费支出中，个人部分占比为72.17%，公用部分占比为27.47%，基建部分占比为0.35%；普通初中教育事业性经费支出中，个人部分占比为69.53%，公用部分占比为30.10%，基建部分占比为0.37%。2014年至2017年，河北省普通小学和普通初中教育事业性经费支出中个人部分比例分别增长6.20个百分点和5.67个百分点，说明了教育事业性经费支出中用于教师的比例逐年提升。河北省义务教育阶段开支中大部分用于人员开支，这是十分合理的，但与发达地区和发达国家相比依然存在一定差距，日本教育经费中人员支出占经常支出的比例达90%。

"教师的高工资固然能够将优秀人才吸引到教育这个行业中来，但提高教师的工资并不能使其成为更好的教师，提高教学的效率。与这个问题相关的是工资和教师专业发展，在一些国家，并不是将钱投入到教师的工资里，而是投入到教师工作环境和职业发展的支持上。所以我们需要在工资和职业发展之间进行平衡，由供给导向向效率导向转变。"[1]

在基本建设投资方面，2014—2017年河北省普通小学教育事业性经费支出中基建部分比例分别为0.29%、0.20%、0.32%和0.35%，普通初中教育事业性经费支出中基建部分比例分别为1.62%、1.06%、0.18%和0.37%，教育经费使用结构失衡的问题一直存在。

---

[1] 曾晓东等：《中国教育改革30年——关键数据及国际比较卷》，北京师范大学出版社2009年版，第121—122页。

2014年7月18日，中华人民共和国教育部办公厅、国家发展改革委办公厅、财政部办公厅联合发布了《全面改善贫困地区义务教育薄弱学校基本办学条件底线要求》，提出了贫困地区学校的办学方法，重点改革学校，进而实现"保基本、补短板"的工作目标。[①] 河北省以"全面改薄"等教育专项工程为支撑，全面实施义务教育阶段学校的标准化建设，办学条件有了很大的改善。现在需要考虑的是，当此任务告一段落，义务教育阶段经费增长的着力点在哪里；教育经费跟着任务走，学校的基本建设所需资金主要来源于县以上政府财政特别是中央财政拨款，当"全面改薄"等教育专项工程完成之后，下一步经费增长的来源又在哪里。

六、对策建议

（一）坚持战略优先，实现优质均衡发展

国家始终把教育放在优先发展的战略位置，我国义务教育事业得到了较大发展。河北省委、省政府高度重视教育工作，勠力同心，开拓进取，深化教育领域综合改革，提高教育质量，促进教育公平。截至2017年，河北省九年义务教育巩固率达到96.63%，较"十二五"初期提高了6个百分点，进入了由基本均衡向优质均衡升级、从外延均衡到内涵均衡升级的新阶段。

虽然河北省义务教育事业发展已取得了一定成就，但是也应该清醒看

---

① 《关于全面改善贫困地区义务教育薄弱学校基本办学条件的意见》，教育部门户网站，2013年12月31日发布，见 http://old.moe.gov.cn/publicfiles/business/htmlfiles/moe/s3321/201312/161635.html。

到其中存在的一些问题，这些问题如果不解决，将直接影响河北省义务教育发展的质量和水平。从整体上来说，河北省义务教育发展不均衡的问题明显，城乡、区域、校际也有较大差距，义务教育薄弱学校的存在仍然制约着河北省整体水平。优质教育资源缺乏的问题仍存在于义务教育阶段，这一状况与当前经济、社会和教育的发展水平和未来发展需求极不适应。

由此可见，当前河北省义务教育发展所面临的最大问题是优质教育资源不足、分布不均，新时代教育领域的主要矛盾已经转化为人民对高质量教育日益增长的诉求与优质教育资源短缺且分布不均之间的矛盾。因此，新时期的教育发展方向需要转变，积极回应人民群众对美好教育的新期许，特别是要回应人民群众对教育需求从"有数量"到"有质量"、从"有学上"到"上好学"的根本转变。我们必须认识到，义务教育阶段主要矛盾的转变，对教育改革发展提出了新要求，我们必须把质量作为教育的生命线，全面提高教育质量来促进教育公平，继续深化教育改革，优化教育供给结构，补足发展短板，不断满足人民群众对教育多样化、多层次、多方面的需求。

综合考虑我国国情、国家中长期经济社会发展趋势及其教育改革的要求，我们应坚持将党的十九大精神和习近平总书记关于教育的重要论述作为最根本的政治引领，分析研判当前河北省义务教育面临的主要问题，准确定位河北教育发展新方位；建议河北省明确将"优质均衡"作为义务教育事业发展的基本方向与目标，重在提升教育质量，抓住这个主要方面、解决好这个主要问题。当然，这应该是一个分阶段、分年限逐年推进的过程和目标，有些问题可通过"补短板"在短期内解决，而地区和城乡方面的教育差距将在一个较长时期才能解决。

第一，抬高底部，加快补齐短板。要把教育扶贫工作作为促进教育公平的重要抓手，通过扎实、精准的扶贫工作，加大对困难地区的扶持力度，保障困难群体受教育权利。第二，把握重点，攻破难点。加快城乡义务教育一体化发展，着力破解城镇"大班额"问题，全面振兴乡村教育，持续推进"全面改薄"工作，加快解决农村义务教育基础薄弱问题。第三，打造亮点，提升质量。不断扩充优质教育资源，持续扩大优质教育资源覆盖面。坚持把立德树人作为中心环节，扎实推进课程体系和教育教学改革，健全科学的教育教学质量评价体系，以教育信息化不断提升教育质量。

（二）加大力度明确责任优化投资方式

从 2013 年至 2017 年的数据来看，河北省义务教育阶段财政投入力度加大，义务教育阶段经费支出逐年增长，但是河北省义务教育经费总体水平仍然偏低。首先，河北省义务教育阶段生均经费水平偏低，低于国家平均水平，与北京市、天津市差距显著，省内各市之间差距较大。其次，义务教育阶段生均经费与高等教育生均经费相比，比重偏低，教育经费支出结构仍需优化。河北省生均义务教育经费水平较低，且地区之间、城乡之间差异大，直接导致河北省城乡义务教育事业发展缺乏有力的支撑，且义务教育的均衡和质量难以得到保障。因此，要促进河北省义务教育"优质均衡"发展，政府必须加大对义务教育的财政投入力度，建立各级政府共同负责义务教育成本分担机制，拓宽筹资渠道，提升教育经费支出和使用的有效性、精确性。

1. 增加义务教育财政资源供给

应明确以政府财政投入为支撑的义务教育投入保障机制，切实提高并落实义务教育保障水平。政府是义务教育投入的主要承担者，不断提高教育经费保障水平不仅是义务教育事业内在价值的必然要求，是国际、国内义务教育事业历史经验的总结，也是提高教育质量、促进教育公平的现实要求。当前，河北省义务教育发展的主要问题，诸如城乡义务教育资源分布不均衡、师资队伍总体水平偏低且不稳定、义务教育质量不高等，在很大程度上均源于义务教育经费投入不足、财政投入保障力度不够。各级政府要严格按照《中华人民共和国义务教育法》的要求，切实达到"三个增长"，即义务教育财政拨款的增长应当高于财政经常性收入的增长，教师工资和学生人均公用经费逐步增长。与此同时，还应不断加强制度建设，切实将义务教育全面纳入财政保障范围，保证义务教育财政投入要随着经济的增长而同步增长。此外，应通过逐步提高财政投入总体水平、义务教育阶段生均公用经费，提升财政性教育经费投入占国内生产总值的比重、稳定义务教育所占财政支出比例等指标，不断优化教育资金分配的结构，分阶段、分步骤逐步实现"优质均衡"的发展目标。

2. 不同层级政府合理分担财政责任

建立各级政府共同负责的义务教育成本分担机制，明确不同层级政府之间义务教育财政投入分担职责与比例。在各级政府的职责分担中，坚持事权与财权相对称的原则，提高义务教育财政投入重心，充分发挥中央政府、省级政府较为雄厚的财政能力以及在资金筹措、统筹规划、安排实施等方面的资源配置优势，增强统筹协调职能，加大承担比例，拓宽支持范围，切实保障教育经费投入的力度。

第一，对于经费支出份额最大的教师工资实行以中央政府负担为主、河北省各级人民政府分担为辅的原则，教师的平均工资收入水平应当不低于或者高于当地国家公务员的平均工资收入水平，由中央全部承担。第二，地区、县级政府应积极参与义务教育财政投入，切实落实基础设备修缮与更新、地方性行动方案所需经费；将学校的校舍扩建、改建、维修等经费由省级政府根据市、县的财力情况，确定具体的市县分担比例。第三,有能力的县镇、街道可根据自身经济情况,加大对辖区内义务教育的财政投入。第四,在义务教育财政转移支付的资金投入职责分担上,必须明晰各级政府的具体责任,用科学的计算方式合理划分各级政府应承担的资金投入比例,并以法律形式加以保障;通过中央政府与省级政府宏观资源调配,打破地区间财政壁垒,通过财政转移支付,实现区域间与区域内的资源均衡配置,促进教育公平。

3. 积极探索多元投入机制

拓宽义务教育筹资渠道,鼓励社会力量捐资助学、捐资助校,吸引民间资本投资教育,努力解决教育经费不足的问题。积极通过社会募捐、银行融资、名人赞助和招商引资等各种形式为农村薄弱中小学引入社会投资,给农村落后学校的发展注入活水。

4. 提升教育经费支出和使用的有效性、精准性

(1) 财政投入对农村地区强力倾斜

农村义务教育发展滞后、城乡义务教育发展差距显著,是当前河北省义务教育事业发展的突出问题和难点。分析数据显示,城乡之间的公用经费支出占比虽然从全口径上来看已无差距,但从预算内经费指标来看,农村的公用经费仍略显不足。因此,加大对农村贫困地区发展义务教育扶持力度,尤其是对地方财力不足的地区,中央财政应加大财政支付力度,建立独立的农村义务教育发展与保障机制。

(2) 加强教育经费支出的有效性

整合教育资源设备。在中小学校建设过程中必须强调资源节约,把有限的资金用在刀刃上,避免出现一方面教育经费严重短缺,而另一方面资源设备闲置浪费的现象,大力提高教育资金利用率,降低教育行政经费投入,提高惠及教师和学生的经费支出。

(3) 提高教育经费投向的精准性

从河北省实际看，今后新增教育经费要从改善办学条件为主转到"实施农村义务教育薄弱学校改善办学条件项目"和促进教育内涵发展并重上来，在合力推动"全面改薄"工作的同时，将更多的资源投向师资队伍建设和教学质量提升等方面。围绕这一主题，政府在推进义务教育"优质均衡"发展时，要将政策重点落到吸引、留住优秀教师方面，将更多的经费资源投入与教师、教学相关的领域，如教师专业发展、学校内涵发展、课程与教学资源库开发等领域，加大专项投入力度，确保义务教育资源配置水平和教育教学质量同步提高。

（三）完善机制、优化梯队，提升教师素质

教师是义务教育工作的主要承担者，教师素质的高低在很大程度上决定了义务教育的质量。建设一支高素质的教师队伍，是提高义务教育质量的关键，也是义务教育事业长远发展的根本保证。近年来，河北省义务教育教师队伍获得了较快的发展，但是总体来说教师队伍仍然存在数量不足、素质偏低等问题。因此，应尽快完善和制定相应的政策，深化人事制度改革，开创义务教育阶段师资队伍建设新局面。

1. 编制专项管理，大量补充教师

河北省落实城乡统一的中小学教职工编制标准，加强和规范中小学教职工编制管理，实行义务教育教师"县管校聘"，深化中小学教师职称制度、考核评价制度改革与监管，编制控制取得了明显成效。然而，随着城镇化的快速推进、义务教育阶段学龄人口向城镇地区的大量流动以及城乡教育发展的多维价值诉求，教师编制管理面临诸多问题，并产生了一些非期望的负面效应。据统计，2017 年河北省小学教职工与学生比平均为

1∶16.16，如果按国家 1∶19 的标准测算，普通小学共超编教职工 5.49 万人，但事实上，河北省却因教师数量不足而不得不聘用代课教师 1.08 万人。因此，河北省亟须创新城乡义务教育编制供给制度，破解"有学生但无编制、编制供给无法满足编制需求"的现实困境。

2018 年 1 月，中共中央、国务院颁布的《关于全面深化新时代教师队伍建设改革的意见》提出："适应加快推进教育现代化的紧迫需求和城乡教育一体化发展改革的新形势，充分考虑新型城镇化、全面二孩政策及高考改革等带来的新情况，根据教育发展需要，在现有编制总量内，统筹考虑、合理核定教职工编制，盘活事业编制存量，优化编制结构，向教师队伍倾斜，采取多种形式增加教师总量，优先保障教育发展需要。"[1]2018 年 9 月，中共河北省委、河北省人民政府发布《关于全面深化新时代教师队伍建设改革的实施意见》，结合河北省实际情况，提出"通过事业单位改革等收回的事业编制向教师队伍倾斜，采取多种形式增加教师总量，优先保障教育发展需要。落实城乡统一的中小学教职工编制标准，村小学和教学点编制按照班师比与生师比相结合的方式核定。实行教师编制配备和政府购买工勤服务相结合，对寄宿制学校生活教师、中小学校工勤岗位等适合社会力量提供的服务，采用劳务派遣或聘任制等方式解决，将置换出的编制全部用于补充专任教师。民办学校参照公办学校教职工编制标准配备师资"[2]。盘活事业编制存量，向教师队伍倾斜，采取多种形式增加教师总量，体现了国家事业编制向教师队伍倾斜的"增量"思维，是中小学教师编制管理的重大进步。

---

[1] 《关于全面深化新时代教师队伍建设改革的意见》，2018 年 1 月 20 日发布，见 http://www.moe.gov.cn/jyb_xwfb/moe_1946/fj_2018/201801/t20180131_326148.html。

[2] 《关于全面深化新时代教师队伍建设改革的实施意见》，2018 年 9 月 6 日发布，见 http://www.moe.gov.cn/jyb_xwfb/xw_zt/moe_357/jyzt_2018n/2018_zt03/zt1803_ls/201810/t20181018_352018.html。

2019年1月，河北省委编办、省教育厅、省财政厅、省人力资源和社会保障厅联合印发《关于建立中小学教职工编制城乡统一、区域统筹和动态调整机制的实施意见》，明确"实行区域统筹，省级从严从紧控制中小学教职工编制总量，市级统筹管理本区域内编制，按标准调剂分配到各县（市、区），县级在本区域内自主使用中小学教职工编制资源；实行动态调整，市级机构编制部门原则上每两年对全市中小学教职工编制动态调整一次，分解下达到各县（市、区），扩大县级教育部门编制使用权，县级教育部门可在核定的编制总额内，按照班额、生源等情况，自主分配各校教职工编制；探索建立编制'周转池'制度，以市级中小学系统为单位，把部分闲置不能发挥使用效益的空余编制集中起来，及时向急需区域、特定学校精准相机调控、定向定量投放"[1]。

尽管该意见对提升中小学教职工编制使用效率有重大意义，但相比于"从严从紧控制中小学教职工编制总量"的总基调，调整基本是在存量范围内进行的。破解义务教育阶段教师编制供给困境的途径应是把义务教育教师编制从事业编制系统中分离出来，作为专项编制单独管理，从而突破编制限制。进一步做好现有教师编制的管理工作，建立省级总量控制、市级统筹协调、县级具体管理与按需调用的动态编制管理机制。其一，根据国家课程改革、生源规模、人才培养质量等因素，定期调整各级各类学校教职工编制配备标准。其二，根据各市县教育事业发展和教育质量提升的新形势，充分考虑农村和城镇学校的不同特点和学校内部各种岗位的配置结构，科学预测教师需求，探索更加科学的编制核定方式。其三，根据推进教育现代化、城乡教育一体化发展改革需要，统

---

[1]《关于建立中小学教职工编制城乡统一、区域统筹和动态调整机制的实施意见》，2019年1月14日发布，见 http://www.hebjgbz.gov.cn/hebbianban/xwzx/gzdt/101539630369273.html。

筹考虑新型城镇化、三孩政策及高考改革等因素，在现有编制总量内，优先保障教师编制，优先保障中小学教师编制。其四，中小学实施师生比、班师比相结合，特殊情况与倾斜相结合的编制核定标准，对年级学生数达不到标准班额数的中小学，按班师比配备教职工。其五，对承担教学改革任务、有寄宿制学生、育龄妇女较多等特殊情况的中小学，适当核定增加编制。同时，也要适度做好教师储备，不仅要满足当前教学工作的需要，大量补充副科教师，更要为今后教师培训顶岗和教育规模大幅度扩大提前做好青年教师储备。

2. 完善资格制度，提高准入标准

目前我国的教师资格重学历轻专业，教师资格的终身制缺乏对教师专业发展的激励功能，导致在职教师进取心不足，不利于教师职业发展。因此，亟须制定严格的教师资格制度，严把入职门槛，保证义务教育阶段教师队伍的质量，绝对不能因为教师紧缺而放松对教师资质的要求，使不合格人员混入教师队伍。

中小学教师资格证书制度主要是一种鉴别、管理的手段，一次认定、终身有效，缺乏对教师专业发展的激励功能。这种制度设计虽然能够使教师素质的起点达到规定标准，但却不利于教师入职后的专业发展。由于教师职业的稳定性比较强，尤其是农村学校教师的竞争压力较小，因而很多教师缺乏积极进取的精神，接受继续教育的积极性不高，难以跟上教育与社会发展的需求，如基础教育新课程改革对教师的素质和能力都提出了新的要求，但很多教师难以适应。

因此，为了促进教师素质的持续提高，应当取消教师资格认定的终身制，以动态、发展的观念重新设计教师资格认定制度，对中小学教师的资格证书进行更新认定。教师资格认定制度在对教师的资格做静态认证时，还应注重动态认证，规定教师资格证书的有效期限，废除教师资格证书终身有效制，实行教师资格定期注册制度。同时，加强教师聘后管理，做到能上能下、优胜劣汰，强化广大教育工作者的责任意识和敬业精神，激发教师教书育人工作活力。

3. 强化在职培训，提升专业素质

河北省积极推进实施"国培计划"和"省培计划"，培养了一批"种子"教师。但是，从2013年至2017年的数据显示，河北省义务教育阶段教师资质和水平总体来说参差不齐、专业能力不高。因此，要继续加强义务教育阶段教师的培养与培训、全面提高义务教育阶段教师的专业素质，必须完善相关的培养培训政策。

(1) 完善师范教育体系

建立以师范院校为主体、高水平非师范院校参与的师范教育体系，鼓励高水平综合大学成立教师教育学院，设立师范专业，参与教师培养培训工作。国家制定师范院校建设标准和师范类专业办学标准，实行师范类专业认证制度；提升师范教育办学水平，加大师范教育投入力度，生均拨款按照普通高校学生的1.5倍拨付。采取公费培养、定向培养或到岗退费等措施，鼓励优秀青年接受师范教育。

(2) 制定教师培养培训规划

各级人民政府教育行政部门、学校主管部门和学校应当制定教师培养培训规划，对教师进行多种形式的政治、业务培训。强化教师职业能力培训，落实5年一周期不少于360学时的教师全员培训制度。实施"卓越教师培养计划"，建立省级骨干教师、特级教师、燕赵名师、教育家型教师的梯队成长机制。改革课程和教学，培养高素质、专业化、创新型教师。培训专项经费应按照教师工资总额5%的标准拨付。可以依托高等学校、行业企业等建立教师培养培训基地，对教师进行培养培训。乡村学校及教学点可实行全科教师教学制度，具体办法由国务院教育行政部门制定。

(3) 强化以学校为本位的教师专业发展

以学校为本位的教师专业发展具有提升教师研究能力、增进教师教学品质、适应学校发展特色、改善学校整体效能、积极营造校园文化、达成教育改革目标以及落实学校本位课程发展之实施等优点。

重视学校在教师专业发展上的地位与主导力量,依据学校与教师的实际需求来规划,透过教师的合作与研究,培养教师批判思考与省思探究的精神,如此一来,不但教师的专业能力得以提升,并且有助于学校教育问题的解决。

(4) 推进教育家办学

一是健全省、市、县三级中小学校长培养培训体系。完善省级骨干校长、燕赵名校长、教育家型校长专业化发展机制。落实中小学校长"省培计划",实现困难地区农村校长省级培训全覆盖。依托京津优质教育资源开展校长专项培训,实施中小学校长综合素养提升工程。建立校长后备人才选拔制度,实施专业后备人才培养工程,推进校长专业化发展。

二是营造教育家脱颖而出的制度环境。实行校长任期制,进一步严格校长任职条件和资格。加强中小学校长考核评价,完善校长激励和退出机制。推行中小学校长职级制改革,实施相应的校长收入分配办法。支持和鼓励校长大胆探索,创新教育思想、教育模式和教育方法,打造自己独特的办学风格,获得"河北省教育家型校长"称号人员享受省管专家待遇。

4. 提高教师待遇,加大倾斜力度

为了增加义务教育教师数量,吸引更多优秀人才加入义务教育队伍,要想办法切实提升教师政治地位、社会地位、职业地位,制定教师优待方法，完善教师优待政策，让教师成为令人羡慕的职业。

其一，提升教师政治地位，明确公办中小学教师作为国家公职人员的法律地位，进一步突显教师职业的公共属性；其二，提升教师社会地位，大力开展尊师重教活动，树立尊重教师、信任教师、依靠教师的社会风尚；其三，提升教师职业地位，明确教师教育惩戒权，保障教师参与学校决策的权利，维护教师职业尊严和合法权益，减轻校长、教师的非教育负担，让他们在学校一心一意培养学生。

同时，健全中小学教师工资长效联动机制，依法保障并逐步提高教师工资；完善教师荣誉制度，因地制宜开展多种形式的教师表彰奖励活动；深入实施"乡村教师支持计划"，待遇政策向乡村学校倾斜，提高乡村教师生活补助标准。在保障待遇的基础上，对不具备较大提升空间的教师，通过转岗、买断、分流等形式，让不适合教学的教师自愿转到教辅岗或工勤岗，或调到其更能发挥长处的岗位，并做出妥善安置，使得老师获得实实在在的安全感。

唯有在国家层面明确教师的地位，才能将尊师重教落到实处；唯有切实提高教师的职业吸引力，通过国家和社会层面对广大教师做到尊重和优待，才能激发广大教师"为党育人""为国育才"的职业热情和教育使命。这也高度符合习近平总书记在全国教育大会上强调的"让广大教师享有应有的社会声望，在教书育人岗位上为党和人民事业作出新的更大的贡献"[①]的要求。

5. 健全激励机制，挖掘教师潜能

随着教师工作内容快速变化，工作性质愈加多元，可以说，教师已经

[①]《习近平在全国教育大会上强调：坚持中国特色社会主义教育发展道路 培养德智体美劳全面发展的社会主义建设者和接班人》，《人民日报》2018年9月11日。

成为一项极具挑战性的职业。因此，仅以传统观念赋予崇高的社会地位和教育人才的职责去约束教师是不够的，完善的校园工作环境与合理、有效的绩效评鉴才是激励教师最重要的一环。

教师激励的方式必须要有科学的绩效考核制度，教师获得应有且对等的报酬与奖励是最直接、最基本且最有效的激励方式，但要注意的是，绩效评鉴一定要掌握好公平、公开、公正的原则，落入窠臼的评鉴不但没有效果，甚至有可能招致敷衍和轻视等相反的效果。一是完善教师收入分配激励机制，有效体现教师工作量和工作绩效，绩效工资分配向班主任和特殊教育教师倾斜。二是完善领导人员收入分配办法，按照国家有关规定，保障和落实工资福利待遇，注重发挥绩效工资的激励作用。三是民办学校应与教师依法签订合同，按时足额支付工资，保障其福利待遇和其他合法权益，并为教师足额缴纳社会保险费和住房公积金。

精神层面的激励也是重要的，透过座谈、观摩以及课程设计发表等活动，激发教师对工作的热忱和创新，表扬教师在教学上的成果，透过教师之间的良性互动与竞争，以实际交流和体验来呈现差异性，调节教师工作态度的积极性，在无形中演化成一种自我约束的机制，这些不但能满足教师的成就感，进而让校园工作环境充满朝气和活力，从而真正体现教师的自我和社会价值。

教师激励是一个多层次、多面向的工作，必须谨慎地采取确切可行的激励措施，避免落于表面功夫，徒增教师无谓的工作负担，适得其反。此外，各种激励方法都应相互配合、相互补充，实现多能多得，奖勤罚懒，亦能使少数无法适应的教师产生危机感。只要能在工作环境和文化上塑造良性氛围，给予教师充分的支援与协助，使教师的教学计划能够顺利进行，并让教师的专长和兴趣有所发挥、乐在工作，教师的潜能必定能发挥到最大化。

（四）城乡统筹，谋求均衡推进内涵发展

1. 坚持科学的内涵发展理念，以人为本实事求是

在教育观念上，目前教育领域很多理念还比较陈旧，人才培养模式相对于提高学生社会责任感、创新精神和实践能力的要求还有较大差距，素质教育思想还没有在实践层面得以有效落实。虽然河北省高考录取人数逐年增加并在高位运行，但高考录取率的增长并未减少学校片面追求升学率的冲动，提倡多年的促进学生全面发展的理念，仍然没有很好落实。先进的教育理念未在教育领域得到彻底执行，科学的育儿观念也未在全社会普及，背离教育规律的现象还时有发生。

在教育发展方式上，过去受发展阶段和财力的限制，我们高度重视教育的规模扩张和办学条件的改善。长期的惯性思维，使得我们对于育人的内在层次关注不够，教育外延扩展冲动依然强劲，教育质量和内涵发展任重道远，个性化、多样化教育需求仍未有效满足。新时期的教育改革在保障物质资源投入作为"输血"机制的同时，还要更加侧重提升处境不利者的内在"造血"能力，呼唤"由内而外"的教育发展，通过提升内生动力让人获得适应新时代要求的认知、合作、创新等关键能力，全面提升育人水平，走内涵式发展道路。

学校教育有其特殊性，社会化而非个性化居于绝对支配地位。在社会化压力之下，教育发展理念也会被社会化，人与教育的关系被教育与社会的关系遮蔽。但事实上，教育本质意味着人与人之间的深度互动，所谓一棵树摇动另一棵树，一朵云推动另一朵云，一个灵魂唤醒另一个灵魂。教育发展理念如果不能突破传统教育思想的窠臼，如果不能深入育人的内在层次、不能进入个体的心灵，就不能算是真正的教育。

正视问题、解决问题的首要任务是转变传统教育思想观念，树立正确

的教育发展观，扫除前进道路上的一切意识障碍和思维成见。观念是行动的指南，厘清教育发展思路，牢固树立教育发展新理念，构建起一个动态、理性、科学的思维框架，秉持城乡平等的共同发展理念、因地制宜的特色发展理念和以人为本的全面发展理念，倡导在起点的资源配置上树立"投资于人就是投资于质量"的内涵式发展思路，为未来教育的发展指明方向。

2. 深入推进教育信息化发展，改善条件物尽其用

一是科学配置学校设备设施，通过专家进行考察、评估、论证，选择先进的信息技术产品、优质的信息技术资源和信息教育管理平台。二是加强学校信息化硬件配置水平，促进信息技术与教育教学融合应用，建立覆盖义务教育阶段各年级各学科的数字教育资源体系，实现多媒体网络教室全覆盖。三是加快义务教育信息资源的建设，共享京津等地先进的教育信息和教学资料，建设同步课堂。四是鉴于乡村优质教育资源紧缺的实际情况，强调免费为农村和边远贫困地区学校提供优质学习资源，在农村学校发展无线可移动的网络教学平台，加快缩小城乡教育差距，促进教育公平，推进教育均衡发展。

在此基础上，充分利用现代信息技术创新社区教育供给体制，引进资源并加快建设各涉农教育培训部门共建共享的公共服务平台，制定学历与非学历教育的学分互认与转换标准，打通学历教育与非学历教育的通道，畅通继续教育、终身教育渠道，搭建终身学习的"立交桥"。

3."唤醒"学校内生发展力，深化改革激发活力

学校的生机与活力是学校深化教育教学改革的内生动力，激发学校的生机与活力关键在于在坚持依法治校的基础上落实和扩大学校办学自主权，给学校深化改革创造广阔空间。但是，当前学校在教师招聘、人事管理、机构设置、经费使用等方面，受到许多束缚，制约了学校办学活力。

为此，应积极推进现代学校制度建设，进一步明确学校的办学自主权。

4. 建立督察督导问责机制，政策落地，提高质量

为确保各项政策落地见效，将重点做好组织领导、督察督导和监测评价。

一是健全考核评价体系。加强干部督察，各级党委和政府要把全面提高义务教育质量作为督察督导工作的重点内容，纳入党政领导干部考核督察范围，并将结果作为各级党政领导班子和有关领导干部综合考核评价、奖惩任免、追责问责的重要参考，拧紧责任螺丝。同时，学校或者其他教育机构应当把立德树人作为教师考核的中心环节，坚守新时代教师职业规范和基本底线，以年度考核和聘期考核的方式对教师的政治思想、师德师风、业务水平和工作成绩进行考核。"严禁下达升学指标或片面以升学率评价学校和教师"，不得以学生学业成绩评定教师教育教学业绩。为此要加大力度开展好义务教育质量监测和中小学教育质量综合评价，做到心中有数。

二是督政督学相结合。以实施《对省级人民政府履行教育职责的评价办法》为契机，带动开展各级政府教育履职督导和县域义务教育均衡发展督导评估，将办学方向、教育投入、学校建设、教师队伍、教育生态等作为重要内容，把督导评估结果作为评价政府履职行为、学校办学水平、实施绩效奖励和问效问责的重要依据，让教育督导"长牙齿"。

三是加强质量标准建设。建立县域义务教育质量评价标准、学校办学质量评价标准和学生发展质量评价标准，坚持和完善国家义务教育质量监测制度，从根本上解决教育评价指挥棒问题，有助于引导学校回归育人初心。

第二编
专题调查研究

专题一
关于城乡教育公平问题的调研报告

2015年4月至5月,课题组用两个月时间,深入邯郸、衡水、张家口、承德、石家庄等5市18个县(市、区),通过实地考察、座谈协商、问卷调查等方式,广泛接触市县领导、教育行政部门负责人、校长、教师以及学生和家长代表,重点了解教育公平的相关情况,听取大家的意见建议,并经过系统梳理、集中研讨和协商论证,提出如下报告。

一、河北省促进教育公平发展的主要情况

近年来,河北省积极贯彻落实《关于推进义务教育均衡发展的实施意见》《河北省中长期教育改革和发展纲要(2010—2020)》等重要文件精神,积极推进义务教育均衡、公平发展,取得了许多重要成绩和经验。全面实施农村义务教育经费保障机制改革,把农村义务教育纳入公

共财政保障范围，基本实现了义务教育经费法定增长要求；大力推广农村学区一体化改革和城市"联合校、兼并校、建分校、新建校"四种模式改革，积极探索集团化办学，促进了义务教育学校资源共享、优势互补；与义务教育学校标准化建设相结合，先后投入484.43亿元实施校舍安全工程、农村寄宿制学校建设和义务教育薄弱学校改造等工程，大幅改善农村中小学办学条件；合理配置义务教育教师资源，积极推行县域内教师资源统筹管理与合理配置，争取资金近7亿元，培训教师71万人次，城乡教师队伍建设得到加强；建立系列制度，着力整治和解决择校、收费等方面的难点及热点问题，严格实行义务教育划片、就近、免试入学政策，有力促进学生就学机会均等；关爱特殊群体，着力保障家庭经济困难学生、进城务工随迁子女、身体残障儿童的生活和学习需求；等等。这些措施有力推进了全省教育公平发展，到2014年底，全省所有县（市、区）实现了县城义务教育初步均衡，72个县通过义务教育均衡发展基本均衡县（市、区）省级评估，32个县通过了国家督导检查和认定。可以说，河北省以县为单位的义务教育均衡发展取得了阶段性成果。

二、当前存在的突出问题

尽管河北省在推进教育公平上取得了较大进展，但是从全省范围看，尚有一半数量的县还未通过省级评估或国家级认定，即便是通过评估认定也只是初步的，是县一级范围内的基本均衡。据我们调研掌握的总体情况，河北省不仅城乡之间的教育差别较大，而且在县与县、校与校、不同受教育群体、不同教育类别之间也存有较大差别。

（一）城乡义务教育资源配置不均衡、质量有差距

1. 农村教学点分散、基础薄弱、质量不高

一方面，在一些还未达到义务教育基本均衡的县，农村特别是教学点上，不少学校校舍简陋，配套设施不完善，仪器设备老化，图书陈旧，没有达到标准化要求；另一方面，按照开课任务和年级教学水平所需要的教师数量不足、素质不高、年龄老化、知识结构不合理。我省中小学教师编制是2006年下发的，十多年来学生和教学任务大幅增加，但编制数量却维持不变，再加上行政、教辅、宿管等岗位挤占编制，造成专任教师普遍短缺，农村地区尤其严重。全省6274个教学点，点均教师4.14名，有的教学点甚至只有一人。有限的教师不得不身兼数职，成为万能教师，以保证开齐开足国家规定课程。经调查发现，教学点上教师年龄一般偏大，有的市、县45岁以上的教师占比达到50%—60%，他们学历偏低，很多是非普通高等师范院校毕业，缺少先进的教学理念和方法，素质亟须提高，但因教学任务重，很难有离岗进修的机会。这些教学点很难招进青年教师，更难留下优秀教师，音乐、体育、美术教师尤其缺乏。这些问题的存在直接影响了农村学校的教学质量，拉大了与发达地区尤其是城镇义务教育的质量差距。

2. 城镇建制校班容量严重超标、新建校发展滞后

城镇化的迅速发展，对现有义务教育建制校班容量造成巨大压力，其规模严重超过国家规定标准（46人）。据统计，全省62%的城区小学班容量超过国家标准，城镇中学超标的则达到79%，个别城区小学每班甚至高达80—100人。大班额问题不仅加重了教师的工作量，更重要的是影响了学生的身心健康发展，影响了学习质量，也隐藏着严重的安全隐患。与之相关

联的问题是许多城镇只注重新住宅的开发，注重人口的城镇化转移，严重忽视新增人口所需要的新校建设，城市发展规划预留教育用地不足，不少地方住宅楼如雨后春笋，连苑而起，新学校却像雾里看花，难觅踪影，个别地方多年未建一所小学或初中。因此，新建居民区学生不仅难以就近入学，而且还要支付更多的上学成本去择校，上学远、上学难、上学贵等问题成了新区新增人口甩不掉的沉重包袱，造成了新老城区居民之间的矛盾。

3. 特殊教育基础薄弱，发展严重不足

特殊教育对于帮助残疾人回归主流社会具有十分重要的意义，没有特殊教育的发展就不会有整体教育的公平。目前，全省特教学校共157所，实现了县县有特教学校的目标，适龄残疾儿童、少年入学率已达到90%。但是就学率并不稳固，许多残疾儿童因为家庭贫困、生活不便等原因中途辍学，能够完整接受九年义务教育的学生不多，能够继续接受高中、中职乃至高等教育的更是凤毛麟角。许多学校教师编制严重短缺，经过专业特教训练的教师更是缺乏，大多学历层次不高，教育教学水平偏低，根据不同残疾类别和接受能力而实施的针对性教育极少。特殊教育的办学经费依然捉襟见肘，很多地方未能落实特殊教育生均公用经费6000元的标准，这些情况进一步制约了特教学校的发展。

（二）城乡职业教育改革发展落后于经济社会发展的需要

河北省职业教育崛起于20世纪90年代，当时领跑全国，成为联合国教科文组织推广的样板。近年来，省委、省政府高度重视，通过深化改革，继续保持了职业教育的领先地位。但是，从推动城乡教育公平的角度看，我省职业教育还存在一些亟待解决的困难和问题。从总体上看，仍然存在重复办学、专业趋同、盲目跟风、供需脱节等问题。一些职业学校办学观念陈旧，去职业化倾向严重，专业无特色、学校无品牌，专业化、技能化师资缺乏，培养的学生技能不过硬，毕业后出路狭窄。从社会层面看，社会上存在歧视职业教育现象，不少用人单位片面追求高学历，中等职教学生就业难，即使就业也是工资待遇低下，"所学非所用"现象比较普遍，职业教育缺乏吸引力。许多学生家长为子女不惜成本去择校，千方百计上普通高中谋求上大学之路，这对河北省职业教育的健康发展形成负面冲击，致使许多学校面临招生难、生源差等问题。从政府层面看，缺少加强新时期职业教育发展的系统顶层设计和强有力的行政推动机制，缺乏有效的政策引领，是造成职业教育滑坡的主要因素。

（三）学前教育发展规模偏小、管理缺位

2014年，全省学前教育毛入园率达到76.11%，高出全国平均水平，但是总量仍然不足。在城镇和农村，公办幼儿园严重缺乏，全省城区公办幼儿园仅占总数的22%，条件稍好的私立幼儿园、托儿所收费过高。在农村，公办幼儿园班容量较大，教师素质低，适合儿童心理特点的场地、图书、玩具等教学设施较少；而民办幼儿园大多条件简陋，教学不规范，质量无保证。一些地方的幼儿园达不到规定办学标准，但是因有市场需求又无法取缔，只能处于黑户状态，有的县无证幼儿园达到80多所，这些幼儿园政府部门监管不到位，教学没有统一标准，根本无法保证教育质量，同时存在着安全隐患。农村和城镇薄弱的学前教育对义务教育的均衡公平产生很大影响，造成了区域之间、社会家庭之间教育的差别和矛盾。

（四）促进城乡教育均衡发展的动力不足、机制单一

毫无疑义，普及义务教育和促进义务教育均衡发展的责任主体是各

级政府，而促进义务教育乃至整个城乡基础教育均衡发展，应是政府主导、社会力量参与的共同事业。随着市场经济主体的多元化和民营经济的快速发展，社会力量、民间资本进入公共服务领域的门槛在不断降低，但是我省允许民间资本进入城乡义务教育均衡发展的大门并未完全敞开，不仅缺乏明晰的系统设计，鼓励政策不配套，支持力度不大，而且在用地、贷款、税收、招生、职称、社保等诸多方面，不能与公办学校一视同仁，尚有颇多限制。从目前看，不仅民办教育在义务教育阶段数量偏少，力量微薄，而且在非义务教育阶段，如中等职业教育、学前教育等领域，也发展得不充分、不健全。目前全省只有民办义务教育学校642所，仅占义务教育学校总量的4.3%，民办职业学校也存在规模小、实力弱、效益低等问题。民间资本对促进教育均衡、公平发展的积极作用没有得到充分发挥。

三、几点建议

教育公平是社会公平在教育领域的延伸和体现，有三个层次的含义：第一是受教育机会的公平，第二是享受公共教育资源和服务水平的公平，第三是受教育结果的公平。实现教育公平，既是教育的目标，也是动态的实践过程。经过努力，我省已经基本解决了受教育机会公平的问题，无论是城市还是农村，都实现了"人人有学上"的目标，目前已经从整体上进入全面提高教育质量、保证受教育者公平享受公共教育资源和服务水平进而争取受教育结果公平的新阶段。由于河北省城乡二元结构等造成的城市和乡村、平原和山区、发达地区和欠发达地区的差别在短期内难以消除，实现城乡教育公平也不可能一蹴而就，需要经过一定的时间，在若干环节上加大改革发展的力度，尤其是在教育资源要素、条件等方面的供给上实现新突破，才能从根本上加快推进城乡教育公平。根据我们的调查研究，现就如何解决好当前实践中的瓶颈问题提出如下建议：

（一）加强城乡教育公平发展的顶层设计

一是着眼于加快推进城乡教育公平，编制全省教育公平发展专项规划，明确目标任务、工作重点、方法步骤、实施路径等，列入"十三五"规划之中。二是组织力量对已通过国家认定或省级评估的义务教育发展基本均衡县以及尚未通过评估的县（市、区），分类进行调查研究，进一步摸清底数，查明问题的类别。在此基础上，按照标准，制定出城市、乡村尤其是贫困地区如何按时达到均衡的目标计划，拿出"时间表"和"路线图"。三是建议各区市、省直管县根据省规划安排，制定各自的教育公平规划，以利于上下对接、协调联动。

（二）将教育公平纳入各级政府年度考核目标体系

教育公平事关中华民族素质的提高，事关"中国梦"的实现，对河北未来发展具有重大影响。各级党委政府要把促进教育公平作为义不容辞的责任，实行主要领导负责制，摆上重要议事日程，纳入年度考核体系，细化任务分工，实行目标管理，扎实向前推进。要加强省政府督学队伍建设，发挥好省政府教育督导室对教育公平的督导作用，对教育法律法规和有关政策落实情况加强检查和督导；同时按照管、办、评相对分离的原则，支持组建政府主导的第三方基础教育监测评价机构，强化教育督导的专业性和权威性，通过多层次、多形式的督导评估，促进各项工作落实到位，推动教育公平发展。

(三) 解决好城镇义务教育学校的均衡发展问题

一是严格实行义务教育划片、就近、免试入学政策，杜绝择校现象。采取强有力措施，把超过国家标准的班容量坚决降下来，为学生创造良好的、充足的学习环境。二是重点抓好薄弱中小学提升。在校长人选、师资力量、实验设备、图书资料、生均建筑面积等方面予以倾斜，尽快将薄弱中小学提升为良好学校，为此类学校的学生享受合理的教育资源提供强有力的政府供给和保障。三是像抓房地产开发、小区建设那样，抓好新老城区中规模化新建住宅区中小学及幼儿园的科学合理配置，有计划地增加按照国家班容量标准设置的建制校，重点解决资金和土地问题，确保哪里有适龄儿童上学，哪里就有充足的优质教育资源，以满足人民群众享有良好基础教育资源的愿望和需求。

(四) 适应人口变化趋势，优化农村中小学布局结构

推广宽城县"三集中一覆盖"的办学经验，政府及有关部门要有组织、有规划地鼓励和支持有条件的地方发展义务教育园区。下大力加强寄宿制学校建设，在完成基本教学设施之后，完善食堂、学生宿舍、厕所等生活设施，改善寄宿制学校的办学条件。各地要从实际出发，在现有寄宿制小学、中学的基础上，按照建制小学逐步向中心村集中、初中向城镇集中的原则，加大布局结构调整力度，引入社会资本，采取多种渠道，争取用五年左右的时间，将现有教学点中的大部分集中到适宜地方，实行学区制、园区化管理，实现农村中小学师资、实验设备、图书资料的相对集中，解决好现有教学点因师资数量和质量导致的开课不齐、教育质量无保证等问题。对于少数确需保留的教学点，要加大支持力度，确保配备必要设施，以满足教学和生活基本要求；积极、有计划地采取县城教师送教下乡、志

愿者支教、新教师下乡锻炼等方式，解决农村中小学师资不足、年龄老化、教育水平低等问题。

（五）改革城乡基础教育教师的分类设编和管理机制

这个问题是长期困扰我省基础教育发展的一个重大瓶颈问题，在调研中基层干部和群众反映强烈，意见十分集中。需要下决心予以解决，用改革的思路和办法实现突破。具体建议为：一是根据教学实际需要，实事求是地核定中小学及幼儿园教师编制。二是改革编制管理办法，建立省级总量控制、市级统筹协调、县级具体管理、按需校用的动态编制管理体制，严禁其他系统挤占、挪用、截留教职工编制。三是对学前教育、职业教育、普通高中教育等城乡非义务基础教育，可以按照相对应的教职工配备标准，采取政府指导、分类挂牌、购买社会服务方式加以解决。鼓励社会力量、民间团体乃至社区、乡村集体或个体，举办职业教育、学前教育等，按照政府有关教师聘任的规定，选聘、培养和使用教师，切实落实合同约定，实现聘任教师的正常合理利益；教育行政部门应主动加强管理和指导，将其纳入全省教师队伍管理体系之中，在职称评定、奖励惩戒、教师培训、考核评价等方面，保证民办学校教师与公办学校教师享受同等待遇，保证他们的合法权益。通过上述措施，能够在一定程度上扭转延续多年的教师队伍结构性失衡局面，解决城市多农村少、一专多职、寄宿制学校无专职生活管理教师编制、小教领域教师老化等问题。

（六）完善与改革师资队伍建设与补充机制

一是建立统一的中小学教师职称制度，增加中小学高级职称教师比例，设置正高级教师职务，并完善职称（职务）评聘条件和程序办法，切实向乡村教师倾斜。二是建立和完善新教师补充机制，制定优惠政策，吸引大批优秀高校毕业生进入城乡中小学教师队伍。各级政府和师范院校要加强本土化培养，不断扩大定向培养和"一专多能"的全科教师培养规模。落实好《乡村教师支持计划（2015—2020年）》，拓宽乡村教师补充渠道，在通过国家和省级"特岗教师计划"扩大农村优秀师资来源的同时，吸收有专长、有能力、有意愿从事教师工作的非教师身份人员担任音乐、体育、美术课程老师，鼓励城镇退休优秀教师到农村学校支教讲学。三是加大教师在职培训力度，将教师培训经费纳入政府预算，保证中小学教师五年一周期360学时的全员免费培训，推动教师及时更新知识，掌握教学核心技能。指导各地建立区域研训或校本研训制度，积极开展形式多样的研训活动，为教师搭建更多的专业成长平台。

（七）高度重视并解决好影响学前教育和职业教育的问题

学前教育和职业教育分别是义务教育的入水口和出水口，两者质量的高与低，直接关系着义务教育的质量。因此，推进教育公平发展，必须高度重视学前教育和职业教育。在学前教育方面，要着力解决当前群众普遍反映的入园难、入园贵问题，力推国家《关于实施第二期学前教育三年行动计划的意见》有关政策在全省落地。要以县（市、区）为单位制定幼儿园总体布局规划，加快发展公办幼儿园，形成以政府为主导、社会力量多元参与的办园格局，构建以公办园为骨干、民办园为主体、社会各界力量积极参与办学的学前教育公共服务体系。对目前大量存在的无证办园问题，政府及有关部门要勇于面对，敢于和善于解决好所谓的"黑园"问题，建议要组织力量对目前存在的无证办园情况进行全面排查，实事求是地创新幼教模式，改革"一把尺子"标准，实行分类施治、分类指导、动态提升，即按照幼儿园、托儿所、看护点的分类方式，实施分层次、分类型的资格认证，达到标准的颁发办园许可证，由政府加强安全管理和业务督导，保证其健康发展。在职业教育方面，一是要加快改革重组步伐，大力推动集团办学模式，鼓励区域内若干县（市、区）职业学校，按照优势互补、专业品牌共享的原则，走联合办学、合作办学之路，努力降低办学成本，集中力量打造若干优质品牌专业，以期从根本上化解现有职教学校招生难、质量低、就业差等困局。二是建议省政府探索建立"大国工匠"摇篮学校支持奖励基金，积极搭建"大省工匠"评选平台，对评选胜出的个人和学校予以奖励，引导职业学校端正办学指导思想，瞄准培养"大国工匠""大省工匠"的目标，改革课程设置体系和培训方式，面向市场和社会需要确定专业设置，努力办出特色、办出水平，切实把学校建成"大国工匠""大省工匠"的培养高地。三是对优秀职教学校和工作业绩突出的职教毕业生加大表彰和宣传力度，提升他们的自豪感和荣誉感，推动全社会形成"崇尚一技之长、不唯学历凭能力"的浓厚氛围。

（八）充分发挥社会力量促进城乡教育公平的作用

一是制定政策，支持和鼓励社会力量和资本为改善提升义务教育阶段的薄弱学校作贡献。政府及有关部门每年应采取项目发布的形式，向社会公布拟改造提升的薄弱学校名录，制定鼓励社会力量进入的倾斜政策（合理减免项目投资人税负和有关费用、允许冠名等），调动社会力量和资本办学积极性，或公私合办，或高质量高标准独办，为改造提升城乡义务教育薄弱学校、推动教育公平发展作出实实在在的贡献。二是制定特别政策，鼓励社会力量和资本按照国家标准，规范地、成建制地、规模化地兴办学前教育，政府通过保证合理用地、减免税费、购买服务、派遣公办教师等方式予以支持，引导他们提供普惠性服务，为最终实现义务教育阶段公平作出贡献。三是鼓励和支持社会力量和资本，以各种方式参与现有中等职业教育的改革重组和提升，通过合作或领办，把职业教育学校共建为相关企业的技工培养基地和技术推广基地，为巩固义务教育成果、推进城乡基础教育均衡发展作出贡献。四是抓住京津冀协同发展战略机遇，积极吸引京津资本和各级各类学校通过建分校、分院和合作共建的方式，与河北省合作办学，帮助提升河北省各类教育的质量和水平。特别是职业学校要加强与京津知名企业合作，构建突破办学地域、以有利于产业互补的教学方式及教学实习贯通的培养方式，提升职业人才培养质量。

（九）总结推广《教育设施规划建设管理条例》的立法经验

该条例已由河北省人大常委会审议通过并正式实施，它为建立健全石家庄市居民住宅小区教育设施配建、移交机制，解决区域内基础教育突出问题提供了法律依据和保障。建议河北省及有关部门总结这一经验，举一反三，尽快就教育均衡、公平中的重要问题，比如硬件设施、经费投入、师资队伍、考试招生等问题制定法规规章，强化政府的主体责任，明确各级教育行政部门、发展改革、规划、国土、建设、房管、城市管理等有关行政主管部门的职责，为解决好制约教育公平的瓶颈问题提供法律保障。建议各地把教育部门列为城市建设规划委员会成员单位，实行联审、联批制度，依法依规解决教育用地问题，保证按标准足额预留教育建设用地，做到规划到位、位置不动、面积不减。

（十）加大资金投入保障教育均衡公平发展

各级政府要履行对教育投入的法定职责，任何时候不能缩水。调整财政支出结构，把支持教育事业发展作为公共投资的重点，保证教育经费投入的强度、力度。足额征收教育费附加和地方教育费附加，足额计提城市维护建设税和土地出让收益金，用于发展教育。积极探索多元投入机制，鼓励社会力量捐资助学、捐资助校，吸引民间资本投资教育，努力解决教育经费不足的问题。省级财政要聚集财力，加大转移支付力度，重点扶持省内欠发达地区义务教育发展，改变一刀切、钓鱼式经费投入方式，实事求是地降低或取消国家、省级贫困县在义务教育和学前教育方面资金配套的比例。提高教育经费的精准投向，向贫困地区、薄弱学校倾斜，重点支持基层教师队伍建设、寄宿制学校建设、教育科研和信息化建设。制定出台普通高中生均公用经费标准，适当提高城乡中小学生均公用经费标准，提高张家口、承德寒冷地区的生均公用经费标准，以保证教学活动的正常开展。

（十一）下大力发展继续教育

实践证明，继续教育是学校教育的拓展和延伸，对实现教育公平具有积极的推动作用。要认真贯彻落实党的十八大关于"积极发展继续教育、完善终身教育体系、建设学习型社会"的要求，拓宽推进教育公平的思路和渠道，把发展继续教育作为推进教育公平的重要抓手，纳入教育公平的总体规划，做到有目标、有任务、有计划、有措施。充分发挥利用好已有的各种远程教育网络资源，不断从经济建设和社会发展的实际需要出发，有针对性地更新教学内容，努力打造面向大众、开放灵活的继续教育网络服务平台，以满足各类成年人补充知识、扩大视野、改善知识结构、提升自身素质的需要，使其成为青年就业或再就业学习培训的平台或场所。学习借鉴国内外先进经验，整合社会资源，探索建立由政府资助并由地方、社区、学校和社会力量共同建设的社区教育中心，努力使其成为少年儿童放学后活动的园地。

专题二
供给侧视角下河北省县域城乡义务教育一体化研究[①]

——基于河北省四县的调查

一、绪　言

（一）问题的提出

　　自《国家中长期教育改革和发展规划纲要（2010—2020年）》发布实施以来，统筹推进城乡义务教育一体化成为我国教育领域持续关注的热点问题。2016年7月11日，国务院正式印发实施《关于统筹推进城乡义务教育一体化改革发展的若干意见》，提出10条具体举措，要求统筹推进县域内城乡义务教育一体化的改革发展。

　　在国家政策大力支持下，城乡义务教育发展不均衡的问题有所改善。但伴随着城镇化的推进，城乡义务教育发展不均衡呈现出一些新特点。从供给侧结构性改革这一视角来审视，城乡义务教育不均衡的实质为教育资

---

　　① 本报告获2017年"挑战杯"全国大学生课外学术科技作品竞赛二等奖，河北省比赛特等奖。

源供给与需求的脱节。本专题从供给侧结构性改革的视角，研究义务教育资源的配置问题，以实现资源的有效供给，促进城乡义务教育一体化，为所有受教育者提供平等、优质的教育资源，从而提高人口素质。

（二）概念界定

1. 城乡一体化

城乡一体化是指在某一特定区域内，城市与农村在政治、经济、文化、社会、生态等方面广泛融合，合理配置优势资源，最终实现高质量的优势互补，共同发展。它涉及自然、社会、经济复合生态系统的方方面面，可称为社会—经济—生态等复合生态系统演替的顶级状态，体现城乡之间经济联系和社会进步的要求。[1]

2. 城乡教育一体化

城乡教育一体化是在"城乡教育均衡"的基础上建立新的体制机制和发展模式，包含并超越城乡教育均衡发展的目标，是指通过整合城乡教育资源，打破城乡二元经济结构和社会结构的束缚，构建动态均衡、双向沟通、良性互动的教育体系和机制，使城乡教育优势互补，推动城乡教育相互支持、相互促进，缩小城乡之间的教育差距，有效消除地域、经济等因素导致的教育不公平，实现城乡教育均衡发展、协调发展、共同发展。[2]

---

[1] 沈红、陈腊娇、李凤全：《城乡一体化研究现状与展望》，《国土与自然资源研究》2005 年第 4 期。

[2] 褚宏启：《城乡教育一体化：体系重构与制度创新——中国教育二元结构及其破解》，《教育研究》2009 年第 11 期。

3. 供给侧结构性改革

在此，笔者将教育的供给侧结构性改革界定为通过减少无效供给，增加有效需求，提高教育资源供给的有效性和针对性，以满足教育需求，统筹推进城乡义务教育一体化发展。其中，教育机构是供给方，是提供教育服务的一方，如各级各类学校；教育对象是需求方，是接受教育服务的一方，即学生。双方参与教育活动，也就形成了教育的服务过程。

（三）调研地点

河北省总面积为18.88万平方公里，总人口为7424.92万人。截止到2015年，全省义务教育阶段学校有1.49万所，其中，普通小学1.25万所，初中2391所。普通小学在校学生数为564.29万人，教职工人数为33.94万人，其中专任教师33.35万人，每10万人口小学平均在校生7696人，生师比为16.92∶1；初中在校学生228.82万人，每10万人口初中阶段平均在校生3121人，生师比为13.45∶1。①

邱县：目前有各级各类学校157所，其中初中2所，小学104所（县城小学5所，农村联办小学15所，农村教学点79个，在册民办小学5所），在校生4.21万人（其中初中9010人，小学3.09万人）；现有在职教师2697人（含2014年选聘未入编教师55人和合同制教师136人）。邱县被国务院教育督导委员会认定为2016年全国义务教育发展基本均衡县，对河北省推进义务教育发展有一定借鉴意义。

威县：总面积1012平方公里，人口62.01万人，全县共有学校191所，

---

① 《分省年度数据》，2019年9月9日，见http://data.stats.gov.cn/easyquery.htm?cn=E0103&zb=A0C0O®=630000&sj=2014。

其中初级中学 17 所，小学 169 所；在校生 7.26 万人，其中小学 4.85 万人，初中 1.69 万人，全县在职教师 4591 人。威县是河北省 2015 年唯一一个被确立为第二批国家新型城镇化综合试点的地区，这使得威县在研究"新型城镇化下如何推进县域城乡义务教育一体化"方面非常具有代表性。

鸡泽县：全县总面积 337 平方公里，截止到 2013 年，总人口 29.5 万。鸡泽县近年来大力推行农村义务教育薄弱学校改造计划，推进县域城乡义务教育均衡化发展，被国务院教育督导委员会认定为 2016 年全国义务教育发展基本均衡县。

涞源县：全县总面积 2448 平方公里，人口约 27 万，全县共有 253 所中小学，139 个教学点，81 所不足 10 人的山区学校。作为山区县同时是国家扶贫开发的重点县，涞源县在推进义务教育一体化过程中表现出来的问题，一定程度上代表着省财政困难的山区县统筹城乡一体化发展的缩影。

（四）调研方法

以经费投入、办学条件、教师队伍、管理体制、教学活动五个维度以及生均预算内经费支出等 12 个指标为基准制定了教师问卷、学生问卷及学生家长问卷，走访邱县、威县、鸡泽县及涞源县四县的农村[①]和县城共 35 个教学点、13 个中心校及 8 个县城学校，共发放学生问卷 2000 份，收回 1894 份，其中有效问卷 1780 份，有效率 89%；教师问卷 600 份，收回 596 份，其中有效问卷 587 份，有效率 97.8%；家长问卷 400 份，收回 393 份，其中有效问卷 375 份，有效率 93.8%。同时，深入访谈了县城和农村共 60 位学生家长、29 位教师、13 位学校领导、3 位教育局相关领导，并获取了教育局的相关数据。在保证真实性的基础上，对录音资料、调研

---

① 本研究将农村界定为自然村以及乡镇。

问卷以及原始资料进行详细整理和分析,为报告撰写提供了大量的材料和数据基础。

二、主要成效

(一) 增加经费投入

随着县域城乡义务教育一体化的发展,县政府采用多种方式来满足教育发展的经济需求,加大用于统筹城乡教育经费的投入比重。

在义务教育财政经费的供给方面,如图 2-2-1 所示,2012—2014 年邱县财政经常性收入不断增长,增长率分别为 18.60%、19.36%、19.38%;同期预算内教育经费拨款(含上级转移支付经费)不断增长,增长率分别为 55.69%、12.02%、19.63%,有 2 年增长高于财政经常性收入的增长率。而在城市教育费附加方面,2012—2014 年转入教育部门城市教育费附加 866.6 万元(2012 年 296.6 万元,2013 年 270 万元,2014 年 300 万元),城市教育费附加全部投入教育事业的发展。[①]

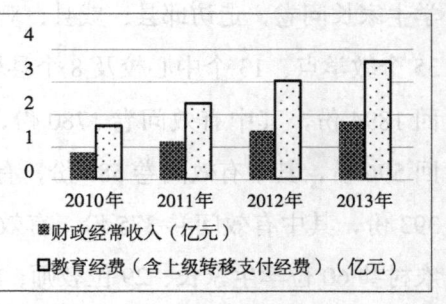

图 2-2-1 邱县教育经费投入情况   图 2-2-2 威县教育经费投入情况

---

① 数据来源于邱县教育局。

威县财政对于教育经费的投入也不断增长。如图2-2-2所示，2010—2013年，县财政经常性收入不断增长，年增长率分别为18.63%、40.55%、28.93%、17.98%；同期财政预算内教育经费（含上级转移支付经费）不断增加，年增长率分别为25.99%、41.83%、29.14%、19.31%。

如图2-2-3所示，威县生均教育事业费和生均预算内公用经费也逐年增长。[①] 可见，近几年县财政对教育经费的投入不断增长，一定程度上缓解了当前教育经费紧缺的压力，有利于推动县域城乡义务教育一体化的发展。

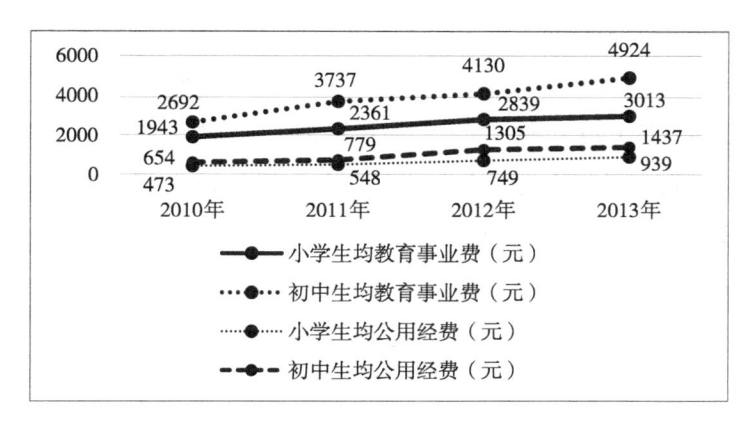

图2-2-3 威县生均教育事业费及公用经费

（二）改善办学条件

改善办学条件是推进县域城乡义务教育一体化的重要举措。近年来，河北省加大教育投资，在改善办学条件方面取得了重大成效。

2014年，邱县累计投资近8000万元用于教育设施承载能力的提升。其中，3400万元用于教育园区续建工程，4000多万元用于操场改造等办

---

① 数据来源于威县教育局。

学水平的提高，近400万元用于教学点维修改建工程。2004年以来，邱县全县校舍建设投资累计8600余万元，新建规范化农村小学86所，县直幼儿园2所，义教工程和寄宿制中学11所，其中整体搬迁中学1所，改造危旧校舍2.36万平方米。全县小学由原来的519所调整合并为255所，初中由43所合并为23所，初步形成了"科学选址、合理布局、规模办学"的教育发展格局。

近年来，威县投资9127.4万元，购置教学仪器15.2万件，新购置图书达40.3万册，更新、新建100余个微机室、620余个多媒体教室。目前，全县学校共有微机8755台，各学校微机数量达到省定比例。

2014年，涞源县共安排15所寄宿制学校建设项目，总投资3611万元，建设面积达1.72万平方米。同时投资280万元用于建设6所乡下中学，为小学部配备科学探究实验室和仪器，完成了2013年提出的义务教育薄弱学校改造项目。例如，三甲村中心小学、南关村中心小学等全部配齐了学生机房，教师办公用机达到了一人一机，并以班为单位配齐了多媒体互动电子白板，同时南关村中心小学建设了标准图书馆。

（三）优化师资配置

教师队伍的一体化发展是实现城乡教育一体化发展的重要保障。近年来，河北省各地通过实施各种措施，引导教师向农村学校、边远地区学校等义务教育薄弱学校流动，扩大了农村教师的有效供给，促进教师资源公平合理的配置。

1. 改革农村教师编制，缓解教师总量短缺

根据教育部、财政部、中央编办相关文件精神，河北省各地区将县镇、农村学校教职工编制标准提高到城市学校水平，新增的编制指标均重

点用于补充农村中小学紧缺学科，师资队伍总量短缺的状况得到了有效缓解。

2009 年以来，邱县坚持每年招录一批师范类毕业生补充到一线教育岗位，几年来共招录教师 644 人，争取大学生见习岗和社会公益岗等岗位 190 多个。①

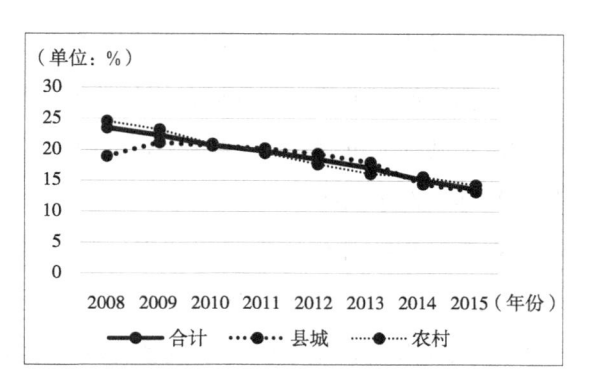

图 2-2-4　邱县生师比

如图 2-2-4 和表 2-2-1 所示，邱县县城和农村义务教育学校生师比存在较大差异，但是随着发展，这种差异逐渐缩小，2011—2013 年间，农村义务教育学校生师比甚至小于县城。

表 2-2-1　邱县小学生师比

(单位：%)

年份	合计	县城	农村
2008	23.47	18.87	24.51
2009	22.23	21.10	23.16
2010	20.64	20.56	20.85
2011	19.69	20.11	19.38
2012	18.38	19.25	17.58
2013	16.97	17.85	16.02
2014	14.98	14.35	15.51
2015	13.52	13.12	14.21

2. 加大教师培训力度，选拔任用优秀教师

在教师培训上，加强了教师继续教育和培训力度，并且增强了培训经费的支持力度。以威县为例，威县充分发挥教师进修学校被认定为省级培

---

① 资料来源于邱县教育局。

训基地的优势,大力开展"国培计划""远程教育培训"等教师培训活动。同时,抓住河北师范大学为威县提供置换培训的机遇,共组织580余名中小学教师到师大进修学习。4年来,共组织各级各类教师培训100余批次,培训教师8万余人次。

在教师选拔和任用上,河北省针对新特岗教师,实行分配政策,适当往农村义务教育薄弱地区输送更多的优质教师资源。如邱县县财政每年列支100万元,用于农村学校教师的交通补贴。①

3. 提升教师薪酬待遇吸引优质教师人才

教师待遇是影响教师队伍建设的重要因素。多年来,各县均加大了对教师待遇的改善力度,都不同程度地实行了向边远贫困地区农村教师的待遇倾斜政策。

如威县农村教师每月增加津贴,按职称、教龄等标准分等级进行补贴,金额从300—600元不等。② 其余各县也结合当地实际情况实现了不同的政策补贴。上述政策的推行,使农村中小学教师工资收入有了一定程度提高。

总之,近年来,河北省各县在师资队伍建设和县域内教师的均衡配置上取得许多成效,进一步缓解了教师资源的结构性供需矛盾。

(四)注重全面发展

1. 推进素质教育,促进学生全面发展

素质教育致力于提高人的全面素质,促进学生全面发展。近几年,邱

---

① 资料来源于邱县教育局。
② 资料来源于威县教育局。

县根据本县实际，在中小学教学活动中设立了包括读好书、写好字等在内的"十个好"培养目标，还要求每个学校重点打造一两个"好"，形成自己学校的办学特色。如邱县大马堡乡明德小学把"写好字"拓展为"以字立德，以字修身，以字启智，以字树人"，通过师生习字园地、教师签到墙、写字课等，让书法教育实现了常态化、实效化。

另外，教学方法的多元化是实现素质教育的一个重要方法。例如，2016年10月13日，邱县大马堡乡明德小学与市博物馆合作，采用参观法开展教学活动，组织学生体验民俗和参观展览，增加学生对文化遗产的了解。[1] 再如，威县人才中学注重运用讨论法，以课堂讨论的形式开展教学活动，调动了学生的学习积极性。多元化教学方法的运用弥补了单纯课堂讲授的不足，对教学活动的高效开展具有重要意义。

2. 学习传统文化，提升校园文化内涵

近年来，河北省积极推动全省学校文化建设，将环境文化建设作为建设重点。例如，2016年10月10日，邱县各学校将"重阳节"作为教育契机，开展以"孝"为主题的系列教学活动，以此弘扬尊老、敬老优良传统。邱县二中附小、县第二幼儿园、县明德小学等学校邀请邱县"十佳好儿媳""十佳慈孝职工"等到学校作报告，讲述他们自己真实感人的事迹，向师生诠释"孝"的涵义。[2] 此外，邱县还于2016年10月12日开启"弟子规"进校园巡讲活动，学习弟子规的丰富内涵，提升传统文化素养。[3]

---

[1] 《邯郸大篷车博物馆走进大马堡明德小学》，2016年10月13日，见 http://www.weixinla.com/document/69229114.html。

[2] 《"孝"主题活动育孝心好少年》，2016年10月24日，见 http://www.weixinla.com/document/76658818.html。

[3] 《邱县"弟子规"进校园巡讲活动启动》，2016年10月14日，见 http://www.jcwj.net/2016/school_1014/507.html。

三、现实问题

(一)存在无效供给,教学资源浪费

1. 农村学校空心化,教学资源闲置

近年来,农村学校适龄入学儿童逐年减少,学校规模越来越小,空心化现象较为严重,大量资源闲置。2015年,在河北省省内农村小学7.74万个教学班中,班容量在25人以下的有2.53万个,占教学班总数的32.6%,规模在30人以下的共有3.71万个,占教学班总数的47.9%。此外,在601个复式教学班中,班容量在30人以下的有597个,占复式教学班总数的99.3%。河北省5719个农村教学点中,点均教师仅4.14名,其中有的甚至只有1人,大部分为农村幼儿园附设小学教学点。

鸡泽县吴官营乡靳庄村的农村小学在完成标准化建设后可以容纳240余人,"撤点并校"之后,学校四至六年级学生转至中心小学上学,近年来由于人口出生率下降及人口主动向城市流动,学校生源更是大幅度下降。目前该校已经完成标准化建设,然而只剩下一年级9人、二年级6人、三年级8人,新配备的大量设备无人使用导致资源浪费。类似情况不只在平原地区学校中显著,山区学校空心化的现象也十分突出。如地处山区的涞源县走马驿镇花园小学原本可以容纳200名学生,目前只剩下三个教学班共20多名学生。全校仅使用两间教室和两间办公室,剩下的教室和办公室均被闲置。农村学校空心化直接导致其配备的教学资源无人使用,校舍等设施闲置浪费,资源无效供给的现象突出。

2. "撤点并校"导致教学资源荒废

根据教育部统计数据，从 1997 至 2010 年，全国因"撤点并校"共减少小学 37.15 万所，其中农村小学减少 30.21 万所，占全国小学总减少量的 81.3%。"撤点并校"政策实施后，某些已经裁撤的农村学校由于产权不明、无人管理导致大量教学资源荒废。如涞源县走马驿镇吕家庄村小学的学生全部迁走之后，留下的教学设施未被重新利用，七八间教室均已荒废，操场上杂草遍布，校园里已经没有人为活动的痕迹。

3. 教学设备使用率低，教学资源浪费

当前农村学校在标准化建设上取得了一定的成效，但标准化配置并非都能发挥最大效益。高达标率背后隐藏着一些容易被忽视的问题，某些学校的教学设备与器材①使用率较低，这一问题在农村学校尤为突出。如图 2-2-5 所示，就四县小学教学设备与器材的使用情况来看，总体上县城小学与农村小学设备使用频率均较低，而农村小学的教学设备与器材使用频

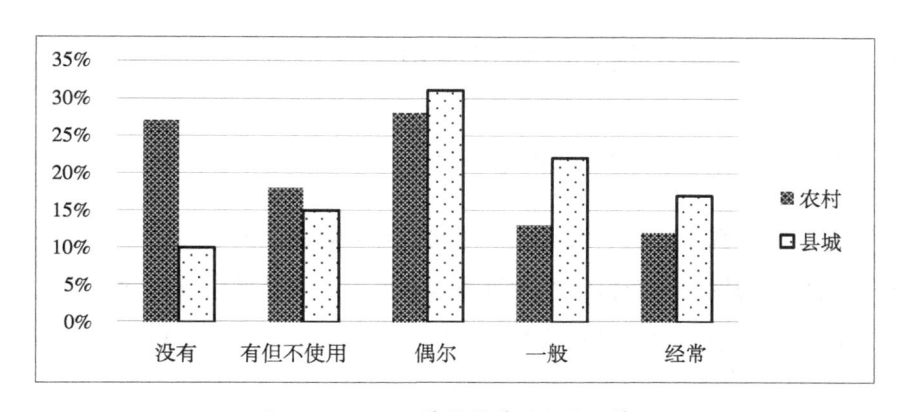

图 2-2-5 四县学校教学设备使用情况

---

① 这里指多媒体、体育器材、音乐器材、实验室、计算机、图书馆、体育教学场地。

率更低。

调研中走访的鸡泽县几个乡镇教学点和完全小学，在近几年的均衡化建设中，偏重硬件建设，如新增了音乐、体育、美术教室，但忽视了软件建设。因缺乏专职教师、缺少专门培训、担心设备损耗等原因，教学设备成为摆设。一位中心校的老师说："鸡泽县要求实现信息覆盖与信息化建设，但效果不是很理想。许多教师都无法熟练使用教学仪器，即便政策落实补充了信息化设备，使用效果仍然堪忧。"

4. 设备采购不合理，教学资源无效

标准化学校建设要求完善各种教学设施，但在设备采购过程中，由于自身认知不足、经费有限等原因，采购的教学设备不合理，导致设备无人使用。如调研中发现，很多学校新采购的图书种类单一、内容陈旧，适合学生阅读的书较少。某些学校配备了篮球、乒乓球等体育器材，但未配备配套的篮球架和乒乓球台。采购的教学设备不合理，导致资源供给无效。

（二）有效供给不足，教学资源短缺

1. 城区学校大班额有效供给不足

对于义务教育阶段学校班额，河北省有明确制度要求。[①] 但是近年来随着城镇化的发展，农村学生大量涌入县城，造成县城学校的学生人数不断增加。县城小学的大班额情况较为严重，且教学班的数量较多。截止到

---

① 《河北省义务教育学校办学基本标准（试行）学校设置》第七条中规定，九年一贯制小学班额一般不超过 45 人，初级中学班额一般不超过 50 人。居住分散和交通不便的边远地区可适当缩小办学规模。义务教育阶段学校远期规划班额应控制在 40 人以内。

2015年，全省城区小学2.5万个教学班中46人以上的大额班共有1.6万个，占城区小学总班数的62.8%，其中超过66人的特大班占19%。如图2-2-6所示，邱县2012—2015年小学超过56人的大额班数量逐年下降，从2012年的83%下降到2015年的54%，但大额班总体数量仍很多。涞源县第二中学现有学生2295人，27个教学班中平均每班85人，有些班级甚至超过了100人，远远超出标准。该现象不是个案，四县中优质初中的大班额问题尤其突出。

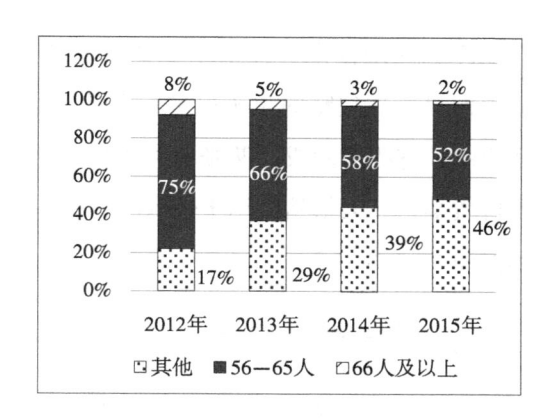

图 2-2-6　邱县县城小学大班额班级数量占比

2. 城乡办学条件差别大，均衡化程度低

近年来，河北省通过一系列措施加强了县域城乡义务教育均衡化发展，但河北省县域内不达标学校仍然较多。这些学校基础设施、标准配备不完善，信息化设备较少，难以满足正常的教学需求。如图2-2-7所示，邱县2012—2014年学校运动场地达标率不断提高，但是农村学校运动场地达标率相对较低，且与城区差距呈现不断加大的趋势。

涞源县城区学校基本上都建有标准化运动场地，而农村学校很多中心小学的操场仍是未经标准建设的

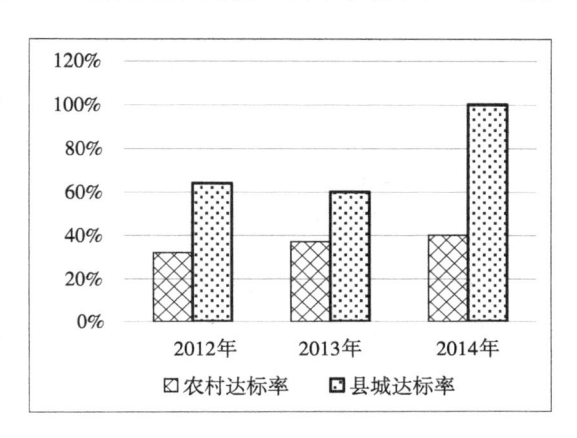

图 2-2-7　邱县运动场地达标情况

空地。如涞源县走马驿镇小学基本上没有体育活动场地，课间或体育课学生们只能在狭窄的院子里进行简单活动。某些学校住宿条件仍然较差，宿舍由教室改造而成，两张单人床睡三个学生的现象依然存在，并且部分农村教学点冬天依然使用土炉取暖，教室的空气质量与取暖效果都无法得到保证。

3. 经费总量投入不足，供给结构失衡

（1）教育经费总量供给不足，与全国平均水平差距大

河北省目前人均财政性教育经费支出与发达省区相比仍存在一定差距。河北省2015年公共财政教育支出1001.07亿元，比上年增长了17.96%。同时期，北京市公共财政教育支出为847.43亿元，天津市为464.23亿元。虽然从总量上看，河北超过北京和天津，但是在人均经费上，河北远低于北京和天津。如图2-2-8、图2-2-9所示，河北与北京、天津在生均公共财政预算公用经费以及生均公共财政教育事业费等支出方面还存在很大差距。①

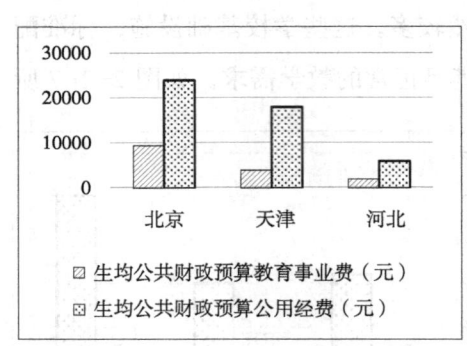

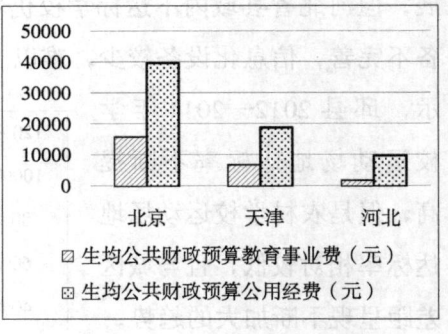

图2-2-8 京津冀三地小学生均公共财政预算公用经费以及教育事业费

图2-2-9 京津冀三地初中生均公共财政预算公用经费以及教育事业费

---

① 数据来源于2015年全国教育经费执行情况统计表。

随着县域城乡义务教育一体化的深入，各县用于义务教育经费的支出不断加大，但由于财政实力有限，教育经费仍然存在总量不足，地区经费支出差距较大的问题。以邱县小学生均公共财政预算公用经费为例，2012—2014年该县小学生均公共财政预算公用经费稳定增长，2012年为1011.5元，2013年为1195.59元，2014年为1382.05元，但相对增长率下降，2012年较上一年增长了55.69%，2013年仅为18.20%，2014年降到了15.59%。并且与全国小学生均公共财政预算公用经费存在很大差距。与全国平均水平的差距分别是2012年817.64元、2013年872.88元、2014年859.78元。可见，总体上来看，邱县小学生均公共财政预算公用经费不断增长，但是增长速度放缓并且与全国的平均水平仍然有很大差距。

(2) 县域城乡经费差距较大，农村教学点经费供给不足

当前，各县财政用于义务教育阶段的经费供给不断增加，但县城和农村的城乡义务教育经费投入仍然存在一定差距。用衡量个人间或地区间收入差距的泰尔指数来分析[①]，如表2-2-2、图2-2-10、图2-2-11所示，根据邱县教育经费支出的实际情况，小学和初中的生均公共财政预算教育事业费和生均公共财政预算公用经费的泰尔指数都呈现不断下降的趋势，然而要达到城乡教育均衡还存在一定的差距。尤其是初中的城乡生均经费支出的差距较大，小学城乡生均预算内经费支出的均衡化程度低。[②]

---

① 泰尔指数一般取值的区间是 (0, 1)，当取值趋向0时，则代表相应资源使用的均衡程度高。

② 部分数据节选自侯佳莹：《河北省县域城乡义务教育均衡发展财政政策效果评价研究》，河北大学管理学院2016年硕士学位论文，第29—30页。

表 2-2-2　邱县生均预算内经费及生均经费支出泰尔指数分析

年份	初中	小学	初中	小学
2008	0.03323	0.05386	0.22057	0.24746
2009	0.02056	0.04623	0.22306	0.25693
2010	0.03243	0.02367	0.12874	0.16373
2011	0.02568	0.02375	0.14895	0.14684
2012	0.01493	0.02583	0.05257	0.06982
2013	0.00247	0.01874	0.02103	0.05289
2014	0.00368	0.00853	0.02031	0.00372
2015	0.00342	0.00759	0.01984	0.00328

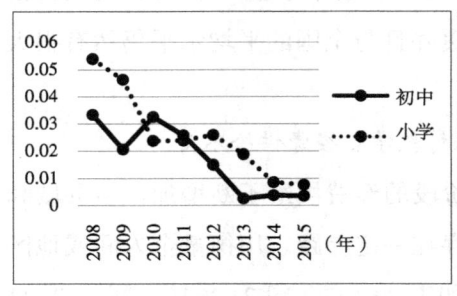

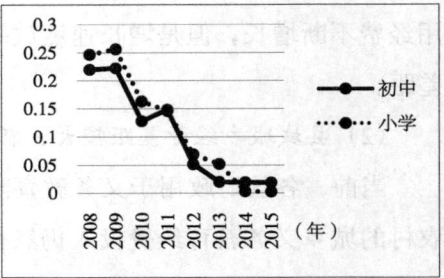

图 2-2-10　邱县生均预算内经费支出泰尔指数

图 2-2-11　邱县生均经费支出泰尔指数

不仅城乡义务教育经费投入差距大，而且农村教学点经费不足，这与农村经费核拨方式直接相关。国务院在发布的《关于进一步完善城乡义务教育经费保障机制的通知》中明确指出，要继续落实好农村地区不足100人的规模较小的学校按100人来核定公用经费的政策。然而各县在实际拨付经费时，按照各学校实际在校生拨付。所以，农村教学点在校生数较少，按实际在校生数所获得的经费就少，难以维持教学点日常开支。如果按照国家标准，办学规模不足100人的教学点仍然按照100人拨付经费，县政府财政压力就会过重。如在邱县79个教学点中，60%的教学点学生不足100人，甚至有23个教学点学生不足50人。若按照国家政策拨付经费,邱县每年需补贴教学点运转经费 200 多万元,资金缺口巨大,县财政无力承担此项费用,因此只能根据教学点实际学生人数拨付,这导致规模较小的教学点难以维持运转。

(3) 教育经费投向单一,供给结构失衡

当前教育经费主要用于改善学校的硬件设施,对于全面提高学校现代化教学水平,促进学校内涵发展的投入力度较小。经费使用过程中存在投向单一,供给结构失衡的问题。如图 2-2-12 所示,邱县 2012—2014 年经费总投入为 5.01 亿元,用于改善办学条件为 2.86 亿元,占教育经费总投入的 57%;用于改善办学条件的经费中 92%用于修建校舍,共计投入资金 2.63 亿元,这导致用于信息化教学设备投入、图书资料等其他方面的资金投入明显不足。

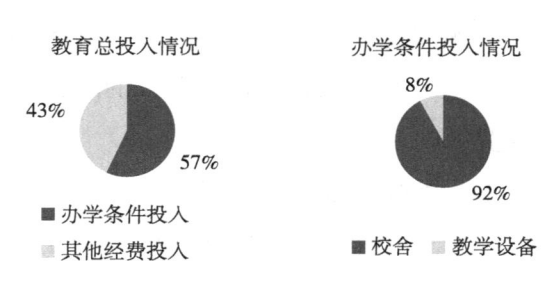

图 2-2-12 邱县教育经费投入情况

除了经费投入类型结构失衡外,经费投入校际分配也存在失衡的情况。近两年,邱县把现代化教育设备配备重心放在了规模较大的学校,而规模较小的教学点基本没有计算机等现代化教学设备。由于邱县教学点较多,即便办学条件经费投入占的比重较大,若按要求为教学点配足、配齐装备仪器,约需投资 800 万元,资金缺口较大。从 2014 年开始,邱县陆续实施一批教学点新建、重建和改建工程,根据"校安工程"建设标准,目前全县农村学校校舍改造资金缺口约 1.2 亿元。

4. 优质教师缺乏,供需存在结构性矛盾

(1) 教师队伍存在结构性供需矛盾

随着教师规模不断扩大,教师数量短缺问题有所缓解,但是总体数量仍不足，一线优质教师缺乏，教师的供需存在结构性矛盾。一是教师超编和缺编并存。某些农村教学点存在超编问题，二十余人的班级有两名教师，而县城学校七十余人的班级仅有三四名教师；二是一般行政、教辅、宿管等人员挤占教师编制，一线教师缺乏，而且专业的计算机维护、实验室人员不足；三是教师学科结构失衡，音乐、体育、美术、外语、计算机等学科教师缺乏。

（2）城乡教师专业素养差距明显，农村高素质教师供给不足

一般来说，较高的职称、学历和教龄表征较高的专业知识和能力素养，从这个角度而言，团队所调研的四县城乡在职称、学历和教龄存在明显差距。

城乡教师职称结构差距较大。从职称上看，城乡教师存在较大差距。如图 2-2-13 所示，威县教师中，拥有中小学高级、一级和二级职称的教师，县城所占比重明显高于农村，尤其是中小学一级教师，县城所占比重几乎是农村的 2 倍。同时未评职称的教师中，县城明显低于农村，相差也接近 1 倍。

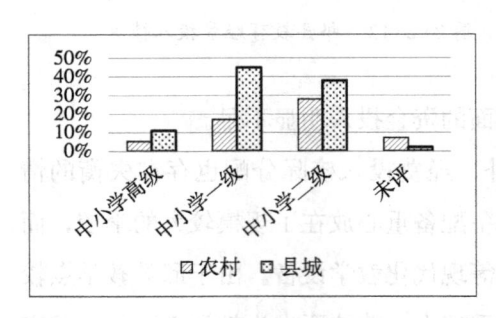

图 2-2-13　威县教师的职称构成情况

城乡教师学历差距较大。从学历来看，城乡教师存在较大差距，这种差距既包括显性差距也包括隐性差距。显性差距表现为县城教师拥有本科学历比例明显高于农村，特别是县城部分教师拥有研究生学历，而农村和乡镇教师无人拥有此学历。如图 2-2-14 所示，威县城乡教师学历存在较大差距。此外，城乡教师队伍还存在容易忽视的隐性差距。这种隐性差距表现为学历来源，县城教师多为全日制师范类院校毕业，农村教师多通过函授、远程等成人教育方式获得本科学历；另外，虽然县城有极少部分教师为中师学历，但

是这部分教师为20世纪中师毕业，专业知识和能力普遍过硬，承担重要教学任务。

城乡教师教龄差距较大。从教龄来看，城乡教师也存在较大差距。如图2-2-15所示，威县教龄5年以下教师比例，农村明显高于县城；10—30年教龄教师比例，农村低于县城，特别是教龄在15—20年的教师集中在县城；30年教龄教师比例城乡差距虽然不明显，但是在农村这部分教师极少承担教学任务，存在隐性流失问题。

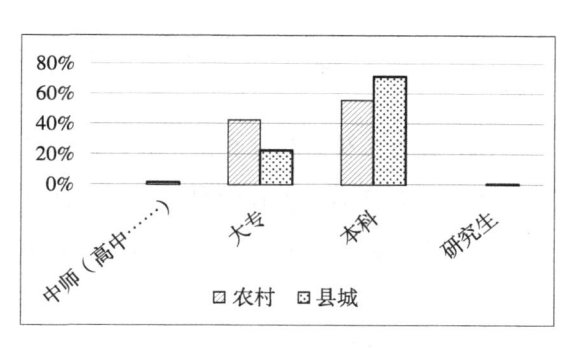

图 2-2-14　威县教师学历的构成情况

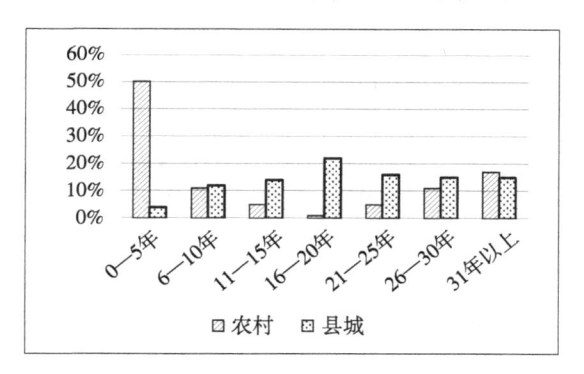

图 2-2-15　威县教师的教龄构成情况

（3）城乡教师双向流动效果差，加重农村教师有效供给不足

由于农村学校基础设施建设落后，大量中青年骨干教师被城镇学校挖走或主动向城镇地区条件较好的学校单向流动，从而加重了农村优质教师的短缺。并且当前河北省城市教师向农村流动以支教为主。在实际操作中，因支教与教师职称评定挂钩，很多老师迫于职称评定的硬性要求选择支教，支教效果并不理想；加之支教规模不大且由于管理不严格，出现了支教教师缺岗等问题；目前支教多为短期支教，如威县支教时间为一年。支教的教师与学生尚未真正互相适应，支教就已经结束。而频繁更换支教教师，师生需要重新互相适应，严重影响了教学质量。值得注意的是，单

个分散的支教方式导致支教效果被"稀释",难以改变农村学校整体教学质量。

(4) 教师队伍结构性失衡,教师资源有效供给不足

非在编教师多分布在农村学校。如图2-2-16所示,威县非在编教师大多分布在农村。调研中发现这些非在编教师大多没有教师资格证,无论是知识掌握程度还是教学能力均达不到国家要求的教师标准。而非在编教师只有基本工资,有的教师只能领到津贴,月工资从几百元到一千多元不等,这导致非在编教师教学的积极性较低。而且,随着民办教师问题的解决,非在编人员转在编的渠道消失,只能经过招聘考试才能进入教师编制,所以这些非在编教师更注重个人能力的提升,一定程度上忽略了教学成绩和教学能力的提高。

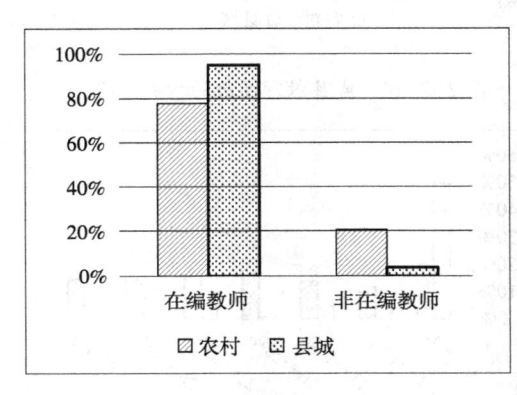

图2-2-16 威县教师的身份来源情况

农村教师的学科构成不均衡。目前农村地区的音乐、体育、美术、外语、计算机等专业教师奇缺,大部分由语文、数学两门学科教师兼任。农村小学教师主要配备在语文和数学学科上,外语教师的配备相对短缺,并且体育、美术、音乐和劳动技术等学科上的教师配备严重不足。在实际教学活动中,农村地区的小学还普遍存在"全能"教师的现象。如表2-2-3所示,在威县的部分农村地区,非专业老师教专业课现象普遍,一个教师身兼多个学科的情况也非常普遍。教师无法胜任多学科教学,取消了某些科目的开设的情况也屡见不鲜,导致学生综合素养整体较低。

表 2-2-3　威县教师教学科目的数量

地域	1门	2门	3门	4门及以上
农村	9.1%	37.3%	44.5%	9.1%
县城	41.5%	54.8%	3.8%	0.0%

城镇优质教师后备队伍不足。具有丰富教学经验的城镇高年级教师老龄化严重，逐渐失去了教学热情，并且他们对新的教学设备使用不熟练，对创新的教学理念缺乏了解，导致其教学形式较为枯燥，而新招聘的年轻教师除了本科学历以外还有一部分专科学历，这部分教师教学能力较差，教学经验不丰富，因为教学成绩较差只能在低年级教学或者做行政人员，这导致了优质教师的后备队伍不足。

5. 农村教育内涵发展乏力，学校建设缺乏特色

虽然目前实行国家课程、地方课程、校本课程相结合的政策，鼓励学校办出自身特色，但是农村和县城学校基本使用一致的课本教材，教材知识与学生实际生活环境存在着脱节现象。学生无法利用日常生活知识进行建构性学习，科学世界和生活世界相割裂。在课程体系中，农村学校也重视语文、数学、外语等文化课程，但音乐、体育、美术、信息技术、劳动技术等影响学生综合素质的课程开设质量堪忧。

除此之外，农村中小学对本土资源挖掘不足，严重忽视了乡土文化的熏陶，农村学生的乡土认同感不高，缺失乡土文化教育，盲目地向往和追求城市化的优越条件，但是农村教育条件有限，又无法培养学生适应城市生活的能力。

四、原因分析

(一) 城乡二元经济的阻碍

受城乡二元经济结构的长期影响,我国在各种制度的制定上始终没有摆脱重城轻乡的限制,关系到利益取向或分配的问题实际上都以城市为出发点。农村处于弱势地位,且居住分散,也比较缺乏组织性,只能被动接受城里人设计的各种政策。义务教育资源的配置出现了"城乡区别对待"的现象,形成了"先城市,后农村;先重点学校,后一般学校;先中心校,后教学点"的教育资源配置方式。

城镇的学校尤其是重点学校,区域发展的优势必然会使其受到更多青睐,导致优质资源向城镇集中;而农村的大多数学校,自身并无较多优势来争取教育资源,地理条件的限制又导致农村学校处于发展的弱势地位。以涞源县为代表的山区县,大多地广人稀,自然村落分散,不足十人的山区学校相对较多,统筹义务教育的难度较大。政府为了保证义务教育活动的正常开展,大多数会采取一、二年级学生在本村规模较小的教学点学习,三年级及以上的学生到中心小学学习的措施,政府大力投入资金建设中心小学,而农村教学点处于发展的边缘,教育资源缺乏,教育质量低下。

(二) 城镇化对教育的需求和挑战

城镇化的加速发展导致教育资源供需矛盾大、分配不均衡的情况更加明显,优质教育资源向城镇地区集聚已经成为不争的事实。城镇化对教育资源供求和配置产生明显的冲击,城镇化加剧了农村学校的空心化，也造成了城市教育刚性需求的急剧增长。城镇化快速发展、户籍制度的放开以及房地产的发展，使得农业人口大量涌入城市。例如，涞源县某些家长为让子女在涞源县第二中学入学，选择就近买房。而城区学校布局和教育资源的调整速度跟不上城镇化建设步伐，城市土地价格昂贵导致城区学校难以扩充学校面积，加剧了城区学校的大班额现象。

（三）统筹城乡发展理念的缺失

从总体上看，当前人们对于城乡一体化的认知不清晰，没有形成从思想理念到社会行为的全民参与和监督评价的氛围。城乡一体化是一种成败得失的考量，反观多年的城市化及区域经济协调发展，如果不是以城乡一体化为核心内容和基本理念支撑，就会因为不得要领或举措失当而付出沉重代价。[1]

在教育领域，无论是布局结构的调整还是教育资源的统筹配置，人们还是习惯性地用城乡二元的思维来考虑，没有将城乡教育作为一个整体来看待。不仅是县城与农村学校之间区隔，缺乏联系，而且农村中心校与教学点之间也缺乏一体化发展设计。例如，涞源县走马驿镇北城子村的中心小学经过几年建设，从新建教室、食堂、宿舍到配备多媒体设备、音乐与舞蹈教室，从丰富食堂饭菜到扩建图书馆，学校基本实现了标准化建学，而该中心小学下属的泉厂背村教学点却基础设施明显缺乏，只有一些基本的桌椅板凳等设施，冬天依然使用土炉取暖。

---

[1] 褚宏启：《城乡教育一体化体系重构与制度创新——中国教育二元结构及其破解》，《教育研究》2009 年第 11 期。

（四）管理体制僵化，机制不健全

1. 政出多门，管理复杂

在教育行政权的行使上主体分散，许多行政部门承担了大量的教育行政管理职能，致使政出多门，教育行政部门难以做到统筹规划和管理。例如在教师招聘上，教师的编制、选聘、考核等事务涉及财政、编制、人事以及教育系统内部多个部门。涞源县某中学校长谈到，直接参与教育事业决策与管理的部门就有教育局、财政局、规划局、国土资源局等相关部门，一个部门不配合就无法完成。

2. 职能交叉，多重管理

政出多门的管理体制导致各级政府部门在管理上存在职能交叉、多重管理的问题。学校的自主空间被压缩，指令重复下达，教师、校长疲于应对各种检查，无法将更多的时间和精力放在教学上。鸡泽县某中心小学校长反映，区教委不同科室之间经常讨要相同的材料，反复开会。

3. 评价体系不完备，办学缺乏活力

长期以来，我国的教育行政管理体制一直以政府为主导，基础的教育事务总是由政府管理，中小学的自主发展意识和能力欠缺，只能被动接受政府的行政管理。政府同时扮演教育的管理者、举办者、评价者等众多角色，使"管、办、评"完全合一，形成了三位一体的教育管理格局。政府既在宏观上管理整个行业，又在微观上具体举办和评价学校，致使自身出现职责模糊、效率不高、职能分散、过度管理等诸多问题，无法起到有效的监督作用。并且当前义务教育均衡发展评价指标体系明显侧重办学资源的配置和办学条件的标准化，对学校教育教学、特色建设和质量提升等方面缺乏重视。

(五)落后的教育理念与管理思维

1."经济功能取向"的政府定位

政府为了获得预算外的财政收入,大量征用农民土地以换取土地出让金,但土地出让金却几乎不用于教育领域,这就是我国财政性教育支出占财政预算内总支出的比例连年增长而占 GDP 的比重却始终达不到 4% 的根本原因。"教育优先发展"的思想没有从根本上树立起来,"经济功能取向"的政府定位导致各级政府在经费紧张的情况下更不会加大对教育的投入。与反映政府绩效的 GDP 相比,教育还是没有处于优先发展的战略地位。

2."城市决定农村"的传统思维

以往配置城乡教育资源时,强调城乡教育各成体系,为各自的经济社会发展服务,将大部分的优质教育资源投向了城市,导致在分配资源时形成了城乡二元分离、城市决定农村的思维定式。在城市,人们还存在着根深蒂固的区隔"城市人"与"乡下人"的观念。某些政府官员也存在这样的观念,认为优先给城市配置优质教育资源理所应当。

(六)经费保障机制不完善

1.县政府财政负担较重

当前,各县用于义务教育经费支出的负担较重,而且由于经济发展情况存在差异,经济落后地区无法保障义务教育经费的有效供给。税费改革之后,除了国家和省级财政增加的转移支付的部分,义务教育阶段财政投入全部由县级财政承担,包括各种危旧房改造经费、公用经费、办学条件改善经费、学校运转经费以及各种补助费用。而目前整体上我国县级财政情况不容乐观，贫困县过多，一定程度上无法保障义务教育经费的有效供给。

国家发改委的报告显示，2008年全国平均每个县的财政赤字约1亿元。而在全国2000多个县中，财政收入在1亿元以下的贫困县和非贫困县占71.3%。经济欠发达的县财政负担过重，甚至难以保证教育工作的正常开展。根据邱县教育局发布的相关文件，到2018年，邱县全县中小学就学人数将达到高峰，每个年龄段约5000人，现有教学设施将更加难以满足适龄生就读的需求。若计划在县城分别建1所小学、初中及高中，约需投入资金2.3亿元。由于用于义务教育阶段学校建设的资金有限且邱县经济基础差、底子薄，仅靠县财政投入完成上述学校建设难度非常大。

县作为一个管辖范围有限的行政区域，在面临财政压力、其本身可调控的资源非常有限的情况下，寻求县域之间、县市之间的统筹发展成为某种程度上缓解财政压力的一种有效方法。而当前农村义务教育实行的是"国务院领导下，由地方政府负责，分级管理，以县为主的管理体制"，这种体制在一定程度上阻碍了城乡义务教育的统筹发展，限制了县域之间、县市之间的统筹协调。

2. 经费保障及监管责任不清

1994年的"分税制"改革明确了中央与省级政府之间的财权和事权划分，但对省级以下各级地方政府之间财政关系并未做出明确规定，导致省级以下经费保障责任不清。而各省多仿效中央与省的划分办法，省、地级市、县与乡各自负责一定事权并承担各项事权的主要支出职责，最终由财力最弱的县级政府承担了绝大多数基本公共服务的支出职责，高层级政府对下级政府所承担的事权仅给予少量的转移支付。由此各级地方政府为保障自身利益，都尽可能将财权留在本级财政，极力将事权及相对应的财政支出职责推向下级政府。

在义务教育经费监管方面，当前我国主要监督教育经费的投入情况，却很少对行政监管人员进行监督，导致行政监督工作人员出现缺位、越位的行为，事后责任追究的力度也不够。在经费投入使用后，没有专业人士对经费使用的效果进行科学评估，从而导致教育经费浪费。在"后4%时代"，随着教育经费投入的加大，监管更加困难。学校和教育局监管人员可能会建立不当关系，出现私挪乱占教育经费等情况。当前，缺乏完善的义务教育财政监督机制来保障义务教育经费的投入实施。

（七）教师双向交流机制不健全，职称评审不合理

1. 教师双向流动渠道不畅，支教保障不到位

在城乡二元经济结构下，县城与农村的经济发展水平存在显著差异。城镇地区基础设施完备，交通便利，教育环境好，能够吸引较多的优秀师范毕业生工作和生活。而农村地区由于基础设施落后、教育条件较差，导致大量优秀的农村教师单向流动到县城。调研中发现，很多农村教师为了让孩子享受更好的城市教育资源而选择向城市流动，而城市教师向农村流动受阻。一方面，县城学校校长会为了自身学校发展限制优质教师的流动。"优质学校的校长没有将真正的骨干教师交流出去，他们总是千方百计地将'挑大梁'的班主任或者学科教师留下，而将教学水平一般或者是富余的学科教师交流出去。"[①] 另一方面，则是县城支教农村的交流轮岗教师容易产生心理和物质落差，从而对城乡教师交流持抵制态度。

---

① 陈鹏：《义务教育教师均衡配置的法理探源与法律重构》，《教育发展研究》2010年第1期。

2. 职称评审标准不合理

河北省在制定教师职称评审标准时,都从教师的学历、教龄及成绩等方面来考察教师,没有考虑到农村地区教师的教学条件、学生素养等远不如城镇地区。农村教师受制于教学条件落后、信息不通畅、生源质量较差等特殊因素,从而在职位、职称晋升评选中处于不利位置。对农村教师和城镇教师使用统一标准,导致农村教师中高级职称比例远远落后于城镇,难以评选出高职称教师,降低了农村教师的主动性和积极性。

(八)城乡教育支持能力差距大

1. 城乡教师培训机会不均,教学设备操作差距较大

农村教师对先进教学设备缺乏知识储备与培训机会,无法熟练地使用教学设备辅助教学活动,导致设备闲置。在威县调研中发现,该县乡村教师教学技能培训与校外调研的机会较少,与县城教师享有的资源差别较大,尤其对以计算机为主的多媒体教学技能掌握程度不够,导致教学设备发挥的作用微乎其微,甚至成为应付例行检查的工具。

目前大部分农村学校仍然以传统教学方式为基础教学手段。调研中发现,一方面,由于某些农村教师对现代教学设备与教学手段的认识不足,存有偏见。他们认为学生的注意力可能会被过于丰富的多媒体分散,导致学生的学习成绩下降。而另一方面,名师课程的视频资源与互联网远程教学资源的供给不足,也给优质教育资源的共享造成了一定阻碍。

2. 城乡家长的教育观念及对学生的支持能力差别较大

家长作为教学人力资源的重要组成部分,在推动学生的全面发展中扮

演着不可替代的角色。然而，大多数农村学生的家长学历普遍不高、教育观念滞后，在对孩子学习的支持上能力有限。并且从对学生家长的访谈可知，农村家长与教师之间普遍缺乏沟通，导致教师对教学活动效果的侧面反馈不能够及时了解，农村家长对学生学习的支持力度相对较小。

五、解决对策

（一）增强统筹观念，调整统筹结构

1. 坚持城乡教育一体化发展理念

城乡二元的经济结构以及城市重于农村的传统思维，加大了城乡教育资源配置的不公平。尤其是当前在优化学校布局时，应该始终坚持"高效公平"的城乡教育一体化的发展理念，转变落后的教育管理理念以及城市重于农村的传统思维。要坚持城乡平等、共同发展以及城乡一体、互补互融的理念，统一城乡教师编制，统一义务教育学校建设标准等，统筹城乡社会的各类教育资源，合理、有序、稳定地推进城乡义务教育的一体化发展。

2. 提高统筹层次，加强省市统筹

当前我国实行的"以县为主"的管理体制导致统筹城乡教育发展的重心偏低，县级政府的资源、能力等有限，导致一体化进程中产生的很多问题无法解决。因此，教育管理制度改革要明确不同层级政府的职责划分，强化省市级政府统筹规划和发展的职能，进一步提高一体化工作统筹的层次和重心。如将教育管理主体提升到市，由市级政府进行统筹，对全市城

乡教育发展的人、财、物进行管理，集中解决教育投入、师资建设及教学管理等重大问题，确保城乡教育一体化有实质性进展。

（二）减少无效供给，提升投资效益

1. 明确农村学校产权，闲置资源重新利用

农村学校产权不明是导致"撤点并校"之后学校资源无法得到再利用的主要原因。产权明晰之后，一方面，应该贯彻"教育优先发展"的战略，将闲置下来的教育资源重新用于当地教育事业；另一方面，闲置的教育资源可作其他用途，如将鸡泽县风正乡杨庄小学教学点遗留下来的校舍改建为村委会办公室等。

2. 完善设备采购规范，加强教师专业培训

对于生源减少所导致的农村教学设备闲置与城镇化带来的县城教学设施配备不足并存的问题，应该统筹规划，合理利用，在县域城乡义务教育一体化的基础上促进教学设施配置效率的最大化。要完善设备采购规范，采购中要注意结合自身实际，避免"一刀切"，并提高采购效益。同时加强教师专业培训，避免由于教师不会使用设备而造成教学资源的闲置浪费。

3. 完善监督体系，以监管促建设

国务院发布的《关于统筹推进县域内城乡义务教育一体化改革发展的若干意见》及河北省发布的《河北省关于统筹推进县域内城乡义务教育一体化改革发展的实施意见》都要求，着力解决义务教育"乡村弱"以及"城镇挤"的问题，提出了统筹推进县域城乡义务教育一体化的原则性举措。

但这些政策的落实缺乏监管，应当建立相应监管机制，开展城乡一体化专项督查，促进国家政策落到实地。

当前政府集"管、办、评"于一身，被形象地称为"既是运动员，又是教练员，还是裁判员"。针对这一问题，当前政府应该坚持"管、办、评"相分离的原则，必须增强自身监管角色，剥离其直接办学的职能，建立专门监督队伍。同时，应该积极拓宽监督渠道，鼓励社会力量参与监督，保障教育资源有效利用。

（三）结合实际需求，弥补教育短板

1. 合理分担义务教育经费，确保经费有效供给

在县级政府财力有限的情况下，国家应积极建立完善的义务教育财政分配体制。特别是中央及省级政府应充当义务教育经费财政支出的主体，加大中央和省级政府财政转移支付力度，弥补县级财政不足。其次，国家政策明确规范了县财政的义务教育经费支出，避免县级财政挤占、挪用经费。通过中央、省、县三级力量确保义务教育经费充足。此外，要建立健全义务教育经费监督机制，完善教育经费评估指标体系，科学考核和评价义务教育经费投入，建立教育经费问责、追责机制，确保义务教育经费使用效益。

2. 细化拨付标准，精准经费投向

虽然当前各县在经费拨付中已向农村地区有所倾斜，但是公用经费及教育事业费拨付标准缺乏明确、具体的政策规定，无法保证农村地区义务教育经费的长期充足拨付。当前各县应结合实际，细化经费拨付标准，精准教育经费投向，保证农村义务教育经费有效供给。同时，可建立农村义

务教育专项基金，集中力量解决农村义务教育中图书、体育设施、取暖建设等存在的突出问题，提高义务教育经费使用的针对性，推动城乡义务教育一体化发展。

3. 重新核定教师编制，提高农村教师待遇

首先，完善县域内教师编制统筹机制，实行城乡统一的中小学编制标准。其次，根据县域实际，创新教师编制，建立区域教师编制动态调配机制，形成教师区域调配一盘棋的局面。如针对农村学校教师结构性短缺问题，可以采用生师比和班师比相结合来核定教师编制，增加农村学校教师编制；针对农村人口向县城流动造成的县城学校教师缺乏，可以根据实际需求，增加县城学校教师编制。

要提高农村教师待遇，增强农村教师职业吸引力。全面落实义务教育学校教师绩效工资，发挥薪酬的激励作用，提高农村教师工资待遇，特别是要给予艰苦边远地区教师优厚工资报酬。同时，在职称评定、进修培训等方面给予政策倾斜，促进教师专业发展。当前可以抓住"国培计划""乡村教师支持计划"等机遇，给农村教师提供更多的高水平培训机会。借鉴"特岗教师"特殊政策扶植经验，对城市到农村支教的教师给予更好的待遇支持。

4. 加强薄弱学校设施建设，完善标准化建设指标

应该重视处于城乡义务教育一体化发展边缘的农村小规模学校的基础设施建设，加大对该类学校建设的支持力度，对农村小微学校应本着"实用、够用"的原则，逐个认证达标。此外，为缓解城区"大班额"带来的教学压力，应该加强乡镇学校建设，同时加大对寄宿制学校建设的支持力度，减轻城区学校负担。

相关部门在统筹推进县域城乡义务教育一体化过程中，应拟定义务教育学校标准化建设指标的下限和上限，指标应该全面、具体，防止城乡学校资源配置不合理而形成条件性差距。同时，避免单纯以改善办学物质条件为主的外延式发展，应制定生均经费、师资力量等体现内涵式发展的教育指标体系，在一体化过程中进行动态监控，及时纠正一体化过程中资源配置偏颇的现象。

（四）培育增长新动力，促进内涵发展

1. 吸引外部资源注入，扩大优质教育供给

鼓励民办教育发展，满足社会多元化教育需求。国家保障义务教育阶段民办学校与公办学校同等待遇，给予办学场地、经费、师资等支持。同时，加强对民办教育监管，保障其公益性，让民办学校成为"收费合理、质量保障"的学校。形成以政府办学为主体，公办教育和民办教育共同发展的良好格局。同时，吸引外部优质教育资源注入，通过联合办学、手拉手帮扶、异地办学等多种途径，增加优质教育资源辐射范围，解决县域优质教育资源短缺问题，促进教育公平。

2. 借力乡土文化，提高农村教育成效

乡土文化是养育人的精神之源和文化之根，也是实现教育公平的重要资源和有效抓手。尤其对于农村学校来说，在自身办学条件简陋、优质教师相对缺乏的情况下往往无法吸引学生，单纯向城市学校看齐又会失去自身发展的核心竞争力。因此，充分利用当地的自然资源和社会资源，加强乡土文化建设，开发具有当地特色的校本课程，既能够帮助学生充分认识家乡的环境，增强爱国、爱家乡的情感，也能够提高农村学生适应当地社会生活的能力，提升农村学校教育成效。

3. 打破城乡、校际壁垒，建立长效联动发展机制

打破城乡、校际壁垒，建立城乡长效联动发展机制，实现县域资源共享。在加强农村学校基础设施、教师队伍建设的基础上，统筹城乡现有教育资源，优势互补，资源共享。除了现有城市教师去农村支教这一资源共享方式外，可以组织农村教师到县域优质学校参观、培训等，提高现有农村教师素质；学校管理人员，特别是校长也应定期交流，传播先进管理理念和经验，提高学校管理水平；利用现代信息技术，建立空中课堂，共享城乡教学资源；组织学生交流、体验生活，全面提高学生素质。

根据地域接近原则，首先实现县城内校际、农村中心校和教学点之间的资源共享。突破本校利益考量、只关注校际竞争的局限，打破在场地、实验器材、图书资料、教学资料等方面的自我封闭，共享资源，实现强者扶弱、强强联合，盘活存量资源，最大化提高教育资源的利用效率。

专题三
保定市特困地区寄宿制初中学生管理的调查研究

一、绪　言

(一) 问题缘起

1. 地理位置导向

保定市地处燕山—太行地区，山区面积广，交通条件差，地貌特征独特。2011年12月6日，国务院发布《中国农村扶贫开发纲要(2011—2020年)》指出，国家根据贫困人口地域上的分布特征，划分14个集中连片特困区域(680个县)作为扶贫攻坚主战场，保定市的望都县、易县、顺平县、涞源县、阜平县、涞水县、唐县和曲阳县都名列其中，尤其是唐县、阜平县、顺平县和涞源县更是国家级重点贫困县，是国家精准扶贫和实现全面建成小康社会的重点区域。① 学者舒尔茨针对贫困和经济之间的关系进行研究时发现，提高劳动力素质是消除贫困的关键，而劳动力素质的提高关键还是要靠教育，因此，为实现全面建成小康社会的伟大目标和中华民族的伟

---

① 2020年，河北省62个贫困县全部摘帽。

大复兴必须要在特困地区大力发展教育。然而这些地区都处在燕山—太行地区，不利的交通条件和艰苦的生活导致特困地区学生辍学率高，办学水平很难大幅度提升。为了解决这些问题，提高特困地区学校的办学效益，保定市开始大力兴办寄宿制学校。2013年11月14日，保定市相关领导到曲阳县调研寄宿制学校建设工作，并组织曲阳、唐县、顺平、阜平、涞源、涞水、易县七个特困县以及市直管部门召开寄宿制学校建设座谈会，推进特困地区教育工作发展。2015年8月5日，保定市教育重点工作调度会议在涞水县召开。会议对加快推进县城义务教育学校建设和特困地区寄宿制学校建设"三年行动计划"进行调度，确保各项建设计划如期完成。经过三年的建设发展，保定市特困地区寄宿制学校建设日趋成熟，基础设施配备更加完善，但是在寄宿制学校办学过程中，学校各方面发展是否达到预期效果，学生的学习情况是否有明显改善，这些都需要我们去探讨研究。

2. 政策导向

从20世纪末期开始，为优化农村教育资源配置，全方位提高义务教育阶段学校的教育质量和办学水平，促进21世纪农村教育事业全面发展，我国开始摒弃"村村办学"的方式，实施"撤点并校"，对农村义务教育阶段学校布局结构进行大规模调整。

2001年《国务院关于基础教育改革与发展的决定》（国发〔2001〕21号）（以下简称《决定》）为我国新一轮农村中小学布局结构调整提供了政策依据。《决定》指出，"农村要因地制宜，按照小学就近入学、初中相对集中的原则，合理规划和调整学校布局，在有需要又有条件的地方，可举办寄宿制学校。"[1]

---

[1] 《国务院关于基础教育改革与发展的决定》（国发〔2001〕21号），2001年5月29日，见 http://www.moe.edu.cn/publicfiles/business/htmlfiles/moe/moe_16/200105/132.html。

《决定》的提出标志着国家开始从宏观层面推进建设农村寄宿制学校。

2001年6月,《国务院关于印发中国农村扶贫开发纲要(2001—2010)的通知》(国发〔2001〕23号)指出:"要把提高群众的综合素质作为扶贫开发的重要工作,切实加强基础教育,普遍提高贫困地区人口受教育的程度,促进贫困地区脱贫致富。"①

2003年9月20日,国务院在《关于进一步加强农村教育工作的决定》中也指出:"在不断调整农村中小学布局结构,改善学校办学条件的过程中,要尤其注重加强偏远山区和少数民族地区的寄宿制学校建设。"②这是国家首次提出要有侧重的加强偏远山区地区寄宿制学校建设。

2006年9月,《国家西部地区农村寄宿制学校建设工程项目学校管理暂行办法》(攻坚办〔2006〕6号)出台,从安全管理、住宿管理、饮食卫生管理、管理权责等多方面明确寄宿制管理的相关要求,促进各方面工作规范化、制度化,提高寄宿制学校的管理水平。

2010年7月,《国家中长期教育改革和发展规划纲要(2010—2020年)》(以下简称《纲要》)出台,明确提出农村寄宿制学校的建设是我国中长期教育改革和发展的重要目标之一。同年10月,《国家教育体制改革试点的通知》(国办发〔2010〕48号)提出,完善寄宿制学校管理体制与机制,探索民族地区、经济欠发达地区义务教育均衡发展。这一政策文本的出台,标志着农村寄宿制学校建设尤其是经济欠发达地区寄宿制学校建设被作为一项长期政策写入农村教育发展过程中。

2011年12月,中共中央、国务院印发《中国农村扶贫开发纲要

---

① 《国务院关于印发中国农村扶贫开发纲要(2001—2010)的通知》(国发〔2001〕23号),2016年9月23日,见 http://www.gov.cn/zhengce/content/2016-09/23/content_5111138.htm.

② 《国务院关于进一步加强农村教育工作的决定》,2003年9月17日,见 http://www.moe.edu。

(2011—2020年)》要求，要在特困地区大力发展教育文化事业，"推进边远贫困地区适当集中办学，加快寄宿制学校建设，逐渐提高农村义务教育阶段家庭经济困难寄宿生生活补助标准。进一步推动农村中小学生营养改善工作，加强基层文化队伍建设。"[①]

（二）研究目的及意义

1. 研究目的

本研究以保定市特困地区寄宿制初中学生管理的现状调查为切入点，进一步分析该地区寄宿制初中学生管理过程中存在的问题，探究问题产生的原因，在此基础上提出切实有效的应对策略，力图为保定市教育部门、特困地区寄宿制学校以及教育相关领域的改革、研究和决策提供具有参考价值的见解。

2. 研究意义

（1）理论意义

本研究通过对保定市特困地区寄宿制初中学生管理的现状进行调查，分析该区域学生管理过程中存在的问题，探究国家级特困地区初中学生管理问题产生的原因，发现特困地区寄宿制学生管理的特点和规律，不仅对于加强特困地区寄宿制初中学生管理，提高学校科学管理水平，促进学生身心健康成长和终身发展，具有一定的理论价值，而且还对国家推进落实精准扶贫，充分发掘教育精准扶贫价值具有重要的意义。

---

① 《中国农村扶贫开发纲要（2011—2020年）》，2011年12月1日，见http://www.gov.cn/jrzg/2011-12/01/content_2008462.htm。

（2）实践意义

当前寄宿制学校是特困地区初中阶段教育办学的主要形式。加强特困地区寄宿制初中学校科学管理水平，提高教育投资效益和办学质量，是当前我国农村义务教育阶段面临的重要任务。在特困地区建设寄宿制学校是我国义务教育发展过程中的一个必然选择，而如何有效地管理寄宿制学校也成为摆在教育工作者面前的一个新课题，而且没有经验可借鉴。开展对国家级特困地区寄宿制初中学生管理方面的研究，对于预防和减少寄宿制初中学校学生管理中存在的问题具有重要的现实意义。

（三）相关概念的界定

1. 特困地区

特困地区最早见于 20 世纪 80 年代中期，是指因民族、历史、宗教、自然、社会等原因，难以通过常规经济增长和普通扶贫手段短期内脱贫致富的地区。2011 年 12 月 6 日，国务院新闻办举行《中国农村扶贫开发纲要（2011—2020 年）》新闻发布会，该文件第十条明确指出：国家将六盘山区、秦巴山区、武陵山区、乌蒙山区、滇桂黔石漠化区、滇西边境山区、大兴安岭南麓山区、燕山—太行山区、吕梁山区、大别山区、罗霄山区等区域的连片特困地区和已明确实施特殊政策的西藏、四川藏区、新疆南疆三地州这十四个地区化为集中连片特困地区，作为扶贫攻坚主战场。

特困地区的典型特征主要包括：一、贫困的集中性，贫困居民集中，贫困因素基本一致，贫困区域连片；二、贫困成因的复杂性，贫困成因既有现在、体制的，也有自然、社会的，既有历史的，也有政治的，成因复杂；三、贫困程度的深沉性，贫困地区自然环境恶劣，资源匮乏，贫困人口众多，且贫困程度较深，扶贫任务艰巨，对治贫手段综合性要求较高。

本研究中的特困地区主要指保定地区处于燕山—太行集中连片特困地区的山区贫困县，其生态环境恶劣，地理位置偏远，经济基础薄弱，包括望都县、易县、顺平县、涞源县、阜平县、涞水县、唐县和曲阳县八县，本研究主要选取既处于集中连片特困地区又是国家级重点贫困县的唐县、阜平、顺平和涞源四县作为样本县进行研究。

2. 寄宿制学校

"凡是能为学生提供住宿和饮食的学校都是寄宿制学校。"[1] 寄宿制学校在满足学生学习知识需要的同时，还要满足学生餐饮、锻炼和生活等方面的需求。寄宿制中小学以公办为主，实行普通全日制中小学教学计划，学生依法享受助学金、困难补助等，免学杂费和书本费。[2] 简单来说，寄宿制学校学生白天在教室学习，晚上放学之后依然待在学校，寄宿在学校的宿舍中，学校为学生提供饮食、住宿、活动锻炼等基本的生活服务。其间，学生和老师在学校共同参与教学活动，共同生活在学校这一个大家庭中，学校为学生配备专职的生活教师来为学生提供生活帮助。[3]

本研究中的寄宿制学校是指地理位置处于唐县、阜平县、顺平县和涞源县四个国家级特困地区，由教育部门主办，具备基本的食宿条件，能提

---

[1] DOH：*Boarding National Standards for Boarding Schools*，London：TSO，2002，pp.48–49.

[2] 李富贵：《寄宿制学校管理理论与实践》，兰州大学出版社2007年版，第53页。

[3] 侯佳：《我国农村寄宿制学校的利弊权衡》，《金卡工程·经济与法》2009年第4期。

供基本的生活服务的山区普通全日制寄宿制初中学校。

3. 学生管理

"学生管理"是一个具有历史性、动态性特点的词语，是一个整体性的概念，其内容涉及多个方面，包括学籍管理、学习管理、德育管理、常规管理、住宿管理等。顾明远等主编的《学校学生管理运作全书》中，将"学校学生管理"定义为"学校管理者按照教育方针所规定的教育标准，组织、指导学生，有目的、有计划地对学生进行各种教育，使学生在德、智、体、美、劳等方面得到全面发展，成长为社会主义事业建设者和接班人的过程"[①]。本研究所考察的学生管理主要涉及教育教学管理、安全管理、宿舍管理、餐饮管理和健康管理五个层面的管理要素。

（四）研究内容与方法

1. 研究内容

首先，选取保定市处于特困地区的唐县、阜平县、顺平县和涞源县四县进行调查，初步了解样本县寄宿制学校发展的状况，为开展研究作好准备；其次，查阅和分析国内外与寄宿制有关的研究资料，初步归纳总结当前研究成果；再次，也是最重要的，选取样本学校进行实地调查，通过访谈法、实地调查法等方法获取保定市特困地区寄宿制初中学生管理现状的基本资料，主要包括教育教学管理、安全管理、餐饮管理、宿舍管理、健康管理等相关情况；最后，对获取的资料进行分析，

---

① 顾明远等：《学校学生管理运作全书》，开明出版社1995年版，第57页。

剖析其中存在的问题，考究其深层次的原因，最终提出一些值得参考的对策。

2. 研究方法

（1）访谈法

访谈法就是用面谈的形式，根据研究目的了解受访人的心理和行为，搜集客观的事实材料，以准确地说明样本所代表的总体的一种研究方法。本研究通过对选取的特困地区样本学校领导、教师以及学生进行个别访谈，旨在了解他们对学生管理问题的看法、遇到的困难等，为本研究提供更多的写作资料，充实调查数据，以弥补实地调查的不足。

（2）文献法

文献研究法是论文写作的前提和基础，研究者通过对各种文献资料进行理论解释和比较分析，发现事物发展的内在联系和规律，形成对所研究问题的科学认识。本研究通过文献检索，查阅了大量国内外书籍、论文、期刊等研究材料，并从中获取大量的可靠信息和数据资源，为特困地区寄宿制初中学生管理问题研究提供了坚实的资料平台，达到创新性与继承性的有力结合。

（3）实地调查法

实地调查法是为了研究某种社会现象，运用科学的方法和客观的态度，在特定的范围内，亲自到选取的地方进行实地考察，得到与自己研究相关的各种数据资料，分析探讨社会现象。本研究在特困地区普通乡镇，选取教育质量、学校管理、办学条件等综合水平一般的（既不是最好的，也不是最差的）农村寄宿制初中学校进行实地调查，获取经验事实，获得更多、更完善的调查资料。

（五）研究难点和创新点

1. 研究难点

（1）本研究以保定市特困地区四县五所寄宿制初中学校为研究样本，亲自深入活动发生地对样本学校进行实地调查，涉及样本学校较多，观察记录涉及内容复杂，后期进行整理分析比较困难。（2）分别对样本学校领导、教师和学生进行访谈，访谈群体不同，访谈内容涉及面广，对于访谈内容的整理困难较大，而且学者针对特困地区这一特殊区域的寄宿制学校学生管理方面研究较少，可借鉴成果十分有限，这也是写作中的困难之一。

2. 研究创新点

教育是推进落实精准扶贫，优化教育资源配置，促进教育公平的重要手段，关于特困地区和寄宿制学校教育方面的研究也是近年来我国学者关注的重点。本研究创新点：（1）针对保定市特困地区这一特殊区域，以该区域寄宿制初中学校为样本，在尊重地区和文化差异的基础上，结合本地实际情况，探讨特困地区寄宿制初中学生管理存在的问题，以期提出可行的解决问题的对策。（2）本研究通过采用定量研究、定性研究等多种研究手段相结合的方式，使文章更具说服力和应用价值。

二、特困地区寄宿制初中学生管理的现状调查

保定位于河北省中部，是河北省地级市，史有"京畿重地"之称，是京津冀地区的中心城市之一，其北与北京和张家口相邻，东与廊坊和沧

州相接，南与石家庄和衡水相连，西与山西省接壤，介于北纬38°10′—40°00′，东经113°40′—116°20′之间。保定市总面积22190平方公里，下辖5个市区、4个县级市、15个县，并设有一个国家级高新技术产业开发区，全市常住人口1034.9万人。保定地处太行山北部东麓，海拔高度由西北到东南逐渐降低，地貌主要以山区和平原为主，四季分明。保定有着三千多年的历史，是传说中尧帝的故乡，历史上燕国、中山国、后燕等都曾在此立都，境内物质文化遗产丰富，如直隶总督署、莲池书院、清西陵等。

根据国务院2011年发布的《中国农村扶贫开发纲要（2011—2020年）》，保定市的望都县、易县、顺平县、涞源县、阜平县、涞水县、唐县和曲阳县都属于燕山—太行集中连片特困地区，其中唐县、阜平、顺平和涞源更是国家级重点贫困县，是国家扶贫攻坚的重点区域。该特困地区地貌独特，山区面积广，其面积为12718平方公里，占保定市总面积的57.31%；人口为328万，占保定市总人口的31.69%；但GDP为535亿元，仅占保定市总GDP的16.21%，[①]区域面积与人口规模和经济发展水平三者极不协调。恶劣的生态环境、落后的经济发展水平和不利的交通条件导致特困地区义务教育办学条件差，办学质量低。为解决这些问题，优化教育资源配置，保定市从2014年开始在这些特困县大力兴办寄宿制学校，并制定山区义务教育寄宿制学校建设"三年行动计划"。"三年行动计划"期间（2014—2016年），共规划新、改、扩建寄宿制学校68所（新建小学5所，初中1所，一贯制3所；改、扩建小学36所，初中19所，一贯制4所），建筑面积214594平方米，总投资44625.3万元，解决约2.3万名小学高年级和初中学生的寄宿问题。2016年计划新开工10所学校（顺平县4所、易县1所、唐县5所），截至2017年11月底，10所学校已

[①]《保定经济统计年鉴2016》，中国统计出版社2016年版。

经开工 7 所（顺平县 1 所、易县 1 所、唐县 5 所），顺平县蒲阳镇 1 所中学正待招标，剩余的顺平县第二实验中学、顺平县台鱼乡台鱼小学正在办理土地手续，基本建设进展情况如下：

表 2-3-1　保定市山区义务教育寄宿制学校建设汇总（2014—2016 年）

序号	名称	规划	协调用地	前期	招标	开工建设	装修	竣工	使用	不实施	合计	开工率	竣工率
1	涞水	12							12		12	100%	100%
2	顺平	7	2	1		2			2		7	57%	29%
3	易县	4					2		2		4	100%	50%
4	涞源	15	1			2			11	1	15	87%	80%
5	阜平	13					2		11		13	100%	85%
6	曲阳	6							6		6	100%	100%
7	唐县	11			1	3	3		4		11	100%	64%
汇总		68	3	1		5	7	3	48	1	68	93%	76%

（一）调查概述

1. 调查对象的选择

调查研究对象必须具有广泛的代表性，因此，为全面系统地对保定市特困地区寄宿制初中学生管理状况进行探究，基于地区的实际情况，本研究选取保定市的唐县、阜平、顺平和涞源四个特困县五所寄宿制初中学校（应被调查学校的要求，五所寄宿制初中学校在文中分别以 A、B、C、D、E 表示）进行实地调查。一方面，唐县、阜平、顺平和涞源四县既属于燕山—太行山集中连片特困地区，又属于国家级重点贫困县，是国家脱贫攻坚、精准扶贫的重点区域，因此从区位情况上来说极具代表性和普遍性；另一方面，研究中 A、B、C、D、E 五所学校都是处在偏远山区农村的寄宿制学校，其中最远的学校离当地县城 45 公里，最近的也有 16 公里。经济发展水平有限，这些学校的办学水平难以大幅提高，因此，学校的实际情况也符合本研究的要求。

2. 调查提纲编制

本研究所用调查提纲是在结合特困地区实际情况的基础上，主要依据《义务教育学校管理标准》（教基一〔2014〕10号）、《国家西部地区农村寄宿制学校建设工程项目学校管理暂行办法》（攻坚办〔2006〕6号）、《国务院办公厅转发教育部等部门关于进一步做好农村寄宿制学校建设工程实施工作若干意见的通知》（国办发〔2005〕44号）、《学校食堂与学生集体用餐卫生管理规定》（教育部令第14号）和《农村寄宿制学校生活卫生设施建设与管理规范》（教体艺〔2011〕5号）等国家级相关文件，参照《河北省义务教育学校办学基本标准（试行）》（冀教基〔2011〕32号）等地方性文件要求，结合魏玚《农村寄宿制学校校园安全问题现状研究》、刘伟灵《农村寄宿制学校初中生管理的问题与对策研究》和高晓霞《利川市农村寄宿制初中学生管理问题探究》等文章内容，最终编制《保定市特困地区寄宿制初中学生管理问题调查提纲》（以下简称《提纲》）。《提纲》总共分为两大部分(50题)：第一部分为调查对象的基本情况(共6题)，涉及学校的师资状况、硬件设施状况、制度建设状况等方面的内容；第二部分为调查的主要内容，包括教育教学管理(9题)、安全管理(10题)、宿舍管理(9题)、餐饮管理(6题)和健康管理(10题)。这两大部分的问题基本涵盖了特困地区寄宿制初中学生管理的各个方面，通过这些问题我们可以清楚地了解到寄宿学生在校学习生活的总体情况。

3. 样本学校的基本情况

本研究选取唐县、阜平、顺平和涞源四个特困县 A、B、C、D、E 五所寄宿制初中学校为样本进行实地调查。其基本情况如下：

（1）五所初中学校共有专任教职工289人，其中包括特岗教师68人。职称为中学高级教师51人，中学一级教师107人，中学二级教师90人。教师学历以本科为主，学历达标率100%。

（2）五所初中学校共有教学班67个，其中初一、初二和初三分别有23、21和23个班。在校生3105人，班均学生46人。学校现有寄宿生2010人，占学生总数的64.73%，寄宿率较高。寄宿生都是每周五下午回家，周日下午返校。在所有学生中，约有741人为留守儿童。学校学生离家较远，最远的学生离家52公里，最近的也有5公里。学生上下学以山路为主，交通条件差。交通工具以乘车或骑车为主。生源主要是片内学生，片外学生只有20人，所占比例仅为0.64%。

（3）五所初中学校建筑面积共有37943平方米，建筑规模较大，其中有一所学校操场被占用，其余四所学校都有操场。学校内教学楼、宿舍、食堂等场所齐全，但都没有校医院或诊所等医疗机构。五所样本学校共有宿舍235间，每间宿舍居住8—16人不等。两所学校采用宿舍楼男女混住的形式，其余三所都是采用分住的形式，住宿条件相对紧张。

表 2-3-2　样本学校基本情况

序号	项目		A校	B校	C校	D校	E校
1	教师	总人数	70	56	69	30	45
		其中：特岗教师	17	18	16	7	10
2	学生	总人数	748	695	784	500	378
		其中：寄宿生	530	462	420	400	198
3	年级	初一	6个班	5个班	6个班	4个班	2个班
		初二	6个班	4个班	4个班	4个班	3个班
		初三	6个班	4个班	6个班	4个班	3个班

（二）调查结果

本调查研究涉及学生教育教学管理、安全管理、餐饮管理、宿舍管理和健康管理五个部分的内容。通过对访谈和实地调查资料结果的分析，可知当前特困地区寄宿制初中学校在学生管理方面已经取得了一定成效，然而仍然存在不少问题亟待解决。具体情况如下：

1. 教育教学管理

教育教学活动管理是学校管理者通过一系列管理行为，组织、协调、指挥和控制教学工作，以求实现教学目标的过程。[①] 教育教学管理是一种过程性管理，是由教师作为主导、学生作为主体共同构成的计划性管理活动，是学校管理的重要内容之一。高效的教育教学管理是学生学习成绩提高和教师课堂教学水平提升的关键，学校办学质量的提升和学生培养目标的实现同样也离不开高效的教育教学管理。

（1）寄宿制初中学生教育教学管理状况分析

表2-3-3　特困地区寄宿制初中学生教育教学管理状况

序号	项目	A校	B校	C校	D校	E校
1	学校老师向学生推销资料情况	不会	不会	不会	不会	不会
2	晚自习时间利用情况	教师占用	学生自由支配	学生自由支配	教师占用	学生自由支配
3	学校寄宿学生中学习困难学生情况	比例约占20%；教师采用课外单独辅导的形式进行帮助	比例约占15%；教师采用课外单独辅导的形式进行帮助	比例约占15%；教师针对不同学生的特点进行课外辅导	比例约占30%；教师采用单独辅导的形式进行帮助	比例约占30%；教师采用单独辅导和家访的形式进行帮助

---

① 刘铭：《当代教学管理引论》，教育科学出版社1997年版，第1页。

（续表）

序号	项目	A校	B校	C校	D校	E校
4	学校寄宿学生的学习情况	较好；差生中寄宿生占比约为30%	较好；差生中寄宿生占比约为30%	一般；差生中寄宿生占比约为40%	一般；差生中寄宿生占比约为40%	一般；差生中寄宿生占比约为50%
5	学校每年的辍学情况	辍学率1.5%；原因主要是学生厌学	辍学率1.7%；原因主要是学生成绩差导致厌学	辍学率1.5%；原因主要是学生厌学	辍学率3%；原因主要是学生厌学	辍学率2%；原因主要是学生厌学
6	学校推广使用普通话情况	不能全面推广使用普通话	不能全面推广使用普通话	能全面推广使用普通话	能全面推广使用普通话	不能全面推广使用普通话
7	学校开设心理健康课程情况	没有开设心理健康课程	开设心理健康课程，每周1节	开设心理健康课程，每周1节	没有开设心理健康课程	开设心理健康课程，每周1节
8	学生每周体育课的开展情况	每周2节，能正常开展	每周2节，能正常开展	每周2节；能正常开展	每周2节；能正常开展	每周2节，能正常开展
9	学校两操工作具体情况（眼保健操、课间操）	能坚持做好，包括眼保健操2次和课间操2次	能坚持做好，包括早操1次、眼保健操2次和课间操2次	能坚持做好，包括早操1次、眼保健操2次和课间操2次	能坚持做好，包括眼保健操2次和课间操2次	能坚持做好，包括眼保健操2次和课间操2次

从表2-3-3中我们可以看出，学校在特困地区寄宿制初中学生教育教学管理方面总体情况较好，但部分工作令人担忧。

在项目1学校教师向学生推销学习资料情况中，五所学校情况都很好，均不存在教师向学生推销学习资料的情况。

在项目2晚自习时间利用情况的调查中，B、C、E三校情况较好，晚自习时间是学生自由支配学习，A、D两校情况较差，晚自习时间是教师占用，各科教师轮流授课。

在项目3学校寄宿学生中学习困难学生情况的调查中，五所学校情况都较差，寄宿生均存在不同程度的学习困难情况，其中D、E两校的比例最高，学习困难学生约占所有寄宿生的30%，其余三所学校比例相对较低，在15%—20%之间，多数教师采取课外辅导或者家访的方式有针对性地对学生进行帮助。

在项目4学校寄宿学生的学习情况调查中，五所学校寄宿生总体学习情况一般，差生中寄宿生都占有一定的比例，其中E校的占比最高为50%，B校的情况相对较好，占比为30%。

在项目5学校每年的辍学情况调查中，五所学校相对情况较好，虽然都有不同程度上存在辍学问题，但辍学率在1.5%—3%之间，低于国家平均水平，原因以学生厌学为主。

在项目6学校推广使用普通话情况和项目7学校开设心理健康课程情况调查中，五所学校总体情况一般。在推广使用普通话情况方面，C、D两校情况较好，能全面推广使用普通话，A、B、E三校情况较差，均不能全面推广使用普通话。

在项目7学校开设心理健康课程方面，B、C、E三校情况较好，均开设心理健康课程且能保证每周1节，A、D两校情况较差，没有开设心理健康课程。

在项目8学校每周体育课的开展情况和项目9学校两操工作具体情况（眼保健操、课间操）调查中，五所学校情况都很好。在体育课开展方面，都能保证每周两节体育课正常开展；在两操工作方面，五所学校都能坚持做好两操工作，其中B、C两校还在两操的基础上增加了早操。

（2）寄宿制初中学生作息时间分析

根据调查得知，A、B、C、D、E五所寄宿制学校采用的都是全封闭式的管理方式，寄宿生全天不能随便出入校门，其学习、生活及各方面活动都在学校内进行，以下是A、B、C、D、E五所寄宿制学校学生的作息时间表：

表 2-3-4 特困地区寄宿制初中学校作息时间

夏（秋）季作息时间表

项目	A 校	B 校	C 校	D 校	E 校
起床	5:40	5:50	5:50	5:50	5:50
晨读	6:10—7:00	6:20—7:20	6:40—7:30	6:30—7:15	6:40—7:30
上午课	7:50—11:40	8:00—12:00	8:10—11:40	8:10—11:50	8:20—11:50
午休	12:30—14:30	12:50—13:50	12:30—14:10	12:30—14:20	12:30—14:10
下午课	14:40—18:10	14:10—18:00	14:30—17:40	14:40—17:50	14:30—17:40
晚自习	19:10—21:00	19:10—21:20	18:20—21:30	18:30—21:40	18:20—21:30
熄灯	21:30	21:50	22:00	22:00	22:00

冬（春）季作息时间表

项目	A 校	B 校	C 校	D 校	E 校
起床	6:00	5:50	6:00	5:50	6:00
晨读	6:30—7:10	6:20—7:20	7:00—7:40	6:30—7:10	6:50—7:30
上午课	8:00—11:50	8:00—12:00	8:20—11:50	8:10—11:50	8:20—11:50
午休	12:30—13:50	无	12:40—13:50	12:30—13:50	12:30—13:50
下午课	14:00—17:30	13:10—17:00	14:10—17:20	14:10—17:20	14:10—17:20
晚自习	18:30—20:40	18:10—21:50	18:00—21:10	18:00—21:10	18:00—21:10
熄灯	21:10	21:50	21:40	21:40	21:40

注：夏（秋）季 5 月 1 日—10 月 31 日；冬（春）季 11 月 1 日—4 月 30 日。

通过上表我们发现，五所学校对寄宿学生在校内活动时间都有严格规定，学生都是严格按照时间规定的内容行事。五所学校都沿用两套作息时间表，冬（春）季一套作息时间，夏（秋）季一套作息时间，两套作息时间表存在以下明显特点：第一，夏（秋）季规定的学生午休时间要明显长于冬（春）季，熄灯时间要晚于冬（春）季，晚上的休息时间也少于冬（春）季；第二，五所学校寄宿学生每天晚上的休息时间有限，其中 C 校、D 校和 E 校的夏（秋）季晚上规定的休息时间最少，都为 470 分钟（不足 8 小时），A 校冬（春）季晚上规定的休息时间最长，为 530 分钟（接近 9 小时），但从学生的实际情况来看，每天的休息时间要明显少于规定时间，休息时间不足；第三，随着作息时间的变化，寄宿学生每天在校学习的时间并没有发生太大的变化，其中学生学习时间最长的是 B 校的冬（春）季，每天学习 720 分钟（12 小时），学习时间最少的是 A 校的夏（秋）季，每天学习 600 分钟（10 小时）。特困地区寄宿制初中学校学生上课时间长，其余时间也都是在完成老师布置的作业，能自由安排的时间有限，没有空余时间组织课外活动，学生每天重复着宿舍、食堂和教室三点一线的生活，十分枯燥乏味。

2. 安全管理

特困地区寄宿制初中学校学生安全管理是指学校管理层在治理学校过程中，通过制定健全规章制度，保证学生在校内的学习、饮食、住宿等各方面的活动符合国家安全教育标准。全方位、多层次保障学生的安全尤其是生命安全，在学校安全管理工作中占有重要的地位。安全管理工作是学校各项工作的基础和保障，安全事无大小，要及时处理安全漏洞，消除安全隐患，防患于未然，实实在在抓好安全教育。

表 2-3-5　特困地区寄宿制初中学生安全管理状况

序号	项目	A 校	B 校	C 校	D 校	E 校
1	寄宿学生上下学	约 100 人父母接送，约 300 人自己乘车，约 130 人自己骑车	约 43 人父母接送，约 98 人自己乘车，约 321 人自己骑车	约 70 人父母接送，约 120 人自己乘车，约 230 人自己骑车	约 150 人父母接送，约 90 人自己乘车，160 人自己骑车	约 30 人父母接送，约 70 人自己乘车，约 98 人自己骑车
2	寄宿学生离家距离及回家时间	最远 25 公里、最近 3 公里；乘车 45 分钟、骑车 20 分钟	最远 52 公里、最近 11 公里；乘车 80 分钟、骑车 60 分钟	最远 15 公里、最近 5 公里；乘车 30 分钟、骑车 30 分钟	最远 20 公里、最近 4 公里；乘车 40 分钟、骑车 25 分钟	最远 23 公里、最近 4 公里；乘车 45 分钟、骑车 25 分钟

（续表）

序号	项目	A校	B校	C校	D校	E校
3	学校安全保卫人员和门卫人员情况（人数、年龄、学历）	无安保人员，门卫兼任；门卫2人；年龄56岁和53岁，都无学历；全天轮班执勤	无安保人员，门卫兼任；门卫2人；年龄52岁和45岁，学历专科和本科；全天轮班执勤	无安保人员，门卫兼任；门卫2人；年龄50岁和40岁，学历都为初中；全天双人双岗执勤	无安保人员，学校无门卫，由老师轮流值班	无安保人员，门卫兼任；门卫1人；年龄60岁，退休教师；学历本科；全天执勤
4	学校周边娱乐场所情况	有4个网吧	有2个网吧	无娱乐场所	无娱乐场所	无娱乐场所
5	学校寄宿学生打架斗殴情况	约半年3—5起；通过协商能妥善处理	约每月1—2起；通过协商能妥善处理	约每月1—2起；通过协商能妥善处理	约每月1起；通过协商能妥善处理	约每月2—3起；通过协商能妥善处理
6	学校学生把危险物品带入学校情况	无危险物品的，手机5—10部	危险物品1次，手机约15部	无危险物品，手机约20部	无危险物品，手机约10部	无危险物品，手机3—5部
7	学校校内的化学物品、教学设施、活动器材的检查频率	每学期进行4次检查	每周进行1次检查	每学期进行4次检查	每学期进行4次检查	每周进行1次检查
8	学校校内公共场所的消毒频率	每月2次	每月2次	每月6次	每月1次	每月3次
9	学校每年开展安全教育或安全演习情况	每年2次	每年4次	每年2次	每年4次	每年5次
10	学生上下课或就餐过程中的安全情况	没发生过	没发生过	错峰就餐方式；没发生过	没发生过	没发生过

从表2-3-5中我们可以看出，特困地区寄宿制初中学生的安全管理状况一般，总体状态控制在国家教育安全标准范围之内，部分调查项目虽然效果较好，但仍然存在着不少问题需要我们关注。

在项目1关于寄宿学生上下学情况调查中，五所学校情况类似，学生基本上都是采用家长接送、自己乘车和自己骑车的方式往返，其中家长接送的约 393 人，自己乘车的约 678 人，自己骑车的约 939 人，采用自己乘车和骑车的方式往返的占绝大多数，尤其 B、C 两校学生自己骑车往返的占本校寄宿生的一半以上。

在项目 2 针对寄宿学生离家距离及回家时间情况调查中，学生离家距离远，往返时间长是五所寄宿制学校都共有的特点。特别是 B 校寄宿学生最远的离家 52 公里，乘车需要 80 分钟才能到家，路途过于遥远，其余四校虽然情况相对较好，但学生最远的离家也都在 15 公里以上，乘车需要 30 分钟以上。

在项目 3 学校安全保卫人员和门卫人员情况（人数、年龄、学历）调查中，五所学校在这方面的情况都较差。五所学校都没有专门的安全保卫人员，都是由门卫兼任；D 校无门卫，由校内教师兼任，采用的是教师轮流值班的管理方式，其余四校都有门卫 1—2 人，年龄最大的 60 岁，最小的 40 岁，采用的是轮流执勤或双人双岗执勤的工作方式，其中 A、C 两校门卫无学历或者初中学历，学历层次较低，B、E 两校门卫都是专科或者本科学历，学历层次较好。

在项目 4 学校周边娱乐场所情况调查中，A、B 两校情况一般，周边存在多个商业性质的网吧并且发现部分学生经常出入，而 C、D、E 三校情况较好，学校周边不存在任何娱乐场所。

在项目 5 学校寄宿学生打架斗殴情况调查中，五所学校情况都一般，普遍都发生过寄宿学生打架斗殴事件，发生频率基本在每月 1—2 起，事件发生原因主要以同学之间的矛盾激化为主，性质单一，且经过协商都能得到妥善处理。

在项目 6 学校学生把危险物品带入学校情况调查中，五所学校情况都较好，很少或者没有发现学生将危险物品带入学校的事件，但存在部分学生将手机带入学校的情况，其中 C 校情况相对较严重，平均每月能发现 20 部，E 校情况相对较好，平均每月能发现 3—5 部。

在项目 7 学校校内的化学物品、教学设施、活动器材的检查频率调查中，五所学校情况都一般，会不定期对实验物品、教学设施、活动器材等物品进行检查，但日期不固定，其中 A、C、D 三校每学期只进行 4 次检查，B、E 两校情况相对较好，每周都会进行 1 次检查，检查频率相对较高。

在项目 8 学校校内公共场所消毒频率调查中，五所学校情况都一般，虽然每月都会对教室、厕所、食堂等公共场所进行消毒，但部分学校消毒频率较低，如 D 校，每月定期统一进行 1 次大规模消毒，A、B、E 三校每月进行 2—3 次消毒，C 校的消毒频率最高，每月 6 次。

在项目 9 学校每年开展安全教育或安全演习情况调查中，五所学校情况都较好，每年都会不定期开展安全教育或安全演习，安全教育工作主要由班主任担任，以班主任说教为主，安全演习主要以防火、防震演练为主，其中 E 校最多，每年能进行 5 次安全教育或安全演习。

在项目 10 学生上下课或就餐过程中安全情况调查中，五所学校情况都很好，没有在上下课或就餐过程中发生过踩踏、拥挤跌伤等相关安全事件，尤其是 C 校结合本校实际情况，采取错峰就餐的方式来预防相关安全事件的发生，而其余四校并没有采取实质性措施。

3. 宿舍管理

宿舍管理是指在保证学生宿舍硬件设施达标的基础上，引导学生遵守宿舍纪律，自觉维护宿舍秩序，培养学生之间团结协作、和谐相处的集体生活意识。对于寄宿制学生来说，学生宿舍是学生在校内的重要生活场所之一，在宿舍群体中，学生学会与人相处，能够提高学生的自立能力和生活自理能力，对于学生的人格塑造和个性发展也具有积极的推动作用。调查发现，特困地区寄宿制初中学校普遍存在学生宿舍严重满足不了寄宿学生住宿需求的问题。因此，相对于非寄宿制学校来说，寄宿制学校的宿舍管理工作是一个不可忽视的工作范畴。

表 2-3-6　特困地区寄宿制初中学生宿舍管理状况

序号	项目	A校	B校	C校	D校	E校
1	学校学生宿舍情况	男女混住；共56间；每间10人	男女分住；共32间；每间16人	男女分住；共72间；每间8人	男女混住；共48间；每间12人	男女分住；共27间；每间10人
2	学校宿舍楼内的生活设施情况	只有床铺，不能满足学生的基本生活需求	楼内生活设施完善，能满足基本生活需求	楼内生活设施完善，完全能满足基本生活需求	楼内生活设施不完善，不能满足基本生活需求	楼内生活设施基本完善，能满足基本生活需求
3	学校宿管人员的情况（人数、年龄、学历）	专职宿管1人；年龄53岁；无学历	无宿管，由教师兼任；年龄30—40岁；学历专科及以上	无宿管，由兼职生活教师担任；年龄23—50岁；学历本科	无宿管，由教师兼任；年龄30—45岁；学历本科	无宿管，由教师兼任；年龄30—35岁；学历本科
4	学校专职生活教师情况	无专职生活教师；楼管兼任	无专职生活教师；班主任兼任	宿舍每层配备兼职生活教师2—4人	无专职生活教师；校领导或班主任兼任	无专职生活教师；班主任兼任
5	学生就寝前的检查情况	安排管理人员进行巡查，会清点人数	安排管理人员进行巡查，会清点人数	安排管理人员进行巡查，会清点人数	安排相关教师进行巡查，会清点人数	安排管理人员进行巡查，会清点人数
6	寄宿学生洗澡及使用热水情况	不能在校内洗澡；使用热水方便，全天锅炉房供应热水	不能在校内洗澡；使用热水较方便，三餐时食堂供应热水	不能在校内洗澡；使用热水方便，全天锅炉房供应热水	不能在校内洗澡；使用热水不方便	不能在校内洗澡；使用热水不方便
7	学生宿舍及宿舍楼卫生打扫情况	每天打扫1次	每天打扫1次	每天打扫2次	每天打扫2次	每天打扫3次
8	学校每月对宿舍的检查消毒情况	每月4次	每月4次	每月4—8次	每月1次	每月5—10次
9	学校宿舍内突发性事件发生情况	每月1次，能及时处理	没有发生过相关突发事件	没有发生过相关突发事件	每月1次，能及时处理	每学期1次，能及时处理

从表 2-3-6 中我们可以发现，学校在特困地区寄宿制初中学生宿舍

管理方面还有很多工作尚需改进。

在项目 1 学校学生宿舍情况和项目 2 学校宿舍楼内的生活设施情况的调查中，五所学校整体宿舍状况都较差，平均每间宿舍人数最多的有 16 人，最少的也有 8 人，住宿条件紧张，宿舍拥挤，尤其是 A、D 两校采用的是男女宿舍楼混住的形式而且宿舍的基本设施不完善，无法满足寄宿学生的基本生活需求，其余三所学校宿舍设施能基本满足学生的基本生活需求。

在项目 3 学校宿管人员的情况（人数、年龄、学历）调查中，五所学校情况都较差，其中除了 A 校配备专职宿舍管理人员以外，其余四所学校均没有配备，都是由教师或者兼职生活教师兼任，年龄在 23—50 岁之间，学历为专科或本科学历，而 A 校配备的专职宿舍管理人员年龄也已 53 岁，无学历。

在项目 4 学校专职生活教师情况调查中，五所学校情况都较差，都没有配备专职生活教师，但其中 C 校配备了兼职生活教师而且宿舍楼每层都配备 2—4 人，生活教师配备较完善，其他四所学校生活教师都是由校领导、班主任或者宿管来兼任的。

在项目 5 学生就寝前的检查情况调查中，五所学校情况都很好，都会安排教师或者相关管理人员对学生宿舍进行巡查并且清点人数，保证学生都能在宿舍准时就寝。

在项目 6 寄宿学生洗澡及使用热水情况调查中，五所学校情况都较差，学校当前的条件都无法满足学生校内洗澡的需求，相关设施设备不完善，尤其是 C、D 两校学生使用热水也不方便，其余 A、B、C 三校能定时定点供应热水，学生使用热水相对方便。

在项目 7 学生宿舍及宿舍楼卫生打扫情况的调查中，五所学校情况都较好，都能坚持每天打扫宿舍及宿舍楼公共卫生，一般都是早上和中午各打扫 1 次，最多的 E 校能坚持早、中、晚一天打扫 3 次。

在项目8学校每月对宿舍的检查消毒情况调查中，五所学校情况都一般，虽然五所学校都会不定期对宿舍进行检查消毒，但部分学校每月检查消毒次数过少，如D校，每月只进行1次检查消毒，A、B两校相对较多，定期每月进行4次，E校最多，每月能不定期进行5—10次检查消毒。

在项目9学校宿舍内突发性事件发生情况的调查中，A、D、E三校情况较差，发生过偷盗或打架等突发事件，频次为每月1次或者每学期1次，但都能及时处理，B、C两所学校情况较好，未出现过相关相似的突发性事件。

4. 餐饮管理

餐饮管理与学生的身体健康密切相关。健康的饮食是学生身体健康的基础，身体健康又是学生适应环境的保证，寄宿制学校的餐饮管理主要是对学生的餐饮质量、餐饮环境和生活质量方面的管理。强化学校餐饮管理，对于提高学生的身体素质，保障学生各方面协调发展具有积极促进作用。对于特困地区寄宿制初中学生来说，学校的餐饮管理更是不容忽视的。

表2-3-7 特困地区寄宿制初中学生餐饮管理状况

序号	项目	A校	B校	C校	D校	E校
1	学校食堂经营方式情况	食堂采用自营的经营方式	食堂采用自营的经营方式	食堂采用外包的经营方式	食堂采用自营的经营方式	食堂采用外包的经营方式
2	学校食堂食材采购情况	学校定点定向采购	学校定点定向采购	食堂索证（卫生许可证）索票（发票）自行采购	学校招标采购	食堂索证（卫生许可证）索票（发票）自行采购

（续表）

序号	项目	A校	B校	C校	D校	E校
3	学校食堂基本设施及饭菜配备情况	满足300人，餐饮设施齐全；不能满足所有人同时就餐；早餐为政府供应营养餐，午餐和晚餐相当于学生家常饭菜；餐具每次都杀菌消毒；能保证饭菜都是新鲜的	满足300人，餐饮设施齐全；不能满足所有人同时就餐；早餐稀饭、鸡蛋汤、馒头，午餐政府供应营养餐，晚餐馒头、菜；餐具每次都杀菌消毒；能保证饭菜都是新鲜的	满足320人，餐饮设施齐全；不能满足所有人同时就餐；早餐为政府供应营养餐，午餐和晚餐按营养食谱进行搭配；餐具每次都杀菌消毒；能保证饭菜都是新鲜的	满足400人，餐饮设施齐全；能满足所有人同时就餐；早餐为政府供应营养餐，中餐和晚餐按营养食谱进行搭配；餐具每次都杀菌消毒；能保证饭菜都是新鲜的	满足450人，餐饮设施齐全；能满足所有人同时就餐；早餐为政府供应营养餐，中餐和晚餐营养搭配合理；餐具每次都杀菌消毒；能保证饭菜都是新鲜的
4	学校食堂服务人员的具体情况（人数、年龄）	食堂服务人员8人；年龄32—50岁；每年体检1次；没进行专业培训	食堂服务人员4人；年龄42—50岁；每年体检1次；没进行专业培训	食堂服务人员8人；年龄35—45岁；每年体检2—3次；没进行专业培训	食堂服务人员10人；年龄40—50岁；每年体检1次；没进行专业培训	食堂服务人员4人；年龄30—45岁；每年体检1次；没进行专业培训
5	学校因餐饮问题出现过学生身体不适情况	没有出现过	没有出现过	没有出现过	没有出现过	没有出现过
6	学校寄宿学生就餐花费情况	每天花费约7元	每天花费约6—8元	每天花费约8—10元	每天花费约6元	每天花费约8元

从表2-3-7我们可以看到，学校在特困地区寄宿制初中学生餐饮管理方面的工作情况总体良好，但也仍然有很多工作不到位。

在项目1学校食堂经营方式情况和项目2学校食堂食材采购情况调查中，五所学校情况存在两点明显的不同，其中A、B、D三所学校食堂采用的是自营的经营方式，食堂食材是由学校相关部门定点定向采购的，C、E两所学校采用的是外包的经营方式，食堂食材是由食堂自行索证（卫生许可证）索票（发票）采购的。

在项目 3 学校食堂基本设施及饭菜配备情况调查中，五所学校情况一般，特别是 A、B、C 三校的就餐桌椅数量较少，尚不能完全满足所有寄宿学生同时就餐需要。在学生饭菜具体情况方面，A、C、D、E 四校早餐都为政府提供营养餐，午餐和晚餐都是按食谱搭配或者自行搭配的，B 校的午餐为政府提供营养餐，早餐和晚餐都是自行搭配的，A、B、C、D、E 五所学校能保证每次对餐具进行杀菌消毒，能保证饭菜都是新鲜的。

在项目 4 学校食堂服务人员的具体情况（人数、年龄）调查中，五所学校的食堂服务人员的数量因为寄宿学生人数和食堂规模的不同也存在不同，人数在 4—10 人不等，年龄集中在 30—50 岁之间，没有进行过专业培训，每年至少体检一次。

在项目 5 学校因餐饮问题出现过学生身体不适情况调查中，五所学校情况都很好，都没有因餐饮问题出现过大规模学生身体不适现象。

在项目 6 学校寄宿学生就餐花费情况调查中，五所学校饮食配备状况大体相同，因此花费并没有太大差距，每天在 6—10 元之间。

5. 健康管理

这里所说的健康管理主要包括学生的身体健康管理和心理健康管理两个方面。身体健康是保障学生高效学习的重要条件，是学生成才的重要因素。当前中学生身体健康问题成为社会关注的一个重要热点问题。我国素质教育的起步较晚，大部分学生受应试教育模式影响，导致体育锻炼时间少，运动不足，营养过剩，身体素质差，各种突发事件层出不穷，因此加强特困地区寄宿制初中学生身体健康管理迫在眉睫。心理健康管理是指学校以保障学生心理健康为目的而开展的各种活动，包括心理健康教育、心理健康训练、积极心理开发和促进、心理健康风险防控等方面的组织活动。① 初中阶段正值生理和心理迅速变化发展的时期，这个时期十分需要父母的重视和关心，然而寄宿学生恰恰缺失这一部分。特困地区寄宿制初中学生长期在校内生活，远离家人，家庭教育难以发挥其应有的价值；学校学生众多，要求教师能亲自关心问候每个学生是不现实的，当学生出现自卑、自闭、抑郁等心理问题的时候，难以被及时发现，并得到辅导和治疗，因此心理健康管理工作也是学校管理工作的重要内容之一。

表 2-3-8　特困地区寄宿制初中学生健康管理状况

序号	项目	A 校	B 校	C 校	D 校	E 校
1	学校寄宿学生每天课外运动情况	约 2 小时，主要以课间休息和课间操为主	约 2 小时，主要以早操、课间休息和课间操为主	约 2 小时 30 分钟，主要以早操、课间休息和课间操为主	约 1 小时 30 分钟，主要以课间休息和课间操为主	约 2 小时，主要以课间休息和课间操为主
2	学校寄宿学生体育成绩和身体健康情况	体育成绩都能达标；肥胖约 54 人，营养不良没有	体育成绩都能达标；肥胖约 40 人，营养不良没有	体育成绩都能达标；肥胖约 25 人，营养不良没有	体育成绩都能达标；肥胖约 23 人，营养不良没有	体育成绩都能达标；肥胖约 15 人，营养不良没有
3	学校校医院及专职或兼职医护人员情况（人数、专业水平）	学校没有校医院；没有专职或兼职医护人员	学校没有校医院；没有专职或兼职医护人员	学校没有校医院；有兼职校医 1 人，水平一般	学校没有校医院；有兼职校医 1 人，为"赤脚"医生水平	学校没有校医院；有兼职校医 1 人，水平一般
4	学校每周因病离校或外出的寄宿学生情况	约 20 人；家长来接或教师护送	约 20—30 人；家长来接或教师护送	约 15—20 人；家长来接或教师护送	约 20 人；家长来接	约 10 人；家长来接或教师、学生陪同

---

① 高晓霞：《利川市农村寄宿制初中学生管理问题探究》，华中师范大学教育学院 2012 年硕士学位论文，第 21 页。

(续表)

序号	项目	A校	B校	C校	D校	E校
5	学校学生每年体检情况	没有定期进行体检	定期进行1次体检	定期进行2次体检	没有定期进行体检	定期进行1次体检
6	学校寄宿学生针对心理困惑与老师的交流情况	会经常针对心理困惑与老师进行沟通交流	会经常针对心理困惑与老师进行沟通交流	会经常针对心理困惑与老师进行沟通交流	会偶尔针对心理困惑与老师进行沟通交流	会有时针对心理困惑与老师进行沟通交流
7	学校供学生发泄情绪场所情况	没有	没有	没有	没有	没有
8	学校心理咨询室及负责老师的具体情况（年龄、学历、专业水平）	无心理咨询室；无专任老师负责	有心理咨询室；由3位教师负责，学历本科，三级心理咨询师	有心理咨询室；由3位教师负责，学历本科，三级心理咨询师	没有开设心理咨询室	有心理咨询室；由1位教师负责，学历本科，三级心理咨询师
9	学校寄宿学生的心理健康情况	偶尔有1名寄宿学生患心理疾病，能及时发现，但得不到有效治疗	没有寄宿学生患心理疾病	没有寄宿学生患心理疾病	会有1—2名寄宿学生患心理疾病；能及时发现，但得不到有效治疗	没有寄宿学生患心理疾病
10	学校寄宿学生早恋情况	存在早恋问题；占比约为10%	存在早恋问题；占比接近15%	存在早恋问题；占比约为10%	存在早恋问题；占比约为15%	存在早恋问题；占比接近20%

从表2-3-8中我们可以发现，学校在特困地区寄宿制初中学生健康管理方面的工作不容乐观。

在项目1学校寄宿学生每天课外运动情况调查中，五所学校情况都较差，寄宿学生课外运动时间都较少，主要集中在1小时30分钟—2小时之间，而且主要以早操、课间操和课间休息等为主，学生自由支配时间有限。

在项目2学校寄宿学生体育情况和身体健康情况调查中，五所学校情况都较好，五所学校寄宿学生体育成绩都能达标且不存在营养不良学生，但每所学校都存在肥胖学生，其中A校人数最多有54人，E校人数最少有15人。

在项目3学校校医院及专职或兼职医护人员情况（人数、专业水平）调查中，五所学校情况都较差，条件有限，没有配备校医院或其他专业医疗机构，其中A、B两校也缺少专职或者兼职医护人员及时保障学生健康，C、D、E三校都有兼职医护人员1人，但水平一般。

在项目4学校每周因病离校或外出的寄宿学生情况调查中，五所学校情况都一般，都存在学生因病离校或外出的情况，平均每周在10—30人不等，离校方式都是采取家长来接、教师护送或学生陪同的方式，不允许学生自行出校。

在项目5学校学生每年体检情况调查中，B、C、E三校情况较好，每年都会定期组织学生进行体检，次数为1—2次，但A、D两校并没有组织学生进行体检。

在项目6寄宿学生针对心理困惑与老师的交流情况和项目7学校供学生发泄情绪场所情况调查中，五所学校都没有提供学生发泄情绪场所，其中A、B、C三校的寄宿生都会经常针对自己的心理困惑与老师进行沟通交流，D、E两所学校学生只是有时或偶尔针对心理困惑与老师沟通交流。

在项目8学校心理咨询室及负责老师具体情况（年龄、学历、专业水平）调查中，B、C、E三校情况较好，都设有心理咨询室，A校无心理咨询室无专门老师负责，B、C、E三校都有相关教师负责且都取得三级心理咨询师证书，具备基本的心理咨询能力，D校情况较差，没有开设心理咨询室，也没有专业老师负责学生的心理咨询工作。

在项目9学校寄宿学生的心理健康情况调查中，B、C、E三校情况较好，没有发现学生患心理疾病，D校情况较差，每年会有1—2学生患心理疾病，也得不到有效治疗。

在项目 10 学校寄宿学生早恋情况调查中，五所学校情况都较差，都不同程度存在青春期学生早恋的问题，尤其是 E 校，寄宿学生早恋占比最高，接近 20%，A、C 两校占比最低，也有 10%。

三、特困地区寄宿制初中学生管理问题及原因分析

（一）特困地区寄宿制初中学生管理存在的问题

1. 学生教育教学管理问题

（1）学生课业负担重

特困地区学校强调整齐统一，实行统一进度、统一作业、统一考试和统一作息的学习管理模式。调查显示，特困地区寄宿制初中学生从早上起床后就开始过着上课、吃饭两点一线的生活。学生每天上课 10—12 小时，课堂知识多、难、深，难以理解消化，部分寄宿学生晚上回宿舍还要加班学习；学生作业多、考试多、教辅资料多，每天都超负荷学习，记忆负担沉重。沉重的课业负担扼杀孩子的自然天性，让学生不堪重负而恐学、厌学。如 B 校寄宿学生，每天早上 5：40 起床，晚上 9:40 熄灯休息，每天课间休息时间约 2 小时，在这期间学生主要以上厕所和准备下节课的学习内容为主，能自由安排的时间有限，课业负担重。

（2）学校对"学困生"缺乏有效的分类指导

调查还发现，特困地区样本学校中存在部分学习困难的寄宿生，其中既包括生理缺陷造成的学习困难也包括"厌学"造成的学习困难，比例在 15%—30% 不等。针对学生生理缺陷导致的学习困难，多数老师不能从根本上正确认识这种学习障碍问题，无法做到及时发现及早治疗，学习上和

正常学生一样对待，这样久而久之，"学困生"便真正变成了差生，失去掌握学习主动权的机会，影响自己的一生；针对学生"厌学"导致的学习困难，多数老师只能采取课外补习的方式来帮助学生，强制要求学生参与到学习中来，无法从根本上调动学生的学习积极性，无法主动在课堂教学中引导"学困生"转化，影响学生发展。

2. 学生常规安全管理问题

（1）制度落实不到位，安全管理存在漏洞

首先，调查的特困地区五所样本学校都为了节约成本没有配备专职或者兼职的安保人员，多数都由门卫兼任，一般为两名，年龄都在50岁左右，其中有一所学校门卫是由老师兼任的，教师身兼多职，精力有限，学生的安全得不到保障。其次，特困地区五所学校都没有成文的门卫管理制度，管理环节漏洞频出，学生打架斗殴事件频发，每月都有1—3起发生，夜间无人巡逻，这些潜在的漏洞带来诸多的安全隐患。最后，特困地区样本学校中只有C校采取错峰就餐的方式，其他学校学生就餐时"一窝蜂"现象严重，极易在就餐下楼途中或者就餐时发生踩踏、跌伤、烫伤等安全性事件。

（2）校园设施、设备不健全，存在安全隐患

特困地区五所样本学校都会不定期对校内的化学物品、教学设施、活动器材等进行检查，其中A、C、E三所学校每学期只进行1次检查，次数过少，无法及时做到排查安全隐患；特困地区五所样本学校内很多教学设施和活动器材老化严重，无法及时更新或者修复，而且在一些化学物品的储存上技术手段落后，存在安全问题。另外，A、B、D、E四校平均每月对教室、厕所、食堂、宿舍等公共场所进行1—2次的杀菌消毒，次数较少，极易造成大规模疾病传染。

(3) 安全教育意识薄弱

学校没有一套固定的安全教育课程模式,学生缺乏安全知识实践应用,安全意识薄弱。如特困地区被调查的五所样本学校每年都会定期开展2—5次安全教育或者安全演习,安全演习主要以防地震、防火、防溺水演习为主,每学期各1次,但安全教育主要以班主任说教为主,利用班会或者晚自习时间进行口头强调,没有系统开展安全教育课程,学生安全知识碎片化,安全教育意识淡薄。因此,当学生在面对一些突发性事件时,往往不能及时做出正确的选择,使自身或他人承受不必要的伤害。

(4) 交通条件差,学生上下学安全无法保证

特困地区寄宿制初中学生大多数生活在交通不便、条件极差的贫困山区,最远的寄宿学生离家52公里,乘车需要1个多小时才能到家,最近的也有5公里,骑自行车需要30多分钟到家。由于学校没有配备专门的校车进行接送,特困地区寄宿学生中有678人是自己乘车回家,有939人是自己骑车回家,有393人是家长自备交通工具接送回家,路途遥远,安全隐患多,再加上初中生安全意识不足,行为判断能力薄弱,对自身的安全带来极大的威胁。如B校寄宿学生最远的离家52公里,最近的离家也有11公里,分别需要乘车80分钟和骑车60分钟才能到家,而学校寄宿生上下学有43人是父母接送,98人是自己乘车,321人自己骑车,自己骑车往返的学生比例接近70%,山路崎岖,学生安全意识薄弱,安全隐患不容忽视。

3. 学生宿舍管理问题

(1) 宿舍管理制度不健全,执行不力

一方面,特困地区学校在宿舍和寄宿生管理制度建设方面只有《住宿生管理制度》,对宿舍值班、宿舍卫生和宿舍内务等方面没有成文的制度,多以领导或者班主任老师的口头约束为准,制度建设不健全;另一方面,

《住宿生管理制度》本身不系统、不完整，强调服从和执行，学生缺乏本能上的认同和接受，缺乏学生的参与，执行过程中缺少必要的监督，导致制度执行不力，形同虚设。如 D 校宿舍管理制度方面只有《住宿生管理制度》，其主要规定学生的作息时间和在宿舍应该遵守的管理规则，没有涉及宿舍内务管理、宿舍卫生管理等方面的内容，而且宿舍每月还会发生打架斗殴等事件，管理制度不健全，缺乏学生参与和认同。

（2）学校生活教师数量不足，管理压力大

教育部、国家发展改革委、财政部联合制定的《西部地区农村寄宿制学校建设工程实施方案》规定，在农村寄宿制学校建设中，要根据地区实际情况配备生活教师和保育员。[①] 特困地区的五所样本学校由于教师资源的限制，都没有配备专职生活指导教师，生活指导方面的工作多数都是由校领导、班主任或者楼管兼任，这不仅加大了相关教师和楼管人员的工作压力和管理压力，而且部分教师和宿管也没有系统学习过教育学、心理学等专业学科知识，因此无法提供给学生正确的生活指导，致使管理工作流于形式，难以对学生日常行为、生活学习等方面进行规范科学的管理，影响着学生综合素质的提高。如 A 校并没有配备专职生活教师，生活教师方面的职务是由宿管兼任的，而 A 校宿管年龄 53 岁，无学历，年龄和学历水平都决定其无法正常履行生活教师应尽的职责，无法给学生提供满意的生活辅导，作用有限，形同虚设。

（3）宿舍基础设施不健全，给住宿带来不便

第一，特困地区寄宿初中学生无法在宿舍洗澡，学生使用热水也不方便。在早、中、晚洗漱或上厕所的高峰期，学校的相关设施根本无法满足学生的需求，给住宿带来不便。如调查的 D 校，学校条件有限，无法满

---

① 《西部地区农村寄宿制学校建设工程实施方案》，2004 年 2 月 19 日，见 http://old.moe.gov.cn//publicfiles/business/htmlfiles/moe/moe_1201/200703/20059.html。

足学生校内洗澡的需求，学生洗澡要请假外出或者放假回家才能解决，校内设施不健全，学生使用热水也不方便，洗漱多用凉水，对学生身体卫生和安全造成极大的影响。第二，特困地区寄宿制初中学校宿舍资源不足，难以满足学生住宿需求，除了有两所样本学校宿舍采用的是宿舍楼男女混住的形式，其余都是宿舍楼男女分住，每间宿舍在8—16人之间，人均居住面积小，住宿拥挤，不利于学生更好休息，影响学生的睡眠。如B校采用的是宿舍楼男女分住的形式，共有宿舍32间，住宿采用上下铺的形式，每间16人，宿舍人数多，人均居住面积小，住宿不方便，亟须建设更多的学生宿舍。

（4）缺少足够的宿舍管理人员

出于对成本的考虑，特困地区被调查的样本学校中B、C、D、E四所学校都没有聘请宿管人员，都由校内教师或者兼职生活教师担任，学历专科或本科，A学校聘请一名宿管人员，没有学历，年龄53岁。兼任宿管的老师不仅白天要上课，晚上还要备课和管理寄宿学生，长期超负荷工作，不仅在宿舍管理过程中极易出现漏洞，导致管理效率低下，威胁寄宿学生的安全，而且也不利于教师教育教学水平的正常发挥，影响学校正常教学活动开展。

4. 学生餐饮管理问题

（1）食堂设施不足，饮食条件受限

第一，特困地区寄宿制初中学校食堂设施不足。调查得知，五所样本学校食堂设施多以一些桌椅和简单的炊具为主，没有大规模的冷藏设备；A、B、C三校的就餐桌椅数量较少，无法满足所有寄宿学生同时就餐；五所学校食堂都缺少必要的食品分类设施，食品放置混乱，食堂基础设施有待完善。第二，特困地区寄宿制初中学生饮食条件差。关于学生三餐方面，A、C、D、E四所学校早餐和B校的午餐都为政府提供的营养餐，其他都是学校根据食谱或者自行搭配。除了政府提供的营养餐以外，其他两餐饭菜不管质量还是数量都有待提高，无法完全满足青少年身体健康成长的需要。如 B 校三餐食谱为早餐稀饭、鸡蛋汤、馒头，午餐政府供应营养餐，晚餐馒头、菜，早餐和晚餐都是学校自行搭配的，饮食多以素菜为主，荤素搭配不合理，难以完全满足青少年的身体成长需要。第三，特困地区寄宿制初中食堂消费水平相对较高。调查的五所样本学校中学生每天的花费介于 6—10 元之间，对于部分特困地区的家庭来说，学生每天的饮食消费也是一笔较大的开支，让人难以承受。

（2）食堂管理薄弱

特困地区被调查的学校中，A、B、D 三所学校食堂采用的是自营的管理形式，由后勤部门主要负责管理，学校统一组织供餐，食材也是学校进行招标后统一采购的，但学校无法每天对食材情况进行检查，容易有变质食材混入，存在管理上的漏洞；另外 C、E 两所学校食堂采用的是外包的管理形式，学校提供食堂，餐饮公司负责经营和管理，食材是餐饮公司自行采购，学校相关部门并不直接参与食堂管理，对于食堂需要承担的责任和达到的标准也没有明确的规定，虽然并没有发生大规模的学生食物中毒现象，但是学校"甩手掌柜"的做法，也在一定程度上影响学生健康成长。

（3）缺乏专业的食堂工作人员

第一，特困地区样本学校食堂服务人员，数量较少，年龄大，一年只进行一次体检，无法满足学校餐饮工作需求，身体状况无法保证。如 B 校食堂有工作人员 4 人，年龄在 42—50 岁之间，而学校有寄宿学生 462 人，平均一位食堂工作人员要服务一百多位学生，工作繁重，难免顾此失彼。第二，特困地区学校食堂服务人员专业层次低。调查的五所样本学校的食堂服务人员基本都是周边村落的农民，学历层次低或基本没学历，本身主要在家务农，缺乏专业的食品加工和营养搭配知识，"大荤大素"的情况时有发生，导致食堂饭菜随心做，无法获得学生的满意。

5.学生健康管理问题

(1)学生空闲时间少,缺乏体育锻炼

特困地区寄宿制初中学生长期生活在学校内,时间紧,学习任务重,即使回到家也是以"补觉"为主,每天进行体育运动的时间严重不足。调查发现,特困地区五所样本学校的寄宿学生课间时间有限,平均每天只有2小时20分钟,这期间学生不仅要准备上课的内容,还要跑操、上厕所等,体育锻炼时间少。特困地区样本学校中有不少寄宿学生存在肥胖问题,体育成绩处在不达标的边缘;每周平均会有15—30人不等的寄宿学生生病外出就医,身体状况堪忧。如C校寄宿学生,冬(春)季每天早上5:50起床,晚上9:50熄灯休息,每天的课间休息时间约2小时30分钟,学生可以自由活动的时间有限;学校有25位学生存在不同程度的肥胖问题,每周平均有15—20名同学因病要外出或者回家就医,身体健康状况欠佳。

(2)学生心理健康管理缺失,心理咨询建设"空白"

特困地区寄宿制初中学生有很多留守儿童,长期跟随直系亲属或者旁系亲属一起生活,这些亲属无法及时掌握学生的心理动态,有可能造成部分学生心理委屈、孤僻、情绪不稳定,进而诱发自闭症、自卑症等心理疾病,直接影响学生的健康成长。特困地区被调查的学校中B、C、E三所学校学生心理健康状况良好,学校也设有心理咨询室,有1—3位心理咨询老师,专业水平都是三级心理咨询师;另外A、D两所学校由于教师编制名额的限制,未能配备专职的心理健康教师,更没有心理咨询室,其心理疏导工作多由班主任老师来兼任,凭借自己的经验去帮助学生,这种情况导致每年都会有1—2位同学患有心理疾病,而且得不到有效治疗。调查还发现,学生"早恋"现象普遍。初中学生正处在心理快速成长发育的关键时期,很多学生出于对异性的好奇和懵懂逐渐陷入"早恋"旋涡不能自拔。这期间老师未能正确引导，对学生的心理造成极大创伤，影响学生学习。如 E 校寄宿学生早恋比例接近 20%，情况严重，亟须学校高度重视。

(3) 缺乏专业的医护人员

通过调查发现，特困地区寄宿制初中学校没有校医院或者诊所等医疗机构，学生生病一般都要请假外出就医，缺乏专业的医护人员保障学生健康。特困地区被调查的五所样本学校都没有校医院和专职校医，其中 C、D、E 三所学校有兼职校医 1 人，A、B 两所学校没有兼职校医，当发生紧急的身体不适时，学生还要先请假，然后再外出，不仅耽误病情，而且外出同学的安全状况也无法得到保证。

(二) 特困地区寄宿制初中学生管理问题的原因探析

1. 政府层面的因素

(1) 教育经费投入不足

2005 年，国务院下发了《关于深化农村义务教育经费保障机制改革的通知》，提出建立中央和地方分项目、按比例分担的农村义务教育经费保障机制。但是，由于特困地区政府财力薄弱，中央和地方分项目、按比例分担的农村义务教育经费保障机制并不能满足寄宿制初中学校建设的需要。特困地区每年用于教育的经费支出较少，用于偏远山区寄宿制学校建设的经费更是少之又少，根本无法按标准配套建设寄宿制学校的各项设施，人员配备方面也无法达到标准要求，住宿饮食条件不达标，学生健康和安全无法得到保障，农村初中教师培训经费紧缺，教育教学质量难以提高。

(2) 缺乏必要政策机制保障

当前,虽然国家已经出台众多政策来保障寄宿制学校的建设与完善,但对于寄宿制学校建设完成后应该承担的责任,所要达到的目标仍然没有一个具体的要求,国家规定的配置标准也难以达到。当地政府没有制定相关的政策来引导、完善寄宿制学校的发展,导致寄宿制学校出现本质漏洞,问题重重。例如特困地区在寄宿制学校的用人方面,由于缺乏编制的保障,负责学生安全的门卫、指导学生生活的生活教师、管理学生宿舍的楼管、管理学生餐饮的工作人员、保障学生身心健康的医护人员和心理老师都存在不同程度的空缺状况,而空缺的职位都由在职任课教师充当,一人身兼多职,工作压力大,顾此失彼的状况时有发生,影响教师的专业发展和学校的长远规划。

2. 学校层面的因素

(1) 学校管理观念不适应现代教育发展的需要

现在学校强调以学生为本的管理理念,学校教育的目的就是要促进学生的全面发展,为学生的发展提供必要的内生动力,提高学生学习与管理的效率。但是特困地区在寄宿制初中学校学生管理过程中,无论是常规安全管理、学习管理,还是健康管理、食宿管理方面都存在不同程度的思想观念落后,不适应现代教学发展需要的问题。特困地区寄宿制初中学校部分管理人员工作按部就班,缺乏必要的责任心,导致校园安全事故频发,不利于学生的健康成长;受应试教育理念的影响,学校过分关注学生的学习状况,片面追求升学率,轻视学生的心理和生理需求;宿舍管理通常定义为学生提供休息的场所,而学校宿舍正好也是培养学生集体荣誉感,相互学习、相互促进的场所。因此,如何提高特困地区寄宿制初中学校管理观念,落实以人为本的管理理念是必须要解决的问题。

(2) 学校管理制度不健全，制度设计考虑不周

学校教育管理必须以促进学生的发展为中心，学校培养目标的实现也必须与学生的个人需要满足相结合。学校教育要有明确的目标、明确的办学宗旨和明确的制度保障。健全科学的管理制度是保持学校良好秩序、组织学校正常运转、促进各方面发展的重要条件。然而，特困地区寄宿制初中学校在管理制度建设方面缺乏重视，制度建立不健全、不系统，没有结合本地区和本校的实际情况，缺少针对性和周密性，规范性和教育性差，可执行性不高，没有形成一套完整科学的管理体制，进一步造成学校学生管理工作薄弱，管理措施乏力，相关部门工作责任心不强，影响了学生的全面发展。

(3) 学校对学生管理缺乏足够的重视

当前在学校教育过程中，教学工作永远处于主体地位，学生工作处于从属地位，学生工作要为教学工作服务，围绕教学工作来开展。为了学校的升学率和知名度，教学工作往往成为学校的唯一工作，素质教育所提倡的"德、智、体、美、劳全面发展"最后也只重视了智育的发展而忽视了其他方面的教育。因此，在这样的背景下，特困地区寄宿制初中学校也加入片面追求升学率和知名度的行列之中，对于学生工作缺乏重视与合理定位，忽视学生自身品质的塑造，导致学生以自我为中心，缺乏基本的社会责任感。

3. 家庭层面的因素

(1) 家庭教育主体缺失，家校合作功能受限

家庭是孩子成长中的第一所学校，父母是孩子成长中的第一任老师，优质的教育必须由学校和家庭共同构建。但是，在特困地区寄宿制初中学校中，留守儿童占有一定比例。作为家庭教育主体的父母双亲为获得更高的经济收入，不得不背井离乡外出务工，而留守学生只能长期跟随自己祖

父母或者外祖父母一起生活，产生家庭教育主体部分或者完全缺位情况，导致特困地区寄宿制初中学校在管理过程中无法及时将学生在学校和家庭方面的具体情况进行交流，家、校双方存在监督与管理"空档"，影响特困地区寄宿制初中学生健康发展。

（2）家庭教育观念落后，教育能力有限

家庭教育是提高全民素质，推进学校教育整体水平的基础性工程，而学校是指导和协调家庭教育的主要承担者。但是，由于特困地区寄宿制初中学校生源都来自周边的贫困山区，交通不便，与外界沟通有限，家长受教育程度多以中等及以下学历层次为主，综合素质不高，因此学校在指导改革家庭教育内容，提升家庭教育水平的过程中，没有充分考虑到家长的教育观念和能力，制定计划不切实际，超出家长的能力范围，导致家长"无心"或者"无力"配合学校完成家庭教育任务，对于学校安排的家庭教育任务置若罔闻，甚至会产生厌恶感，最终既不利于提高家庭教育实效性，也不利于学生的正常发展。

四、解决特困地区寄宿制初中学生管理问题的对策

（一）加强寄宿制学校标准化建设

1. 明确寄宿制学校建设标准，加强政府教育专项督导

标准化寄宿制学校并不是要完全按照统一的标准进行建设，而是要根据自身的实际条件，在保证实现最基本的办学条件的同时，尽可能高标准、科学化的测算、制定本地区的具体建设标准。因此，特困地区政府和教育部门应该根据自身的实际情况，优化区域内部教育资源，明确寄宿制

初中学校建设标准,包括经费投入标准、师资配备标准、学校布局标准、学校管理标准等,着实提高本地教育质量和水平,切实完善寄宿制初中学校标准化建设。另外,政府和教育督导部门应加强督导检查,每年定期开展特困地区寄宿制初中学校建设规划落实情况专项督导,充分发挥教育督导在特困地区寄宿制初中学校标准化建设中的作用,抓好标准化寄宿制初中学校的验收工作,继续推进标准化寄宿制初中学校建设,办社会认可、家长满意的寄宿制学校。

2. 强化学校管理,切实提高学校科学管理水平

当前,虽然国家对农村寄宿制学校的建设提供了较有力的支持,但在经济发展长期相对落后的边远、贫困地区,由于其经济基础和管理经验薄弱,寄宿制学校在管理方面出现各种各样的困难和问题。因此,在寄宿制学校标准化、规范化建设的过程中,特困地区寄宿制初中学校应把强化学校管理作为实施标准化建设的重要举措,坚持依法治校,努力提高学校科学管理水平。首先,注重文化熏陶,丰富学校文化生活,拓宽文化育人途径,从教室到校园和宿舍,努力创设适合特困地区寄宿制初中学生学习的生活环境。其次,重视心理健康教育,加强特困地区寄宿制初中学生心理健康监管和疏导,对已经出现心理障碍的学生,必须由心理学或相关心理咨询行业介入进行干预,做到"早发现、早治疗",不留健康隐患。第三,整合资源,强化食堂管理,改善学生营养状况。一方面,特困地区寄宿制初中学校既要充分利用地方教育投入改善学生的就餐条件,还要积极吸纳其他各方面的资源,比如地方群众的志愿帮扶、社会公益组织或爱心人士的捐助等方式筹措经费,改善学生的伙食状况;另一方面,学校要加强对食堂的检查和指导,加强食堂精细化管理,提高食堂服务质量,充分发挥网络监督和意见反馈功能,逐步探索食品安全监管新模式,保障学生安全。

（二）加大教育经费投入力度

1. 多渠道筹措教育资金

经费问题是学校发展和建设中最重要的问题，也是学校领导普遍认可的问题[①]。因此必须多渠道筹措教育资金。第一，特困地区寄宿制初中学校要积极争取国家和各级政府的支持，争取更多的财政转移支付专项资金用于完善特困地区寄宿制初中学校基础设施的建设；第二，国家要提高对特困地区寄宿制初中学校办学重要性的认识，不断提高国家财政投入水平和中央在经费投入中所占的比例。教育经费的投入需要严格按照办学成本的需求，根据地方政府财政预算划拨的比例，科学合理地制定各级政府所要分担的比例和相关职责[②]；第三，《中华人民共和国教育法》第五十条规定："国家要稳定教育经费来源，逐步加大对教育的投入。建立以财政拨款为主，其他多种渠道筹集教育资金为辅的教育投入体制。"[③]因此，政府要充分发挥主导作用，学校充分发挥主体作用，积极吸纳社会资金，动员社会力量办学。

2. 设立寄宿制学校专项资金

特困地区经济发展水平差，要远远落后于其他非贫困地区。因此，在加大教育经费投入的同时，国家要在特困地区设立寄宿制学校专项资金，规

[①] 叶敬忠、潘璐：《农村小学寄宿制问题及有关政策分析》，《中国教育学》2008年第5页。

[②] 刘芳：《义务教育阶段农村寄宿制学校学生管理问题研究》，河北大学教育学院2014年硕士学位论文，第31页。

[③] 《2003—2007教育振兴行动计划》，2004年2月10日，见http://www.moe.gov.cn/。

定要详细具体,每一笔资金的来源,各级政府投入多少,用于建设什么项目,都要明确责任分工,做到资金专项专用,确保特困地区寄宿制学校的顺利发展。另外,还必须加强对教育资金的监管,合理利用教育资金,做到"好钢用在刀刃上",提高教育资金的利用效率。可以建立政府、学校为主,全体人民共同监督,由上至下的督导制度,确保有效利用各种教育资源。

(三)加强学校规章制度建设

1. 完善学校岗位责任制

特困地区寄宿制学校人数众多、工作任务重、工作量大,老师一人身兼多职的情况十分普遍。因此,为了维持学校的有序状态,必须要明确相关管理人员的岗位职责,真正把责任落实到个人。责任主要包括领导岗位责任、教学岗位责任、门卫岗位责任、后勤岗位责任、财务岗位责任、德育工作岗位责任等,避免出现"有功互相争,有责互相推"的问题,保障学校高效、平稳运行。

2. 结合实际,建立完善学校制度

完善的学校管理制度是全校师生的行为规范,能对全校师生起到强制性和约束性的作用,是"治校之法"[1]。特困地区寄宿制管理制度应该从本地区和本校实际出发,以教育教学管理、学生常规安全管理、宿舍管理、餐饮管理和健康管理五个方面为重点,在坚持民主的前提下,结合特困地区贫困集中性、贫困程度深沉性和贫困成因复杂性的特征,制定一套适合

---

[1] 张瑛:《甘肃省民族地区农村寄宿制学校管理研究——基于甘肃省三个民族县的调查》,西北师范大学教育学院 2008 年硕士学位论文,第 35 页。

寄宿管理的制度。主要可以从以下内容入手：建立适合特困地区寄宿制初中学生特点的安全管理制度、食堂管理制度、课堂和课外管理制度、晚自习管理制度、后勤管理制度、宿舍管理制度、教师管理制度、校医院管理制度和心理咨询制度等。

（四）加强学校师资队伍和后勤队伍建设

1. 增加教师编制，健全教职工队伍

第一，针对特困地区寄宿制初中学校学生管理的需要和面临的问题，政府必须要增加教师编制名额，给区域内每一所寄宿制学校配备专职生活教师和心理辅导教师，不能由班主任或者其他课程教师兼任，做到专人专职专任，健全教职工队伍。第二，特困地区寄宿制初中学生基本上都来自山区偏远贫困地区，很多学生都是留守儿童，生活上基本处于一种不能自理或者半自理的状态，心理上缺乏父母的关怀，因此必须配备专职的生活教师和心理辅导教师帮助学生适应生活，解决心理困惑。

2. 增加后勤人员，完善学校人员配备

校门是学校学生安全的第一道屏障，学校必须聘用受过专业训练的心身健康人员担任门卫，并根据师生人数，配齐安保人员[①]，把好第一道关；宿舍是保证寄宿学生安全的最后一道屏障，学校在保证学生有专职生活教师的情况下，必须聘请一些工作认真负责、素质较高的公寓管理人员，严把最后一道关，保障学生安全。

校医院是保障学生生命安全的重要场所，但是通过调查发现，特困地

---

① 司文：《禁止学校聘退休人员当门卫》，《西安日报》2013年3月8日。

区寄宿制初中学校没有配备专职或者兼职的医护人员，学生看病都要外出就医，增加了安全隐患。因此，必须要设立校医院或诊所，配备专职或者兼职的医护人员，保证学生患病时能够得到及时救治。

初中寄宿学生正处在身体快速成长和发育的关键时期，必须要保证餐饮卫生健康，饮食搭配均衡，营养充足。学校食堂不管是外包还是自营都必须加强对食堂饭菜质量和工作人员的监管，聘用具有专业知识的、文化程度较高且健康的工作人员，定期对学校食堂进行卫生检查，对学校工作人员进行体检，保证学生饮食健康卫生。

3. 提高教师的整体素质和待遇

高素质的教师队伍是全面提高学校教育教学水平，促使学生全面发展的保障。首先，特困地区寄宿制初中学校要加强教师培训，提高教师的教育教学能力和综合素质，帮助和教育学生健康成长。其次，国家要积极出台优惠政策，吸引鼓励优秀教师和高层次人才到特困地区寄宿制初中学校任教，保障和提高寄宿制学校的办学质量。地方政府也可引导本地高水平的教师到教育水平较差的学校任教，促进区域内老师的交流学习。最后，提高特困地区寄宿制初中学校的教师待遇，保障教师的工资收入和福利待遇，改善教师的生活状况，减少教师流失。对通过国家政策鼓励、地方吸引来到特困地区寄宿制初中学校任教的各类高学历毕业生实行优惠政策，给予福利补贴，让他们能自愿留在农村教书育人。

（五）实施家校合作形成教育合力

1. 密切学校与家长之间的联系

特困地区寄宿制初中学校要积极主动保持与家长之间的联系。通过电话、微信、QQ、校讯通等现代化的通信手段，拓宽与家长之间的沟通渠道，保证能随时随地联系上家长，把学生在校的表现如实和家长进行沟通，尊重父母对子女教育的合理要求，尊重每个学生家长背景上的特殊性，对所获悉的家庭隐私严格保密，支持和协助家长维护其子女的个人权利，逐步密切家长和学校的联系，争取实现在学生的教育管理上不留空白，共同监督，促进学生的发展。

2. 创造条件让家长积极参与学校的教育

特困地区寄宿制初中学生虽然大部分时间都在学校，但家庭教育的重要性是不言而喻的。当前，随着社会和科技的发展，虽然部分家长能通过电话、微信、QQ等现代化的通信手段及时与老师或者班主任联系，关心学生在学校的动态，但是还有很多家长忙于工作，没有时间和老师进行沟通，因此学校必须创造条件，让家长主动参与到学校的教育中来。第一，学校可以通过定期举办家长会，让家长参与到学校的教育中来，及时了解自己孩子在学校中的表现，与老师就学生的特长和爱好进行交流，共同研究教育学生的有效途径；第二，学校要定期举办开放日，给社会和家长一个了解学校的机会，悉心听取社会和家长对学校的意见，及时解答社会和家长的疑惑，查缺补漏，及时完善；第三，领导或者教师要定期对学生进行有目的、有计划的家访，做好家庭访谈记录，了解学生在家庭中的表现，加强对学生各方面的了解，更好促进学生全面发展。

对于特困地区的教育来说，寄宿制初中学校的建设与管理是改革当地教育的一项重要举措，是党和政府合理优化配置农村教育资源，促进农村义务教育均衡和可持续发展的有效方式。事实也证明，在经济发展水平低，特别是自然资源和教育资源相对匮乏的地区，创办寄宿制学校有利于充分发挥集中办学的优势，提高特困地区教育质量和办学效益，加快教育发展的步伐。特困地区自然条件恶劣，交通条件差，经济发展水平落后，寄宿制学校是其重要的办学方式之一，但是，在特困地区寄宿制初中学校建设与管理的过程中，仍然存在着诸多问题，寄宿制初中学生管理问题便是其中的问题之一，亟须解决，而且随着教育的不断发展，还会面临众多新问题、新情况，需要我们广大教育工作者不断探索和总结。

专题四
张家口坝上地区农村小规模学校办学困境及对策研究

一、绪　言

(一) 研究缘起

1. 小规模学校成为农村地区的主要办学形式

近年来,随着社会发展、人们文化意识的提升、国家计划生育政策的落实,我国新增人口比之前少,导致学龄儿童大幅度减少,同时,城镇化不断演进,农村人口出现大规模外流,其子女也迁入城镇入学。

此外,《关于基础教育改革与发展的决定》中,率先提出对农村中小学重新进行布局调整,其中指出"因地制宜调整农村义务教育学校布局。按照小学就近入学、初中相对集中、优化教育资源配置的原则,合理规划和调整学校布局。农村小学和教学点要在方便学生就近入学的前提下适当合并,在交通不便的地区仍需保留必要的教学点,防止因布局调整造成学生辍学"[1],目的在于整合教育资源,提高办学效益。政策影响下农村中小

---
[1] 《关于规范农村义务教育学校布局调整的意见》(国办发〔2001〕48号),2012年9月7日,见http://www.gov.cn/zhengce/content/2012-09-07/content_5334.htm。

学大规模撤并，使得农村生源减少，学校规模缩减，越来越多的学校成为"小规模学校"。

2. 小规模学校存在的必要性

农村小规模学校虽然规模小却具有特殊的教育价值。小规模学校的存在解决了农村适龄儿童上学问题，有利于农村义务教育的发展。首先，小规模学校在教学方面独具优势，小规模学校在农村，贴近学生生活，有利于学生了解农村自然、农业、文化知识与经验；小学生数量少师生交往密切，有利于教师增加对学生的关注度，有利于针对差异性进行个性化教育。同时，小规模学校的存在方便学生、家长及教师之间的沟通与交流，有利于形成合力教育。

其次，在经济方面有其独特价值，农村小规模学校为解决农村地区学生就近入学、减少家庭教育经费等方面起着重要作用，尤其是不必占用家庭劳动力到城镇学校陪读，家长有更多的时间、精力从事生产劳动，增加了经济收入。此外，小规模学校有利于乡村文化的传承与发扬，学校的存在使得家长、村民在文化与教育的氛围中，得到自身素养的提升。最关键的是小规模学校有利于提高农村教育质量，有利于实现教育公平等。

3. 坝上地区农村小规模学校问题凸显

国家政策的调整给农村教育带来了一些实惠，但农村小规模学校也出现一系列问题，如农村辍学率回升、学生心理健康问题、增加家庭教育成本等。办学条件落后、管理松懈、教学方式落后、师资薄弱等多重困难阻碍农村小规模学校的发展。

坝上地区独特的自然环境及气候特征，对小规模学校办学又有着特殊的影响。坝上地区地域辽阔，人口稀少，最高海拔约2400米，沿坝多关口和山峰，冬季高寒且较长，供暖期一般从十月中旬至第二年四月底，全年平均气温只有 1—2 摄氏度，寒冷、多风、干旱是坝上最明显的特征。地广人稀，冬季寒冷的自然环境不仅对学校办学条件提出高要求，也使得学生上学路途中困难重重，因此学校管理、经费支出等需考虑其独特性。

本研究试图分析坝上小规模学校的办学困境，以唤起人们对小规模学校的关注，并尝试性地对未来农村小规模学校的发展提出自己的思考和建议，以期对未来坝上小规模学校的发展和义务教育发展提供一些帮助和参考。

（二）研究意义

1. 理论意义

在"撤点并校"大背景下，农村小规模学校处于"小而忧"的局面。然而，农村小规模学校的存在、发展，关系农村地区义务教育的整体质量和水平，关系教育公平的均衡发展。现有文献中对于农村小规模学校的研究，主要集中在教师队伍建设与学校布局等方面，区域主要集中在西南地区与华中、华南地区，探讨农村小规模学校整体办学困境的较少，没有关于坝上地区小规模学校的研究。本研究以坝上地区为研究样本，有助于丰富小规模学校研究领域，通过分析小规模学校办学的规律与特点，提出贫困地区义务教育办学的新思路，使研究体系更加丰富，同时有助于推进坝上地区城乡义务教育均衡发展。

2. 实践意义

本研究在宏观层面分析农村小规模学校存在的必然性及价值的基础上，以张家口市坝上地区学校为样本，从微观层面透视了当前坝上地区农村小规模学校的现实生存状况，客观分析办学的主要困境，并对办学困境进行深刻的反思与认识，找出原因并提出可行的对策，为坝上地区小规模学校的未来发展提供思路,为提高坝上地区基础教育发展起到一定的参考价值和借鉴意义。

(三) 概念界定

1. 坝上地区

"坝上"是地理名词,指由草原陡然升高,又因气候和植被的原因形成的草甸式草原[①]。坝上地区主要是指河北省向内蒙古高原过渡的地带,具体包括河北张家口市的张北县、康保县、尚义县、沽源县、察北管理区、塞北管理区及承德市的丰宁满族自治县、围场满族蒙古族自治县,内蒙古赤峰市的克什克腾旗、锡林郭勒盟的多伦县一部分。

本研究主要研究的坝上地区是隶属张家口市的张北县、尚义县、康保县、沽源县。

2. 农村小规模学校

国外学者主要从学校所处地理位置、在校生数量、教职工数量及教学形式等几个方面进行界定。学者兰伯特(Lambert)对美国的小规模学校进行了调查,指出,"尽管学校规模各不相同,但如果一所学校的每个年级只有两个或更少的班级,就称作小规模学校"[②]。学者麦卡伊(Mulchy)

[①] 吴璇欧、孟悌清、肖守库:《以新闻摄影方式报道草原旅游文化的新亮点——以坝上草原摄影报道为例》,《新闻知识》2017年第7期。

[②] Lambert, R., The Rural School and Community Trust is a national nonprofit organization ad-dressing the crucial Relationship between good schools and thriving communities, 2017-11-2, http://www.arise citizens.org/index.php?option =com_docman& task=doc_download&gid=112&ItemId=44.

对加拿大农村小规模学校的研究表明:"大多数小规模学校的学生人数小于100人,甚至很多学校只有10—20名学生。"[1] 学者劳伦斯(Laurence)和诺玛(Norma)通过对发展中国家小规模学校研究指出,"小规模学校普遍存在于偏远农村,如斯里兰卡全国有1250所学校的教师数量少于3人;越南有2162所小规模学校,很多校都是复式教学,这些学校地理位置偏僻,是教育系统内最容易被忽视的部分"[2]。马克伦德(Marklund)将瑞典农村小规模学校界定为"坐落在小型村落且入学人数小于50名,且学生年龄在6—13岁的小型学校"[3]。从以上研究可知,国外学者对农村小规模学校的界定虽然各抒己见,各自界定的数值存在差异,但学生人数少、位置偏远是小规模学校的共同特点。

而在我国,雷万鹏教授则认为,判断一所学校是否为小规模学校的标准就是学生数量是否达到100人,教学点、部分完全小学和不完全小学都属于小规模学校,小规模学校主要分布在经济落后、人口较少且交通不便的农村地区。我国在实施基础教育学校布局调整过程中,把在校生数量是否达到100人作为一个标准。因此,将100人作为判定学校是否是农村小规模学校的标准符合我国教育现状[4]。赵丹认为,农村小规模学校具有共同特点,即能适应我国农村地区,尤其是满足那些人口稀少、交通不便、居住分散的偏远农村地区的教育需求而设置的小规模

---

[1] Dennis M. M., Rural and Remote Schools: A reality in search of a policy, 2009-10-01, http://www.mun.ca/edge2009/displaypapers.php?id=74.

[2] Laurence W. Norma, G., Multi-grade Schools and Technology, 2010-01-06, http://www.ioe.ac.uk/multi grade/.

[3] Marklund, I., The school in the centre of the village, 2000-03-20, http://www.glesbygdsverket.se/Publikationer.asp.

[4] 雷万鹏、张雪艳:《论农村小规模学校的分类发展政策》,《教育研究与实验》2011年第6期。

学校①。范先佐教授等认为,乡村教学点是我国的小规模不完全学校,它们地处偏远、贫穷、人烟稀少、交通闭塞的乡村地区,采用复式教学法进行教学。②

综合国内外学者对"农村小规模学校"的界定,本研究将在校生数量在 100 人以下,分布在交通不便,人口密度小的农村地区的学校(包括教学点、不完全建制村小)认定为"农村小规模学校"。由于小规模学校主要分布在农村地区,因此本研究将"农村小规模学校"与"小规模学校"视为同一概念。

(四)理论基础

1. 公共产品理论

公共产品又被称为公共服务,最早是于 1651 年由霍布斯提到,当一种产品个人需要但必须通过政府提供时就被认为是公共产品③。后来美国经济学者保罗·萨缪尔森在 1954 年发表的《公共支出的纯理论》中提出,公共产品是一种相对私人产品而存在的,不管个体是否有购买行为,都能从中获益,且全体成员集体享用的集体消费品,社会所有成员可以同时享用该产品,而且不会因个人对该产品的消费而减少其他人对该产品的消费④。继

---

① 赵丹、范先佐:《国外农村小规模学校研究综述》,《外国教育研究》2012 年第 2 期。
② 范先佐、郭清扬、赵丹:《义务教育均衡发展与农村教学点的建设》,《教育研究》2011 年第 9 期。
③ [英] 托马斯·霍布斯:《利维坦》,商务印书馆 1985 年版,第 27 页。
④ [美] 保罗·萨缪尔森:《经济学》(第十四版),胡代光等译,北京经济学院出版社 1996 年版,第 24—33 页。

萨缪尔森后,以马斯格雷夫、布坎南为代表的学者提出了现代公共产品理论。我国规定义务教育具有强制性、免费性、基础性等基本特征,强制性是其最显著的特点,法律规定适龄儿童必须接受义务教育;免费性体现了它的公益性,国家为义务教育发展提供经费保障;基础性是指义务教育是国民教育体系的基础,是提高全民素质的基础,义务教育具有强烈的公共产品特征,因此义务教育属于公共产品类型,且本研究中小规模学校均属于义务教育阶段学校。

2. 教育公平理论

教育公平是社会公平价值在教育领域的延伸和体现,也是社会公平的重要基础。教育公平的观念源远流长,孔子的"有教无类"主张是最早的教育公平观念,教育公平已经是各国在制定教育制度、教育法律法规及教育政策的基本前提,国内外许多学者对教育公平问题做了大量的理论与实践研究。

瞿葆奎教授认为,教育公平是公民能够自由平等地分享当时、当地公共教育资源的状态,主要包括教育机会、过程、质量均公平。教育公平是教育的社会理想和教育政策的追求目标,它真正的实现必须是教育普及和质量提高的统一[①]。褚宏启教授提出,从实现教育公平的过程来看,要体现平等、差异、补偿原则。平等原则是指享有平等的受教育权利与机会,主要强调起点与过程的平等。差异原则指根据每个受教育者的兴趣、性格、能力不同来分配教育资源,以满足每个个体个性发展的需求。补偿原则是指关注社会经济地位的差距,对部分在社会经济地位

---

① 瞿葆奎、郑金洲:《中国教育研究新进展》(2001),华中师范大学出版社2003年版,第61—63页。

处境不利的受教育者给予教育资源配置上的补偿。[①] 农村小规模学校的存在保证了偏远地区的学龄儿童入学,实现了教育起点公平,但未来小规模学校的发展更要努力推动教育过程与教育结果的公平,进而实现真正的教育公平。

(五) 研究内容与方法

1. 研究内容

首先,选取张家口市坝上地区张北县、尚义县、康保县、沽源县的四所小规模学校进行调查,初步了解样本农村小规模学校的发展状况,为开展研究做好准备;其次,查阅和分析国内外小规模学校的研究资料,初步归纳总结当前研究成果;再次,选取样本学校进行实地调查,通过访谈、问卷调查等方法获取坝上地区农村小规模学校发展现状的基本资料,主要包括办学条件、学生规模、师资力量、教学管理等相关情况;最后,对获取的资料进行分析,剖析其中存在的问题,考究其深层次的原因,最终试图提出一些值得参考的可行对策。

2. 研究方法

(1) 文献研究法

借助网络资源、校图书馆资源、资料室图书和期刊等资源,进行相关文献和书籍检索与阅读,做到尽量全面地掌握与论文写作有关的资料,并在阅读的过程中对相关资料进行分析与整理,为论文写作打下坚实的

[①] 褚宏启、杨海燕:《教育公平的原则及其政策含义》,《教育研究》2008年第1期。

理论基础。

(2) 访谈调查法

运用访谈法，对农村小规模学校的利益相关者进行深度访谈，访谈对象主要包括地区教育主管部门领导、小规模学校领导、学生、家长及教师等。

(3) 问卷调查法

选取坝上四所小规模学校发放问卷，问卷分为教师卷与学生卷，通过学生、教师填写的答案了解相关情况，并对搜集到的信息整理分析，为本论文写作提供有力的事实支撑。

(4) 比较研究法

在整理国内外农村小规模学校的研究基础上，为坝上地区小规模学校的发展提供可以借鉴的对策。对比发达地区学校的办学状况，为优化坝上地区农村小规模学校办学提供参考对策。

(六) 研究难点与创新点

1. 研究难点

第一，本研究以张北县、康保县、沽源县、尚义县为研究样本，涉及样本学校较多，调查访谈涉及面广、内容复杂，后期进行整理分析比较困难。第二，目前学者针对坝上这一特殊区域的教育现状研究几乎为零，几乎没有可以借鉴的成果，这也是写作的困难之一。第三，坝上地区特殊的不仅有其地广人稀的地貌特征，还有冬季独特的寒冷气候，本研究在分析原因、提出解决对策时都需将其独特性考虑在内。第四，本研究不仅要分析坝上地区小规模学校办学困境，提出可行的对策，同时还要关注教育资源均衡分配，促进农村学生成长发展。

2. 研究创新点

坝上地区农村小规模学校作为农村义务教育的重要组成部分,其生存和发展状况关系到基础教育质量的提升,关系到坝上地区城乡义务教育的均衡发展。首先,针对坝上地区这一特殊区域,以该地区农村小规模学校为样本,展开调查分析,提出可行的解决对策,补充丰富坝上区域教育现状的研究空缺。其次,本研究在调查分析时不仅关注办学条件、师资力量等,也注重小规模学校的教育功能。

二、坝上地区小规模学校办学现状调查

张家口位于河北省西北部,是河北省地级市,有"塞外山城"之称,是连接京津、沟通晋蒙的重要交通枢纽。其东邻河北承德市,南靠河北保定市,东南与首都北京毗连,西与山西省接壤,北与内蒙古自治区交界,介于东经113°50′—116°30′,北纬39°30′—42°10′之间。总面积36808.5平方千米,市辖6个区,10个县,全市常住总人口465.5万人。西北高、东南低的地势特点,将张家口市划分为坝上、坝下两大区域。其气候特点是冬季寒冷漫长,春季干燥多风沙,夏季凉爽短促,秋季短暂不明显。

自1985年国家扶贫开发领导工作小组设立国家级贫困县以来,张家口坝上四县就一直被列为国家级贫困县。该地区地貌复杂,地域广阔,地势高亢;总面积为2066.22万亩,占张家口市总面积的37.4%。但海拔高,气候干旱寒冷,常年大风等,年均气温为–0.3℃—3.5℃。总人口为108万,仅占张家口市总人口的23%;坝上四县人均生产总

值仅为 2.46 万元 / 人，低于张家口市全市平均水平 3.08 万元 / 人①，更远远落后于 2016 年全国人均国内生产总值 5.40 万元 / 人，占地面积与人口数量、经济发展水平极其不协调。地广人稀的区域特征、恶劣的自然环境和落后的经济发展水平也是造成坝上地区义务教育办学落后的重要因素。

（一）调查概述

1. 调查对象的选择

为了使调查对象更具有代表性，本研究选取张家口坝上地区张北县、康保县、沽源县、尚义县各一所农村小规模学校进行实地调查。四县基本情况如表 2-4-1 所示，实地调查时发现，"撤点并校"之初，由于坝上地区人口基数少，农村规模小，村小学、教学点被全部撤并，小学生全部集中到乡镇中心校，随着城镇化发展，农村中心校规模开始急剧缩小，生源大幅减少，在校生数量均少于一百人，符合小规模学校概念。本研究调查四所学校分别是张北县海流图中心小学、康保县照阳河镇中心小学、沽源县高山堡乡寄宿制学校、尚义县石井乡中心小学（下文分别用 A、B、C、D 指代）。

表 2-4-1　张家口市坝上四县基本状况统计

地区	面积（单位：万亩）	常住人口数（单位：万人）	全年平均气温（单位：℃）	月平均降水量（单位：mm）	人均生产值（单位：元）	样本学校
张北县	632.83	30.33	4.5	28.23	30128	海流图中心小学

---

① 《张家口经济年鉴 2017》，中国统计出版社 2017 年版。

(续表)

地区	面积（单位：万亩）	常住人口数（单位：万人）	全年平均气温（单位：℃）	月平均降水量（单位：mm）	人均生产总值（单位：元）	样本学校
康保县	504.85	20.25	3.3	30.29	21316	照阳河镇中心小学
沽源县	538.39	17.14	3.5	30.91	25544	高山堡乡寄宿制学校
尚义县	390.15	15.68	4.3	29.86	21673	石井乡中心小学

数据来源：《张家口经济年鉴2017》。

2. 问卷与提纲的编制

本研究所用访谈提纲主要依据2017年《中国教育统计年鉴》初等教育（小学）中各项统计数据的指标，与2018年国务院办公厅颁布的《国务院办公厅关于全面加强乡村小规模学校和乡镇寄宿制学校建设的指导意见》（国办发〔2018〕27号）等国家级相关教育文件，参照《河北省义务教育学校办学基本标准（试行）》（冀教基〔2011〕32号）等地方性文件，结合张家口坝上地区实际情况，最终编制《张家口坝上四县农村小规模学校办学困境校长访谈提纲》。该访谈提纲主要包含两方面内容：第一部分是小规模学校的基本状况，涉及学校规模、师资力量、办学条件、教学管理等内容；第二部分是校长个人观点，主要是基于学校规模缩小后，学校自身的变化及采取的相应措施。

为了获取更多研究数据，更清晰地了解教师与学生的基本状况与建议，课题组又补充设计了"张家口坝上四县农村小规模学校办学困境"教师问卷与学生问卷。问卷主要依据论文写作需要，又结合参考各学者研究成果，如学者张亚楠《撤点并校背景下民族地区小规模学校发展研究》、吴欣娟《新型城镇化背景下农村小规模学校撤点并校的问题与对策研究》和潘斌诚《农村义务教育学校撤点并校问题研究》等文章内容编制而成。

3. 调查过程

前期制定好访谈提纲，在各县教育局工作人员的帮助下确定四所样本学校，于2018年9月到学校进行实地考察并与各校校长进行面对面访谈。访谈共进行四次，每次约一小时，记录的同时也将访谈内容进行录音，方便后期整理完善信息。在报告写作过程中，课题组发现有许多细节了解不够全面，又扩展了研究范围，于2018年11月中旬第二次到四所小规模学校调研，特别是在A校进行了一天的实地考察，与学生一起学习、玩耍、就餐，与教师一同备课、上课、批改作业，深入了解小规模学校的办学情况。

在进行实地考察与访谈的同时，课题组制定了关于"张家口坝上四县农村小规模学校办学困境"的教师问卷与学生问卷，由四所小规模学校的教师与学生填写。由于小规模学校的许多教师长期不在学校，因此教师问卷通过链接发送到各样本学校教师群填写，学生问卷由本人和班主任教师担任主测人员，在校完成。由于各小规模学校教师与学生数量有限，因此问卷样本总量较少，仅作为访谈的补充。施测完成后，对网络问卷与纸质问卷进行整理和数据分析。

表2-4-2　2018年四所小规模学校师生问卷调查总体情况

(单位：人)

学校	教师 人数	教师 有效问卷	学生 人数	学生 有效问卷
A	24	23	38	32
B	26	21	32	29
C	30	25	66	62
D	14	14	40	37

四所样本学校专任教师实际人数为 94 人,由于部分老教师使用手机微信不熟练,未能填写,因此有效问卷 83 份,回收率 88.3%;在校学生实际人数为 176 人,各校均有部分一年级刚入学学生和智力缺陷学生,问卷填写不完整,按照无效问卷处理,有效问卷 160 份,回收率为 90.9%。

(二)样本小规模学校的办学现状调查结果分析

本调查研究涉及小规模学校办学规模、师资力量、办学条件和教学管理四个部分内容。具体情况如下:

1. 办学规模

(1) 班级数量

表 2-4-3　2018 年四所小规模学校班级数量

(单位:个)

学校	一年级	二年级	三年级	四年级	五年级	六年级	总计
A	1	1	1	1	1	1	6
B	1	1	1	1	1	1	6
C	1	1	1	1	1	1	6
D	1	1	1	1	1	1	6

如表 2-4-3,2018 年 A、B、C、D 四所小规模学校均是完全小学,但一至六年级均只有一个班,每所学校共计 6 个班。

(2) 班级规模

表 2-4-4　2018 年四所小规模学校班级规模

（单位：人）

学校	一年级	二年级	三年级	四年级	五年级	六年级	总计
A	4	4	6	9	8	7	38
B	4	1	3	7	5	12	32
C	6	5	12	15	12	16	66
D	6	4	3	11	9	7	40

如表 2-4-4，2018 年 A、B、C、D 四所学校每班级人数均少于 20 人，多数班级人数是 10 人以下，B 校二年级学生新学期有部分学生转入外校，目前仅剩一名。且低年级人数都少于中、高年级在校生数量，表明生源在逐年减少。

表 2-4-5　2003 年四所小规模学校在校生数量

（单位：人）

学校	一年级	二年级	三年级	四年级	五年级	六年级	总计
A	55	58	66	103	98	109	489
B	36	33	31	74	81	87	342
C	30	35	36	42	46	50	239
D	23	31	37	67	75	78	311

为了更清晰了解 A、B、C、D 四所学校生源变化情况，访谈中询问了样本学校十五年前在校生数量情况，四位校长查阅学校原始资料帮助完成数据统计。如表 2-4-5，2003 年四所学校在校生数量均超过 100 人，最高的 A 校接近 500 人，每个年级的班级数量也能达到 1—3 个。

2. 师资力量

(1) 教职工人数

表 2-4-6　2018 年四所小规模学校教职工人数与专任教师人数

（单位：人，%）

学校	教职工人数	专任教师人数	占比
A	26	24	92.3
B	30	26	86.7
C	32	30	93.8
D	31	14	45.2

如表 2-4-6，2018 年 A、B、C、D 四所学校教职工数量比较充足，只有 D 校专任教师仅占 45.2%，其余三所学校专任教师所占比例都较高。

（2）生师比与班师比

表 2-4-7　2018 年四所小规模学校生师比与班师比

学校	生师比	班师比
A	1.46∶1	1∶4.33
B	1.06∶1	1∶5.00
C	2.06∶1	1∶5.33
D	1.29∶1	1∶5.17

生师比越小，反映教师平均工作量越小，教学压力越小，但从效率角度来看，生师比太小，容易造成教师资源浪费，因此，生师比应控制在合理范围。《关于统一城乡中小学教职工编制标准的通知》规定："各县镇、农村中小学教职工编制标准将统一到城市标准，即教职工与学生比小学为 1∶19。"[1] 班师比能反映每班可配备的教师数量，班师比越小，每班可配备的教师人数则越多，教师平均工作量越少。如表 2-4-7，四所小规模学校生师比均远低于标准，有的学校教职工数量甚至与学生人数相近，教师

---

[1] 《关于统一城乡中小学教职工编制标准的通知》（中央编办发〔2014〕72 号），2014 年 11 月 13 日，见 http://old.moe.gov.cn/publicfiles/business/htmlfiles/moe/s8471/201412/181014.html。

资源浪费。从班师比可见，每个班配备教师数量多，导致资源过剩。

（3）教师性别结构

表 2-4-8 2018 年四所小规模学校教师性别结构

（单位：人，%）

学校	男教师 人数	男教师 占比	女教师 人数	女教师 占比
A	19	73.1	7	26.9
B	14	46.7	16	53.3
C	22	68.8	10	31.3
D	18	58.1	13	41.9

如表 2-4-8，2018 年四所小规模学校均以男教师为主，仅 B 校男女教师数量较均衡，其中 A 校女教师占比不足 30%。

（4）教师年龄结构

表 2-4-9 2018 年四所小规模学校教师年龄结构

（单位：人，%）

学校	30岁以下 人数	30岁以下 占比	30—40岁 人数	30—40岁 占比	40—50岁 人数	40—50岁 占比	50岁以上 人数	50岁以上 占比
A	4	15.4	0	*	3	11.5	19	73.1
B	5	16.7	3	10.0	1	3.30	21	70.0
C	3	9.40	9	28.1	5	15.6	15	46.9
D	8	25.8	2	6.50	2	6.50	19	61.3

注："*"表示没有相关的项目和数据。

如表 2-4-9，2018 年四所小规模学校教师年龄主要集中在 50 岁以上，老教师数量较多。此外，只有 C 校中年教师数量较充足，其余三校中年教师严重缺乏。

（5）教师身份结构

表 2-4-10　2018 年四所小规模学校教师身份结构

（单位：人，%）

学校	一直是公办教师 人数	占比	民转公 人数	占比	特岗、支教教师 人数	占比	代课教师 人数	占比
A	5	19.2	18	69.2	3	11.5	0	*
B	12	40.0	14	46.7	4	13.3	0	*
C	10	31.3	16	50.0	6	18.8	0	*
D	8	25.8	17	54.8	6	19.4	0	*

注："*"表示没有相关的项目和数据。

如表 2-4-10，2018 年 A、B、C、D 四所小规模学校教师主要来源于民转公，"撤点并校"将村小撤并到中心校，村小的民转公教师都随之到中心校任教，民转公教师不仅学历程度较低，同时年龄也较大，工作上力不从心。随着国家对农村教师队伍的关注与建设，越来越多的特岗教师加入小规模学校，为农村教师队伍建设注入了新活力。

（6）教师学历结构

表 2-4-11　2018 年四所小规模学校教师原始学历结构

（单位：人，%）

学校	高中及以下 人数	占比	中师 人数	占比	专科 人数	占比	本科 人数	占比
A	13	50.0	6	23.1	4	15.4	3	11.5
B	13	43.3	12	40.0	4	13.3	1	3.30
C	6	18.8	11	34.4	10	31.3	5	15.6
D	11	35.5	10	32.3	6	19.4	4	12.9

通过校长访谈获得表中教师原始学历结构统计结果，如表 2-4-11，2018 年 A、B、C、D 四所小规模学校教师原始学历较低，普遍是高中及以下与中师学历、本科学历教师占比较少，且本科学历教师主要是近几年新入职的特岗教师，流动性较大。

(7) 教师专业结构

表 2-4-12　2018 年四所小规模学校教师专业结构

（单位：人）

学校	中文及其他文科专业	数学及其他理科专业	外语	音乐	美术	体育	计算机	非师范类
A	10	7	1	1	0	0	1	3
B	11	6	1	0	0	0	0	3
C	7	8	3	1	0	0	1	5
D	5	2	1	0	1	1	0	4

关于教师专业情况，访谈中各位校长了解不详细，因此在教师问卷中增设此问题，数据回收依靠问卷结果统计。如表 2-4-12，小规模学校教师专业主要集中在语文、数学科目，外语及音乐、体育、美术、计算机专业教师数量较少，有的教师甚至是非师范类专业，虽后期考取了教师资格证书，但没有接受过专业系统的教育学、心理学培训学习。

3. 办学条件

（1）面积

表 2-4-13　2018 年四所小规模学校面积情况统计

（单位：平方米）

学校	占地面积	建筑面积	教学及辅助用房面积	生活用房面积
A	16850	1750	500	320
B	13500	1400	350	300
C	20000	1200	600	400
D	6000	1800	464	270

结合表 2-4-4 与表 2-4-13 可知，2018 年 A 校生均教学及辅助用房面积为 13.16 平方米，B 校为 10.94 平方米，C 校为 9.09 平方米，D 校为 11.60 平方米，远超《河北省义务教育办学标准》，主要原因是近几年生源

流失严重，生均占地面积过大。

（2）宿舍

表 2-4-14　2018 年四所小规模学校寄宿生宿舍情况统计

学校	宿舍间数	每间面积	每间平均学生人数	生均住宿面积（单位：平方米）
A	4	20	10	2.00
B	4	20	8	2.50
C	6	20	11	1.82
D	7	15	6	2.50

如表 2-4-14，2011 年，教育部、卫生部颁布《农村寄宿制学校生活卫生设施建设与管理规范》要求"人均居室使用面积不宜小于 3 平方米"[①]，寄宿学校需要配有相应的浴室与洗漱间，但调查中四所小规模学校生均住宿面积均未达标，学校也没有配备浴室与洗漱间。《农村普通中小学建设标准》规定：开水房也是生活用房之一，对于寄宿制学生来说更是至关重要，调查中了解到四所小规模学校均设有开水房，但 A、B、C 三所学校开水均有供应时间限制，只有 D 校能保证 24 小时供应。热水供应不足，也影响了学生卫生状况。

（3）餐厅

表 2-4-15　2018 年四所小规模学校餐厅情况统计

学校	餐厅面积（单位：平方米）	就餐学生人数	生均占用面积（单位：平方米）
A	90	38	2.37
B	50	32	1.56
C	110	66	1.67
D	30	40	0.75

---

① 《关于印发农村寄宿制学校生活卫生设施建设与管理规范》（教技艺〔2011〕5 号），2011 年 8 月 16 日，见 http://www.moe.gov.cn/srcsite/A17/moe_943/moe_948/201108/6_124983.html。

根据《河北省义务教育学校办学标准》，寄宿制学校学生食堂生均建筑面积不低于 2 平方米，如表 2-4-15 所示，除 A 校外，其余三所学校均未达标。

(4) 图书拥有量与计算机拥有量

表 2-4-16 2018 年四所小规模学校图书拥有量与计算机拥有量

	图书拥有量（单位：册）	计算机拥有量（单位：台）
A	20000	60
B	2000	32
C	2000	30
D	1000	14

按照教育部要求，中小学校需配备必要的图书资料。馆（室）藏图书，小学生均不低于 25 册，图书应当按照规定及时剔旧、更新，一般每年新增图书比例要不少于藏书标准的 1%。[①] 如表 2-4-16，四所小规模学校藏书数量均达标，且较为丰富。

为满足信息技术教育课程与其他学科教学，《河北省义务教育办学基本标准》要求要保证教学时单人单机，生机比至少应达到 10∶1。如表 2-4-16，随着小规模学校生源减少，生机比均能达标，能保证教学时单人单机，甚至有空闲电脑无人使用。

(5) 办学条件达标情况

表 2-4-17 2018 年四所小规模学校总体办学条件及学校达标率情况

（单位：%）

学校	体育器材设备	音乐器材配备	美术器材配备	有校医院（卫生室）	有专职校医	有专职保健人员
A	100%	95%	100%	0	0	0

---

① 《关于印发中小学图书馆（室）规程（修订）的通知》，2003 年 3 月 25 日，http://old.moe.gov.cn/publicfiles/business/htmlfiles/moe/moe_35/201006/xxgk_88596.html。

(续表)

学校	体育器材设备	音乐器材配备	美术器材配备	有校医院（卫生室）	有专职校医	有专职保健人员
B	90%	90%	90%	0	0	0
C	100%	90%	90%	0	0	0
D	85%	75%	75%	0	0	0

小规模学校器材达标率由四位校长根据经验估算提供，不是精确计算数据。如表2-4-17，四所学校音乐、体育、美术器材较为充足，均能超过河北省小学音乐、体育、美术器材达标率平均水平。但作为封闭式寄宿制学校，四所学校均忽视了医疗卫生设施条件的建设。

4. 教学管理

（1）开设课程

根据2001年教育部关于印发《义务教育课程设置实验方案》的通知，义务教育阶段要均衡设置课程，各门课程比例适当。

表2-4-18　2018年四所小规模学校每周开设课程调查情况

(单位：课时)

学校	语文	数学	英语	科学	品社	体育	音乐	美术	信息技术	综合实践	校本课程
A	11	11	4	1	3	2	1	1	1	1	2
B	9	9	3	0	2	1	1/0	1/0	1	1	1
C	12	10	3	1	2	1	1	1	1	2	0
D	10	10	4	1	2	2	1	1	1	1	1

注："1/0"表示每隔一周上一次。

调研时拍摄了四所学校办公室五年级课程表统计得出表2-4-18，从办公室课表可见，四所学校课程设置基本满足标准，但访谈中四所学校学生均反映实际上课不能按照课表进行。

(2) 教学方式

表 2-4-19　2018 年四所小规模学校教学方式调查情况

(单位：%)

学校	十分单一 不想听	比较乏味 勉强接受	还好 能接受	丰富多样 十分喜欢
A	21.9	43.7	28.1	6.30
B	27.6	51.7	17.3	3.40
C	25.8	38.7	27.4	8.10
D	10.8	48.6	35.2	5.40

如表 2-4-19，根据学生问卷回收结果统计认为，觉得教师教学方式单一、不想听课的学生与觉得比较乏味、勉强接受的学生比例均超过 50%，B 校的这一比例甚至近 80%，表明农村小规模学校教师教学方式落后，无法激发学生学习兴趣。

(3) 活动开展

表 2-4-20　2018 年四所小规模学校每学年活动开展情况

(单位：次)

学校	文体活动	少先队活动	社会实践活动	考试评比
A	2	0	0	2
B	1	0	0	2
C	3—4	0	0	4
D	3—4	1	0	4

如表 2-4-20，访谈中关于学校活动开展情况进行调查，四所学校均未开展过社会实践活动，主要原因是经费紧缺与害怕出现安全事故；仅有 D 校每年开展一次少先队活动，其余三所学校均不开展；文体活动每所学校均能开展，次数多少不一致。考试评比有的学校参加全县的期中、期末评比，有的学校只参加期末评比。

(4) 教师管理

教师制定教学计划反映教师的自主专业提升意识，反映教师对教育教学工作的态度。

表 2-4-21　2018 年四所小规模学校教师教学专业能力

（单位：人）

学校	制定教学计划	按时完成教学任务	反思教学效果
A	20	16	5
B	19	15	7
C	24	21	9
D	14	11	7

如表 2-4-21，四所学校教师多数能做到主动制定教学计划，但能按时完成教学任务的教师数量却很少。教学反思是教师对教学效果的重新认识与思考，能够总结教学过程中的成功经验与失败教训，提升教学水平，而能进行教学反思的教师更是少之又少。

(5) 家校合作

表 2-4-22　2018 年四所小规模学校每学期教师与家长沟通情况

（单位：人）

学校	几乎不沟通	学生犯错误或发生其他状况时	经常见面沟通	经常微信、电话沟通
A	21	2	0	0
B	16	4	0	1
C	13	6	4	2
D	12	2	0	0

家庭教育乃教育之本，只有家庭与学校紧密联系，合力教育才能促进学生健康成长。如表 2-4-22，四所学校均忽视与家长的沟通联系，A、B、C、D 四所小规模学校教师反映几乎不与家长联系，学校很少组织能让家长与教师沟通交流的活动。

(6) 心理辅导

表 2-4-23 2018 年四所小规模学校教师心理辅导频率

(单位：%)

学校	经常	有时，发现学生异常时	很少	没有
A	21.8	60.9	13.0	4.3
B	19.0	57.1	9.5	14.4
C	36.0	40.0	4.0	20.0
D	71.4	21.4	7.2	*

注："*"表示没有相关的项目和数据。

如表 2-4-23，四所学校均未安排专门的心理辅导课程与活动，只有 D 校教师能够经常对学生进行心理辅导，A 校与 B 校只有在发现学生异常时才会进行心理辅导，C 校 20% 的教师甚至没有对学生进行过心理辅导。

通过对四所样本小规模学校办学现状的数据分析得知：随着国家越来越重视农村基础教育，从总体上看坝上地区小规模学校的办学条件、硬件设施有所改善，学校建筑面积符合要求，相应配备了学生宿舍、餐厅等设施建筑；图书、计算机及教学设备器材等均有所增加。但小规模学校的发展只重视数量的增加，忽视质量的提升，其中仍然存在诸多问题。首先，生源大幅减少，学校规模缩减，导致部分教育资源闲置浪费；其次，教师队伍结构失衡，力量薄弱，学校课程开设不齐，教学活动缺乏，教师管理疏忽；此外，小规模学校办学条件仍待完善，宿舍拥挤、食堂简陋、医疗条件空白等问题显著。

三、张家口坝上地区小规模学校办学困境分析

在前述对坝上四所小规模学校办学现状数据分析基础上，本章分四方

面从学生规模、师资力量、办学条件和教学管理来分析小规模学校的办学困境，具体表现在生源数量减少、师资力量薄弱、办学条件依旧落后、教学管理松懈、教学质量有待提高等。

（一）学生数量锐减 特殊学生集中

1. 生源数量减少

坝上地区本就人口数量少，义务教育阶段学生数量少，自 2001 年颁布《关于基础教育改革与发展的决定》以来，原来的村小、教学点均被撤并，学生集中到乡镇中心校。最初并校后，中心校学生人数剧增，达到学校办学鼎盛时期，但近年来由于经济发展落后，越来越多的村民外出打工带走了大部分生源，其次是当地教育落后，家庭条件较好的家长选择将孩子送到县城教学质量相对较好的学校，中心校一度沦为不足百人的小规模学校。

访谈中 D 校校长说道："学校改为寄宿制后，很多家长当时不同意，来学校反映过情况，觉得孩子小不想住校，但学校要统一按照政策执行，不得随意更改。学校改为封闭式寄宿制管理后，有的家长索性把孩子送到县城的小学了，条件好点的家长在县城学校周边租房陪读，也有把孩子送到县城私立的寄宿学校，他们觉得虽然都是住宿，但县城学校条件更好，住的楼房暖和，吃的饭菜丰盛，教学质量也比农村好。"（访谈记录 1）访谈中了解到四所学校情况都类似，生源越来越少。

2. 服务半径过大

张家口坝上地区本就与其他平原地区不同，地广人稀，村落分散且学校数量少，国家"撤点并校"政策颁布后，当地教育行政部门不考虑实际状况，一味撤并村小学、教学点，把学生全部集中到中心校就读，导致学生上学路程变远，访谈中调查了四所样本学校生源辐射范围，四所样本学校情况类似，均是服务村落多，服务人口数量多，学生上学路程远，调查结果如表2-4-24所示。

表2-4-24　2018年四所小规模学校生源辐射范围

学校	服务村落 （单位：个）	最近距离 （单位：千米）	最远距离 （单位：千米）	服务人口数量 （单位：人）
A	56	1.0	19	20500
B	20	1.5	21	14000
C	18	1.0	20	10200
D	42	2.0	16	12448

路程变远后，学生上学耗时多，不得不早出晚归，调查中四所学校学生认为上学途中路途远，消耗时间久的占35.3%；认为冬天太冷，上学路上困难重重的占28.7%；觉得早出晚归，有时天还没亮，有时天黑得早，自己感觉害怕的占22.2%；考虑安全问题的占13.8%；尤其是一些低龄儿童上学途中所遇困难更为明显。由于学校离家过远，开始撤并后虽有部分学校走读，后来考虑每天路上的时间耗费、经济成本与安全问题，四所小规模学校逐步全变为寄宿制学校。学生周一上午返校周五下午回家，往返学校的交通方式如图2-4-1所示。

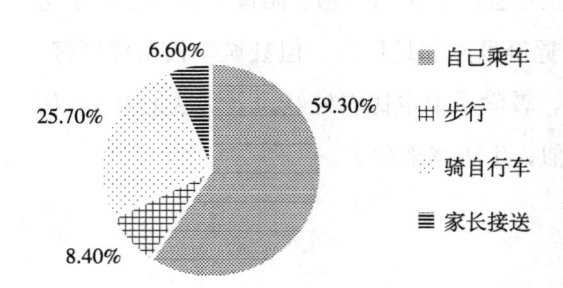

图2-4-1　2018年四所小规模学校学生上学交通方式占比情况

通过图2-4-1可发现，四所样本学校乘坐公共汽车的学生人数较多，走访中得知，学生乘坐的均是每天往返县城与村落的客运汽车，早上从村子发车，下午从县城返回。按照距离学校的远近每次收费五元到十元。按此计算，每学期乘坐汽车生均交通花费 200—400 元，额外增加了家庭教育成本。此外，由于家校距离过远，四所样本学校学生在上学途中花费时间较多。笔者恰逢周一上午到 A 校进行调查，到校时不到 8 点，学校大门紧闭，传达室老师开门后得知，学校周一上课时间是 9∶30，目前在校的只有几个离家较远的老师住在学校的周转房。访谈中与 A 校校长谈到作息时间，校长说，"老师学生离家都比较远，尤其是学生来的时候路上最多的需要花费一个半小时，天气冷了，太早天也没亮，怕天黑着，有的学生路上赶时间骑自行车不安全，学校只好把上课时间往后推了"。（访谈记录 2）调查中了解到，四所学校均有此情况，周一到校时间均较晚。

3. 特殊群体占比大

随着城镇化建设与发展，越来越多的农村劳动力涌入城镇，使得农村地区产生了大量留守儿童，访谈中四所样本学校校长估计在校生中留守儿童数量分别占到 75%、80%、50%、70%。访谈中 B 校校长说道："孩子的父母都外出打工挣钱了，周末回去都是和爷爷奶奶、姥姥姥爷住着，临时监护人文化程度低，忙于做农务也不管孩子的学习，原来老师们周末会布置作业，但学生回家也完成不了，现在老师们周末索性也不再布置作业了。"（访谈记录 3）隔代教育仅仅承担了对孩子的看护作用，把教育难题完全抛给学校。

走访时发现，在各小规模学校不仅留守儿童数量多，且学校均有少数残疾与智障儿童，A 校一年级班主任 Z 老师是一位 2018 年 9 月刚入职的年轻女特岗教师，笔者在教师周转房与其他教师了解学校情况时，她气冲冲地回来，同宿舍的教师询问情况，Z 老师说："早上学生返校，这么冷的天气班上一位学生穿着单裤，棉裤装在书包里，同村高年级学生说她和婶婶一起生活，智力有问题，婶婶也不喜欢她，很少管她。我让她回宿舍穿上棉裤，结果她根本不会穿衣服，我还得给她穿衣服（无奈的表情），智力有问题生活都自理不了，还送来学校。"（访谈记录4）另外，Z老师表示，班里四名学生中，相似情况的学生有两个，另外一个学生情况稍好，生活可以自理但是学习有困难。由于农村没有特殊教育学校，只能把所有适龄学生编入一个教学班，严重影响了正常的教学进度。

（二）教师结构失衡，工作量大，流失严重

百年大计，教育为本；教育大计，教师为本。师资队伍是提高教学质量的关键因素，优秀的教师团队是促进乡村小规模学校发展的基础。近年来，国家重视乡村教师队伍建设，河北省也颁布了一系列政策，采取一系列措施促进乡村教师队伍建设，虽然乡村教师队伍建设取得了成效，但在师资结构等方面仍存在问题，尤其在乡村小规模学校更为显著。主要表现为：

1. 教师性别、年龄结构失衡

合理的教师性别结构不但能促进教师队伍更好地发挥整体作用，而且有利于满足学生自身成长的发展需求。女教师的温柔与细心能够给予学生更多细致的关怀与呵护，男教师的勇敢与坚强有利于培养男生坚毅的品质。基于小学阶段学生自理能力差、依赖性比较强的特点，且四所样本学校均为寄宿制学校，因此女教师数量应该多于男教师。然而在调研中，四所小规模学校只有B校女教师比男教师多两名，其余各校女教师数量均远少于男教师，男女教师性别比例有的高达2∶1，女教师缺乏的情况不利于为寄宿学生生活、学习提供帮助，也不利于学校教学管理。访谈中几位校长都提到想要多分配下来几名女教师，C校校长谈道："我们学校男老师太多了，有时候几个男老师晚饭聚在一起喝点儿酒，老师们吃完饭会出去溜达，经常碰见附近村民，虽说喝的不多但都是一身酒气，影响不太

好,说过几次也没起什么作用,男老师多不仅平时管理难度大,完成教学任务也不如女老师认真。"(访谈记录 5)调研时部分学生也反映,出现问题时更愿意和女教师交流,他们觉得女老师更温柔、更有亲和力、更了解自己需要什么帮助。

四所样本学校教师年龄出现明显两极化,50 岁以上老教师数量最多,四校均接近甚至超过 50%。访谈中 A 校校长说道:"撤点并校时,村里教学点的老师都合并到中心校了,这些老师大多数都是原来民办老师,年纪比较大了。"(访谈记录 6)除 C 校外,其他三校教师队伍中人数稍多的便是 30 岁以下的年轻教师,这批年轻教师都是近几年通过参加特岗教师招聘来服务农村小规模学校,为学校补充新鲜的活力。四所样本学校中年教师数量都比较少,不利于教育教学工作的开展,教师年龄梯度两极化,容易出现教师断层与聚集。

2. 教师学历低、专业不合理

教师的学历结构在一定程度上能够反映教师掌握的教学理论基础,是衡量教师教学水平的重要指标,也将直接影响教育质量能否提升。根据校长访谈结果统计,四所小规模学校 119 名教职工中,教师原始学历普遍较低,如图 2-4-2 所示,本科学历教师数量最少只有 13 人,占 10.90%;专科学历 24 人,占 20.20%;中师学历 39 人,占 32.80%;而高中及以下学历教师数量最多 43 人,占 36.10%。B 校校长说道:"我们学校老师很多都是民办老师转正的,开始学历都不高,学历高的都是新分配来的年轻教师,但是后来因为都与学历和工资、职称挂钩,很多老师都通过函授或者其他方式考了更高的学历。"(访谈记录 7)调查中四所学校情况相似,为了更清楚地了解教师的现有学历状况,在教师问卷中调查了 97 位专任教师现有学历,回收有效问卷 83 份。如图 2-4-2 所示,其中高中及以下学历仅 4 人,占 4.80%;中师学历 9 人,占 10.80%;专科学历 45 人,占

54.20%；本科学历 25 人，占 30.10%。虽然教师学历有所提升，但这种补偿性学历对提高教学能力、提升专业素养效果并不显著。

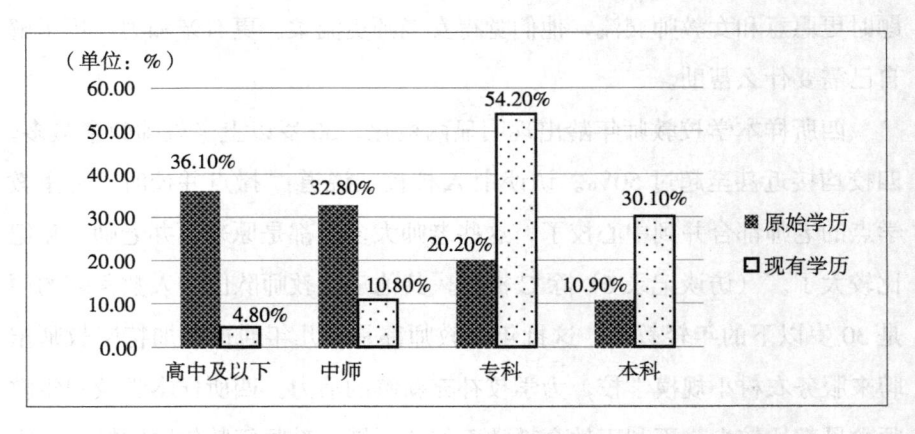

图 2-4-2　2018 年四所小规模学校教师原始与现有学历情况

教师队伍的学科结构影响学校课程的开设，影响着学生的全面发展，是衡量教师队伍发展水平的关键因素。学生问卷中"关于是否有一名教师代多门课现象"，选择有且很普遍的学生 85 人，占 53.1%；有但很少的学生 43 人，占 26.8%；没有的学生 14 人，占 8.8%；不清楚的学生 18 人，占 11.3%。从学生问卷回收结果可以看出，小规模学校教师兼任教课较多。通过统计教师问卷回收结果，专业是中文及其他专业类文科的 33 人；专业是数学及其他师范类理科的 23 人；专业是外语类的 6 人；专业是音乐及相关专业的 2 人；专业是美术及相关专业的 1 人；专业是体育及相关专业的 1 人；专业是计算机类的 2 人；非师范类专业的 15 人，所占比例如图 2-4-3 所示。四所小规模学校语文与数学教师数量充足，其他科目教师缺乏，除 C 校英语教师能满足教学需求外，其余三所学校均只有一名专业英语老师，而音乐、体育、美术与信息技术教师更是严重不足。

调研中了解到，为了完成教学内容，部分课程只能派非专业的老师代课，如品德课、综合实践课等，有些课程因为缺乏专业教师而根本不

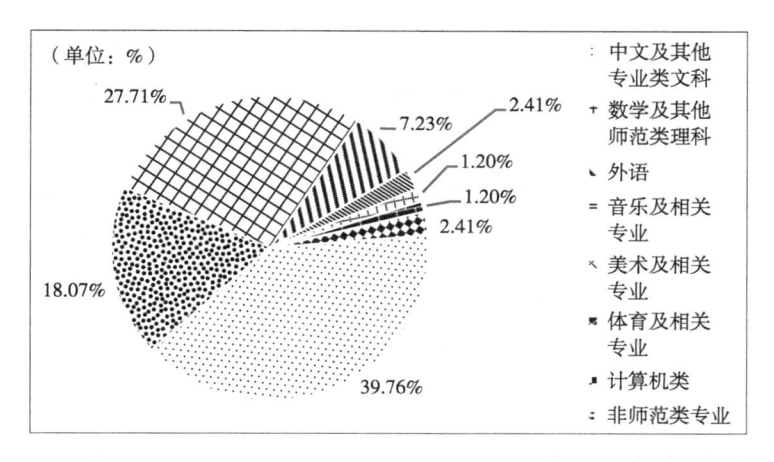

图 2-4-3　2018 年四所小规模学校教师专业结构情况

开设。关于学校体育课开设情况，A 校校长说道："原来有一个教体育的年轻老师，后来调到县里了，现在我们的体育课，就由三个老师兼任，不一样的是原来有专业体育老师上课会教学生一些实实在在的东西，课前还有热身锻炼，教些技巧，那会儿我们学生也多，每年举办运动会学生成绩还不错。现在上课这三个老师就是给他们找两个篮球，找几根跳绳让学生自己外头（指操场）玩一会，主要是看好了保证安全就行。"（访谈记录 8）

3. 部分教师工作量大、任务繁杂

四所样本小规模学校原来均是中心校，教师队伍庞大，且近年来生源不断减少，每年又有新的特岗教师融入教师队伍中，教职工数量应当充足，生师比与班师比表现出教师资源浪费，利用率低。但在现有教职工的实际调查中，部分教师因事病假、产假长期请假，部分教师借调外校和其他单位，部分老教师退养、退居二线不再担任教学任务，导致现有部分专任教师反映教学任务重，工作压力大。访谈中 D 校校长谈道："我们学校教学工作几乎都是这些年轻的特岗教师承担，三十多个老师平时在学校的就不到二十个,有的还是领导忙于管理不再安排课程,老教师们有的身体不好,有的家里事情多总是请假,每学期来都来不了几次,也就不给他们安排上课了。"(访谈记录9)

教师问卷中关于"现在工作量多少"的问题,选择很少、可以轻松应对的教师占13.04%;选择适当、在自己能力范围内的占61.4%;选择很大、无法按要求完成任务的教师数量占26.5%。在回收结果中,担任两门课程的老师比比皆是,有的年轻教师甚至担任三门,跨学科跨年级的教学任务,增加教师备课等教学难度,尤其是低年级教师包班教学,由于学校没有副科教师,为了尽量保证课程开设齐全,教师自己承担起这些繁杂的教学任务与管理任务。根据问卷结果统计,担课最多的教师每周担任28节课,四所小规模学校教师平均每周上课13.61节;平均每天备课、批改作业需要3—4小时;每天用于学生管理及学校其他活动时间为1—2小时。

4. 教师待遇低、流失严重

工资待遇是所有劳动者通过自己劳动获得的报酬,合理的工资待遇能调动教师工作的积极性。调查中四所农村小规模学校教师问卷中关于"薪资待遇满意度调查",选择很满意的为8人,占9.6%;基本满意的为47人,占56.6%;不满意的为15人,占18.1%;非常不满意的为13人,占15.7%。部分教师认为待遇偏低,不满意薪资待遇的新入职的年轻教师居多,调查了解到,新入职的特岗教师每月仅有2500元的基本工资,其他补助特岗教师均没有。

调查中关于"教师现在家庭住址情况统计",如图2-4-4所示,住在本村的教师仅占7.2%;附近村落占13.3%,本地县城占54.2%;外地占25.3%。多数教师的家都在县城与外地,住在县城的教师坐客车回家至少需要一个半小时,调查中离家最远的教师大约300公里,回家需要中途转两次车，大概需要六个小时。因此，多数教师平时住在学校提供的教师宿舍，周末回家；还有部分教师因为家校距离过远，回家不方便，只能等寒暑假、小长假回家。

访谈中 A 校 D 教师是 2018 年新入职的特岗教师，关于家校距离及生活状况与其进行交谈，节选如下：

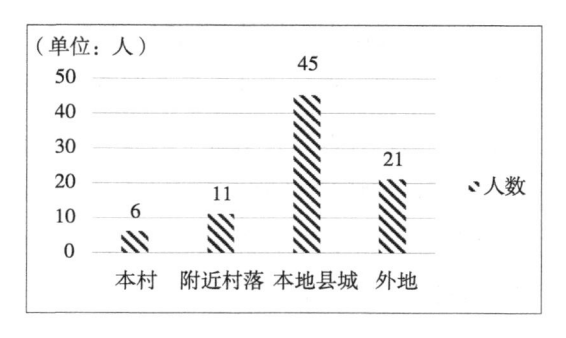

图 2-4-4　2018 年四所小规模学校教师现在家庭住址统计情况

时间：10 月 8 日　　地点：教师宿舍（访谈记录 10）

提问：我听 W 校长说您家离学校最远，怎么会选择来这里呢？

答：嗯，我家是蔚县的，离这里差不多三百公里。今年我们县没有招聘特岗教师，正好这边招了就考了，然后就分到这里了（摊手，无奈的表情）。

提问：这样啊，那你来了感觉怎么样呢？

答：老师们、领导们都很热情，但生活条件太简陋了，每个老师就一张床一张学生用旧的课桌，来的时候这个墙壁还掉灰。

提问：您平时多久回一趟家呢？路上大概需要多少时间？路费多少呢？

答：刚来一个月，就"十一"这个长假期回去了，前几周只有个周末都没回去。我回家要早上从学校坐客车到县城，再从县城转车到我们县城，再坐回我家的车，早上出发下午才能到家，一趟路费大概 80 多元。路上就要折腾一天，周末根本没办法回家，我只能等稍微长点的假期才能回去。

由于学校位于农村偏远地区，教师离家远，回家交通不便利，且学校生活条件艰苦，教师精神生活单调乏味，调查了解到，课余时间老师们多数是玩手机、聊天等。艰苦单调的工作生活状态，使得老师们想要调离现在的学校，访谈中关于A校近几年教师流动情况了解到，七八年前，农村学校生源大幅减少，县城学校学生人数剧增，因此县城新建三所学校，大量农村学校教师调入城镇教学。近两三年为减少农村优秀教师流失，相关政策越来越严格，但学校每年仍会有三四名教师调动，大多数是年轻的女教师，成家有了孩子后，为了方便照顾家庭调回县城工作。

对现任教师队伍关于"是否想转到其他学校任教"选择"是的"的教师占67.5%，多数教师将在农村小规模学校任教并将其作为一个进入教师行业的跳板，希望能早日到城镇学校教学。其中因为收入问题的9人；因为目前学校办学条件差的7人；因为离家远，交通不便利的15人；因为自我实现问题的2人；因为家庭原因的23人，数据显示小规模学校教师队伍依旧存在潜在的流失现象。

（三）办学条件待完善，设备利用率低

优质的办学条件是义务教育发展的基础，受制于恶劣的气候环境、地区落后的经济发展，坝上地区农村学校办学条件一直相对落后。近年来，国家关注农村教育，加大了农村学校标准化建设，投入大量经费在硬件设施上以改善农村小规模学校办学条件，虽然部分办学条件有所提高，但未达标情况依旧很多，尤其是未明确的测量指标，仍被严重忽视。

1. 办学设施不健全

坝上地区地广人稀、地域辽阔，且四所样本学校建校时均按照中心校标准设立，占地面积、建筑面积均达标，随着生源减少，校舍生均建筑面

积也远超《河北省义务教育学校办学基本标准》所规定的5.2平方米。但国家对农村教育的投入主要集中用于危房改造、完成义务教育办学基本标准的要求，不考虑学校实际情况，对学校宿舍、食堂、厕所建设以及供暖投入较少。访谈中A校校长谈道："我们学校是1998年大地震后北京援建的，建校时就非常注重抗震设防了，抗震等级达到八九级了，可后来国家有了政策要改造危房，上面领导又把我们学校定为C级危房，又给拨款维修加固，说实话没什么用，但这是专款只能用在这儿，我们也不敢把钱花在其他地方。"（访谈记录11）

（1）教室闲置，宽敞却冰冷

四所样本学校建筑均为平房，教室数量较多，尤其是生源减少后，许多教室处于闲置状态，常年闭门紧锁，调研时看到，许多房屋的锁经过风雪雨水淋漓已是锈迹斑斑。即使使用中的教室也是空荡荡，每间教室仅放着几张桌椅，教室后面的空地成了孩子们课间嬉戏玩耍的"操场"。10月的坝上高原，外面已是寒风凛冽，学校还未到供暖期，虽是上午太阳高照，站在阳光照射的一间教室，但冰冷的气温还是让人瑟瑟发抖。刚上完数学课的W老师也说道："教室大，学生少，教室总是冷冷清清的，学校还没供暖呢，这段时间特别难熬，手冻得板书也写不好，有的时候就不写了，学生写的作业也是歪歪扭扭的。"（访谈记录12）

（2）宿舍狭窄且简陋

四所样本学校宿舍面积小，生均住宿面积均达不到国家标准，对此B校校长解释："学校空房很多，只是现在要求宿舍配备生活老师，如果多安排一个宿舍就需要多一名生活老师，老师们任务又加重了，而且教室改造成宿舍又需要准备床、柜子，又是一笔不小的开销，所以学校就没有再安排宿舍。"（访谈记录13）

调研中看到，宿舍条件极简陋，仅有几张上下铺的床，几个小铁柜子放置学生生活用品，有的学校给学生准备了大的保温桶提供热水，有的学校学生自备暖水瓶。四所学校均无洗漱间与独立卫生间，学生每天洗漱只能蹲在地上，本就狭窄的生活空间显得格外拥挤。A校男生宿舍生活老师说："你别看宿舍没什么东西，就这样早上学生起来洗漱的时候还挺挤，没个落脚的地方，有的男孩子懒得挤，早上就端着盆去门口花池沿儿上洗脸去（边说边用手指了指宿舍前空地上的花池），有的早上脸也不洗就去教室了。"（访谈记录14）

(3) 食堂设施落后，菜品简单

每个家长、家庭甚至全社会都在关注农村儿童的吃饭问题，他们是否吃得好、吃得饱、吃得健康。因此，食堂卫生情况好与菜品质量好在寄宿学校是至关重要的。食堂建设是每一个寄宿制学校得以运行的基础和必备条件，是寄宿学生得以生活的保障。调查中，四所学校均设有食堂，但内部设施严重缺乏，只有简单的炊具与饭菜盛放工具，没有消毒设施设备。A、C两校能提供崭新的桌椅板凳供学生就餐使用，却锁着门不允许使用；B校与D校没有提供就餐场所，食堂仅是做饭菜的地方，到就餐时间学生以宿舍为单位分别用简易塑料桶拎回宿舍就餐。

第二次去调研时已是11月中旬，坝上的室外温度已低至零下六度，就餐时学生的饭菜需用简易的红色塑料桶从食堂拎到宿舍，再分到学生自备的饭盒，已经看不到饭菜冒着的热气。学生就餐环境更是极为简陋，部分男生在室外门口台阶上蹲着吃饭，部分男生站在室外石桌子旁吃饭。

保证学生每日好的餐饮是保障学生健康的基本需求，是发展农村义务教育的基本保障。学生问卷中关于"你认为学校饮食条件如何？"选择非常好的为2人；较好的为17人；一般的为54人；较差的为63人；非常差的为24人，学生普遍反映吃得不好，尤其是午餐和晚餐。调查中，四所寄宿制学校都能保证一日三餐的供应，早餐均由国家营养餐工程提供，能保证每天有牛奶和鸡蛋。午餐和晚餐按照《国务院办公厅关于实施农村义务教育学生营养改善计划的意见》要求由国家补贴，学校自行合理安排。

调查中了解到，学校每周伙食普遍比较单调，无非是稀粥搭配包子、米饭搭配熬菜、馒头熬菜，肉食均很少见，只有部分学校能保证每周供应一次鸡腿，且有数量限制。虽然每餐饭量准备充足，但质量有待提高，目前看来无法满足孩子身体健康成长的需要。对此访谈中 D 校校长说道："吃的比较单调，主要有两个原因，第一就是学校学生人少，国家的补贴按照学生人数计算，自然每餐经费就也少了，饭菜就一般了，还有个主要的原因就是学校这边交通不便利，买菜也不方便，也不能每天去县城，只能是每周一至两次，平时只能买些好存放的土豆、白菜、萝卜。"（访谈记录 15）

（4）厕所偏远，卫生条件堪忧

四所学校均是普通平房建筑，建校时为了校园美化与卫生，均将厕所设置在校园偏僻的角落里，面积较大的 A、B、C 校有两个厕所，D 校有一个厕所。如 A 校厕所分别在校园东南角与西北角，西北角厕所在操场，几乎不使用，学生无论是在教学区还是生活区都需使用东南角厕所，笔者从最近的四年级教室走到厕所大约需要两分钟，其余年级的教室与学生宿舍距离厕所更远，遇到下雨下雪，学生还要克服路面的湿滑，幼小的身躯打着雨伞去上厕所，更是难上加难。四所学校厕所均是简陋的深坑厕所，存在安全隐患，而且也没有配备相应的厕所冲水管道，污迹斑斑，味道更是让人难以接受。

除了外在可见的办学条件，小规模学校的其他卫生状况也让人堪忧，在学生问卷中关于"多久洗一次澡""多久更换一次衣服"的问题，多数学生选择一周及以上，四所样本学校均没有浴室，且热水供应有限，给学生生活造成不便利。据笔者观察，学校午、晚餐后学生的饭盒仅是简单的凉水冲洗，长期油腻污渍的累积易滋生细菌，也影响健康；学校的简易厕所附近均没有配置洗手设施，卫生情况也不容乐观。

2. 教学资源利用率低

(1) 图书陈旧，无人阅读

学校需配备一定量的图书资料，以满足教师教学、学生学习的需求，调查中四所样本学校生均图书拥有量均能达标，尤其是 A 校藏书较多，对此 A 校校长告知："学校是 1998 年地震以后北京援助建设的，学校建好后的几年援助一直没有间断，陆续捐赠过图书、文具、器材还有校服等。"（访谈记录 16）四所学校藏书均由经费拨款购买与捐赠所得，远超标准的生均 25 册。

听闻 A 校藏书较多，笔者提出想要看看图书种类，访谈结束后校长介绍了负责图书室管理工作的 Y 老师，Y 老师从办公室抽屉里拿了一串钥匙试了三四次才找对钥匙打开了锁，推开门散发的不是浓浓墨香，而是灰尘飞扬、图书发霉的刺鼻气味，交谈中 Y 老师说："确实是很久没开过这儿的门了，平时也没人来，就是有领导检查的时候，会赶紧安排学生打扫卫生，临时让学生摆摆样子，假装在图书室阅读。"（访谈记录 17）翻阅学校藏书，发现图书种类杂乱，期刊过少，有的内容过于深奥，不适合小学生阅读；有的藏书与学生学习无关，缺乏教育性。藏书虽崭新但出版时间都较旧，学生与教师不能及时获取最新的知识，对学生与教师知识的增长与素养的提升帮助有限。关于藏书更新与丰富，Y 老师说："哪有什么每年必须增加多少本书，就是拨了专门的经费学校就买点，要么就是有人捐了才会有，学校每年的经费不会用在这儿的，这个图书室就是做个样子。"（访谈记录 18）四所学校均是这种情况。

(2) 计算机数量虽多，却闲置浪费

信息技术的快速发展能为农村小规模学校输送优质的教育资源，提高农村学校教学质量。调查中，四所小规模学校按照政策要求，使用教育经费添置购买计算机，有的学校还有企业捐赠计算机，如 D 校由

"麦田少年社"元太科技捐赠扩建多媒体教室。四所学校生机比均超过10∶1，但设备利用率极低，浪费现象严重。四所学校虽都设有微机室，但利用率都不高，主要原因是有的学校没有专业教师，有的学校领导与教师意识淡薄，没有认识到课程的重要性，认为没有考试不需要学，还有部分学校认为电脑比较昂贵，怕学生损坏。访谈中 B 校一名六年级学生说："我们学校就是抠门儿，就怕我们把电脑弄坏了，不让我们上微机课，就是有检查的时候才能去微机室打扫卫生，上课。"（访谈记录 19）微机室、电脑等硬件资源如同废铜烂铁，浪费大量财力、物力，教学效果却微乎其微。

(3) 器材设备封存，医疗设施空白

访谈中了解到，四所小规模学校教学器材设备虽然均较齐全，各学校配置的标准化教学设备基本能满足教学所需，能达到《河北省小学体育器材设施配备目录》（冀教政体〔2002〕47 号）标准，满足教育部颁布的《九年义务教育阶段学校音乐、美术教学器材配备目录》（教体艺〔2002〕17 号）的要求。但普遍利用率低，浪费现象严重，闲置的教学场地、装柜的仪器设备，看不出经常使用的痕迹，教学器材积满了灰尘，有的甚至包装都没有打开。由于意识浅薄，不能认识到使用教学仪器的重要性，学校很少有人有闲暇时间对各种教学设备进行精心呵护，造成许多教学设备和实验仪器严重老化。单纯的加强硬件设施建设，浪费大量的财力、物力、人力，教学效果却非常有限。

调查中四所学校均没有设置校医院、专职校医、专职保健人员。学生生病时，通常是通知家长接回家治疗；若出现紧急情况，则送往乡镇中心医院。四所学校离中心医院都较远，访谈中 C 校校长说："我们离乡里卫生院是有点远，学生走着去的话得半个小时，出现紧急情况时只能是有车的老师开车去送。"（访谈记录 20）

3. 校园管理不完善

一个好的校园环境，生活设施是基础，规范的管理是保障。调查中，四所样本学校从管理人员的配置到管理制度的执行均存在一系列问题。

（1）缺乏专业的管理人员

良好的安全管理是学校各项工作得以开展的基础与保障，调查中，四所样本学校均疏忽了安全管理人员的配置，有的学校配备了门卫，也都是一些不再担任教学任务、年龄大的老教师，他们不仅精力与体力有限，且没有安全管理的意识，学生安全得不到保障。

农村寄宿制学校学生年龄小、自理能力差，需要他人的帮助，因此有着对生活教师的现实需求与依赖。调查中，A校与C校的宿舍管理人员是由学校出钱聘用附近村民，聘用的生活教师均是学历低、年龄大、未接受过专业培训的人员；B校与D校出于费用的考虑，由学校教师兼任生活教师，兼任生活教师的老师工作压力大，白天上课，晚上管理寄宿制学生，这既不利于教师集中全力准备教学工作，也不利于宿舍管理，易忽略细节。小规模学校生活教师的薪资待遇普遍较低，均在1000元，因此这一岗位招聘门槛较低，只要身体健康，能看管孩子就能胜任，不需要具备教育学、心理学等相关知识。例如，A校生活教师是年龄六十五岁，初中毕业，每月工资1200元，主要工作任务是督促学生起床、就寝；检查并整理低年级学生内务，维持就寝纪律。

食堂从业人员参与食堂的各个环节，其人员配备的数量与素质状况影响了学校餐饮质量。调查中，四所学校的食堂工作人员多数是教师家属或临时聘用附近村民，均没有相关的工作经验与专业知识，更缺乏专业的营养餐搭配常识，导致食堂饭菜质量参差不齐。如表2-4-25所示，具备从业资格、健康证明、相关安全知识培训合格证明人数少之又少。四所小规模学校均设有1个食堂，为了节约开支，食堂聘用工作人员数量较少，仅

C校一位食堂工作人员原来在县城餐厅工作,有健康证明。此外,食堂工作人员均没有从业资格证、健康证明、安全知识培训合格证明。

表 2-4-25 四所小规模学校食堂工作人员配备情况

(单位:人)

学校	食堂个数(单位:个)	食堂工作人员总数	具备从业资格人员数	具备健康证明人数	具备相关安全知识培训合格证明人数
A	1	2	0	0	0
B	1	2	0	0	0
C	1	4	0	1	0
D	1	1	0	0	0

(2) 缺乏完善的管理制度

农村寄宿制学校的安全正常运行离不开科学、严格的管理。相应地,科学严格的管理需要严格、周密的制度建设和保障。调查中,四所学校管理制度均不完善。教室中只是象征性地悬挂了《中学生守则》和《小学生日常行为规范》。调查中,学生们反映,从没有认真仔细读过,更没有老师组织学习。制度只是笼统地照搬照抄,制度建立不全面、不系统,不考虑学校与学生实际状况,因此执行也更加困难。虽然安排了门卫人员,学校却没有相应的工作要求,D校名义上是一所全封闭的寄宿制学校,但上课期间学校大门虽然紧锁,但一扇小门却一直开着,担任门卫工作的教师在门卫室下棋,有无人员出入根本无人问津。同样,宿舍及食堂也无相应的管理制度。

(四)教学质量低下、活动匮乏

1. 课程开设不齐

学生问卷中关于"每天的课是否严格会按照课表顺序上",选择严格按照课表上的仅有4人；选择一般按课表上，偶尔调换顺序的有23人；选择课表上很多课程不上的有133人，占83%。四所小规模学校的课程表设置虽达到国家课程标准要求，但实际执行过程中课程表却形同虚设。访谈中B校校长说："学校也想按照课表计划上课，可有些课程没有老师能教，像音乐、美术一般是年轻老师有了空闲时间就去上一节，要是他们有课或者没在学校就让班主任上数学或语文，语文、数学最关键了，期中、期末全县评比就看这两科的平均成绩。"（访谈记录21）小规模学校教学的目标是为了升学与评比，忽视学生的全面发展与身心健康，对学生个性发展与创新思维有较大帮助的艺术、体育、科学或综合实践课程却很少上。调研中了解到，有些科目实际开课情况随意性也极大，教师会什么就教什么，不会的就不教。

课程标准要求的课程尚且开设不全，更无暇顾及校本课程的开发，调研中A、B、D三所学校虽每周都安排校本课，但教学内容却让人匪夷所思，如A校每周两节校本课程实则为数学课，只是要求老师会讲授一些稍有难度的知识点。如D校的《古韵诵读》，但实际教学却是生搬硬套，将《弟子规》《论语》等古代典籍奉为经典，盲目推崇。不管学生理解与否，每堂课上就是摇头晃脑地集体诵读。

2. 教学方式落后

学生问卷回收结果统计显示，多数学生认为，教师教学方式单一，不能激发学习兴趣。第二次调研时，笔者特意走进课堂观察，发现大多数小规模学校教师主要使用传统讲授法，教科书与黑板完美搭配，结合对学生的提问完成课堂教学。关于是否使用讲授法以外的方法与是否使用教具等，多数学生选择很少使用，有的甚至从未使用。如图2-4-5所示，部分教师教学观念落后，有的学校虽然教室装有先进的多媒体设施，也仅仅是摆设，有的是因为教师专业能力欠缺不会使用，有的甚至是害怕损坏而

"封存"。

调研时,恰逢 B 校要举行全校的"消防安全知识普及活动",孩子们听到要去多媒体教室上一节课,他们不关心学习内容只是想到能去那个教室就很是欣喜,排队从各班级走到多媒体教室,一路上女孩子们说说笑笑,男孩子们推推搡搡,问三年级一名女生"这是你第几次去多媒体教室上课",女孩子回答说"第二次"。进到教室后,各年级学生都显得异常兴奋,吵吵闹闹一直安静不下来,大概是对新环境感到新奇与欣喜,才会如此躁动不安。讲到着火逃生时,教师利用多媒体课件播放了一个动画视频,短短几分钟孩子们激动得快要手舞足蹈了,这个逃生的画面大概会一直印在他们脑海中。如果教学中能经常使用多媒体及其他教具,丰富教学方式,课堂教学的面貌也会改善,教学效果必会提升。

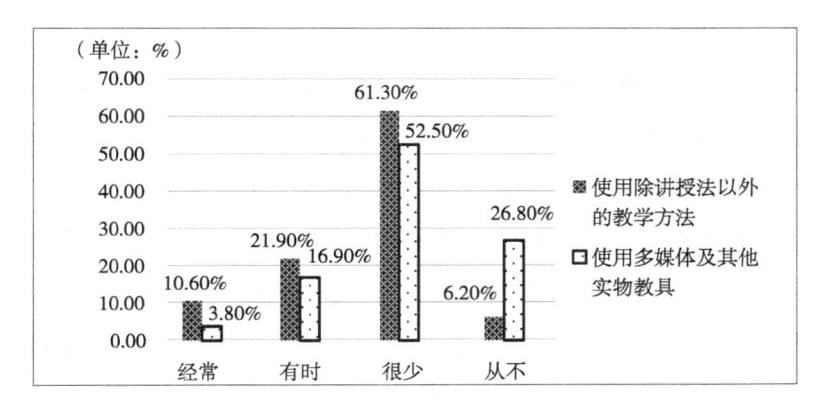

图 2-4-5 四所小规模学校关于教学方式的调查情况

坝上地区冬季寒冷,笔者了解到,坝上地区学校每年暑假时间与其他地区时间相近,寒假却是放学早开学晚,因此学生在校学习时间减少。同时,样本小规模学校为了方便寄宿生回家、返校,每周在校学习时间缩短,尤其是周一上午与周五下午,几乎无法进行教学。四所小规模学校均参加全县每学期期末的考试评比,成绩却都不理想,访谈中校长归因于生源减少,但实则影响因素方方面面,如教学方式落后,教学时间减少等。

3. 活动开展缺乏

课堂教学虽是教育的主要阵地，但丰富多彩的校园活动能弥补课堂教学的不足，尤其是四所样本学校均是寄宿制学校，有着充足的时间开展各类活动。学生问卷中关于"你觉得学校举办的文体活动是否丰富"中，选择较少与没有的学生占78.8%。访谈中关于活动的开展频率，有的校长直接告知很少，不开展的原因则是学生少，无法开展。如A校校长说："每年学校就是举办一次六一儿童节、一次元旦晚会，学生太少也不准备什么表演，就是组织学生看个电影，学生和老师坐在一起聊聊天，有时也唱歌，其他活动就是平时升国旗、做课间操了，主要是学生少办什么也不好办。"（访谈记录22）有的学校校长回答举办次数较多，但再问到活动举办细节，却是含混不清。

学校与家庭作为学生学习和生活的主要场所，在学生健康成长的过程中相辅相成。调查中了解到，小规模学校与家长、教师与家长之间几乎没有交集，有的学校已经三年没有开过家长会，校领导反映主要原因是学生都是留守儿童，父母外出打工留下长辈，甚至托付给其他亲属照顾，学校通知开家长会也不方便甚至不愿意耽误时间参加，学校就不再开展家长会活动。教师问卷中对于与家长联系的频率这一问题，74.7%的教师选择几乎不沟通，与家长沟通的时间，只有学生未按时返校、生病需就医、犯错误等时。

样本学校均为寄宿制学校，学生从一年级起就需住校，要学会自己照顾自己。对于小学生尤其是低年级学生，比起独立的生活，更难忍受的是对家与父母的思念，过早的寄宿生活使其失去了感受家庭温暖的机会，失去了父母的陪伴与关爱，使得部分学生性格孤僻、封闭、自卑。调查中了解到，四所学校均没有专职的心理咨询教师与专设的心理咨询室，心理疏导的工作多由班主任兼任，教师凭借自己的教学与管理经验帮助学生，问卷回收结果显示，能做到经常对学生进行心理辅导的教师较少，多数教师是发现学生有异常时才进行心理辅导。

4. 教师管理松懈

教师是教育活动的设计者、组织者、领导者，是学生学习活动的指导者，教师良好的专业能力与专业态度对教学效果有着积极的影响。调查中了解到，四所学校均很少开展教师集体教研活动、校内教师听课观摩活动，A校校长说："几乎没人听课、教研，学生也不多，老师们自己掂量教就行，最多就是年底为了评选绩效有个参照标准，会组织老师们互相听课。"（访谈记录23）四所学校情况类似，有年轻教师反映"学校根本没有集中备课，有时遇到模棱两可的问题，也不知道该怎么办，只能自己上网查或者问同办公室的老师，实在解决不了的上课就避开这一块。"调研中了解到，能制定教学计划、按时完成教学任务、反思教学效果的教师人数逐步减少，小规模学校松懈的管理让教师逐渐忽视教学工作的重要性，对工作产生懈怠。

四、坝上地区农村小规模学校办学困境的原因分析

基于坝上小规模学校办学困境存在的问题，本节从自然环境、气候特征、城镇化发展、经济条件、政策制度、监管体制、自身理念、管理制度等多个方面对影响小规模学校办学困境的原因进行系统全面的分析。

（一）环境及气候的影响

自然环境是人类赖以生存与发展的最基本条件，包括地理位置、空间

资源及各种自然资源等。学校的位置及周边自然、人文环境、气候特征都会对学生与教师产生直接与间接的影响，影响学校的发展。

1. 位置偏僻，人口数量较少

坝上四县张北县、康保县、沽源县、尚义县位于张家口西北边缘，该区域地貌复杂，地势高，紧邻内蒙古自治区，有着蒙古地区地广人稀的地貌特征与人口分布特征。特殊的区域位置与地域特点直接影响坝上地区义务教育学校的布局与发展，地区人口数量少，学生生源相应也较少，调查了解到当地多数教学点、村小都已被撤并，乡镇小规模学校是全乡、全镇唯一的学校，其生源数量不及河北省其他地区乡镇中心校生源的十分之一。偏僻的地理位置，造成生活条件落后、交通不便利，导致生源外流，教师流失也严重。访谈中 B 校一名老师谈道："地方穷，学生留不住，老师也留不住，越没学生越没老师，越没老师越没学生，现在就是一个恶性循环，将来还不知道会如何呢？"（访谈记录 24）

2. 气候恶劣，冬季高寒漫长

"坝上"最显著的特征除了海拔较高，就属其独特的气候特点，年均气温低、降水量少，尤其是冬季寒冷、风大且跨度时间长，供暖期长达半年多。恶劣的气候特征不仅给学生上学途中造成不便，给教师、学生生活带来困境，也增加了学校每年为解决供暖问题的教育经费支出。访谈中 A 校 D 老师说道："虽然都属于张家口市，但这里天气和我们坝下相差太大了，我还不太适应，现在已经穿上了最厚的棉衣，不知道过一阵子该穿什么呢，不仅气温低而且风也大，晚上睡觉听着外面呼呼刮大风，我是又冷又怕都睡不好。"（访谈记录 25）四所小规模学校每年经费分配虽按照百人规模进行公用经费拨款，但其每年烤火费的大量支出，占用了其他经费支出。

（二）城镇化及地区经济的影响

近年来，随着经济发展，我国社会发生了翻天覆地的变化，越来越多的农村人口迁入城镇，对经济、教育都产生了巨大影响。经济发展与教育发展两者相辅相成：一方面，经济发展为教育事业的发展提供物质基础；另一方面，教育为经济发展培养所需的各类人才，从而推动经济发展。

1. 城镇化对农村教育的冲击

城镇化不但包括农村人口向城镇转移，第二、三产业向城镇聚集，进而使城镇数量增加、规模扩大、现代化程度提高，也指城市文明、价值观念、生活方式向农村渗透的过程[①]。2015年，河北省出台《关于深化户籍制度改革的实施意见》全面放开落户限制，并有条件的限制城镇人口迁回农村地区。随着户籍制度的改革，越来越多的农村人口涌入城市，造成城市教育资源紧缺，同时导致农村生源逐年减少，农村学校规模缩小。访谈中有老师谈道："现在家长们都在外面打工，尤其是那些年纪轻的，容易受新氛围、新思想的影响，都开始像城市人一样重视孩子的教育问题了，有能力的把孩子带在身边读书，还有些家长去北京等大城市务工的，没办法把孩子带去读书，也考虑把孩子安顿在县城寄宿制私立学校，这都导致我们学校学生越来越少。"（访谈记录26）

随着城镇化进程的速度加快，也影响着农村学校的教学模式。学生教材的编写、教学目标的制定及考试标准等均以城镇学生为主，偏离农村学生生活，使教育教学与农村生活经验脱节，农村学生对于知识的理解与学

---

① 吕梦含：《农村初中"小规模化"问题研究》，南京师范大学教育科学学院2017年硕士学位论文，第11页。

习更加困难，升学考试成绩也不尽如人意，更加凸显出小规模学校教学质量落后。同时，随着城镇化发展，城市就业机会增多，许多年轻的教师不愿长期扎根农村，有的甚至愿意放弃教师编制回到城市另寻工作，导致农村教师流失严重，师资力量薄弱。

2. 区域经济发展落后

张家口坝上四县一直被纳入国家级贫困县，人均生产总值远低于国家平均水平，地区经济发展落后，滞后的经济限制了农村义务教育的发展。农民收入来源单一，主要依靠农耕，而当地常年遭遇干旱少雨、霜冻等自然灾害，这对农村家庭来说无疑是雪上加霜，"靠天吃饭"的农民为了改变现状，加入了进城务工的热潮，年轻家长外出务工，带走了部分生源，导致农村学校规模变小，造成农村学校资源闲置、浪费，偌大的校园、整齐的教室却只有寥寥无几的学生，生师比、班师比不合理，同时也导致学校留守儿童数量剧增。经济发展落后，经费资源有限，无法设立特殊教育学校、特殊教育班级，小规模学校统一将智力缺陷与身体残疾学生编排在正常教学班，为学校教学增添难度。

落后的区域经济条件，给交通、医疗等生活的方方面面增加阻碍，四县小规模学校教师生活条件差、待遇低，导致学校留不住年轻优秀教师，造成小规模学校师资队伍水平难以提升。

（三）国家及地方政策的影响

外部大环境对农村小规模学校的发展起着关键作用，主要包括社会政治、文化因素等，尤其是国家教育政策的颁布与实施、教育工作重心的转移影响小规模学校的发展。

1. 地方政府忽视小规模学校的发展

21世纪初期,为了提高农村义务教育质量,国家颁布"撤点并校"政策,起初是为了能够优化农村教育资源,使学生能在更好的环境中接受平等的义务教育。然而事与愿违,当地政府错误理解、执行国家政策,不考虑地区实际状况,片面地为了减少教育经费及师资力量的投入,大规模撤并农村教学点,集中全部教育资源到乡镇中心校,使得乡镇中心校成为当地唯一的小学,这产生了一系列负面影响,如加速农村生源流失、浪费农村教育资源、学生上学路程变远、家庭教育成本增加等。

近几年,国家陆续出台文件,叫停地方政府跟风式的"撤点并校",国家以及各级政府均出台众多政策制度来保障农村小规模学校的建设发展,目的是实现城乡义务教育均衡发展。然而,地方政府及教育行政部门仍未把教育工作的重心放在农村学校。由于地区经济与资源有限,地方政府更愿意集中财力、物力及人力,投入本身就具有优势的城镇重点校,在资源丰富的基础平台上发挥更大作用。

2. 教育经费分配、使用不合理

2015年,国务院印发《关于进一步完善城乡义务教育经费保障机制的通知》,完善农村义务教育经费保障机制,按照经费保障机制实施步骤,小规模学校虽不足百人,也能按100人核定公用经费拨款[①],因此四所小规模学校经费较为充足,但又有政策规定学校主要资金用于标准化建设、购买器材、添置硬件设施、取暖烤火支出。虽然硬件设施是义务教育发展

---

① 《2015年关于进一步完善城乡义务教育经费保障机制的通知》,2015年11月25日,见 http://www.moe.edu.cn/jyb_xxgk/moe_1777/moe_1778/201511/t2015 1130_221655.html。

的基础，但与其相配套的人员培训、管理、设施维护以及其他保障运行的经费支出却被忽视。

调查中 A 校校长说："每年就是按国家标准给我们拨款，虽说学生少我们仍拿百人的经费，但根本不考虑学校实际情况，我们学校供暖差不多要半年，房屋间数又多，每年暖气一烧起来，送煤的车不知道得来多少趟，这和人家南边的学校不一样（南边学校指石家庄、保定地区乡村中心校，A 校长暑假到石家庄参加了全省中心校校长培训活动）。还有就是上边总是制定专款专用，要求维修危房，其实房子质量很好不需要修，这也是经费支出的一部分。还要求学校达到标准化建设，比如添置音体美器材，我们花费大量的经费购买回来，但是老师们也不会用，放在那就是等着上面领导来检查，其实也是浪费钱，要想学校发展得好，我觉得应该让我们根据自己实际情况合理安排经费。"（访谈记录 27）四所学校经费分配使用情况均类似，一切按照统一标准执行，脱离学校实际需求，注重学校标准化建设，忽视教学质量、生活保障等方面。

3. 教育管理、评价体制不健全

《义务教育法》规定，"实行在国务院领导，省、自治区、直辖市人民政府统筹规划实施，县级人民政府为主管理的体制"[1]。虽然法律强调了省级政府的统筹作用，但是对农村学校管理、监督的主要责任还是由地方政府承担，坝上四县均是国家级贫困县，资源有限，政府普遍存在"经济功能取向"的定位，将大量财力、物力及人力投入经济发展中以求快速看到发展成效，教育方面尤其是农村教育得不到有效管理。

小规模学校均位于全县教育的"尾巴"，因此其监督管理均处于边缘地

---

[1] 《中华人民共和国义务教育法》，2006 年 6 月 30 日，见 http://www.npc.gov.cn/npc/xinwen/2019-01/07/content_2070254.htm。

带。调查中 A 校校长说道:"检查的领导现在很少了,原来学校每年还会预算一部分经费招待领导,现在就是每学期全县有个教育评估,教育局领导来一次,按照程序二三个小时检查完就走了,还有就是会有检查食品安全、消防卫生这些部门差不多每学期来一次。"(访谈记录28)四所学校情况均类似,只有 D 校受关注度较高,当地教育行政部门每学期能到校监督检查2—3次,其余三所学校均很少。缺乏持久有效的监督机制约束小规模学校,单纯依靠学校自身"落后理念"支撑,学校的发展持续走下坡路。

当前,我国农村教育的管理体制是政府与教育行政部门集"管、办、评"于一身,不仅承担制定规则的责任,还是制度的执行者与绩效的评估者,失去了教育督导评价的真正作用。现有义务教育评价指标主要侧重学校的办学条件及硬件设施,忽视了提高学校教学质量、提升教师专业能力、关乎学生生活的细节。此外,坝上地区没有针对自己独特区域特征而制定的评价标准,盲目跟风,参考全省统一的标准来衡量学校的办学现状。

(四)自身理念及管理的影响

近年来,国家对农村小规模学校的发展予以高度重视,强调偏远地区小规模学校发展的重要性。然而,小规模学校自身却忽视学校存在的重要性,尤其是学校领导、教师及学生家长。

1. 自身教育观念落后

学校的自身定位、办学理念、规章制度、管理模式直接影响小规模学校的发展。调查中,小规模学校均存在自身定位不明确、办学理念落后、规章制度执行效果欠佳、管理模式落后等问题,究其根本原因主要是学校自身教育观念落后,不重视小规模学校的价值与意义。访谈中不止一次有教师提到,学校存在的意义不大,应该撤并,这样老师们就可以回县城教书，方便照顾家里孩子、老人。有的校长认为，小规模学校教师数量多，每年支付工资方面开销巨大，从效益方面考虑小规模学校也无存在的意义，从教师到校领导均忽视了小规模学校的价值，忽视了小规模学校对农村学生的重要性、对教育公平的重要性。

校长作为小规模学校的核心领导，对校园管理与教育教学起着至关重要的作用。调查中，四所小规模学校校长经验丰富，是从农村教学点任教开始，脚踏实地从老师做到管理者、领导者，虽然他们对于学校的历史与状况比较熟悉，却对新的教育政策、教育理念及管理理念很陌生，他们精力与时间有限不愿再学习，导致学校很难有新的发展与进步。有的校长是县里分配的年轻、能力较强的干部，调任新的学校后虽有一番干劲儿，却因为不熟悉学校各方面发展状况，难以顺利开展工作。

由于受到落后教育观念的限制，小规模学校目前的发展多依靠外在力量的推动，如加强硬件设施建设、完善教学设备、组织教师培训等；自身的发展依旧原地踏步甚至出现倒退现象，教学方式落后、片面追求升学率、教研活动开展少、设施设备害怕损坏不使用、教师管理松懈、忽视与家长沟通等问题长期存在。

同时，由于农村小规模学校位于偏远农村，家长受教育程度普遍较低，教育观念落后，对子女教育重视程度不高。部分家长更重视经济收入，外出打工把孩子留在家中，留守儿童与祖辈、亲戚生活，家庭教育完全被忽视；部分家长虽留在家中，却因自身文化水平能力有限，无力配合学校完成家庭教育内容。

2. 学校管理松散

小规模学校发展不仅受到国家政治、经济及文化的影响，也包括学校的硬件设施、文化氛围、制度环境等，最关键的是学校自身的办学理念及学校管理。目前，各级教育部门出台政策保障小规模学校的发展，坝上地区小规模学校的面貌取得了较大改观,办学条件得到较大改善,学校的教室数量充足、宽敞明亮;器材设备齐全,图书资源丰富等。

然而,学校自身却管理松散,不能做到与时俱进,片面理解文件精神,政策执行不到位,这导致小规模学校发展举步维艰。如有关农村寄宿生就餐问题,虽然建设了崭新、宽敞的食堂,却为了方便管理、节约成本,平时不允许学生使用;虽然按照标准购置了图书,却没有相应的学生借阅制度;虽按照课程标准制定了课表,却是为了应付上级的检查,课程实施形式化严重;虽安排了门卫、宿管人员,却忽视对相关人员的培训。调研中 B 校一名六年级学生说:"音乐课一周上数学一周上语文,课表上写也是白写,我们都知道学校没音乐老师,我的音乐书特别新,给你看看(说着从书包里掏出来递给我),从来没用过。"(访谈记录 29)

五、改善坝上地区农村小规模学校办学困境的对策

近年来,国家及地区出台一系列政策推动农村学校发展的政策,取得了显著成效。但是我们还要深刻认识到,办好坝上农村小规模学校仍有很长的路要走。为改善小规模学校的办学困境,课题组从教育理念、教育经费、教育管理、教师队伍建设等方面,提出小规模学校建设的对策。

(一)坚持城乡均衡发展,理性对待小规模学校

要改善农村小规模学校的办学困境,首要任务是重视农村小规模学校的建设与发展,重视农村基础教育,重视农村社会的进步与发展,树立城乡均衡发展的理念。2019 年《政府工作报告》中提出,要推动城乡义务教育一体化发展,义务教育一体化受限于城乡经济、社会一体化进程。因

此，首先要把握好城镇化发展速度，国家与地方政策要重视农村经济、社会发展，才能使小规模学校得到发展。

1. 重视农村经济、社会的发展

长期以来，在城乡二元结构思想的影响下，我国乡村与城市的发展相差甚远，尤其是坝上农村地区，偏远的地理位置、恶劣的自然环境，尤其是落后的经济发展、陈旧的社会观念，影响义务教育发展的质量。经济发展水平、人民生活水平、社会保障方式、人口流动趋势、思想文化观念等，都深刻影响着教育的发展。脱离了社会与经济背景，孤立地谈教育毫无意义。因此，小规模学校的发展离不开农村地区经济、社会发展的支撑，要从根本上解决小规模学校办学困境，首先要提高当地经济水平、更新社会观念，才能保障教育的发展。

2. 重视农村小规模学校的发展

农村小规模学校虽然办学较为落后，却为处于偏远农村、人口分散、交通不便地区的孩子们创造了读书上学的机会，尤其是坝上地区地广人稀，学校布局分散，小规模学校是实现义务教育均衡发展的有效办学形式。同时，小规模学校学生人数少，教师对学生关注程度高，有助于学生个性差异的发展，有助于培养农村学生的自信心等。特别是，小规模学校为解决农村留守儿童提供了极大的支持，解决了孩子们吃、住、学习及性格品质培养等难题。因此，我们要充分肯定小规模学校的价值，制定有利于小规模学校发展的合理政策，发挥小规模学校的积极作用。

（二）优化教育经费使用结构，强化监督管理机制

政府是教育投入的主要承担者，要保证农村教育经费及时全部到位。

同时，小规模学校发展与建设过程中也要保障经费使用的精准性，提高经费的使用效率。关注学校自身的特点，重视学校生活学习细节建设，做到保障学生与教师的生活与教学。制定适宜农村小规模学校的评价标准，强化教育行政部门的监管职责。

1. 健全经费合理分配制度，提高经费使用效率

充足的教育经费是学校良好办学的重要保障，调查中样本学校均只有国家按照统一标准拨款的教育经费，没有其他经费补贴，政府应兼顾地区的特殊性，适当向坝上农村小规模学校倾斜，弥补其地理位置、气候特征带来的缺陷。地方政府可在能力允许范围内，加大对农村学校的供给力度，如四川省广元市利州区学校地方政府每年为小规模学校补贴10万元教育经费[①]。此外，要充分利用社会资源，吸引社会力量参与小规模学校办学，尤其是爱心企业、爱心人士财力、物力、人力的参与。

教育经费的投入不仅要充足，同时要考虑经费使用的有效性，小规模学校建设过程中要把有限的经费用在刀刃上，既要避免经费短缺，更要避免资源设施闲置浪费，提高教育经费的使用效率。《教育部2019年工作要点》提出，要优化教育经费投入使用结构，加强教育经费使用管理[②]。在推进小规模学校硬件建设的同时，要投入更多的经费提升学校软实力，改善师资力量、提高教学质量，而不是一味地购置"无用"的设施器材。同时，要加强对小规模学校教育经费使用状况的监管，保证其支出用于教育。保证教育经费的投入、分配和使用应置于公共监督之下，对违法违纪者要追究其责任。

---

① 赵亮：《后撤点并校时代：重振农村小规模学校》，《中国教育学刊》2015年第12期。

② 《教育部2019年工作要点》，2019年2月22日，见 http://www.moe.gov.cn/jyb_xwfb/gzdt_gzdt/s5987/201902/t20190222_370722.html。

2. 推进标准化进程，注重坝上学校全面建设

2019年，河北省教育大会提出，要在全省范围加强乡村小规模学校和乡镇寄宿制学校标准化建设，加快补齐短板缩小差距，全面完成义务教育发展基本均衡县国家验收工作。坝上小规模学校标准建设不仅要依据我国义务教育学校标准化建设的基本要求，也要根据实际情况兼顾方方面面的建设，调查中四所小规模学校标准化建设的基本要求基本能达标，但许多要求之外的细节方面却被忽视，如开水供应、洗漱间的建设、厕所的卫生条件、秋冬季教室及宿舍的保暖等，这些关乎学生生活的细节却被忽视。坝上地区小规模学校要根据地域、气候的特殊性制定符合自身的发展建设计划，适当增加烤火费的经费投入，提前供暖并保证供暖期的温度达标；改造学校闲置空房为洗漱间，可直接接入热水同时解决学生洗漱与热水供应问题；投入经费改造现有厕所，增设洗手池等卫生设施。

3. 制定评价标准，强化对学校的监督与管理

农村小规模学校有其独特的特征与价值，评价标准不应与其他学校或城镇学校使用统一的标准，要制定、启用小规模学校评价标准。对小规模学校教学质量的评价不仅要关注学习成绩，也要将学生身心健康发展等因素纳入其中，要改变陈旧的单纯追求分数的评价标准，尤其是小规模学校生源本来就是家庭文化水平较低、家庭条件落后的学生，学生素质与城镇学生存在明显差异，因此要根据小规模学校的实际情况，在绝对标准基础上增设相对标准，制定切实可行的评价标准。此外，可扩大评价主体，选择不同利益代表者如家长、村民、学生等，从不同角度全面、客观分析小规模学校发展现状，促进小规模学校更好发展。

进一步强化政府与教育行政部门的职能，关注小规模学校的建设与发展，能定期督导检查小规模学校政策落实及学校建设现状，充分发挥监

督、指导、评估与反馈作用。支持在省内高校建立义务教育质量监测中心，全面及时系统地汇总统计小规模学校教育数据，从专业视角和第三方视角，为政府决策提供依据[①]。通过多样化、多层次的督导评估体制，使处于边缘化的小规模学校重视落实法律法规与相关政策，促进小规模学校的发展。

（三）加强教师队伍建设，提高教师整体水平

教育大计，教师为本，要改善小规模学校办学困境最关键的是提升农村教师队伍水平。当前，农村教师队伍存在着"先天不足""后天流失"现象，要加强培训改善原有教师水平，培养能够适应农村教学的"全科教师"，改善农村艰苦生活条件，提高特岗教师待遇，使得农村能够留得住年轻、有能力的教师。

1. 改善教师生活微环境，激励农村教师安心从教

坝上农村小规模学校位置偏僻，距离县城较远，多数教师工作日甚至周末都住在学校教工宿舍，落后的生活条件是教师"留不住"的重要原因之一。因此，要增加投入改善坝上小规模学校的教师生活环境及出行条件，教工宿舍配置较为齐全的生活设施，尤其是要确保秋冬季宿舍的保暖性；有条件的学校可设置教工食堂，若条件不允许，也要尽量为教师提供可自己做饭的地方及基本厨房用具；同时，学校课余时间要多组织教师参加休闲娱乐活动，丰富住校教师的业余生活。此外，教育行政部门应与当地政府及交通运输部门沟通协调，尽量从时间与路线方面改善交通环境，

[①] 田宝军：《县域内义务教育城乡一体化发展研究——基于河北省的调查》，人民出版社2017年版，第176页。

以便于教师节假日回家。

2. 加强教师在职培训，培养"一专多能"教师

师资队伍是学校发展建设的核心环节，坝上小规模学校教师队伍表面上超编，实际任课教师缺编；总量上超编，但结构上缺编。质量较低的现象是我们必须要正视的问题，要解决小规模学校的办学困境必须要加强教师培训。

首先，要建立培训经费保障长效机制，确保有专门的经费用于教师培训并监督经费的使用明细，确认完全专款专用。其次，针对小规模学校的问题，要因地制宜制订恰当的培训内容与培训方式，针对教师专业失衡，重点培养能承担多学科教学任务的"一专多能"教师，弥补许多课程开设不齐的现状；针对小规模学校现有教师年龄结构失衡，新教师教学技能缺乏，而老教师则是多媒体设施运用不熟练，可开展分层、分批的教师培训，满足不同层次教师的需求。最后，小规模学校教师自身也应不断积极进取，要有积极乐观的态度面对农村学校艰苦的生活环境与教学条件，不断追求自己专业知识与能力的进步，充分利用学校现有网络、图书等资源提升自己的专业能力。

3. 完善按劳分配制度，加大对农村特岗教师待遇倾斜

农村特岗教师在教师队伍中一般都是有着较高学历的年轻教师，在小规模学校被委以重任。因此，存在着部分特岗教师所教科目多、上课节数多、任教年级多、工作量大的现象，但实际工资收入却远低于不再担任教学任务的老教师，造成年轻教师心理不平衡，产生对工作不积极，甚至离职的现象。

为了吸引与稳定特岗教师，必须要严格执行特岗教师工资的相关规定，按时发放工资并逐步提高工资水平，完善教师绩效工资政策。坝上地

区与河北省其他地区不同，位置偏远、自然条件恶劣、条件艰苦，想要吸引更多优秀的特岗教师就要增设偏远艰苦地区津贴、交通费用补助等，对待特岗教师与其他教师要一视同仁，将医疗保险、养老保险等纳入保障体系中，增加岗位吸引力。地方政府要解决好特岗教师最关心的聘期与编制问题，使教师能够安心从教。此外，要研究建立对教师的审核制度，对于不能再承担教学任务的老教师要制订相关政策，优化农村教师队伍结构。

4. 建立健全教师流动机制，促进城乡教师双向流动

教师流动不仅关系到教师队伍建设的成效与质量，也关系着教育均衡发展与教育公平。目前，坝上地区义务教育教师流动主要是农村教师流入城镇，且以处于适婚年龄段的女教师流动较多，这些青年教师都是农村教师队伍的骨干力量，教师流动造成农村教师队伍结构失衡、力量薄弱。

为了促进农村小规模学校的发展，地方教育行政部门应统筹全局按照一定程序，规定教师流动支教的义务性，有计划地调配城镇教师资源向农村流动，从制度与法制上支持优秀教师向农村教育的支援性流动。为了吸引更多优质教师到农村，要为参与流动到农村的教师提供优先培训、晋升的机会等。此外，要建立长效的监督机制，对相关教师流动政策的执行情况加以监督，以保证教师双向流动制度的长期有效执行。

（四）强化学校管理，增强学校自主发展能力

目前，国家经费与政策虽逐渐向农村义务教育倾斜，但学校要想发展离不开自身的强大。首先，学校要提升管理者的水平与能力，制定适宜小规模学校发展的规划；其次，要增强对管理人员及管理规章的制定与执行；最后，要动员全体社会成员加入学校管理体制中，使人人各尽其职。

1. 加强校长及管理者培训力度，提升管理能力

小规模学校校长及其他管理者是学校发展的重要决策者与领导者，对学校的发展起着至关重要的作用。外部环境的日益变化与学校内部发展更新，对校长及学校其他管理者提出新的要求，然而小规模学校的校长管理过程中主要依靠陈旧的教育思想与教育经验，造成学校发展过程中问题诸多，困难重重。加强乡村学校校长及管理者培训是推动专业发展的重要途径，通过培训使领导者的专业精神、专业知识、专业能力等不断更新、改进并丰富，是改进校长领导力的有效方式。[①]

首先，教育行政管理部门在制定校长培训内容、方式及时间安排等政策时要充分考虑坝上小规模学校的实际需要，培训内容要最大程度贴近小规模学校校长的发展需要，为日后校长的管理工作提供有力的保障。同时，培训内容、方式及理念等都应随着时代的更新与社会变化而不断变化，提供校长满意的培训，切实提高培训质量。其次，小规模学校校长培训也要根据自身特点与学校实际现状，带着疑问学习交流，在培训中积极主动与专家学者、其他校长等领导者沟通交流，吸取优秀经验，探讨改善坝上小规模学校办学的困境。

2. 完善学校内部管理体制

完善的学校内部管理制度是全校师生的行为规范，能对全校师生起到强制性和约束性作用，是"治校之法"。[②] 坝上地区小规模学校的位置、气候及人口现状的独特性，决定了学校需根据自身特点，制定学生综合管

[①] 陈安丽、佐斌：《走进义务教育新时代》，华中师范大学出版社 2007 年版，第 251 页。

[②] 张瑛：《甘肃省民族地区农村寄宿制学校管理研究——基于甘肃省三个民族县的调查》，西北师范大学 2008 年硕士学位论文，第 35 页。

理规章制度，主要可从以下方面入手：学生作息时间管理、在校课余时间安排管理、寄宿生餐饮管理、宿舍安全管理、卫生管理及图书借阅制度管理、心理辅导管理等。

校园管理中，制度是保障，人员是关键。调查中，小规模学校对校内人员管理极为松散，主要是由于圈子小，领导与教师及其他工作人员碍于面子或亲属原因，领导力被削弱，管理难度大。小规模学校要加强对教师、生活老师、食堂工作人员及门卫安保人员的管理，对教师要采取柔性化管理，充分信任教师，鼓励教师在教学与管理中积极创新，肯定他们的付出与努力，并在生活中给予更多的关注，调动教师积极性，促进学校的长远发展。

要提高对生活教师的选聘标准，并不断加强生活教师在职培训，实时更新管理理念，投入更多的精力关注残障学生与留守儿童。要严格聘用食堂工作人员，选用有从业资格与健康证明的人员，保证餐饮搭配营养均衡且健康卫生。此外，要加强对门卫安全人员的培训与教育，使他们认识到自己工作的重要性，工作期间提高警惕，保障在校师生的安全。

3. 利用自身优势，城乡学校结盟共赢

班级规模直接影响学生课堂的参与度，影响任课教师对学生的关照度，影响教学过程中教师与学生的情感交流，影响教学效果。与城镇的"大班额"相比，小规模学校有其独特的优势，班级人数少，教师可针对不同学生因材施教，对学生进行单独辅导，使学生得到全面发展。教学活动中小规模学校、教师要充分发挥自身的优势，采用有效的小班化教学方式提高教学质量。

乡村教育资源与教育质量落后于城镇是不争的事实，建立城乡学校结盟模式，是解决当前农村小规模学校教育落后的最有效措施。调研中了解到，四所小规模学校均没有支持帮扶学校，全是依靠自身薄弱力量发展。

为了改善小规模学校的发展困境，可以借鉴北京与雄安新区义务教育"一对一"帮扶政策，农村教师轮流到城镇学校交流学习，城镇教师可对口援助支教农村，结盟学校可以资源共享，定期开展教师培训、研讨活动，还可以共同开展文体、艺术联谊活动。在城镇学校的引领下，小规模学校领导、教师积极性被极大调动，增强学校的办学主动性。

4. 建立家、校、乡镇、社会全员参与建设机制

家庭教育是学校教育的有力补充，直接影响学校教育效果，小规模学校根据其生源的独特性应该积极主动与家长沟通，尽可能多举办一些家校合作活动，若家长不能按时参加，教师可进行家访，保证建立稳固的家校合作机制。尤其是针对外出打工、教育观念不强的家长要及时引导，改变他们认为教育只是学校任务的滞后、陈旧教育观念，在双方互动下给予留守儿童呵护与关爱。

小规模学校坐落于乡镇，其发展与进步离不开乡镇的支持，如学校缺乏医疗条件需要乡镇医院的支持，学校周边设施的建设改善需要乡镇的支持。因此，小规模学校在建设发展过程中应及时与乡镇政府等沟通协商，使乡镇成为学校与当地村民家长沟通的桥梁。为解决学校学生少、活动难以开展问题，可邀请当地家长、村民共同参与文艺汇演、体育竞赛等活动，既丰富了学生的课余生活，又拉近了学校与村民的距离，展现了学校的风采，能够吸引更多的家长，挽留更多生源。

"国家的希望在教育，教育的希望在农村"，农村小规模学校是我国农村义务教育的主要组织形式，建好小规模学校是实现城乡教育公平的重要途径。我国现有农村小规模学校共 10.83 万所。因此有学者认为，农村小规模学校将长期、广泛存在于我国偏远农村地区。

张家口坝上地区地广人稀、自然环境差、经济发展落后，制约着其教育的发展，影响城乡教育均衡发展。小规模学校的存在与壮大，能解决偏

远农村孩子上学难问题，有利于实现教育公平。然而，在小规模学校发展的过程中仍存在着许多问题，本研究通过对坝上四县各一所小规模学校进行调查，发现小规模学校办学困境主要是生源减少、师资力量薄弱、办学条件落后、教学管理松懈等方面。要想突破这些困境，使小规模学校的发展迎来新的机遇，需要国家、当地政府、学校、教师及家长等共同努力全员参与建设，首先要坚持城乡均衡发展，重视小规模学校的发展；其次，要在政策与经费上支持小规模学校的发展壮大；最重要的是，学校要增强自主发展能力，具体表现在改变落后的教育理念、提高管理者能力、加强教师队伍建设等。小规模学校有其特殊的合理性与存在价值，我们要努力改善小规模学校的办学困境，重视其发展，使其为义务教育的均衡发展能发挥最大程度的作用。

因研究时间有限，研究者的科研能力不足，在调查与写作的过程中还存在许多不足，需要在后期的研究工作中加以改进完善。具体表现在以下两个方面：第一，样本学校数量选取较少，应该花费大量时间到坝上四县实地调研，找出四县所有符合"小规模"标准的学校，确立为研究样本，研究将更有说服力。第二，研究理论深度欠缺，由于自身学术水平和能力有限，对相关问题的分析相对浅显，写作中语言不够凝练。

专题五
保定市对接京津和雄安教育发展研究报告

党的十九大报告明确提出，要以疏解北京非首都功能为"牛鼻子"，推动京津冀协同发展，高起点规划、高标准建设雄安新区。

京津冀协同发展战略是我国区域协调发展的重要战略，是习近平新时代中国特色社会主义思想的重要组成部分。推动京津冀协同发展，打造以首都为核心的世界级城市群，是新时期我国解决区域不平衡、不协调问题的重要实践，是统筹推进"五位一体"总体布局、协调推进"四个全面"战略布局的具体体现，对于实现"两个一百年"奋斗目标和中华民族伟大复兴的中国梦具有重大战略意义。

河北雄安新区设立，是以习近平同志为核心的党中央作出的一项重大历史性战略选择，是千年大计、国家大事。雄安新区建设是京津冀高质量协同发展的力量之源，是京津冀协同发展的新阶段。

教育在经济社会发展中发挥着基础性、先导性和全局性的作用。京津冀协同发展将带来新的产业结构升级、转移和人口流动等，这将给区域教育发展带来新的影响和挑战。构建高效、畅通的教育区域协同机制与互动模式，缩小区域内教育发展水平的差距，进一步扩大和完善优质教育体系，是京津冀协同发展战略和雄安新区建设的重要内容，是补齐河北公共服务短板、推动区域教育公平的重要途径，也是深化教育领域供给侧结构性改革、提升区域整体教育水平的重要举措。

保定位于河北省中部，地处京津冀核心区，与北京、天津构成黄金三角，互成掎角之势，自古是"北控三关、南达九省、地连四部、雄冠中州"的"通衢之地"，素有"首都南大门"之称。全市下辖 25 个县（市、区），总面积 2.2 万平方公里，总人口 1194 万。

在京津冀协同发展战略的大格局下，保定已成为北京、天津、雄安新区联动发展的前沿地带。保定市政府坚持把京津冀协同发展战略作为统领经济社会发展全局的主线，全面抢抓京津冀协同发展和雄安新区规划建设重大历史机遇，大力实施"协同发展、创新驱动、环境支撑"三大主体战略，全力打好"城市做大、产业做强、生态做美、民生做富"四场硬仗，不断提升与京津协同发展的"引力"。

近年来，保定市教育系统在京津冀协同发展和雄安新区建设的大背景下，面对教育改革带来的新变化、新挑战，抢抓机遇，锐意进取，顺势而为，突出承接教育功能疏解、提升整体教育水平、紧紧围绕京津冀协同发展大局，主动适应经济发展新常态，推进教育协同发展工作。目前，已与北京市教委等教育部门建立了合作关系，与北京师范大学、北京四中、北京八一学校等多所名校对接合作。全市教育系统各类对接项目达到 110 多个，涉及高等教育、基础教育、职业教育、学前教育、特殊教育等多个领域。这些项目从观念、管理、资源、开放、服务和扶贫"六个对接"工作上，为推动保定教育发展注入了活力。

作为《保定市对接京津及雄安新区加快基本公共服务体系建设研究》课题的子课题，课题组深入保定市教育局、雄安三县及毗邻北京的部分县市教育局进行调研，与相关领导干部和部分学校的领导教师进行深入访谈，并到学校实地调查，听取师生意见和建议。同时，对河北省教育厅和相关调研市县提供的各种数据资料进行全面分析。课题组系统梳理了保定市基础教育和中等职业教育的基本情况，并与河北省、京津两市和雄安三县的教育基本情况进行了比较，在回顾总结了保定市教育系统近年来在对接京津及雄安新区的主要成绩与基本经验的基础上，经过集中研讨和协商论证，提出了进一步推进保定市对接京津及雄安新区、加快教育基本公共服务体系建设的建议。

一、保定市教育事业发展概况

近年来，保定市教育改革和发展取得了显著成就，教育体系日益完善，教育改革有序推进，办学条件显著改善，办学水平和教育教学质量不断提高，为全市经济社会发展提供了有力的人才支撑和智力支持，为保障和改善民生作出了重要贡献。

（一）学前教育

保定市启动实施了三期学前教育行动计划，全市学前三年教育毛入园率达93%以上，分别比全省及全国平均水平高10个和16个百分点。2017年保定市小学招生数为149311人，其中受过学前教育的人数为149308人，占比99.998%，学前教育实现全面普及。

1. 办学规模

保定市共有幼儿园2492所，从分布态势上看，城区幼儿园数量低于镇区，镇区低于乡村，乡村幼儿园占全部幼儿园总数的52.25%。

保定市学前教育阶段在园人数合计36.73万人，其中城区、镇区和乡村小学在园人数占比分别为23.98%、34.69%和41.33%，乡村学前教育在园人数占比最高。

保定市幼儿园园均幼儿数为136人，园均班级数量5.48个，城区幼儿园规模大于镇区幼儿园,而城区和镇区幼儿园办学规模均明显大于乡村幼儿园,城区、镇区幼儿园园均幼儿数分别为乡村幼儿园园均幼儿数的1.71倍和1.46倍,城区、镇区幼儿园园均班级数量分别为乡村幼儿园园均班级数量的1.45倍和1.25倍。

与2016年相比,2017年幼儿园新生入园人数减少了4726人,其中城区减少322人,乡村减少7876人,而镇区增加了3472人。尤其是当年招生数远远高于当年毕业生数,也就是说,当年学生毕业后所空余下来的学位,根本不足以满足当年新招学生的需要,并出现了较大差额,总体差额为18287人,其中城区9160人、镇区8537人、乡村590人。

保定市幼儿园班均幼儿数26.91人,高于河北省幼儿园班均幼儿数,但是差距不大。保定市城区、镇区和乡村幼儿园班均幼儿数分别为28.98人、28.74人和24.58人,城区最高,镇区高于乡村,保定市幼儿园班级规模较大。

2. 师资队伍

教师配备不足。截止到2017年,保定市幼儿园教职工人数合计28066人,其中园长2611人、专任教师18948人、保育员3193人,占比分别为9.30%、67.51%、11.38%。莲池区和竞秀区幼儿园教职工5901人,占保定市幼儿园教职工总数的21.03%。根据教育部印发的《幼儿园教职工配备标准(暂行)》[1]规定,"全日制幼儿园每班配备2名专任教师和1名保育员,或配备3名专任教师"。按照教育部规定的"两教一保"的师资配备标准推算,截止到2017年,保定市幼儿园专任教师缺额8348人、保育师缺额10455人。其中,城区幼儿园专任教师足额,保育员缺额

---

[1] 中华人民共和国教育部:《幼儿园教职工配备标准(暂行)》,2013年1月15日,见 http://www.moe.gov.cn/srcsite/A10/s7151/201301/t20130115_147148.html。

1826人；镇区幼儿园专任教师、保育员分别缺额1607人、3060人；乡村幼儿园专任教师、保育员分别缺额6915人、5569人。乡村幼儿园保教人员缺额率远高于城镇幼儿园保教人员缺额率。可见，保定市幼儿园教师数量长期以来一直处于严重不足的状态，根本不能满足幼儿园的一线教学需要，保育员的缺额数量非常大，均未达到国家规定的标准。

保定市学前教育阶段生师比[①]为19.38∶1，城区、镇区和乡村生师比分别为14.09∶1、17.55∶1和27.92∶1；保定市学前教育阶段班师比为1∶1.39，城区、镇区和乡村班师比分别为1∶2.06、1∶1.64和1∶0.88，乡村幼儿园专任教师负担重，缺额严重。

教师性别比例失调。保定市幼儿园专任教师中女教师占比为97.17%，其中城区、镇区、乡村分别为98.75%、97.64%和94.70%，且有进一步增大的趋势。

幼儿园师资队伍以专科毕业学历为主，高中阶段学历占比也较大。从不同学历教师所占比例来看，保定市幼儿园专任教师学历已经从以高中阶段为主发展到以专科学历为主，学历水平较低。截至2017年，专科学历的教师成为保定市幼儿园师资队伍的主体，占幼儿园专任教师的61.84%，高中阶段毕业的专任教师占比为19.28%。

幼儿园师资队伍职称结构以未评职称教师为主。截止到2017年，保定市幼儿园专任教师中未定职级的专任教师11307人，占比达59.67%。保定市幼儿园专任教师中中学高级职称和小学高级职称的专任教师仅4593人，占比为24.24%，高级职称专任教师比例低。

3. 办学条件

截止到2017年，保定市幼儿园占地面积达565.64万平方米、校舍

---

① 生师比是指某一单位所有学生数量与所有专任教师数量的比值。

建筑面积达 224.79 万平方米，生均占地面积和生均校舍建筑面积分别为 16.75 平方米和 6.66 平方米。

保定市幼儿园生均教学及辅助用房面积为 4.60 平方米，城区、镇区和乡村分别为 4.84 平方米、4.75 平方米和 4.31 平方米；保定市幼儿园生均生活用房面积为 0.57 平方米，城区、镇区和乡村分别为 0.58 平方米、0.58 平方米和 0.56 平方米。

保定市幼儿园生均运动场面积为 6.22 平方米，城区、镇区和乡村分别为 4.07 平方米、5.25 平方米和 8.60 平方米，保定市乡村幼儿园生均运动场面积是城区幼儿园的 2.11 倍。根据《河北省民办幼儿园设置基本标准》规定，生均室外活动面积不低于 3 平方米，保定市幼儿园室外活动面积超出标准 3.22 平方米，说明保定市近年来重视幼儿户外活动场所的建设。

保定市城区、镇区、乡村幼儿园生均图书拥有量分别为 12.14 册、12.71 册和 13.08 册，城乡差异不大，基本持平。

4. 教育经费

2017 年，河北省幼儿园生均公共财政预算教育事业费为 4562.02 元，比 2016 年增长 14.40%。生均公共财政预算公用经费为 887.19 元，比 2016 年增长 1.11%。增幅低于其他各类生均教育经费。

（二）义务教育

推进均衡发展，提高教育质量。全市小学、初中适龄儿童少年入学率分别达到 99.3%、99.42%，巩固率分别为 96.49%、94.53%。全市小学、初中全部实行划片就近入学政策。保定市启动实施了义务教育学校建设三个"三年攻坚计划"，累计投入资金 56.81 亿元，新建、改扩建业务教育学校 123 所。有 12 个县（市、区）义务教育均衡发展通过国家评估认定，

5个县（市）通过省评估。具体分析如下：

1. 办学规模

保定市共有小学 1962 所①，从分布态势上看，城区小学数量低于镇区，镇区低于乡村，乡村小学占全部小学总数的 62.90%；共有初中 368 所②，其分布则是镇区最多，乡村次之，城区最少，镇区初中占全部初中总数的 41.58%。

从小学内部结构来看，教学点占比为 46.59%，其中城区、镇区和乡村教学点小学总量的比例分别为 6.09%、20.72% 和 64.18%，教学点已经成为乡村小学办学的主要形式。

保定市义务教育阶段在校生合计为 124.78 万人，小学在校生为 88.70 万人，其中城区、镇区和乡村小学在校生占比分别为 19.83%、36.43% 和 43.75%，乡村小学在校生占比最高；初中生为 36.07 万，其中城区、镇区和乡村初中在校生占比分别为 23.76%、52.88% 和 23.36%，镇区在校生占比最高。

保定市城区学校规模大于镇区学校，而城区和镇区学校办学规模均明显大于乡村学校，平均为乡村学校规模的两倍。如城区、镇区小学平均规模分别为农村小学平均规模的 2.84 倍和 1.94 倍，城区、镇区初中平均规模分别为农村初中平均规模的 2.20 倍和 2.18 倍。

新生入学人数逐年增加，城区、镇区学校压力增大。与 2016 年相比，2017 年小学新生入学人数增加了 2293 人，其中城区增加 2676 人，镇区增加 2953 人，而乡村减少了 3336 人。初中入学人数增加 20588 人，其中城区 3380 人、镇区 14336 人、乡村 2872 人。尤其是当年招生数远远高于

---

① 小学包括小学（含教学点）、九年一贯制和十二年一贯制小学阶段。
② 初中包括初级中学、九年一贯制、十二年一贯制和完全中学初级中学阶段。

当年毕业生数，也就是说，当年学生毕业后所空余下来的学位，根本不足以满足新招学生的需要，小学总体差额为10327人，其中城区3878人、镇区1439人、乡村5010人；初中总体差额为25290人，其中城区5013人、镇区13391人、乡村6886人，进一步加剧了城区、镇区的大班额。

保定市小学班额在56—65人的大班额数量占全部班级数量的6.88%，其中城区为16.62%，镇区为15.83%。66人以上的超大班额占比为5.64%，其中城区为15.83%，镇区为9.92%。

保定市初中班额在56—65人的大班额数量占全部班级的22.81%，其中城区和镇区分别为23.11%和28.11%。66人以上的超大班额占比为17.35%，城区和镇区分别为13.19%和24.77%。

而农村小学中低于30人班额的班级数量占农村小学班级总数的33.07%，城区、镇区大班额、乡村小学小班化态势明显。

实际上，城镇学校大班额状况要比统计数据中显示的要严重得多。因为统计数据中的班额数量来源于学籍注册系统。实际上，很多学校受限于实际条件，并不是按照学籍系统中的班级建制上课的，而是重新编班，从而又形成了很多在学籍系统中不能显示的大班额和特大班额的班级。

2. 师资队伍

到2017年，保定市义务教育阶段专任教师总计74216人（含代课教师），其中莲池、竞秀两区8167人，占比11.00%。

保定市城区、镇区和乡村小学的生师比分别为17.30∶1、18.21∶1和16.23∶1，三个区域初中的生师比分别为11.96∶1、13.35∶1和11.80∶1[①]，低于2014年河北省规定的小学19∶1、初中13.5∶1的标准。

---

① 生师比、班师比中的小学含小学和教学点；初中指三年制初级中学。九年一贯制学校、完全中学和十二年一贯制学校义务教育阶段未计算在内。

保定市城区、镇区和乡村小学班师比分别为1∶2.88、1∶2.39和1∶1.91，三个区域初中的班师比分别为1∶4.73、1∶4.33和1∶4.18。国家尚未出台班师比的配备标准，但从统计数据的比较来看，农村学校教师明显不足。

需要说明的是，统计数据上的教师人数是各地在编教师和在册代课教师的总数，并不是在学校中实际从事教育教学工作教师的人数。调查中发现，现有教职工中，二线和内部退养人员、事病假产假人员、借调私立学校和外系统人员以及工作在教育局直属单位人员总比例高达25%。扣除这部分人员后，实际上生师比会远远超标，根本不能满足中小学一线的教学需要。

教师性别比例失调。保定市小学教师中女教师占比为82.01%，其中城区、镇区、农村分别为88.68%、85.39%和76.76%；初中教师中女教师比例为72.56%，其中城区、镇区、乡村分别为78.77%、72.60%和66.42%，且有进一步增大的趋势。

教师年龄偏大，且结构不合理。保定市义务教育阶段教师平均年龄为38.79岁，其中小学平均年龄为39.10岁，初中为38.21岁。其中45岁以上教师占25.79%，考虑到中小学教师工作量大的实际特点，教师队伍呈现出老龄化趋势。29岁以下的青年教师占18.40%，而青年教师占比虽然达到18.40%，但有相当数量为代课教师和特岗教师，稳定性很差。35—44岁教师占比为43.9%，为中坚力量，人数也相对较多。但是，这部分教师中，当年"普九攻坚"时期，各县职教中心师资班毕业的教师占据相当数量。这些教师中虽不乏优秀教师，但整体上文化基础较为薄弱，发展后劲不足。

小学教师中，语文、数学教师占比为61.00%，艺术（音乐、美术）和计算机教师总计比例仅占11.88%，外语教师占8.77%。初中教师中，语文、数学、外语教师占比为44.17%，音体美信息技术教师总计占比为

14.50%。音乐、体育、美术、计算机及小学外语等学科教师明显不足。

教师学历达标率较高，普遍在专科以上。但是调研中发现，除莲池区和竞秀区外，区域各县市教师初始学历为大专以上的教师比例为10%，教师初始学历普遍偏低，且存在教师任教学科与所学专业不一致的"教非所学"现象。

3. 办学条件

2017年，保定市城区、镇区、乡村小学生均教学及辅助用房面积分别为3.51平方米、3.50平方米和4.75平方米，乡村小学是城区小学的1.35倍。城区、镇区、乡村中学生均教学及辅助用房面积分别是5.15平方米、3.85平方米和5.26平方米，城区、乡村都高于镇区。

保定市城区、镇区、乡村小学生均生活用房面积分别为0.44平方米、1.28平方米和1.19平方米，乡村小学是城区小学的2.70倍。城区、镇区、乡村初中生均生活用房面积分别是2.32平方米、4.35平方米和5.18平方米，乡村是城区的2.23倍。

保定市城区、镇区、乡村小学生均图书拥有量分别为27.95册、26.31册和28.03册，城区、镇区、乡村初中生均图书拥有量分别是33.30册、34.33册和42.65册，城乡差异不大，基本持平。

保定市城区、镇区、乡村小学百人计算机拥有量分别为13.64台、12.12台和15.29台，城区、镇区、乡村初中百人计算机拥有量分别是15.33台、11.82台和15.19台，镇区低于城区和乡村。

保定市城乡小学和初中中，97%以上的学校接入互联网并建立了校园网。

保定市义务教育阶段学校办学条件达标情况整体趋好，但是卫生保健类办学条件和莲池、竞秀两区的小学运动场面积，达标率较低。具体见表2-5-1：

表 2-5-1　2017年保定市义务教育学校总体办学条件学校达标率概况

(单位：%)

学校	地区	体育运动场面积	体育器械配备	音乐器材配备	美术器材配备	数学自然实验仪器（理科实验仪器）	有校医院（卫生室）	有专职校医	有专职保健人员
小学	保定市	68.15	78.93	78.98	78.61	83.17	26.43	2.76	3.40
	莲池、竞秀	46.15	88.46	86.54	86.54	89.42	58.65	6.73	7.69
初中	保定市	82.23	91.40	91.12	90.83	93.98	53.01	23.50	16.62
	莲池、竞秀	65.63	87.50	87.50	87.50	87.50	65.63	43.75	40.63

注：表中小学指小学和教学点，初中指三年制初级中学和九年一贯制学校。

4.经费投入

保定市普通小学生均公共财政预算教育事业费为6751.68元，生均公共财政预算公用经费为1953.38元。保定市普通初中生均公共财政预算教育事业费为9689.99元，生均公共财政预算公用经费为2591.68元。

本表中统计的生均公用经费，并不是直接拨付、可由学校支配的生均公用经费，而是教育事业费中扣除人员经费后，全部用于其他教育事业经费的总额，按支出方向、学生人数的多少，折合成生均公用经费。各地实际上拨付、由学校支配的生均公用经费基本上就是按照河北省小学685元/生、初中885元/生的标准执行的。

（三）普通高中教育

保定市现有普通高中75所，在校生18.28万人。已有20个县（市、区）普及了高中阶段教育，全市高中阶段教育毛入学率达到92%以上。具体情况如下：

1. 办学规模

从分布态势上看,镇区高中数量高于城区,城区高于乡村,镇区高中占全部高中总数的57.33%。

从内部结构来看,高级中学占比为74.67%,其中城区、镇区和乡村高级中学总量的比例分别为39.29%、60.71%和0.00%,高级中学已经成为镇区高中办学的主要形式,其余为完全中学和十二年一贯制学校高中阶段。

从学生分布来看,城区、镇区和乡村高中在校生占比分别为38.27%、60.26%和1.47%,镇区高中在校生占比最高。

保定市有2875个高中班,其中56—65人的大班额的班级数量为840个,占全部班级的29.22%,66人以上的超大班额的班级为3907个,占比达到41.70%,高中教育大班额基本上成为常态。

2. 师资队伍

保定市普通高中专任教师总计为12612人。城区、镇区和乡村高中生师比分别为13.99∶1、14.83∶1和14.65∶1,均高于2014年国家规定的高中为12.5∶1的标准,高中教师数量严重不足。城区、镇区和乡村高中班师比分别为1∶4.37、1∶4.40和1∶4.30,城乡班师比较为均衡。

教师年龄结构较为合理。保定市高中教育阶段教师平均年龄为37.12岁,其中29岁以下的青年教师占20.01%,30—39岁教师占41.48%,40—49岁教师占30.95%,50岁以上仅占7.56%。

保定市高中教师本科生学历以上的占97.40%,略低于河北省平均水平。

3. 办学条件

保定市普通高中生均校园占地面积为29.05平方米,生均用房面积为

14.56平方米，其中生均教学及辅助用房为5.27平方米，生均行政办公用房为1.50平方米，生均生活用房为7.32平方米。生均固定资产值为1.62万元。

保定市普通高中办学条件的各项主要指标，均低于甚至是大幅度低于河北省的平均水平。

4. 经费投入

2017年，保定市普通高中生均公共财政预算教育事业费为8495.93元，低于河北省普通高中生均公共财政预算的水平，在全省地级市中排名倒数第二。而且，与2016年相比，是全省唯一一个出现负增长的地级市。

（四）中等职业教育

中职学校81所（含职业学校43所，技工学校38所），在校生9万人，专任教师9374人。保定有国家级中等职业教育改革示范学校6所，国家级重点中等职业学校29所，省级重点中等职业学校16所，开办15类共计78个专业，其中省级骨干特色专业41个。中等职业学校毕业生就业率稳定在98%以上。18所中等职业学校与京津地区79家企事业单位、26所院校开展了多种形式的校企合作、联合办学，每年有1万多名学生到京津实习或就业。以阜平职教中心为核心示范校的北京—燕太片区职教扶贫协作区组建工作正加速推进，将惠及河北省、山西省、内蒙古自治区3省（区）6市的33个国家扶贫开发工作重点县。

全市中等职业学校共开设15大类共计78个专业。其中省级骨干专业35个、省级特色专业15个，位居全省前列；建成市级骨干专业30个、市级特色专业7个，初步形成了省、市两级骨干专业、特色专业建设体系。

目前，全市高等职业院校 6 所（其中，省部属 3 所），在校生 3.2 万人，专任教师 1622 人；中职学校 81 所（含职业学校 43 所，技工学校 38 所），在校生 9 万人，专任教师 9374 人。全市国家级中等职业教育改革发展示范学校 6 所（含 1 所省属学校和 1 所劳技校）、国家级重点中等职业学校 24 所、省级重点中等职业学校 13 所、河北省中等职业教育质量提升工程项目学校（120 工程）16 所（含 2 所劳技校）。

二、保定市与其他区域教育比较

保定市教育事业几项主要指标，总体上与河北省平均水平持平，基本上属于中等稍偏下的层次，远远低于北京和天津，但是高于雄安新区。具体指标如下：

（一）办学规模

保定市相对办学规模远高于北京天津。保定市相对办学规模（每十万人口在校生数量）略高于全国，低于河北省平均规模，但却远高于北京、天津。其中小学规模是北京的 1.84 倍、天津的 1.79 倍，初中规模是北京的 2.46 倍、天津的 1.80 倍。也就是说，即便是保定市与北京、天津同等经济发展水平和同等比例的教育资源投入的情况下，保定市所负担的学生人数要远远多于北京，保定市生均教育资源量也会远远低于北京或天津。雄安新区状况比保定市还要严重，且超过全省平均规模。见表 2-5-2：

表 2-5-2　2017 年各地每十万人口各级学校平均在校生数

(单位：人)

地区	学前教育	小学	初中阶段	高中阶段
全国	3327	7300	3213	2872
北京	2050	4031	1226	1245
天津	1674	4149	1679	1820
河北	3179	8530	3481	2822
保定	3076	7429	3021	1531
雄安	3389	10046	3740	1240

（二）师资队伍

保定市教师严重不足。保定市普通中小学生师比与河北省基本持平，略高于全国平均水平，但是与北京、天津差异巨大。其中小学生师比分别高出北京、天津 25.92 个百分点和 13.55 个百分点，初中生师比分别高出北京、天津 63.00 个百分点和 29.10 个百分点，高中生师比分别高出北京、天津 89.66 个百分点和 45.22 个百分点。与北京、天津相比，保定市教师数量远远不足，学段层级越高越严重。雄安三县义务教育阶段教师缺编更严重。

表 2-5-3　2017 年各地各级学校生师比比较

(单位：%)

地区	普通小学	初中	普通高中	中等职业学校
全国	16.98	12.52	13.39	19.59
北京	13.58	7.73	7.64	11.76
天津	15.06	9.76	9.91	16.11
河北	17.42	13.87	13.68	15.31
保定	17.10	12.60	14.49	—
雄安	19.04	21.42	13.23	5.27

注：河北省、保定市和雄安新区初中生师比为三年制初级中学。

保定市教师学历层次明显偏低，雄安新区教师学历层次更低。

保定市幼儿园园长、专任教师中，本科以上学历占比为19.78%，远远低于北京的43.53%和天津的53.11%。如表2-5-4所示。

表2-5-4　2017年各地幼儿园园长、专任教师各学历层次情况比较

(单位：人，%)

区域	总计	研究生 数量	研究生 比例	本科 数量	本科 比例	专科 数量	专科 比例	高中阶段及以下 数量	高中阶段及以下 比例
全国	2712065	7253	0.27	607705	22.41	1553973	57.30	543134	20.03
北京	40291	564	1.40	16974	42.13	19436	48.24	3317	8.23
天津	18932	341	1.80	9714	51.31	6226	32.89	2651	14.00
河北	129260	264	0.20	24204	18.73	72313	55.94	32479	25.13
保定	21559	47	0.22	4218	19.56	13225	61.34	4069	18.87
雄安	2189	1	0.05	269	12.29	1284	58.66	635	29.01

保定市小学专任教师中，本科以上学历占比为43.66%，远远低于北京的91.88%和天津的79.36%。如表2-5-5所示。

表2-5-5　2017年各地小学专任教师各学历层次情况比较

(单位：人，%)

区域	总计	研究生 数量	研究生 比例	本科 数量	本科 比例	专科 数量	专科 比例	高中阶段及以下 数量	高中阶段及以下 比例
全国	5944910	56460	0.95	3217461	54.12	2389380	40.19	281609	4.74
北京	64514	4523	7.01	54755	84.87	4910	7.61	326	0.51
天津	43023	2123	4.93	32023	74.43	7853	18.25	1024	2.38
河北	365877	2132	0.58	186181	50.89	166932	45.63	10632	2.91
保定	48797	223	0.46	21079	43.20	26446	54.20	1049	2.15
雄安	5199	3	0.06	1635	31.45	3406	65.51	155	2.98

保定市初中专任教师中，本科以上学历占比为82.89%，低于北京的99.12%和天津的96.38%。其中研究生占比为1.78%，远远低于北京的17.60%和天津的8.73%。如表2-5-6所示。

表 2-5-6 2017 年各地初中专任教师各学历层次情况比较

（单位：人，%）

区域	总计	研究生		本科		专科		高中阶段及以下	
		数量	比例	数量	比例	数量	比例	数量	比例
全国	3548688	92411	2.60	2910727	82.02	539517	15.20	6033	0.17
北京	34451	6065	17.60	28085	81.52	294	0.85	7	0.02
天津	26869	2347	8.73	23552	87.65	927	3.45	43	0.16
河北	187549	3952	2.11	157993	84.24	25490	13.59	135	0.07
保定	25419	452	1.78	20617	81.11	4333	17.05	17	0.07
雄安	2302	18	0.78	1660	72.11	623	27.06	1	0.04

保定市高中专任教师中，研究生占比为 7.72%，远远低于北京的 28.25% 和天津的 16.67%。如表 2-5-7 所示。

表 2-5-7 2017 年各地普通高中专任教师各学历层次情况比较

（单位：人，%）

区域	总计	研究生		本科		专科		高中阶段及以下	
		数量	比例	数量	比例	数量	比例	数量	比例
全国	1773963	158550	8.94	1582588	89.21	32175	1.81	640	0.04
北京	21452	6061	28.25	15368	71.64	22	0.10	1	0.005
天津	16504	2752	16.67	13658	82.76	93	0.56	1	0.006
河北	94430	7793	8.25	84474	89.46	2147	2.27	16	0.02
保定	12612	974	7.72	11310	89.68	328	2.60	0	0.00
雄安	981	51	5.20	874	89.09	56	5.71	0	0.00

（三）办学条件

在北京市和河北省分别采取不同办学条件标准的情况下，保定市小学、初中和普通高中办学条件达标率普遍低于北京，尤其是小学阶段。如表 2-5-8 所示。

表 2-5-8　2017 年各地学校总体办学条件学校达标率概况

(单位：%)

学校	地区	体育运动场面积	体育器械配备	音乐器材配备	美术器材配备	数学自然实验仪器（理科实验仪器）
小学	北京	85.80	96.10	96.10	95.80	95.30
	河北	82.51	88.28	87.53	87.34	89.62
	保定	68.15	78.93	78.98	78.61	83.17
	雄安	44.09	45.91	46.82	46.36	51.82
初中	北京	93.50	95.00	94.40	95.30	94.10
	河北	88.59	93.31	92.38	92.08	94.65
	保定	82.23	91.40	91.12	90.83	93.98
	雄安	87.80	87.80	90.24	90.24	90.24
普通高中	北京	86.90	97.00	95.10	95.70	94.40
	河北	90.32	91.75	90.00	90.63	93.81
	保定	84.00	90.67	89.33	90.67	90.67
	雄安	60.00	80.00	80.00	80.00	80.00

注：表中小学指小学和教学点，初中指三年制初级中学和九年一贯制学校。北京为 2016 年数据，且北京市与河北省办学标准不同。暂缺天津数据。

（四）教育经费

2016 年（2017 年教育经费数据不全面，故采用 2016 年数据），保定市普通小学、普通初中、普通高中生均公共财政预算教育事业费和除小学和中等职业以外的生均公共财政公用经费，全部低于全国和河北省平均水平。普通小学生均公用经费略高于河北省平均水平。如表 2-5-9 所示。

表 2-5-9　2016 年各地生均公共财政预算教育事业费和公用经费情况

(单位：元)

地区	生均公共财政预算教育事业费				生均公共财政预算公用经费			
	普通小学	普通初中	普通高中	中等职业	普通小学	普通初中	普通高中	中等职业
全国	9557.89	13415.99	12315.21	12227.70	2610.86	3562.05	3198.05	4778.79
北京	25793.55	45516.37	50802.57	38661.50	10308.69	16707.86	18425.09	15587.33
天津	18284.41	29961.87	31425.02	26651.70	4244.66	5790.51	7977.08	7312.38
河北	7300.16	10532.56	10858.95	13524.02	1861.95	2695.48	2427.95	3943.54
保定	6751.68	9689.99	8625.03	14096.96	1953.38	2591.68	2418.98	4189.70
雄安	5479.74	7443.29	暂缺	暂缺	1285.66	1676.93	暂缺	暂缺

注：雄安新区为 2017 年数据，且通过容城县、安新县和雄县生均经费计算所得。

然而，保定市生均教育经费水平，与北京、天津相比则是成倍的差距。尤其是北京市小学、初中、普通高中的生均公用经费分别是保定市的 5.28 倍、6.45 倍和 7.62 倍，简直是天壤之别。如表 2-5-10 所示。

表 2-5-10　2016 年北京、天津与保定生均公共财政预算教育事业费
　　　　　和公用经费比值

(单位：倍)

地区	生均公共财政预算教育事业费				生均公共财政预算公用经费			
	普通小学	普通初中	普通高中	中等职业	普通小学	普通初中	普通高中	中等职业
北京	3.82	4.70	5.89	2.74	5.28	6.45	7.62	3.72
天津	2.71	3.09	3.64	1.89	2.17	2.23	3.30	1.75
保定	1.00	1.00	1.00	1.00	1.00	1.00	1.00	1.00

三、保定市教育系统对接工作的回顾

近年来，保定市教育系统抢抓机遇，乘势而上，以质量提升、协同发展为主线，以专业素养对接为抓手，承接北京教育功能疏解，扎实有序推

进京津保教育协同发展。

（一）主要做法与成绩

保定市教育系统围绕提升教育整体水平、承接教育功能疏解、服务协同发展大局、提供智力人才支撑"四项任务"，重点抓观念、管理、资源、开放和服务"五个对接"。目前，保定市已与北京市教委等教育部门建立了合作关系，与首都师范大学、北京八一学校等多所名校实质对接合作，形成了由点及面，由零散向系统规划发展的新局面。全市教育系统各类对接项目达到150多个，涉及高等教育、基础教育、职业教育、学前教育、特殊教育等多个领域。

1. 顶层推进

市委、市政府、市人大主要领导，多次与教育部、北京市有关部门和北师大、北二外等高校对接洽谈，达成多项协议。

市教育局制定了《关于推进京津保教育协同发展工作的实施意见》，对全市教育对接工作做出系统安排，市教育局成立了领导小组，并设置了协同发展办公室，安排了3名专职工作人员，将协同发展工作纳入各县（市、区）和市直属学校年度考核体系。市、县教育部门都成立了教育协同发展领导小组，明确专人负责，与京津有关方面保持密切沟通，为对接工作提供了体制与机制基础。

市教育局与北京市教委在中职学生"2+1联合培养""特教学生2+1"升学深造、校长教师素质提升、中小学生研学、教师置换培训、送教下乡、信息资源共享等方面达成合作共识。邀请京津名师、名校长到保定举办报告会，遴选贫困县200名中小学校长和50名小学数学骨干教师到北京学习培训，更新了教育观念，提高了教育教学管理水平；组织涞源、涞水、易县、唐县、阜平和顺平6个贫困县60名师生赴京参加夏令营，促进了京保两地探索"扩大优质教育资源供给，提升教育精准扶贫成效"的模式创新。认真贯彻落实省《大学园区和职教园区建设指导意见》，拟整体迁建保定职业技术学院，整合主城区4所教育部门所属、1所人社部门所属、1所省属、1所区属中等职业学校，吸引3—4所北京大中专学校来保定办学或办分校，通过资产置换、吸纳社会资金参与建设等方式，在徐水或满城建设公共服务设施及实训设施设备共建共享的保定职教园、高教园。

2. 筑巢引凤

充分发挥保定区位、文化、教育优势，积极吸引京津优质教育资源向保定疏解。北京八一学校保定分校，一期投资2.5亿元，2016年9月建成投入使用。榜样堂九年一贯制学校投资5.4亿元，同中国科学院老专家技术中心、北京教育学院石景山分院等单位共同组建"京津冀科技创新教育联盟"。英利源盛城发集团与北京师范大学合作，投资7亿元建设北京师范大学保定实验学校。北京公交集团的公交智造产业园计划落户涞水县，占地面积约2000亩，主要用于教育培训、新能源产业制造等，产业园还将建成一所"企业大学"，作为公交系统的培训基地。

3. 全面对接

（1）观念对接，引进先进教育理念。市教育局主要领导先后到北京市西城区、东城区、海淀区、丰台区、房山区、天津市河西区和北京四中、八一学校、北京师范大学等学校拜访对接，邀请北京四中校长刘长铭、北京教育学院院长李方等专家来保定举办专场报告会20余场，传授先进教育观念和教学思想；从各县（市、区）遴选200名中小学校长，赴北京教育学院参加培训。

各县（市、区）教育局及各直属学校积极开展与京津的合作与交流，安国中学、保定三中、保定外国语学校分别与北京四中合作，通过教学教研平台对接、联盟课改实验校、资源在线共享等形式开展合作办学；开展形式多样的教学交流学习，包括网上备课互动、北京专家听课指导、参观学习、交流互访、参加培训和研修活动、送教下乡、异地师徒结对等。

2018年4月20日，由保定市教育局、满城区教育局主办，满城区满城小学组织了主题为"培精神沃土，享职业幸福"的吴甡校长工作室成员校长读书学习交流活动。4月21日，高新区小学进行了"京保携手同行，共育未来英才"吴甡校长工作室高新区教师培训，2018年5月25日，阜平城厢中学开启了2018年"京保促进校长领导力提升公益行"活动。2018年6月12日，保定市吴甡校长工作室各成员校长赴北京进行了弘扬中华优秀传统文化的教育活动。

（2）管理对接，创新办学体制机制。保定一中、保定三中、保定十七中、保师附校、保定三中分校、保定外国语等学校先后加盟"北京四中名校数字化联盟课改实验校"。保定一中、保师附校参与了北京大学优秀创新人才培养暨K12教育一体化项目实验。保定外国语学校与北京外国语大学合作共建"外语特色与国际化教育实验基地"。保定一中挂牌北京师范大学校园足球研训基地，保定二中成为"北京新东方英语教学成果转化基地"。

市职教中心分别与北京金隅科技学校、天津市第一商业学校签订联合办学协议，与北京商务科技学校物流实训基地、北京求实职业技术学校、联想集团建立合作关系。保定特教中心与海淀区特教中心开展了联合办学。市中小学教师培训中心与北京育本信息科学研究院签订了《"十三五"培训战略合作协议》，女职中专签约北京市商业学校。

保定市女子职业中专学校加入"北京现代服务业职业教育集团"。阜平县职教中心加入"京津冀'互联网+'职教集团"，与丰台区职教中心开展联合办学。涞源职教中心与北京市密云区职业学校、宣化科技职业学院签订合作协议。

与北京市广渠门教育集团洽谈学前教育专业合作，成立了青幼教育集团，通过北京优质资源和保定优质资源的引领，带动保定市幼儿教育的发展。

北京市海淀区特殊教育研究与指导中心和保定市特殊教育中心签订对口帮扶协议，启动"北京市对口帮扶保定市特殊教育中心及涞水、涞源、易县、唐县、顺平、阜平六个县特殊教育学校项目"，从研学帮扶、自闭症康复帮扶、师资队伍建设帮扶和教学管理帮扶四方面稳步推进。

（3）资源对接，引进优质教育资源。市政府与北京师范大学在北京签署战略合作框架协议，双方将在区域教育改革与发展、人才交流与培养、生态发展与科研合作等领域开展区域教育质量检测合作，合作举办基础教育体制机制创新学校，开展教育研究协同合作及推广，共建北京师范大学教育文化传播中心（京师保定书院），开展师资队伍建设合作，共建高端人才培养平台，开展京津冀一体化绿色发展研究合作等。

北京第二外国语学院、中国农业科学院研究生院、国家能源局国家水能风能研究中心、北京师范大学中国绿色协同创新中心、中央美术学院实验艺术学院将在保定谋划建立科教、文化综合产业园。

保定恒东文化发展有限公司与北大学园签约，将在中关村数字文物产业园新建一所高标准九年一贯制学校。英利源盛城发集团有限公司和北师大签署了合作办学协议。

阜平县政府与首都师范大学签署教育战略合作协议，充分发挥首都师范大学高等教育资源优势，支持和帮助阜平革命老区基础教育高位、优质、均衡发展。

创办北京八一学校保定分校，总投资 2.5 亿元，已于 2016 年开学。榜样堂九年一贯制学校投资 5.4 亿元，同中国科学院老专家技术中心、北京教育学院石景山分院等单位共同组建"京津冀科技创新教育联盟"。

市直和容城县 10 多所学校，推广北京服装学院承担的全国中小学生校服研发成果 6 万余件。

（4）开放对接，提升教育开放水平。保师附校、保定三中被命名为"一带一路"黑山语推广基地，深化了两国教育合作交流。市教育局与英国纽卡斯尔大学在保定师范附属学校联合举办了"京津冀协同背景下中小学校长领导力和职业发展高峰论坛"。阜平中学挂牌衡水第一中学阜平校区，双方签订了《提升阜平高中教育行动合作协议》。

（5）服务对接，承接非首都功能疏解。2016 年 7 月 28 日，北京市发展改革委召开北京市支持保定白沟新城教育医疗工作方案对接会，确定西城区 156 中学、五路通小学与白沟新城相关学校对接，结成姊妹校；保定市正在积极争取河北省、北京市有关方面支持，在白沟新城援建一所省级示范性高中。高碑店市教育局为解决北京疏解企业人员子女入园、入学问题，积极筹建北京师范大学老教授协会实验幼儿园和北大公学实验小学高碑店分校。涞水与中国传媒大学、北京中医药大学已达成合作意向，北京公交职业技术培训学校拟入驻京涞产业新城教育园区。容城县制定了北京服装学院分院落户容城工作方案，成立以县长为组长的工作领导小组，并主动与北京服装学院进行洽谈沟通。

4. 协力扶贫

联合北京市教委启动"京保教育精准扶贫攻坚行动"。未来三年，双方将着力"四项重点工作"，推进教育公平，提高公共服务均等化水平；深化教育领域改革，激发发展活力；抢抓战略机遇，推进教育协同发展；依托名校集团化办学，探索教育扶贫新路径，引导各教育行政部门及相关单位、学校开展跨区域合作，实现京保优质教育资源共建共享，促进京保教育协同发展与提升，全面打赢保定精准脱贫攻坚战，并率先在基础教育和职业教育领域启动行动计划，实施"五大工程"。

（1）队伍提升工程。组织贫困地区教师到北京学校集中培训、跟岗交流，提升薄弱学校管理干部和师资业务水平。2018年上半年，八个贫困县教育局积极开展形式多样的教学交流学习，包括与北京名校的网上备课互动、北京专家听课指导、参观学习、交流互访、参加培训和研修活动、送教下乡、异地师徒结对、举办京津专家讲座、与京津学校建立对接关系、成立帮扶小组或结成"互帮互助"对子学校。

（2）送教帮扶工程。组织到保定6个受帮扶县送教、支教，通过设立基地校，开展名校长、名师工作室、老校长下乡等活动，辐射带动区域内教育教学水平提升。

（3）"互联网+教育"工程。通过网络视频、同步课堂等信息化手段，达到与北京学校同步同频。

（4）集团化办学工程。北京八一学校与阜平八一小学、八一学校保定分校的建设合作，把学校做强做大，辐射好周边学校。

（5）职业教育工程。建立职业教育帮扶体系，重点以建档立卡学生为精准帮扶对象。与北京中高职联合开展"3+2""2.5+0.5"培养模式和保定深度贫困县农村电商技能培训。在2018年京冀对口帮扶项目中，阜平县职教中心将与北京市财贸职业学院学生合作开展技能提升培训项目。

截至笔者调查之时，北京市6区对保定市6个贫困县对口支援，已确定教育帮扶项目50多个。北京教育工委协调西城区、东城区、海淀区教委，成立了老校长助教团，对阜平5所学校在学校管理、教师培训等方面进行精准帮扶。

（二）主要问题与困难

相比京津，保定市办学理念还需要更新，管理水平有待提高，教师能力素质与新课程改革的要求还有差距，特别是办学规模、师资队伍、办学条件和经费投入还有相当大的差距，对接工作还存在诸多问题与困难。

1. 合作项目落实不够，实际效果不佳

一方面，重协议，轻落实。迄今为止，保定市与京津签署的各项教育合作协议超过150项，但是协议落实情况不容乐观，很多项目仅仅停留在协议层面上，没有进一步的行动，没有将协议的内容梳理、落实到具体的责任单位和责任人，更谈不上转化为实际的合作事项；另一方面是重形式、轻内容。有一些交流合作项目都戴了很大的帽子，动不动就冠之以联盟、框架协议之类的名头，但合作内容很宽泛、很笼统，没有具体的实施方案，不可能得到落实，最后只能沦为空谈。

2. 教育基础差异悬殊，合作基础薄弱

一方面，各区域的教育基础差异太大。保定市教育无论是经费投入、办学条件、生师比例、班级规模，还是教育理念、教师素质、评价标准、管理水平和待遇水平，与京津两地相比都存在差距，很多方面甚至是悬殊，缺乏平等、互补、共赢的合作基础；另一方面，支撑教育发展的社会环境差异巨大，无论是经济条件、社会环境、居民收入，还是政府社会对教育的政策支持、评价机制、理念导向等，都存在较大差异，导致合作双方在许多具体的合作领域难以达成共识。优质的教育教学资源和管理经验可以分享，但办学模式和学校文化等不能简单移植。

如北京的中小学教师和校长在北京工作可以得心应手，但到天津和河北工作就不一定适应。而北京学校提倡学生素质教育和个性发展，而不是应试能力，这也会与保定当地教育理念和目标发生冲突，教师们不容易接受和操作，社会和家长也会产生负面评价。再如保定与京津基础教育办学模式、教材、评价体系等方面有很大差别，高考使用不同的试卷，招生计划、考试内容、录取分数线差异很大。

同时，尽管北京的优质基础教育资源相对丰富，但北京各区县发展存在较大差异，优质资源主要集中在北京中心城区，郊区县特别是远郊区县基础教育还比较薄弱。而且，多年来，北京的优质中小学已经承担了许多社会责任，区域内的学校合作、跨区域的优质教育资源的输出、支援全国贫困地区的教育等，由此，北京的优质基础教育资源的存量也是有限的，所以从长远来看，合作对接的可持续性也是有很多局限的。

3. 体制机制相互独立，缺乏制度保障

从宏观层面上看，国家和省里目前出台的主要政策属于倡导性的，既缺乏刚性的约束，也缺乏具体指导。国家还没有出台关于京津冀教育协同发展的统一规划，尚未建立起统揽全局的协调机制，在经费保障、机构协调、人员统筹、学籍管理、招生就业等方面都存在诸多壁垒；从微观层面上，各合作主体之间也缺乏相应的体制机制的制度保障，缺乏长效机制和激励机制，特别是难以调动处于上位的一线教师参与合作的积极性。

如受制于义务教育属地管理制度，学校跨区域办学面临着各种制度障碍，比如跨区域的教师交流与研训制度、学生考试招生制度、教材选用、经费投入等，这都需要与当地教育行政部门协调对接。由于教育经费的属地化管理，北京学校那些前往保定支教的教师都无法获得正常的劳务报酬。职业教育面临着学籍管理、学分互认等方面的问题。

4. 合作主体诉求各异，削弱整合效果

合作是各方利益博弈的过程，各合作主体都有不同的利益诉求。而很多时候，被动的、盲目的、机械的没有诉求的合作，其结果必然是低效甚至是无效的。

以获取政绩、扩大影响为主要目的的政治诉求，其主要动力是来自政府的压力和个人的政治追求，容易导致政绩工程、形象工程、作秀工程，看起来红火热闹,做起来没有实效,甚至会忽悠社会、伤害师生,最终有损教育教学质量。以追求经济效益为主要目的的逐利诉求,主要表现在市县政府、房地产开发商和少数的优质资源学校身上,这必然导致大规模圈地、盲目扩大规模、追求短期经济利益,二者恰恰是与教育的公益性相违背的。而对于广大具体实施项目合作的一线教职员工来讲,如果没有配套的激励措施,只能是被动完成上级交代的任务,疲于应付,得过且过,敷衍了事。

四、保定市教育系统对接工作的建议

持续推进保定教育与京津和雄安新区对接,对促进京津冀教育协同发展具有重要战略意义,这不仅对疏解首都非核心功能具有重要支撑作用,而且对探讨区域教育综合改革体制机制方面具有很大的创新价值。对提高京津冀,特别是保定、雄安的教育整体水平具有重大的现实价值。

京津保教育的发展是多主体协同发展、实现功能互补、区域联动效应的过程,这就要求京津保三地的教育发展打破传统地方主义框架的限制与束缚,站在国家战略的高度上重新定位和谋划,以协同发展为基本指导思想,完善京津保区域教育治理结构和发展模式,构建高效畅通的教育协同机制,超越以往以省市行政区划为基本单位的分立的公共教育体制,缩小区域内部教育发展水平的差距,最终达成区域教育优质均衡的根本目标。

(一)持续推进保定市教育改革与发展

保定市自身的教育改革与发展,是提升保定教育、对接京津和雄安工作水平的基础。任何合作与协同都是以平等互利为基础的。自身基础差、水平低,就难以从根本上做到与其他主体的实质性合作。自身的困境与问题主要还是靠自身的不断改革与发展，借助外力、对接合作只能起到外力支持与吸收借鉴的作用。在强力推进中心城区"学校建设三年攻坚行动""县城学校建设三年攻坚行动""义务教育薄弱学校改造攻坚工程""幼儿园建设攻坚工程""普通高中建设攻坚工程"这些工程的同时，建议做好以下工作：

1. 推进教育立法统筹城乡教育规划

《石家庄市教育设施规划建设管理条例》已经由河北省人大常委会审议通过，于2015年1月1日正式实施。它为建立健全石家庄市居民住宅小区教育设施配建、移交机制，解决区域内基础教育突出问题提供了法律依据和保障。建议保定市总结这一经验，尽快就教育要素配置中的重要问题，比如硬件设施、经费投入、师资队伍、考试招生等问题制定法规规章，强化政府的主体责任，明确各级教育行政部门、发展改革委、规划、国土、建设、房管、城市管理等有关行政主管部门的职责，为解决好制约教育发展的瓶颈问题提供法律保障。

政府应对地区经济社会发展状况、人口变化趋势、教育发展现状进行深入细致的描述和分析，根据城乡人口流动规律和人口结构状况，以及地理环境、经济水平和教育中长期发展需求，全面进行学校布局调整，建议在区域层面建立城乡一体的数据库和教育管理信息系统。

要根据社会发展、城镇化建设和人口流动的趋势，统筹制定中小学发展的专项规划，建立教育用地储备制度，并将规划纳入本地区国民经济和社会发展规划、城市总体规划、土地利用规划中，以有效应对即将出现的人口流动高峰和儿童入学高峰。

2. 继续加大投入，优化投资方式

各级政府要把发展教育当作重要的民生工程，作为改善投资结构的重要举措，不折不扣地落实教育法对教育投入"三个增长"的要求，对于教育费附加、农村税费改革专项转移支付、城市维护建设税、土地出让金计提、成人教育费等政策性教育资金，做到足额征收，足额按时拨付，并按照政策规定的投入去向使用，这是保证教育经费投入的最低要求。

在加强地方财政在基础设施建设、仪器设备购置方面的专项投入的同时，加大经费支出结构中公用经费支出比例。新增教育经费要从改善办学条件为主转到改善办学条件和促进教育内涵发展并重上来，在推进学校硬件条件标准化建设的同时，将更多的资源投向师资队伍建设和农村教学质量提升方面，做到软硬件建设同步。

保障市区、城郊地区学校的经费投入。在均衡城市和农村学校的教育投入时，重视农村和城市的过渡地段，即行政区划属于市区，但经济社会发展现状尚处于农村的市区、城郊地区是个薄弱环节，也是将来人口增量最大的区域。尽早启动寄宿制学校和农村教学点标准化建设工程，这是当前农村教育中最为薄弱的两个环节，其中农村教学点几乎快成了被人们"遗忘的角落"。

3. 做好编制管理，优化干部教师队伍

做好现有教师编制的管理工作，深入严格地进行清岗清编工作，尽快解决部分教师在编不在岗的问题，严禁空编不补和挤占、挪用、截留教职工编制。

政府要下决心补充新教师，对于由于自然减员空余编制、学校规模扩大、开全开足课程所需要的新教师岗位，必须及时补充，这已经是非解决不可的严重问题，在此不必赘述。利用好国家"特设岗位教师计划"、师范生顶岗实习和"三支一扶"支教计划、"银龄讲学计划"等，解决燃眉之急。

进一步通过制度化方式，建立健全城乡干部教师交流机制和偏远乡村教师奖励激励机制。

　　要特别强调干部和教师的师德建设。总体上来看，保定市的教师结构、教师水平与省内其他地区差异不大，但是保定市的教育水平，特别是高中教育水平不言自明。其中的原因是复杂的，但是，干部和教师的师德修养和工作作风是非常重要的因素。要通过严格的制度与督查，辅之以日常熏陶、宣传表彰，大力加强干部和教师两个群体师德建设。

　　4. 加强教育信息化建设，实现优质资源全覆盖

　　推进政府主导多主体参与的信息化建设机制。在政府主导下，综合运用行政、经济和法律手段，学校、教育行政部门、企业、信息化主管部门多主体参与，采取更为灵活的方式，整合各种投融资渠道和形式，继续加大教育信息化的投入，加快教育信息化步伐。

　　建立远程培训平台，提升教师素质。远程培训平台首先要促进教师信息化应用能力的提升。其次，要提升教师的教学理念和教学水平。最后，要搭建立体化的区域教研平台，整合区域内优质资源，使不同地区、不同条件的教师能够自由交流，开阔眼界。

　　打造区域教学中心，丰富教学资源。建立教育科研网和基础教育课程资源库，并实现省级平台与国家教育信息资源平台、教师信息化能力提升工程及配套的远程培训平台的互联互通，建立多种形式的网络学习共同体，做到资源共享，实现优质教育资源全覆盖。

　　改变教学方式，促进师生发展。着力做好运用信息化手段促进教学观念和教学形态转变的工作。要通过对教师的培训，将信息化教学手段的应用作为教学改革的重要环节，通过让学生掌握信息化手段的应用，转变学生的学习方式。更为重要的是，通过信息化的手段，让工作学习在偏远乡村的师生，走出封闭乡村，走向更为精彩的大千世界。

（二）加强顶层设计建立对接机制与平台

推动京津冀区域教育协同的主体是政府，因为政府具有行政的强制性与合法性，这使得其能够提高公共服务的供给效率。政府对整个公共服务系统发挥指导作用，可以系统提供法律上和政策上的倾斜和保障，保证系统的有序平稳运行。

1. 完善保定市教育对接的目标和规划

京津冀教育协同发展要做统一规划和部署，教育协同发展规划的具体实施也是实现区域教育协同发展的关键环节。保定市应该在全面了解京津两市教育发展概况的基础上，充分认识到自身的优势与不足，根据自身的教育发展目标和规划，对自身的学校数量和布局、办学层次和类型、师资等教育资源进行优化调整，从本地域实际情况出发，认真按照区域教育协同发展的现状、规律和自身发展需要，加强顶层设计，明确近期及中长期发展目标，制定并实施保定市对接京津、雄安教育的发展规划。

2. 探索区域教育协同发展的协调机制和长效机制

在这方面，长三角有一些重要的经验值得京、津、保、雄四地借鉴。例如长三角两省一市早在2003年就签订了《关于加强沪苏浙教育合作的意见》，在交流机制和工作组织方面开展探索；2009年签订了《关于建立长三角教育协作发展会商机制协议书》，实现了以民间为主、非常规状态向行政决策层面、制度化状态转变；2010年3月成立了长三角教育联动发展协调领导小组、设立长三角教育联动发展办公室，负责协调联动发展的重大事项与问题。保定市可以与京津区县和雄安新区探索建立类似的双方或多方联动机制。

（1）建立政府间的协调机制。政府间协调机制主要从政府立法、政策、经费、人事等方面为区域教育协同发展创造有效条件，包括高层行政协调机制和中低层行政协调机制。高层行政协调机制主要从政府权威的角度来协调各级政府和学校之间的合作，中低层行政协调机制主要协调具体属地之间的教育合作事宜等。仅仅依靠教育局协同合作的力量是远远不够的。应该抓紧研究，建立健全支撑京津保教育对接的区域间的研究机制、宣传动员机制、交流沟通机制和协调决策机制等。

（2）建立学校间的协调机制。从学校层面建立区域学校协会，一方面向社会和政府传达学校合法意愿和反映学校利益要求的责任，充分发挥自身在教育管理中的经验和信息优势，确保政府教育决策在最大程度上与教育生活需要相适应；另一方面可以协调各地域单元之间、各学校之间的利益冲突。

（3）建立公共教育服务与市场机制相结合的长效推进机制。京、津、保、雄教育对接，既要发挥政府的主导作用，也要充分发挥市场在配置基础教育资源中的作用，满足民众的不同层次的教育需求。在优质教育资源引进的具体策略上，一方面主要是在政府行政主导和义务教育高位均衡发展的政策框架下，抓紧形成促进分享的长效机制，推动不同地区对口支援和开展深入的校际合作。同时，更要拓展四地平等交流与多方合作空间，在义务教育、特殊教育及普惠性学前教育等师资队伍建设方面，建议四地持续推进骨干教师"手拉手"或师资轮训等合作交流项目，联合开展义务教育专项督导，组织教育教学质量领域的合作研究与监测活动。另一方面也要看到，政府机制常常受到基础教育属地化管理模式的限制，政府很难在招生、经费投入、师资配备等方面突破区域教育行政体制分割，因此也要注重市场机制在基础教育协同发展中的作用。这主要是通过多种市场化办学模式如民办教育等，有效打破区域教育行政分割，实现优质教育资源的跨区流动和配置。

除了在师资、设备等方面进行交流外，还需要先进的教育教学理念、管理理念的交流，依托先进理念充分发挥北京在义务教育阶段优质教育资源方面的示范、引领和带动作用。加强自身教育行政管理干部、校长和骨干教师的系统培训，通过他们自身素质的提升，来带动地方教育或学校的发展。

（4）探索创建合作交流平台，促进教育要素流动。建立双方或多方的教育合作联席会议、教育信息资源网、课程教学资源共享平台、教师（校长）联合培训平台、教育协同发展质量监测与评估中心等，从而有效突破区域教育行政壁垒，促进教育理念、管理、师资、课程等教育要素的跨区流动，使有限的教育资源发挥出更大的效能。还可以合作建立相关的研究组织和机构、设立教育实验设备共享平台以及共享数字图书馆、公共设施和设备等，将北京的优质教育资源通过大数据平台更有效率地引入保定、雄安地区。

（5）赋予学校更多办学自主权，鼓励创新合作模式。学校是推动京津冀教育协同发展的主力军，应当被赋予更多的办学自主权，让学校有权依据实际情况解决协同发展中的各种问题，如流动教师的编制、待遇和管理问题，资源输出校的合理补偿问题，教学资源的共同开发问题等。建议利用教育综合改革时机，在职业教育领域适当扩大学校在异地招生、办学、收费、师资、教学等方面的自主权，探索包括共建交流、联合办学、名校办分校、集团办学等多种跨区合作形式和方法，更有效地推动区域教育协同发展。

（6）利用互联网，建设功能完善的教育信息平台。在京津冀教育协同发展框架下，加强保定市与各地之间的网络教育资源对接与共享，以"互联网＋优质教育资源"的形式引进北京市优质教育资源。合理利用信息化手段扩大包括基础教育云平台、教育管理服务平台、数字学校 BDS 应用平台等相对成熟的信息化平台在内的各种优质教育教学及教育管理资源的覆盖面积，通过构建京津保区域立体化、应用型教育信息化服务体系，将京津冀各中小学、幼儿园之间的图书资源、电子信息资源、选修课程资源共享，为区域内教师和学生提供优质的教学与学习资源，以信息技术实现区域内优质教育资源共享。

（三）推进多层次、多主体的项目合作重点突破

就目前的对接工作来看，成效显著，经验非常丰富，但问题也是多方面的，关键在于在鼓励积极探索的基础上，做实具体的、标志性的重点项目。

1. 推进多层次、多主体的项目合作

目前，国家和省市均未出台具体政策，各种体制机制尚未健全，还缺乏有代表性的可推广的成功模式的背景下，鼓励各方、各单位积极探索各种对接合作形式是十分必要的。从目前可以操作的角度来看，合作项目可以从以下方面入手：

（1）教育教学思想交流。包括举办各种形式的学术论坛、各个领域的教育教学思想研究会、各学科、各层次的教师专业发展合作组织等。

（2）一般资源共享。多种形式促进办学机构间的资源开放，如教师、课程、课堂、图书馆等，鼓励教师跨学校做课交流、允许学生跨学校选课、学分互认、学籍对接，特别是网络平台资源的开放共享等。

（3）单个项目合作。学校间可以共同开展课题研究、学科教学改革、师生特色活动等具体项目。

（4）机构间全面对接。跨区域、跨层次的校校之间、学校与企业之间、学校与科研机构之间、大学与中小学之间的全面合作与帮扶。

（5）区域合作联盟。特定行政区域之间、学区之间等更大范围的实体间合作共同体。

（6）一体化办学。引进优质教育资源，实施集团化办学、分校办学等。

2. 加强督导评估遴选重点项目，重点扶持做实做强

目前市教育系统各类对接项目已达到150多个，涉及高等教育、基础教育、职业教育、学前教育、特殊教育等多个领域。但是，这些项目层次、规模、深度、广度以及进展程度都不同，合作的出发点也各异。

对于已取得的成效，或在可预见的范围内能够取得较好效益的合作项目，如与北京市西城区教育交流合作项目、与北京师范大学对接合作交流项目、与首都师范大学对接合作项目、与北京第二外国语学院对接合作、北京市6区对保定市6个贫困县对口支援、北京八一学校与阜平八一小学、八一学校保定分校的建设合作、吴甡校长工作室等重大项目，特别要注重建立健全政府间、合作机构间以及合作机构内部配套的制度体系建设，形成系统规范的长效机制。

建议对现有项目逐个进行评估摸底，了解具体进展和成效。在各层次遴选出各方真诚合作、合作方案可行、能够长期坚持并取得实效的项目，予以重点扶持，在体制机制、人员调配、经费投入等方面予以支持，做实做强，形成模式和品牌，对全面对接工作起引领示范作用。

今后，在鼓励各方面积极探索对接合作，从项目酝酿开始，就要做好这方面的准备，可以考虑引进第三方评估机构参与某些层次合作项目的评估与遴选。

专题六
保定市公共教育服务均等化政策建议

根据《国务院关于印发"十三五"推进基本公共服务均等化规划的通知》(国发〔2017〕9号)和《河北省人民政府关于印发河北省"十三五"推进基本公共服务均等化规划的通知》(冀政发〔2018〕12号),保定市以普惠性、保基本、均等化、可持续为方向,完善公共教育服务体系,全面推进城乡、区域间基本公共教育服务均等化,更好地满足了人民日益增长的对优质教育服务的需求,基本公共服务均等化发展取得一定成效。但保定市教育事业尤其是"基本公共教育"在学校规模、师资队伍、办学条件和教育经费等方面还存在着诸多瓶颈,制约了保定市基本公共教育均等化发展。区域经济发展水平、财政教育经费、城乡二元的经济结构、政府公共政策偏向、教育发展理念、新型城镇化建设等因素影响保定市公共教育服务均等化发展。因此,建议保定市推进教育立法,统筹城乡教育规划;继续加大投入,优化教育投资方式;做好编制管理,提升干部教师队伍素质;加强教育信息化建设,推进优质教育资源全覆盖;完善评估标准,强化教育督导与问责,以进一步推进保定市基本公共教育服务均等化。

一、保定市基本公共教育服务均等化的发展成效

当前，保定市教育局在市委、市政府的正确领导下，深入学习贯彻习近平总书记重要讲话精神，以立德树人为根本，以深化改革为动力，以促进公平为重点，以提高质量为主线，以建设教育强市、办人民满意的教育为目标，深入推进基本公共教育服务发展，全市基础教育呈现快速健康发展的良好态势，教育公平程度大幅提升。主要表现在，基本公共教育普及水平全面提升，政府对基本公共教育服务的投入力度不断加大，公共教育师资队伍水平整体提高，基本公共教育服务基础设施逐步完善，基本公共教育服务信息化建设成效显著，广大群众对教育的满意度明显提高。

（一）基本公共教育普及水平全面提升

1. 学前教育

保定市各县（市、区）大力实施"学前教育三年行动计划"，已构建起"以政府办园为主体，公办与民办共同发展，全面覆盖城乡"的幼儿教育体系，构建"园长之家"互助平台，成立了由4名园长引领的4个园长工作室，累计开展活动25次，带动提高了我市幼儿园整体发展水平，保持保定市学前教育毛入园率进入全国先进位次。

2. 义务教育

保定市义务教育招生数达34.18万人，在校生达144.78万人，九年义务教育巩固率超过97%。保定市坚持"划片招生、相对就近、无缝衔接"的原则，确保适龄儿童、少年全部入学，坚持"以流入地政府管理为主、

以公办中小学为主"的原则,确保符合条件的进城务工人员随迁子女平等接受义务教育。加强义务教育标准化学校建设,扩大优质教育资源覆盖面,下大力解决"大校额""大班额"问题。保定市22个县(市、区)已全部通过国家义务教育发展基本均衡评估认定,提前两年完成任务。

3. 普通高中教育

保定市现有高中89所,在校生21.74万人。普及高中阶段教育取得新的进展,推动制定起草《高中阶段教育普及攻坚计划(2018—2020年)落实方案》,政府审定印发后将付诸实施。普通高中招生指标全部分配到初中学校,招生工作更加规范,教学质量稳步提升。

(二)政府对基本公共教育服务的投入力度不断加大

2018年,保定市教育经费收入合计为181.30亿元,国家财政性教育经费为158.41亿元,一般公共预算安排的教育经费为154.48亿元,一般公共预算教育经费为137.54亿元,分别比上年增长6.75%、8.95%、10.23%和7.51%。

2018年保定市幼儿园、普通小学、普通初中、普通高中和中等职业学校生均一般公共预算教育事业费支出分别比2017年增长23.04%、13.09%、12.55%、25.85%和9.39%;2018年保定市幼儿园、普通小学、普通初中、普通高中和中等职业学校生均一般公共预算公用经费支出分别比2017年增长74.87%、19.61%、26.18%、74.22%和25.16%。

在促进义务教育均衡发展方面,加快推进"全面改薄"工程。保定市坚持从困难地方做起,从薄弱环节入手,面向农村,立足改善义务教育薄弱学校基本办学条件,兼顾解决县镇义务教育资源短缺和大班额问题。到目前,已累计完成总投资46.8亿元,完成设备采购14.51亿元,占规划设备购置资金的124.64%。

在促进教育公平方面，精准实施贫困生资助工作。多次召开全市资助工作会，部署、统计汇总全市年度资助工作计划，利用学前教育、义务教育、普通高中和中等职业教育资助系统，分学期发放各级各类学生资助金，完成资助义务教育和非义务教育阶段家庭经济困难学生15万人，发放各类补贴资金1.8亿元，做到了贫困生资助全覆盖。积极推进营养改善计划，2018年计划受益学生为27.7万人，实际受益学生为29万人，营养餐资金支出2亿元。严格按政策、程序落实连片特困地区乡村教师生活补助，2018年已按人均3000元/年的标准按月发放。

（三）公共教育师资队伍水平整体提升

加强教师队伍建设，2018年市直学校招聘教师21名，22个县（市、区）通过招聘在编人员或政府购买服务方式补充教师3653名。加强校长教师培训工作，有245名校长、3423名教师参加了各级别培训，并组织12名学科名师送教下乡，听课教师近万人。发挥名师效应，有11个省级名师工作室、30个市级名师工作室开通了微信公众号，开展教学科研和送教、送培活动，目前已发表公众信息700余条。积极做好援疆工作，选拔28名学科名师到新疆铁门关市支教。积极推动县域内教师校长交流工作，有4177名教师和319名校长进行了交流。落实贫困地区义务教育阶段学校支教工作，选派200名优秀教师和11名优秀退休教师到我市9个贫困县支教。落实"银龄计划"，组织12名退休校长、特级教师深入贫困县开展讲学指导；完成14242人的各级各类教师资格认定工作和1594人的教师资格定期注册工作；做好教师培训工作，完成培训市级骨干教师3000人；名师工作室成员赴京集中培训250人；中小学教师全员远程培训6万余人。

（四）公共教育基础设施建设水平逐步提高

1. 加快推进"全面改薄"工程

截至 2018 年，开工校舍面积达 152.96 万平方米，占规划总面积的 121.29%；竣工校舍面积为 133.93 万平方米，占规划总面积的 106.2%。2018 年完成了建设项目学校 48 所，规划面积 99293 平方米的目标任务。

2. 大力推进中小学校舍提升工程

采取督查督办通报等有力措施，力促加快工程进度，完成校舍建筑面积 20.9 万平方米，完成省定 18 万平方米目标任务的 115%，涉及学校 105 所。

3. 启动实施第三期学前教育行动计划

充分利用中小学布局调整的富余资源和其他公共资源，多渠道筹措资金，完成了启动新改扩建幼儿园 50 所的目标任务。目前，新建 20 所有 1 所已完工、9 所正在建设中、10 所正在办理前期手续；改扩建 30 所有 18 所已经完工、4 所正在建设中、8 所正在办理前期手续。保定市做到了组织领导到位、资金保障到位、师资保障到位、督导评估到位。

4. 大力推进中心城区学校建设和县城学校建设三年攻坚行动

保定市成立了市攻坚行动领导小组，采取领导调度、挂账督办、季度督查、每月通报、专项督导等措施，同心同力推进工程进度，完成市区 2018 年启动实施新改扩建项目 31 所年度任务，其中 5 所学校投入使用，在建学校 13 所，完成招标 1 所，正在上网招标 1 所，办理建设前期手续 10 所，请示调减 1 所；完成县城 2018 年启动新改扩建各级各类学校 46 所年度任务，其中 12 所投入使用，在建 13 所，21 所学校正办理建设前期手续。

（五）基本公共教育服务信息化建设成效显著

坚持信息技术与教育教学实践深度融合，全市"三通两平台"建设成效显著。截至 2018 年，全市接入互联网的中小学共计 2581 所，占比为 83%；多媒体教室数量达 24587 间，占教室总数的 80%；新型的电子白板、电脑一体机等交互式多媒体教室共计 20160 间，占教室总数的 65.7%；已有 2610 所学校开通了学校空间，占中小学总数的 83%；开通教师空间 64951 个，占比为 74%；开通学生学习空间 898584 个，占比为 64%。我市投入应用的"网络视频研修系统"已经成为市域优秀资源共享、教研教学、师资培训互动交流的主要平台。

二、保定市基本公共教育服务均等化的现存问题

（一）办学规模两极分化，区域分布不均衡

1. 城乡学校规模差异较大，严重不均

随着城市化建设步伐的加快，人们对于优质教育资源的追求有增无减，许多农村人口迁移到城镇，导致生源集中在城镇学校，学校规模参差不齐。

保定市城镇学校办学规模明显大于乡村学校，平均为乡村学校规模的近两倍。如 2018 年，保定市城区和镇区幼儿园的园均幼儿数分别为乡村

幼儿园的 1.69 倍和 1.44 倍，城区和镇区小学的校均在校生数分别为乡村小学的 2.82 倍和 2.00 倍，城区和镇区初中的校均在校生数分别为乡村初中的 2.30 倍和 1.94 倍，城区和镇区高中的校均在校生数分别为乡村高中的 4.34 倍和 4.56 倍。

而且，除幼儿园外新生入学人数逐年增加，城区、镇区学校压力持续增大。2018 年与 2017 年相比，幼儿园新生入园人数减少 5717 人，其中乡村减少 12464 人，而城区和镇区分别增加 4880 人和 1867 人，小学、初中、高中新生入学人数分别增加 31064 人、23451 人、5808 人。尤其是，当年招生数远远高于当年毕业生数，也就是说，当年学生毕业后所空余下来的学位，根本不足以满足新招学生的需要，出现较大差额，小学、初中、高中差额分别为 17052 人、41062 人、8370 人，进一步加剧了城区、镇区学校的压力。

2. 城镇学校班容量严重超标，大班额现象明显

保定市城镇学校出现了"三超"，即学校超设计规模招生、超大班额容量、超长距离布局。保定市城镇学校，从小学到初中普遍面临学生严重超员问题，大校额、大班额现象已经是司空见惯。

2018 年，保定市小学阶段平均班额为 37.27 人，其中城区 46.86 人，镇区 41.93 人，乡村 30.91 人。小学班额在 56—65 人的大班额数量占全部班级数量的 7.96%，66 人以上的超大班额占比为 0.16%。

整体上，初中学校大班额问题更加突出。初中平均班额为 51.20 人，其中城区 52.95 人，镇区 51.82 人，乡村 47.94 人。具体来看，初中班额在 56—65 人的大班额数量占全部班级的 14.72%，66 人以上的超大班额占比为 1.42%。

保定市有 3766 个高中班，平均班额为 57.74 人，其中城区 58.21 人，镇区 57.85 人，乡村 46.39 人。其中 56—65 人的大班额的班级数量为

1198 个，占全部班级的 31.81%，66 人以上的超大班额的班级 610 个，占比达到 16.20%，高中教育大班额基本上成为常态。

实际上，城镇学校大班额状况要比统计数据要严重得多。因为统计数据中的班额数量来源于学籍注册系统，很多学校在真正实施的时候，受限于实际条件，并不是按照学籍系统中的班级建制上课的，而是重新编班，从而又形成了很多在学籍系统中不能显示的大班额和特大班额的班级。

从学校分布来看，大班额问题突出的是城镇地区的优质中小学和中心校。大班额问题加重了教师的工作负担，且使得多种教学方式难以展开，影响了一般学生的受关注度和学习效果，更重要的是给学生的安全和健康带来了极大的隐患。

3. 农村学校空心化、小微化资源浪费严重

近年来，受农村生源向城镇学校转移的影响，农村学校入学儿童逐年减少，学校规模越来越小，保定市农村小学小班额现象随处可见，有些刚刚完成标准化建设的学校近乎空校，空心化趋势严重，造成了教育资源的巨大浪费。2018 年，保定市义务教育阶段乡村学校占学校总数的 59.18%，但在校生数量仅占 35.76%，生源集中在城镇学校。

保定市乡村小学 30 人及以下的教学班有 6351 个，占乡村小学教学班总数的 47.09%，呈现出严重的小班化、微型化趋势。

（二）师资队伍严重短缺，整体素质不高，结构失衡

1. 教师严重短缺

2018 年，保定市幼儿园教职工人数合计为 31569 人，其中专任教师

占比为66.19%。按照教育部规定的"两教一保"的师资配备标准推算，截至2018年，保定市幼儿园专任教师缺额为9169人。学前教育阶段生师比为18.33∶1，城区、镇区和乡村生师比分别为13.49∶1、17.04∶1和26.30∶1；保定市学前教育阶段班师比为1∶1.39，城区、镇区和乡村班师比分别为1∶2.02、1∶1.59和1∶0.88，农村幼儿园专任教师负担重，缺额严重。

2018年，保定市义务教育阶段专任教师总计83279人（含代课教师），其中莲池、竞秀两区7381人，占比8.86%。保定市小学生师比为16.96∶1，其中城区、镇区和乡村小学分别为18.21∶1、17.78∶1和15.83∶1；初中生师比[①]为13.31∶1，其中城区、镇区和乡村初中的生师比分别为13.09∶1、13.79∶1和12.66∶1，低于2014年河北省规定的小学为19∶1、初中为13.5∶1的标准。保定市城区、镇区和乡村小学班师比分别为1∶2.57、1∶2.35和1∶1.94，三个区域初中的班师比分别为1∶4.07、1∶3.78和1∶3.77，农村学校教师明显不足。

需要说明的是，统计数据上的教师人数是各地在编教师和在册代课教师的总数，并不是在学校中实际从事教育教学工作的教师人数。调查中发现，现有教职工中，二线和内部退养人员、事病假产假人员、借调私立学校和外系统人员以及工作在教育局直属单位人员总比例高达25%。扣除这部分人员后，师生比还会小得多，根本不能满足中小学一线的教学需要。

2. 教师学历层次明显偏低

2018年，保定市小学、初中、高中专任教师中，本科及以上学历占

---

① 生师比、班师比中的小学含小学和教学点；初中指三年制初级中学。九年一贯制学校、完全中学和十二年一贯制学校义务教育阶段未计算在内。

比分别为 48.36%、85.04%、98.48%。教师学历达标率较高，普遍在专科及以上。但是调研中发现，除莲池区和竞秀区外，区域各县市教师初始学历为大专以上学历的教师比例为 10%，教师初始学历普遍偏低，且普遍存在教师任教学科与所学专业不一致的"教非所学"现象。

城乡专任教师的学历水平差距较大。保定市城区义务教育专任教师的学历普遍高于乡镇义务教育专任教师，乡村较高学历水平的专任教师极为匮乏。

3. 教师结构失衡严重

教师年龄结构失衡，主力非骨干。2018 年，保定市义务教育阶段教师中 45 岁及以上教师占 26.95%，其中 50 岁以上教师较多，为 11164 人，占专任教师的 13.00%，考虑到中小学教师工作量大的实际特点，教师队伍呈现出老龄化趋势，且培训提升空间较小。

青年教师数量少，后备力量不足。2018 年，保定市义务教育阶段教师中 29 岁及以下的青年教师仅占 20.51%，明显出现断层，而且其中有相当数量为代课教师，稳定性很差。

35—44 岁的中年教师是教师队伍的主力，占比为 40.91%，为中坚力量。但是，在这部分教师中，当年"普九攻坚"时期，各县职教中心师资班毕业的教师占据相当数量。这些教师中，虽不乏优秀教师，但整体上，文化基础较为薄弱，发展后劲不足。"教师主力非骨干"是焦点问题。图 2-6-1 为保定市义务教育专任教师年龄结构。

教师学科结构失衡。2018 年，小学教师中，语文、数学教师占比达 61.29%，音体美和信息技术教师总计比例仅占 16.24%，英语教师占 8.63%。初中教师中，语文、数学、英语教师占 45.82%，音体美和信息技术教师总计占 13.80%。音体美和信息技术教师短缺，教师跨学科跨班级任课现象普遍。

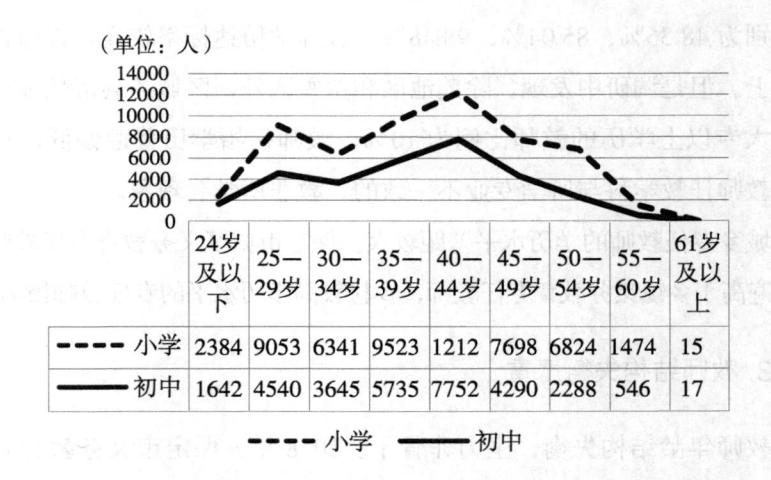

年龄	24岁及以下	25—29岁	30—34岁	35—39岁	40—44岁	45—49岁	50—54岁	55—60岁	61岁及以上
小学	2384	9053	6341	9523	1212	7698	6824	1474	15
初中	1642	4540	3645	5735	7752	4290	2288	546	17

图 2-6-1　2018 年保定市义务教育专任教师年龄结构

4. 教师待遇低下教师队伍不稳定

教师待遇的低下直接造成了教师资源尤其是优质资源的流失，农村骨干教师向城镇学校流动问题严重。在人事制度层面，教师因为编制缺乏，导致无动力进修、职业倦怠严重等问题。保定市教育发展基础薄弱，教师队伍在一定程度上存在"招不进""留不下"和"教不好"的现象，我市虽然实施了一些倾斜政策，但是杯水车薪，效果不大。

（三）办学条件达标率低，硬件资源浪费严重

1. 办学条件达标率低

尽管近几年，政府在办学条件方面逐步加大改善的力度，但保定市办学条件与其他发达地区学校的各项硬件设施和教育教学设备相比还有很大差距，而乡村地区学校的差距就更为明显。保定市小学、初中和普通高

中办学条件达标率普遍在河北省处于落后水平,更是远远低于北京[1]。见表 2-6-1:

表 2-6-1 2018 年各地学校总体办学条件学校达标率概况

(单位:%)

学校	地区	体育运动场面积	体育器械配备	音乐器材配备	美术器材配备	数学自然实验仪器(理科实验仪器)
小学	北京	85.80	96.10	96.10	95.80	95.30
	河北	86.64	92.75	92.03	91.99	94.01
	保定	74.75	85.97	85.17	85.08	89.96
初中	北京	93.50	95.00	94.40	95.30	94.10
	河北	91.52	95.46	95.02	95.02	97.26
	保定	85.33	92.33	92.67	93.00	95.67
高中	北京	86.90	97.00	95.10	95.70	94.40
	河北	90.32	91.4	88.44	90.32	93.28
	保定	89.55	92.54	89.55	94.03	92.54

注:表中小学指小学和教学点,初中指三年制初级中学,高中指高级中学。北京为 2016 年数据,且北京市与河北省办学标准不同;暂缺天津数据。

2. 硬件资源利用率低

在硬件设施上,保定市乡村小学生均学校占地面积普遍较高,但资源利用率低。而在教学设备上,即使有的学校配置了先进的教学设施,如计算机房、多媒体网络教室等,但是由于接受过培训的教师少,利用率也不高。

2018 年保定市小学音、体、美器材配备达标率为 85.17%、85.97%、85.08%,但音、体、美学科专任教师占比仅为 3.31%、4.98%、3.10%;初中音、体、美器材配备达标率为 92.67%、92.33%、93.00%,

---

[1] 北京市和河北省分别采取不同办学条件标准。

但音、体、美学科专任教师占比仅为 2.77%、5.01%、2.74%。虽然硬件器材设备达标率乐观，但相关学科专任教师、课程教材和教学方法等软件教育资源的缺乏，使教学硬件设施形同虚设，这是对教育资源的一种隐性浪费，违反了教育自身的发展规律，对学校办学质量造成了负面影响。

虽然初级中学阶段硬件器材设备达标率乐观，但是没有专业对口教师教授、没有相关教程和教学方法的配合，课程不能正常开设，微机室、电脑和网络这些硬件资源如同废铁，教学硬件设施形同虚设，是对教育资源的一种隐性浪费，造成了财力和物力的极大浪费。各学校新配置的标准化的教学仪器设备和技术装备，利用率普遍不足，农村学校更为突出。大量教学场地、仪器设备闲置，看不出有使用过的痕迹，有的甚至还没有打开包装。图书资料摆放整齐，散发着浓浓墨香，很明显，平时无人问津，只是在有领导视察的时候，临时组织学生摆摆样子，围坐阅览而已。信息技术装备偶有运用，但显得很初级，未能充分发挥其效用，有时甚至仅仅成为应付检查的摆设或表演，主要原因是不适用、不会用，师资和管理不匹配。

（四）教育经费投入不足，分配不均衡

1. 生均教育经费水平低

按照公布的 2018 年各地教育经费统计比较，除中等职业学校生均公共财政预算教育事业费外，保定市各级各类学校的生均经费均低于全国平均水平，且与北京、天津差距悬殊。见表 2-6-2、表 2-6-3：

表 2-6-2　2018 年各地生均公共财政预算教育事业费情况

（单位：元）

地区	生均公共财政预算教育事业费				
	幼儿园	普通小学	普通初中	普通高中	中等职业学校
全国	6913.97	10564.39	15195.88	14928.60	14195.81
北京	36841.48	31375.64	59768.35	66083.69	53861.27
天津	19511.00	19101.73	31957.08	35787.59	23144.82
河北	5390.62	8367.82	11839.75	12718.18	15359.98
保定	5904.61	7635.73	10905.70	10692.22	15364.38

表 2-6-3　2018 年各地生均公共财政预算公用经费情况

（单位：元）

地区	生均公共财政预算公用经费				
	幼儿园	普通小学	普通初中	普通高中	中等职业学校
全国	2439.51	2793.86	3906.40	3631.14	5201.95
北京	15488.29	11092.22	31603.57	22721.41	21712.91
天津	5874.40	4006.30	6513.59	9180.46	5689.45
河北	1231.16	2184.45	2991.40	2613.09	4890.83
保定	1326.51	2336.40	3270.25	2961.22	5131.76

然而，保定市生均教育经费水平，与北京、天津相比则是成倍的差距，根据公布的 2018 年北京市教育经费统计数据计算，2018 年北京市生均教育经费的主要指标都是保定市的 3.5—11.6 倍。尤其是北京市幼儿园、普通初中、普通高中的生均公用经费分别是保定市的 11.68 倍、9.66 倍、7.67 倍，两者简直是天壤之别。如表 2-6-4 所示。

表 2-6-4　2018 年全国、北京、天津与保定市生均公共财政预算
教育事业费和公用经费比值表

（单位：倍）

地区	生均公共财政预算教育事业费					生均公共财政预算公用经费				
	幼儿园	普通小学	普通初中	普通高中	中等职业学校	幼儿园	普通小学	普通初中	普通高中	中等职业学校
全国	1.17	1.38	1.39	1.4	0.92	1.84	1.2	1.19	1.23	1.01
北京	6.24	4.11	5.48	6.18	3.51	11.68	4.75	9.66	7.67	4.23

(续表)

地区	生均公共财政预算教育事业费					生均公共财政预算公用经费				
	幼儿园	普通小学	普通初中	普通高中	中等职业学校	幼儿园	普通小学	普通初中	普通高中	中等职业学校
天津	3.3	2.5	2.93	3.35	1.51	4.43	1.71	1.99	3.1	1.11
保定	1.00	1.00	1.00	1.00	1.00	1.00	1.00	1.00	1.00	1.00

2. 城乡、区县间教育经费投入不均衡

保定市城镇小学和城镇初中教育经费投入占比高于农村小学和农村初中，从国家财政性教育经费投入情况来看，农村小学和初中所占比重低，城镇和农村在义务教育经费投入上仍然存在着不均衡的问题。

教育经费在保定市各区县之间存在差距。2018年，保定市各区县一般公共预算教育经费最高的是曲阳县，达到了9.40亿元，最低的是博野县，为3.01亿元，最高县教育经费是最低县的三倍之多。由此可见，河北省教育经费在各区县间差距很大。

3. 教育经费支出结构有待优化

2018年，保定市教育事业性经费支出中，个人部分占比为65.50%，公用部分占比为34.34%，基建部分占比为0.17%。保定市教育开支中大部分用于人员开支是十分合理的，但与发达地区和发达国家相比依然存在着一定差距。

有限的教育经费投入以人员经费为主，只能保障教职工的基本工资收入，实际上就是社会上常说的"吃饭财政"，公用经费严重短缺。而且就目前教师工资收入来看，人员经费投入的总量也是远远不够的。在这种背景下，目前的投入及认购也是无奈之举。再增加公用经费比例，已经是没有余地了。经费总量投入不足，还是根本的原因。

三、保定市基本公共教育服务"非均等"的影响因素分析

(一) 区域经济发展水平的影响

地方经济发展水平直接决定当地的财力水平,而基本公共教育服务水平的高度与地方财政实力水平呈正相关。基本公共教育服务的均等化离不开经济发展水平和财力保障。当前,我国基本公共教育服务经费投入的基本格局是以地方负担为主,中央和省级提供少量补助,使得基本公共教育服务的发展与地方经济发展水平紧密联系在一起,投入多少财政教育经费完全视地方经济发展水平和财政收入状况而定,这种投入管理体制使得基本公共教育服务的发展严重依赖于地方经济的发展。经济发展水平的高低对教育发展尤其是基本公共教育服务的发展具有决定性作用,是影响基本公共教育服务公平和均等化最主要的因素,或者说,基本公共教育服务不均衡是经济社会发展不平衡的重要表现。

(二) 财政教育经费的影响

政府公共教育财政经费是实现基础教育服务均等化的重要前提。尽管财政教育经费逐年递增,但由于保定市教育投资结构与方式有偏差,出现了投资重在硬件而软件投入不足的问题。调查数据显示,这几年各地增加的教育资金,绝大部分用于学校危房改造、校安工程、学校标准化建设和新学校建设等硬件投入上,应该说,这些投资都是必要的,是教育事业发展的基础。但同时也应该看到,在配套的管理维护费用、管理和使用人员的培训以及其他保障运行而需要增加的开支方面,就显得明显不足,导致很多设备要么没人管,要么不会用。

尽管近几年各地加大了对县级以下农村和偏远地区的教育投入，但由于资金额度有限，难免出现顾此失彼现象，城市边缘的农村反而成为投资的死角。部分财政困难的县市财力有限，难以投入配套资金，导致越是困难的地区，越得不到专项投入。经费投入过于强调专款专用和配备的标准化，实行一刀切配置，有些地方脱离当地实际，缺乏针对性，不适合学校的特殊需求，这也是造成资源浪费的重要原因。

（三）城乡二元的经济结构的影响

受城乡二元经济结构和城乡分割的户籍制度的深远影响，我国城乡之间社会发展的差距逐步出现并不断增大，形成了城乡二元社会结构。受社会、政治、经济与文化等多方面的影响，教育作为其中的一部分，也产生了两极分化。特别是在"效率优先、兼顾公平"的思想提出以后，国家的财政投入开始明显向城市倾斜，随后又提出"以县为主"的管理体制，虽然在农村义务教育的发展初期起到了关键作用，但是这也在一定程度上造成了财政支付能力较强的省市级政府全力支持城市教育的局面，城镇建校政府出资，农村建校农民出资的情况最终衍生出了城乡二元的教育结构。

因此可以说，我国城乡二元结构的阻碍是根本性问题，是制约基本公共教育服务均等化发展的根本原因。城乡教育二元结构直接导致了城乡社会成员接受基本公共教育的机会和享受基本公共教育服务资源的不均衡。

（四）政府公共政策偏向的影响

保定市政府对基础教育的重视程度和政策偏好是影响公共教育服务均等化的重要因素。近年来，从保定市政府的一系列政策可以看出，政府把基础教育作为优先发展的工作重点，基础教育服务水平整体呈增长的态势，教育面貌也确实是取得了很大改观。但与重视经济的程度相比而言，教育仍然处于次要地位或者说是被弱化的地位，这也是一个不争的事实。

特别是在某些财政收入相对较低的地区，原本就不充足的财政收入大部分被挪用到发展经济上来，造成教育资源配置失衡。"教育优先发展"思想并没有从根本上树立起来，"再穷不能穷教育"更没有成为领导干部的自觉行为，部分干部对教育公平的认识也存在一定误区，欠缺对本地区教育问题解决的能力，致使学校发展得不到财政的大力支持，最终导致了办学经费的短缺和教育资源难以改善的局面。

（五）落后的教育发展理念的影响

在教育观念上，部分干部很多理念比较陈旧，人才培养模式相对于提高学生社会责任感、创新精神和实践能力的要求还有较大差距，素质教育思想还没有在实践层面有效落实。虽然河北省高考录取人数逐年增加并保持在高位运行，但高考录取率的增长并未减少人们对片面追求升学率的冲动。

为了让子女在应试中掌握更大的主动性、取得更好的成绩，设法让他们接受更优质的教育，尽可能多地占有优质教育资源就成了家长们的普遍追求。学校为了自己的生存与发展，为满足社会的这种价值追求，也尽可能多地从外部获取优质资源，并在学校内部将优质资源尽可能集中到有升学潜力的精英学生身上，以追求最高的升学率，获得更好的排名和社会影响力；而地方政府则将考试成绩和升学率作为学校教育评价的非常重要的参考指标，评价的导向作用明显偏颇。

"应试教育"的培养模式和发展取向、"精英至上"的教育思想、优质教育资源的抢占、教育评价导向的偏颇等因素导致了基本公共教育服务不均等的问题。

（六）新型城镇化建设的影响

城镇化发展促进了我国经济社会的转型发展，也改变了城乡人口分布结构，"全面二孩"政策的实施将给基础教育带来新的挑战。学龄人口向城镇迁移造成乡村学校生源短缺、被迫撤并，由此导致低生师比等高成本的同时，也给城镇地区教育带来更大压力。由于教育资源有限，原有的教育规划与建设速度短期内难以满足学龄儿童爆炸式增长的需要，从而产生"拥挤效应"，使城镇学校普遍存在大班额、大校额问题。与此相对应，城区在学校建设用地方面存在政策瓶颈，农村闲置的校址又因产权不明造成了教育资源的流失。在这个过程中，人们的文化观念、思维方式和生活方式却没有同步转变，人身已经进入城镇，头脑还留在农村。同时，很多所谓新型城镇也只不过是换了个称谓，农村还是农村，或者成为都市里的村庄，同样是过着"楼道里放农具，阳台上养家禽"的生活方式。这种情况更加强化了农村教育的窘境，使得农村学校两头不靠，目标不明，定位不清，处境非常尴尬。

四、推进保定市基本公共教育服务均等化的对策

（一）推进教育立法统筹城乡教育规划

《石家庄市教育设施规划建设管理条例》已经由河北省人大常委会审议通过，于2015年1月1日正式实施。它为建立健全石家庄市居民住宅小区教育设施配建、移交机制，解决区域内基础教育的突出问题提供了法律依据和保障。建议保定市总结这一经验，尽快就教育要素配置中的重要问题，比如硬件设施、经费投入、师资队伍、考试招生等问题制定法律规

章，强化政府的主体责任，明确各级教育行政部门、发展改革、规划、国土、建设、房管、城市管理等有关行政主管部门的职责，为解决好制约教育均衡发展的瓶颈问题提供法律保障。

政府应对地区经济社会发展状况、人口变化趋势、教育发展现状进行深入细致的描述和分析，根据城乡人口流动规律和人口结构状况，以及地理环境、经济水平和教育中长期发展需求，全面进行学校布局调整；建议在区域层面建立城乡一体的数据库和教育管理信息系统。

要根据社会发展、城镇化建设和人口流动的趋势，统筹制定中小学发展的专项规划，建立教育用地储备制度，并将规划纳入本地区国民经济和社会发展规划、城市总体规划、土地利用规划中，以有效应对即将出现的人口流动高峰和儿童入学高峰。

（二）继续加大投入优化教育投资方式

保定市、区、县各级政府要把发展教育当作重要的民生工程，作为改善投资结构的重要举措，不折不扣地落实教育法对教育投入"三个增长"的要求，对教育费附加、农村税费改革专项转移支付、城市维护建设税、土地出让金计提、成人教育费等政策性教育资金，做到足额征收，足额按时拨付，并按照政策规定投入使用，这是保证教育经费投入的最低限度的要求。

在加强地方财政在基础设施建设、仪器设备购置方面的专项投入的同时，加大经费支出结构中的公用经费支出比例。新增教育经费要从改善办学条件为主转到改善办学条件和促进教育内涵发展并重上来，在推进学校硬件标准化建设的同时，将更多的资源投向师资队伍建设和农村教学质量提升方面，做到软硬件建设同步。

保障市区城郊地区学校的经费投入。在均衡城市和农村学校的教育投入时，重视农村和城市的过渡地段，即行政区划属于市区，但经济社会发展现状尚处于农村的市区城郊地区，这也是将来人口增量最大的区域。尽早启动寄宿制学校和农村教学点标准化建设工程，这是当前农村教育中最为薄弱的两个环节，其中农村教学点几乎快成了被人们"遗忘的角落"。

（三）做好编制管理，提升干部教师队伍素质

做好现有教师编制的管理工作，深入严格进行清岗清编工作，尽快解决部分教师在编不在岗的问题，严禁空编不补和挤占、挪用、截留教职工编制。

政府要下决心补充新教师，对于因自然减员空余编制、学校规模扩大、开全开足课程所需要的新教师岗位，必须及时补充，这已经是非解决不可的严重问题，在此不必赘述。利用好国家特设岗位教师计划、师范生顶岗实习和"三支一扶"支教计划、"银龄讲学计划"等，解决燃眉之急。进一步通过制度化方式，建立健全城乡干部教师交流机制和偏远乡村教师奖励激励机制。

要特别强调干部和教师的师德建设。总体上来看，保定市的教师结构、教师水平与省内其他地区差异不大，但是，保定市的教育水平特别是高中教育水平，不言自明。其中原因是复杂的，干部和教师的师德修养和工作作风是非常重要的因素。要通过严格的管理制度与督查，辅之以日常熏陶、宣传表彰，大力加强干部和教师两个群体的师德建设。

（四）加强教育信息化建设，推进优质教育资源全覆盖

推进政府主导、多主体参与的信息化建设机制。在政府主导下，综合

运用行政、经济和法律手段，推进学校、教育行政部门、企业、信息化主管部门多主体参与，采取更为灵活的方式，整合各种投融资渠道和形式，继续加大教育信息化的投入，加快教育信息化步伐。

建立教育资源公共服务平台，构建覆盖各级各类教育形式的教育信息公共服务体系。建好市级教育数据中心，拓展全市教育管理应用系统，完善教育管理信息化体系，推动市、县（区）、校"三级应用"，实现各类数据伴随式收集和集成化管理。

建立远程培训平台，提升教师素质。首先，要促进教师信息化应用能力的提升；其次，要提升教师的教学理念和教学水平；最后，要搭建立体化的区域教研平台，整合区域内优质资源，使不同地区、不同条件的教师能够自由交流，开阔眼界。

改变教学方式，促进师生发展。着力运用信息化手段促进教学观念和教学形态转变。要通过对教师的培训，将信息化教学手段的应用作为教学改革的重要环节，通过让学生掌握信息化手段的应用，转变学生的学习方式。更为重要的是，通过信息化的手段，让工作学习在偏远乡村的师生走出封闭乡村，走向更为精彩的大千世界。

打造区域教学中心，丰富教学资源。建立教育科研网和基础教育课程资源库，并实现省级平台与国家教育信息资源平台、教师信息化能力提升工程及配套的远程培训平台的互联互通，建立多种形式的网络学习共同体，做到资源共享，实现优质教育资源全覆盖。

在京津冀教育协同发展框架下，加强保定市与各地之间的网络教育资源对接与共享，以"互联网＋优质教育资源"的形式引进北京市优质教育资源。合理利用信息化手段扩大包括基础教育云平台、教育管理服务平台、数字学校 BDS 应用平台等相对成熟的信息化平台在内的各种优质教育教学及教育管理资源的覆盖面积，通过构建京津保区域立体化、应用型教育信息化服务体系，将京津冀各中小学、幼儿园之间的图书资源、电子信息资源、选修课程资源共享，为区域内教师和学生提供优质的教学与学习资源，以信息技术促进京津冀基本教育公共服务均等化。

（五）完善评估标准，强化教育督导与问责

制定教育均衡化的办学标准和学生评价标准。紧扣提升教育质量这一教育均衡的关键目标，尽快形成教育质量标准。根据学生培养质量的目标与要求，进一步确定建立教育均等化的学校办学条件标准、人员编制标准、课程标准、学生学业成绩标准、校长资格标准、学校办学质量评估标准等，完善学校教育的评价指标，形成符合地方区域实际情况的教育均等化评估标准体系。

健全以政府为主体、第三方积极参与的督导、检测与评价机制。坚持"管、办、评"相分离的原则，构建以政府为主导，包括政府、学校、家长、第三方组织或机构以及社会各方面广泛参与、相互配合、职责明晰的学生培养质量监督机制，进一步强化教育督导部门的职能，同时要加强保定市政府督学队伍建设，强化教育督导的专业性和权威性。注重过程性评价和结果性评价相结合，促进内涵发展。

强化"督学"和"督政"两个环节，建立问责制度。以确定的评估标准体系为基础，以提高学生培养质量的基本标准为核心，全面进行区域教育绩效考核。并将推进公共教育服务均衡化发展纳入官员施政约束体系，作为党委、政府和党政主要负责人绩效考核的重要指标，实行严格的问责制度，从而达到以制度促发展的目标。

专题七
雄安新区"三年教育提升"的政策建议

设立雄安新区是以习近平同志为核心的党中央深入推进京津冀协同发展的重大战略决策部署,是中国走向现代化、实现民族振兴的"千年大计、国家大事","提供优质公共服务,建设优质公共设施,创建城市管理新样板"是雄安新区建设的七大重点任务之一。

就目前来讲,雄安新区已有的教育体系中,主体是基础教育和中等职业教育。基础教育是公共服务体系建设的重要基础,它不仅关系到雄安新区未来教育发展和公共服务体系建设规划的制定,更关系到新区建设过程中的民众心态、社会公平和政治稳定。中等职业教育作为高中阶段教育的组成部分,对解决新生劳动力就业,促进区域产业发展,也起着举足轻重的作用。为此,雄安新区管委会启动了"三年教育提升计划",以期在三年内,使雄安三县的基础教育和中等职业教育质量有一个明显的提升,以适应雄安新区建设与发展的需要。

教育部重大招标项目《雄安新区公共服务体系与教育发展规划研究》课题组,以容城、雄县和安新三县(不包括周边部分区域)为调查范围,以三县内学前教育、义务教育、普通高中教育和中等职业教育为调查对象,通过查阅资料、深度访谈、实地考察和统计分析的方法,对雄安新区教育发展现状进行了调查。通过与北京、天津、河北教育发展的主要指标进行比较,厘清了存在的原发性和继发性问题,并据此为雄安新区"三年教育提升计划"的实施提出若干建议,以期解决现有矛盾,并对接未来的中长期规划。

一、雄安新区教育基本情况

近年来,雄安新区教育改革和发展取得了显著成就,教育体系日益完善,教育改革有序推进,办学条件显著改善,办学水平和教育教学质量不断提高,为新区经济社会发展提供了有力的人才支撑和智力支持,为保障和改善民生作出了重要贡献。

(一)学前教育

学前教育全面普及。据统计,2017年雄安新区小学招生18076人,并全部接受过学前教育,小学新生中接受学前教育的比例达100%。具体分析如下:

1. 办学规模

雄安新区共有幼儿园282所,其中民办幼儿园82所,占幼儿园总数的29.08%。从区域分布上看,镇区幼儿园124所,乡村幼儿园158所,乡村幼儿园占全部幼儿园总数的56.03%。

雄安新区学前教育阶段在园人数合计35494人,其中民办幼儿园在园人数为22160人,占在园幼儿总数的62.43%。虽然民办园的园所比例仅为29.08%,但在园人数却占总在园人数的近三分之二,是普及学前教育的重要力量。从区域分布来看,镇区和乡村在园人数占比分别为58.27%和41.73%,镇区学前教育在园人数高于乡村。

雄安新区幼儿园园均幼儿数为120人，园均班级数量为4.46个，镇区幼儿园办学规模明显大于乡村幼儿园。其中，镇区幼儿园园均幼儿数为159人，是乡村幼儿园园均幼儿数的1.80倍；镇区园均班级数量为5.57个，为乡村园均班级数量的1.55倍。

与2016年相比，2017年幼儿园新生入园人数减少了1370人，其中镇区减少658人，乡村减少712人。但是，2017年乡村招生数为7365人，高于当年乡村毕业生数，差额为962人。也就是说，当年雄安新区乡村儿童毕业后所空余下来的学位，与当年新入园人数相比，出现较大差额，且呈现出增长态势。

雄安新区幼儿园班均幼儿数为28.19人，略高于河北省幼儿园班均幼儿数。其中镇区和乡村幼儿园班均幼儿数分别为29.93人和26.08人，镇区幼儿园班级规模较大。

2. 师资队伍

幼儿园教师配备明显不足。截止到2017年，雄安新区幼儿园教职工人数合计2635人，其中园长297人、专任教师1892人、保育员446人，分别占比11.27%、71.80%、16.93%。根据教育部印发的《幼儿园教职工配备标准（暂行）》[1]中"全日制幼儿园每班配备2名专任教师和1名保育员，或配备3名专任教师"的规定推算，截止到2017年，雄安新区幼儿园专任教师缺额626人、保育员缺额813人。其中，镇区幼儿园专任教师、保育员分别缺额228人、355人；乡村幼儿园专任教师、保育员分别缺额398人、458人。乡村幼儿园保教人员缺额率高于镇区幼儿园保教人员缺额率。可见，雄安新区幼儿园教师数量长期以来一直处于严重不足的状

---

[1] 中华人民共和国教育部：《幼儿园教职工配备标准（暂行）》，2013年1月15日，见 http://www.moe.gov.cn/srcsite/A10/s7151/201301/t20130115_147148.html。

态，根本不能满足幼儿园的一线教学需要，保教人员的缺额数量非常大，均未达到国家规定的标准。

雄安新区学前教育阶段师生比[①]为1∶18.76，镇区和乡村师生比分别为1∶17.92和1∶20.07；学前教育阶段班师比为1∶1.50，镇区和乡村班师比分别为1∶1.67和1∶1.30，农村幼儿园专任教师负担相对更重，缺额更严重。

教师性别比例失调。雄安新区幼儿园专任教师中女教师占比为96.67%，其中镇区、乡村占比分别为98.09%和94.44%，且有进一步增大的趋势。

雄安新区幼儿园师资队伍以专科毕业学历为主，高中阶段学历占比也较大，学历水平较低。截至2017年，专科学历的教师成为雄安新区幼儿园师资队伍的主体，占幼儿园专任教师的58.09%，高中阶段毕业的专任教师占比为24.26%，其余为高中以下学历。

幼儿园师资队伍职称结构以未评职称教师为主。截止到2017年，雄安新区幼儿园专任教师中未定职级的专任教师为1182人，占比达62.47%。中学高级职称和小学高级职称专任教师分别为2人和420人，分别占比0.11%和22.20%，职称层次明显偏低。

3. 办学条件

2017年，雄安新区幼儿园占地总面积达63.13万平方米、校舍建筑面积达24.56万平方米，生均占地面积和生均校舍建筑面积分别为18.73平方米和7.29平方米。

雄安新区幼儿园生均教学及辅助用房面积为5.17平方米，镇区和乡村分别为5.13平方米和5.25平方米；生均生活用房面积为0.65平方米，

---

① 师生比是指某一单位所有专任教师数量与所有学生数量的比值。

镇区和乡村分别为 0.64 平方米和 0.67 平方米。

雄安新区幼儿园生均运动场面积为 6.40 平方米，镇区和乡村分别为 4.89 平方米和 8.54 平方米，乡村幼儿园生均运动场面积是镇区的 1.75 倍。根据 2015 年 12 月"河北省民办幼儿园设置基本标准"规定，生均室外活动面积不低于 3 平方米，雄安新区幼儿园室外活动面积超出标准 3.40 平方米，能够满足幼儿户外活动场所的需要。

雄安新区总计、镇区、乡村幼儿园生均图书拥有量分别为 12.20 册、13.24 册和 10.75 册，镇区幼儿园生均图书拥有量高于乡村。

4. 教育经费

目前尚未收集到雄安新区幼儿园教育经费数据，以下为河北省幼儿园教育经费投入的数据。

2017 年，河北省幼儿园生均公共财政预算教育事业费为 4562.02 元，比 2016 年增长 14.40%。生均公共财政预算公用经费为 887.19 元，比 2016 年增长 1.11%。

（二）义务教育

推进均衡发展，提高教育质量。雄安新区三县小学、初中在校生巩固率分别为 82.52%、76.96%（保定市小学、初中在校生巩固率分别为 96.49%、94.53%）。具体分析如下：

1. 办学规模

雄安新区共有小学 227 所[①]，从区域分布上看，镇区小学数量低于乡

---

① 小学包括小学（含教学点）、九年一贯制和十二年一贯制小学阶段。

村，乡村小学占小学总数的62.56%；共有初中42所①，其中镇区初中22所，镇区初中占初中总数的52.38%。

从小学内部结构来看，教学点占比为26.87%，其中镇区和乡村教学点分别占镇区和乡村小学总量的比例分别为29.41%和25.35%。

雄安新区义务教育阶段在校生合计为14.15万人，其中小学在校生为10.52万人，镇区和乡村小学在校生占比分别为49.17%和50.83%，乡村小学在校生占比稍高；初中在校生为3.63万人，其中镇区和乡村初中在校生占比分别为68.13%和31.87%，大部分初中生集中在镇区。

2. 师资队伍

2017年，雄安新区义务教育阶段专任教师总计为7501人（含代课教师），小学专任教师为5199人，初中专任教师为2302人。

雄安新区小学师生比为1∶19.04，其中镇区和乡村小学师生比分别为1∶19.07和1∶19.02，初中总体、镇区和乡村师生比②分别为1∶14.75、1∶14.95和1∶14.34，未达到2014年河北省规定的小学师生比为1∶19、初中师生比为1∶13.5的标准。

雄安新区总体、镇区和乡村小学班师比分别为1∶2.08、1∶2.31和1∶1.90，总体、镇区和乡村初中的班师比分别为1∶3.86、1∶3.97和1∶3.66。国家尚未出台班师比的配备标准，但从统计数据的比较来看，农村学校教师明显不足。

教师性别比例失调。雄安新区小学教师中女教师占比为81.88%，其中镇区和乡村分别为86.48%和75.96%；初中教师中女教师比例为

---

① 初中包括初级中学、九年一贯制、十二年一贯制和完全中学初级中学阶段。

② 师生比、班师比中的小学含小学和教学点；初中指三年制初级中学。九年一贯制学校、完全中学和十二年一贯制学校义务教育阶段未计算在内。

66.59%，其中镇区和乡村分别为69.50%和61.10%。调查发现，安新第二小学的143名教师中有136名女教师，女性教师占比高达95%。随着雄安新区生源回流和"二孩政策"的实施，女教师休假较多，更加剧了教师缺额问题。

当前雄安新区高学历教师偏少，义务教育阶段研究生毕业的教师只有21人，占义务教育专任教师的0.28%。小学教师专科学历人数较多，占小学全体专任教师的65.51%。初中教师学历达标率较高，教师本科学历较多，占初中专任教师的77.42%。雄安新区义务教育高中及以下毕业的低学历教师156人，占全体专任教师的2.08%。

3. 办学条件

2017年，雄安新区总体、镇区、乡村小学生均教学及辅助用房面积分别为3.16平方米、3.07平方米和3.24平方米；总体、镇区、乡村初中生均教学及辅助用房面积分别是3.69平方米、3.48平方米和4.09平方米，乡村高于镇区。

雄安新区总体、镇区、乡村小学生均生活用房面积分别为0.60平方米、0.61平方米和0.58平方米；总体、镇区、乡村初中生均生活用房面积分别是3.45平方米、3.19平方米和3.94平方米，镇区和乡村生均生活用房面积差异不大。

雄安新区总体、镇区、乡村小学生均图书拥有量分别为21.12册、21.73册和20.52册，总体、镇区、乡村初中生均图书拥有量分别是30.62册、28.48册和34.61册，镇区和乡村差异不大，基本持平。

雄安新区总体、镇区、乡村小学生百人计算机拥有量分别为9.69台、9.38台和10.00台，总体、镇区、乡村初中百人计算机拥有量分别是10.23台、9.46台和11.66台，镇区低于乡村。

雄安新区城乡小学和初中之中，90%以上的学校接入了互联网并建立了校园网。

雄安新区小学学校达标率未达50%，办学条件落后，硬件设施投入不足，部分学校属于"生存型"学校，远远不能满足新区建设对教育的发展需求。初中学校办学条件达标情况整体趋好，但是卫生保健类办学条件达标率低。具体见表2-7-1所示。

表2-7-1 2017年雄安新区义务教育学校总体办学条件学校达标率概况

(单位：%)

学校	地区	体育运动场面积	体育器械配备	音乐器材配备	美术器材配备	数学自然实验仪器（理科实验仪器）	有校医院（卫生室）	有专职校医	有专职保健人员
小学	雄安新区	44.09	45.91	46.82	46.36	51.82	13.64	2.27	4.55
	容城县	29.51	39.34	37.70	40.98	45.90	16.39	1.64	0
	安新县	25.93	24.07	26.85	24.07	32.41	2.78	0.93	1.85
	雄县	100.00	100.00	100.00	100.00	100.00	33.33	5.88	23.53
初中	雄安新区	87.80	87.80	90.24	90.24	90.24	36.59	21.95	7.32
	容城县	70.00	70.00	90.00	90.00	90.00	30.00	10.00	0
	安新县	87.50	87.50	81.25	81.25	81.25	37.50	31.25	12.50
	雄县	100.00	100.00	100.00	100.00	100.00	40.00	20.00	6.67

注：表中小学指小学和教学点，初中指三年制初级中学和九年一贯制学校。

4. 经费投入

与保定市相比，雄安新区教育经费总投入偏低。雄安新区国家财政性教育经费投入比例和公共财政预算教育经费投入比例分别为82.23%和82.52%，低于保定市水平。

雄安新区普通小学生均公共财政预算教育事业费为5479.74元，生均公共财政预算公用经费为1285.66元。雄安新区普通初中生均公共财政预算教育事业费为7443.29元，生均公共财政预算公用经费为1676.93元。具体见表2-7-2所示。

表 2-7-2　2017 年义务教育生均公共财政预算教育事业费和公用经费情况

（单位：元）

地区	生均公共财政预算教育事业费		生均公共财政预算公用经费	
	普通小学	普通初中	普通小学	普通初中
雄安新区	5479.74	7443.29	1285.66	1676.93
容城县	6653.38	11127.90	1827.35	1336.66
安新县	5729.70	6991.80	1261.80	1855.90
雄县	4573.30	6017.40	1005.00	1716.70

表 2-7-2 中统计的生均公用经费，并不是直接拨付可由学校支配的生均公用经费，而是教育事业费中，扣除人员经费后，全部用于其他教育事业经费的总额，按支出方向、学生人数的多少，折合成的生均公用经费。实际上，各地拨付学校并由学校支配的生均公用经费基本上就是按照河北省小学 685 元 / 生、初中 885 元 / 生的标准执行的。

（三）普通高中教育

雄安新区现有普通高中 5 所，在校生 12979 人，其中容城县 3084 人，安新县 5479 人，雄县 4416 人。根据 2016 年的数据，容城县高中阶段（含中职学生）毛入学率为 88.00%；安新县高中阶段（含中职学生）毛入学率为 75.10%；雄县高中阶段（包括中职学生）毛入学率为 59.60%。[①] 具体情况如下：

1. 办学规模

雄安新区现有的 5 所普通高中全部位于镇区，乡村没有高中。从内部

---

① 毛入学率的统计数据中，高中阶段学生未包括在新区之外就读的学生，但是包括往届初中生和域外学生，整体推算，实际上高中阶段毛入学率应高于这个数字，但是也能够反映出高中阶段生源流失的部分情况。

结构来看，雄安新区有高级中学 4 所，占比为 80.00%，仅有 1 所位于安新县的完全中学，高级中学是雄安新区高中办学的主要形式。

雄安新区普通高中教育阶段在校生合计为 12979 人，其中 2017 年招生人数为 4840 人，毕业人数为 2909 人，可见整个雄安新区高中阶段的学生规模有大幅度增加的趋势。

雄安新区共有 203 个高中班（其中容城县 48 个，安新县 77 个，雄县 78 个），其中，56 人至 65 人的大班额班级有 82 个（其中容城县 36 个，安新县 16 个，雄县 30 个），占比为 40.39%；66 人以上的超大班额班级有 81 个（其中容城县 12 个，安新县 60 个，雄县 9 个），占比为 39.90%。大班额班级和超大班额班级总共占比为 80.29%，加之前文分析的学生增加趋势，高中大班额将是雄安新区普通高中教育的一大难题。

2. 师资队伍

雄安新区普通高中专任教师总计为 981 人。高中师生比为 1∶13.23，高于 2014 年国家规定的高中为 1∶12.50 的标准，高中教师数严重不足。其中，容城县、安新县和雄县的高中师生比分别为 1∶11.26、1∶13.70 和 1∶14.38。可见，雄安三县中只有容城县满足 2014 年国家规定的高中师生比。

整体上，雄安新区教师年龄结构较为合理。雄安新区高中教育阶段教师平均年龄约 38 岁，其中 29 岁以下的青年教师占 14.58%，30—39 岁教师占 47.40%，40—49 岁教师占 28.85%，50 岁以上仅占 9.17%。雄安新区高中教师本科生学历以上的占 94.29%，低于河北省平均水平，容城县为 91.20%、安新县为 92.25%、雄县为 99.67%。

3. 办学条件

雄安新区普通高中生均校园占地面积为 114.70 平方米。生均用房面积为 68.55 平方米，其中生均教学及辅助用房 14.12 平方米，生均行政办公用房 6.29 平方米，生均生活用房 29.71 平方米。生均固定资产值 7.36 万元。

雄安新区普通高中办学条件的各项主要指标，均高于甚至是大幅度高于河北省以及保定市的平均水平。

4. 经费投入

2016 年，容城县普通高中人员经费投入 1427 万元，公用经费投入 100 万元，人均经费投入为 4951.36 元；安新县普通高中人员经费投入 2721 万元，公用经费投入 2533 万元，人均经费投入为 9589.34 元；雄县普通高中人员经费投入 2141 万元，公用经费投入 677 万元，人均经费投入为 6381.34 元。可见，安新县对于普通高中的投入在三县中最高。雄安新区普通高中人员经费总投入为 6281 万元，公用经费总投入为 3310 万元，雄安新区普通高中人均经费投入为 7389.63 元。

（四）中等职业教育

雄安新区中等职业教育坚持以教育教学为中心，切实采用有效措施，加强教师队伍建设，努力促进质量提升和内涵发展，取得了一定成绩。其中，容城职教中心是河北省重点中等职业学校，目前开设计算机平面设计、会计、旅游、汽修、工程测量、道路与桥梁工程施工 6 个专业。雄县职教中心建校于 1983 年，为河北省重点中等职业学校。学校现开设会计电算化、计算机应用、建筑工程施工、航空服务、美术绘画等专业，其中会计电算化专业为河北省骨干专业。近几年，雄安新区职业教育整体上在原有基础上取得了一定成绩，但缺陷和不足依然是非常明显，安新职教中心近乎瘫痪。具体分析如下：

1. 办学规模

雄安新区共有中等职业学校3所，容城县、安新县有公办职业高中各1所，雄县有公办普通中专1所。雄安新区职业教育资源贫乏、层次低，不能满足劳动力专业结构调整和劳动力技能水平提高的需要。

2016年，雄安新区中等职业学校在校生合计为1703人，应届初中毕业生843人，占比为49.50%。其中，容城县职业高中在校生514人，安新县职业高中197人，雄县普通中专992人。雄安新区中等职业学校校均在校生568人，是安新县职业高中在校生人数的2.88倍。雄安新区中等职业学校师生比为1∶5.27，其中容城县、安新县和雄县中职学校师生比分别为1∶4.8、1∶1.89和1∶9，安新县职业教育规模非常小。

与2014年相比，2016年中等职业学校新生入学人数增加了160人，其中容城县减少30人，安新县和雄县分别增加75人和115人。尤其是，2016年招生数为956人，远远高于当年毕业生数301人，差额为655人。具体来看，容城县、安新县和雄县中职学校招生数与毕业生数差额分别为23人、103人和529人，安新县和雄县招生数和毕业生数出现巨大差额。

2016年，雄安新区初中毕业生11414人，普通高中招生4843人，占初中毕业生总量的42.43%；中职招生956人，占初中毕业生总量的8.38%；未升学或到外地就学的5615人，占初中毕业生总量的49.19%，容城县、安新县和雄县三县初中毕业生流失率分别为50.22%、56.69%和40.34%。普职招生比为5.07∶1，普职在校生比为5.61∶1。其中，容城县、安新县和雄县中职学校普职招生比分别为6.95∶1、14.33∶1和2.81∶1，三县普职在校生比分别为2.40∶1、25.76∶1和3.78∶1。

根据教育规划纲要和《国务院关于加快发展现代职业教育的决定》要求，总体保持普通高中和中等职业学校招生规模大体相当是当前和今后一段时期高中阶段学校招生工作的基本原则。根据雄安新区2014—2016年的情况，与上述政策要求差距非常大。而且初中毕业生未升学或到外地就学的比例非常高，2016年高达49.19%。雄安新区初中毕业生上职业高中的比例低，普职比例差距大。安新县问题明显，2014—2016年安新县中职招生比例仅2.59%、1.73%和2.82%，普职在校生比分别为34.35∶1、41.69∶1和25.76∶1，部分原因是安新县职业教育资源非常贫乏，不能满足学生升学的需求。

2. 师资队伍

雄安新区中职学校有专任教师378人。其中在编专任教师264人，占比为69.84%；双师型教师114人，占比为30.16%。双师型教师严重缺乏。

雄安新区中职学校教师中有兼课教师37人。其中，在编校内兼课教师35人，占在编人员比例为13.26%，占专任教师比例为9.26%；校外兼课教师2人（容城县和安新县无校外兼课教师，雄县有校外兼课教师2人），是雄安新区专任教师数量的0.53%，是雄县专任教师数量的2.22%。

雄安新区中职学校专任教师中女教师占比为62.70%，其中在编专任教师和双师型教师女性比例分别为69.84%和30.16%。

雄安新区中职学校师资队伍以本科毕业学历为主，高学历教师偏少，研究生毕业的教师只有10人，占比仅为2.65%。本科学历人数较多，有332人，占专任教师的87.83%。专科毕业34人，占比为8.99%。中专学历毕业2人，占比为0.53%。雄安新区中职学校教师学历层次达标，但是其中本科多为进修学历，自我更新和接受继续教育能力还有待增强。

雄安新区中职学校专任教师中具有高级职称的有80人，占比为21.16%；中级职称有213人，占比为56.35%；初级职称有76人，占比为20.11%；未定职级有9人，占比为4.92%。

从任教领域来看，雄安新区中职学校专任教师任教公共课的176人，占比为46.56%；任教专业理论课的195人，占比为51.59%；任职专业实践课的7人，占比为1.85%。容城县和安新县无专任的专业实践教师。

3. 办学条件

2014年雄安新区生均校园占地面积137.28平方米，生均建筑面积43.36平方米，生均仪器设备价值4008.84元，生均教学用计算机数量0.26台；2014年雄安新区生均校园占地面积209.72平方米，生均建筑面积69.10平方米，生均仪器设备价值6686.75元，生均教学用计算机数量0.46台。

2016年，雄安新区中等职业学校生均校园占地面积159.26平方米，其中容城县、安新县和雄县中等职业学校生均校园占地面积分别为101.1平方米、690平方米和84平方米。

2016年，雄安新区中等职业学校生均建筑面积47.83平方米，其中容城县、安新县和雄县中等职业学校生均校园占地面积分别为63.4平方米、167.5平方米和16平方米。

2016年，雄安新区中等职业学校生均仪器设备价值5211.46元，其中容城县、安新县和雄县中等职业学校生均仪器设备价值分别为3809.1元、27056元和1600元。

2016年，雄安新区中等职业学校生均教学用计算机数量0.41台，其中容城县、安新县和雄县中等职业学校生均教学用计算机数量分别为0.34台、0.91台和0.34台。

信息化建设是中等职业学校建设的重要组成部分，是一项基础性、长期性和经常性的重要工作，其建设水平是学校整体办学水平、学校形象和地位的重要标志。2014—2016年职业教育信息化建设过程中，雄安新区没有一所职业学校使用国家和地方职业教育信息化管理平台。在现代信息技术应用培训方面，积极组织职业教育教师开展信息技术培训，要求教师要熟练掌握计算机基础知识、互联网应用、多媒体课件制作等专业技能。

2014年，雄安新区举办了8次现代信息技术应用能力培训，有638名教师参加了培训；2015年，举办了7次现代信息技术应用能力培训，有559名教师参加了培训；2016年，举办了8次现代信息技术应用能力培训，有606名教师参加了培训。

4. 经费投入

2014年，雄安新区财政职业成人教育拨款为879万元，中等职业学校教育投入总额1743万元，生均经费拨款投入为21.96万元；2015年，财政职业成人教育拨款为1126万元，中等职业学校教育投入总额1899万元，生均经费拨款投入为20.27万元；2016年，财政职业成人教育拨款为1301万元，中等职业学校教育投入总额2327万元，生均经费拨款投入为37.37万元。2016年，容城县、安新县和雄县的生均经费拨款投入分别为16万元、68万元和29万元。

雄安新区教育经费不足，教育费附加的30%用于职业教育的政策落实不到位，生均公用经费的机制尚未建立，加之雄安新区中等职业学校规模小，自身造血功能不足，制约了职业教育的发展。

二、雄安新区教育的突出问题

雄安新区教育发展的问题表现在多个方面，有的问题已经非常严重。概括起来有两大方面的问题：一是原发性问题，即在雄安新区成立之前，三县多年积累下来的问题以及与京津两市相比所存在的巨大差异，这些问题是制约雄安新区教育发展的基础性问题；二是继发性问题，即在雄安新区建设过程中已经出现或可能出现的新问题，这些问题是目前和今后雄安新区教育发展过程中必须面对的新的矛盾和冲突。

（一）原发性问题

总体上看，河北省义务教育发展处于全国中等偏下水平，保定市义务教育处于河北省中等偏下水平，而雄安新区原有三县的教育水平又落后于保定市教育的平均水平，一度被称为教育发展的"黑三角"。而且，雄安新区教育事业的几项主要指标与北京、天津相比，差距巨大。

1. 办学规模两极分化，区域分布极不均衡

（1）学前教育、义务教育相对办学规模远高于京津

雄安新区学前教育和义务教育相对办学规模（每十万人口在校生数量）略高于河北省和全国平均规模，但都在京津两地的1.5倍甚至2倍以上。其中学前教育规模是北京的1.52倍、天津的1.87倍；小学规模是北京的2.30倍、天津的2.23倍；初中规模是北京的2.61倍、天津的1.90倍。也就是说，即便是雄安新区与北京、天津同等经济发展水平和同等比例教育资源投入的情况下，雄安新区所负担的学生人数要远远多于北京和天津，雄安新区生均教育资源量就会远远低于北京或天津。见表2-7-3所示。

表2-7-3 2017年各地每十万人口各级学校平均在校生数

（单位：人）

地区	学前教育	小学	初中阶段	高中阶段
全国	3327	7300	3213	2872
北京	2050	4031	1226	1245
天津	1674	4149	1679	1820
河北	3179	8530	3481	2822
保定	3076	7429	3021	1531
雄安	3124	9258	3198	1143
容城县	3301	8152	2661	1128
安新县	3471	9238	2896	1171

(续表)

地区	学前教育	小学	初中阶段	高中阶段
雄县	2591	10048	3928	1119

注：保定市人口1194万人，其中2016年雄安新区人口1136315人、容城人口273407人、安新人口468027人、雄县人口394881人。

（2）城乡学校规模差异较大，严重不均

随着城市化建设步伐的加快，人们对于优质教育资源的追求有增无减，许多农村人口迁移到县城，导致生源集中在镇区学校，学校规模参差不齐。

雄安新区镇区学校办学规模明显大于乡村学校，平均为乡村学校规模的近两倍。如镇区小学的校均在校生数和校均班级数量分别为乡村小学的1.62倍和1.33倍，镇区初中的校均在校生数和校均班级数量分别为乡村初中的1.94倍和1.70倍。调研发现，雄县第一、二、三小学三个学校的在校生总数为9118人，相当于全县在校生的四分之一，而该县小于50人的小学有20个，小于60人的小学有39个，大部分集中在乡村地区。安新县规模大的初中有3000多人，小的学校仅一百人左右，生源分配极不均衡。

而且，新生入学人数逐年增加，镇区学校压力持续增大。与2016年相比，2017年小学新生入学人数增加了519人，其中镇区增加370人，乡村增加149人。初中入学人数增加2952人，其中镇区增加1516人，乡村增加1436人。尤其是，当年招生数远远高于当年毕业生数，也就是说，当年学生毕业后所空余下来的学位，根本不足以满足当年新招学生的需要，出现了较大差额。具体来看，小学总体差额为3159人，其中镇区1223人，乡村1936人；初中总体差额为2188人，其中镇区643人，乡村1545人，进一步加剧了镇区学校的压力。

（3）县城学校班容量严重超标，大班额现象突出

雄安新区县城学校出现了"三超"，即学校超设计规模招生、超大班额容量、超长距离布局。雄安新区三县县城学校，从小学到初中，普遍面

临学生严重超员问题，大校额、大班额司空见惯。

雄安新区小学阶段平均班额为 41.19 人，其中镇区 45.82 人，乡村 37.52 人。小学班额在 56—65 人的大班额数量占全部班级数量的 6.64%，其中镇区为 8.77%，乡村 4.94%。66 人以上的超大班额占比为 5.88%，其中镇区 12.26%，乡村 0.81%。

雄安新区初中学校整体上大班额问题更加突出。初中平均班额为 63 人，其中镇区 65.14 人，乡村 57.33 人。仅仅从平均数字上看都为大班额，其中镇区初中平均为超大班额。具体来看，初中班额在 56—65 人的大班额数量占全部班级的 23.48%，其中镇区和乡村分别为 26.25% 和 77.36%。66 人以上的超大班额占比为 23.64%，镇区和乡村分别为 30.07% 和 49.06%。

实际上，镇区学校大班额状况要比统计数据中显示的状况严重得多。因为统计数据中的班额数量来源于学籍注册系统。实际上，很多学校在真正实施的时候，受限于实际条件，并不是按照学籍系统中的班级建制上课的，而是重新编班，从而又形成了很多在学籍系统中不能显示的大班额和特大班额的班级。例如，雄县第一、二、三小学平均班额达 69 人，有的小学班级规模在 80 人以上，安新第二中学有的班级人数甚至达到 90 人。

从学校分布来看，大班额问题突出的是县城地区的优质中小学和乡镇中心校。大班额问题加重了教师的工作负担，且使得多种教学方式难以展开，影响了一般学生的受关注度和学习效果，更重要的是给学生的安全和健康带来了极大的隐患。

(4) 农村学校空心化、小微化，资源浪费严重

近年来，受农村生源向县城学校转移的影响，农村学校入学儿童逐年减少，学校规模越来越小，雄安新区农村小学小班额现象随处可见，有些刚刚完成标准化建设的学校近乎空校，空心化趋势严重，造成了教育资源的巨大浪费。2017 年，雄安新区乡村学校占学校总数的 60.63%，但在校

生数量只占 45.96%，生源集中在县城学校。

雄安新区共有乡村小学 138 所，其中乡村教学点 61 个，占乡村小学总数的 44.20%。规模 30 人及以下的教学班 490 个，占乡村小学教学班总数的 34.39%，呈现出严重的小班化、微型化趋势。由于学生急剧减少，容城县一所农村初中，新建多年的一座高规格的学生宿舍楼，一直闲置，没有投入使用。

2. 师资队伍严重短缺，整体素质不高，结构失衡

(1) 雄安新区教师严重短缺

雄安新区普通小学师生比分别低于河北省的 8.51% 和全国平均水平的 10.82%；初中师生比分别低于河北省的 5.97% 和全国平均水平的 15.12%；高中师生比略低于河北省和全国平均水平，差异不大。但雄安新区中小学师生比与北京、天津差异巨大，其中小学师生比分别低于北京的 28.68% 和天津的 20.90%；初中师生比分别低于北京的 47.59% 和天津的 33.83%；高中师生比分别低于北京的 42.25% 和天津的 25.09%。与京津相比，雄安新区教师数量远远不足，学段层级越高越严重。见表 2-7-4 所示。

表 2-7-4　2017 年各地各级学校生师比

地区	普通小学	初中	普通高中	中等职业学校
全国	16.98	12.52	13.39	19.59
北京	13.58	7.73	7.64	11.76
天津	15.06	9.76	9.91	16.11
河北	17.42	13.87	13.68	15.31
保定	17.10	12.60	14.49	暂缺
雄安	19.04	14.75	13.23	5.27
容城县	18.46	12.54	11.26	4.8
安新县	17.29	14.42	13.70	1.89
雄县	21.59	16.34	14.38	9

注：河北省、保定市和雄安新区初中生师比为三年制初级中学。中等职业学校雄安新区的生师比 2017 年数据缺失，采用 2016 年的数据。

需要说明的是，统计数据上的教师人数是各地在编教师和在册代课教师的总数，并不是在学校中实际从事教育教学工作的教师人数。调查中发现，现有教职工中，二线和内部退养人员、事病假产假人员、借调私立学校和外系统人员以及工作在教育局直属单位人员总比例高达25%。扣除这部分人员后，实际师生比还会小得多，根本不能满足中小学一线的教学需要。如雄安新区县城某小学在校生3790人，专任教师113人，师生比竟然为1：33.5。

根据北京市中小学教职工编制标准，城镇小学每名教职工平均担负15.6名学生；城镇初中每名教职工平均担负12.8名学生；普通高中每名教职工平均担负11.3名学生。目前，雄安新区中小学在校学生情况如下：小学阶段（小学、教学点）现有在校生101209人，小学教职工5315人，按师生比测算需配备教职工6488人，小学教师缺额1173人；初中阶段（三年制初级中学）现有在校生33166人，教职工2249人，按师生比测算需配备教职工2592人，初中教职工缺额343人；普通高中（高级中学）现有在校生12111人，教职工1027人，按师生比测算需配备教职工1072人，高中教职工缺额45人。按照北京市教职工配备标准，雄安新区共需中小学教职工10152人，现有教职工8591人，总计缺额1561人。

（2）雄安新区教师学历层次明显偏低

雄安新区幼儿园园长、专任教师中，本科及以上学历占比为12.34%，远远低于北京的43.53%和天津的53.11%。如表2-7-5所示。

雄安新区小学专任教师中，本科及以上学历占比为31.51%，远远低于北京的91.88%和天津的79.36%。如表2-7-6所示。

雄安新区初中专任教师中，本科及以上学历占比为72.89%，明显低于北京的99.12%和天津的96.38%。其中研究生占比仅0.78%，远远低于北京的17.60%和天津的8.73%。如表2-7-7所示。

雄安新区高中专任教师中，研究生占比5.20%，远远低于北京的

28.25%和天津的16.67%。如表2-7-8所示。

表2-7-5 2017年各地幼儿园园长、专任教师各学历层次情况比较

(单位：人，%)

区域	总计	研究生 数量	比例	本科 数量	比例	专科 数量	比例	高中阶段及以下 数量	比例
全国	2712065	7253	0.27	607705	22.41	1553973	57.30	543134	20.03
北京	40291	564	1.40	16974	42.13	19436	48.23	3317	8.23
天津	18932	341	1.80	9714	51.31	6226	32.89	2651	14.00
河北	129260	264	0.20	24204	18.73	72313	55.94	32479	25.13
保定	21559	47	0.22	4218	19.56	13225	61.34	4069	18.87
雄安	2189	1	0.05	269	12.29	1284	58.66	635	29.01
容城	477	0	0.00	65	13.63	407	85.32	5	1.05
安新	1080	1	0.09	133	12.31	461	42.69	485	44.91
雄县	632	0	0.00	71	11.23	416	65.82	145	22.94

表2-7-6 2017年各地小学专任教师各学历层次情况比较

(单位：人，%)

区域年份	总计	研究生 数量	比例	本科 数量	比例	专科 数量	比例	高中阶段及以下 数量	比例
全国	5944910	56460	0.95	3217461	54.12	2389380	40.19	281609	4.74
北京	64514	4523	7.01	54755	84.87	4910	7.61	326	0.51
天津	43023	2123	4.93	32023	74.43	7853	18.25	1024	2.38
河北	365877	2132	0.58	186181	50.89	166932	45.63	10632	2.91
保定	48797	223	0.46	21079	43.20	26446	54.20	1049	2.15
雄安	5199	3	0.06	1635	31.45	3406	65.51	155	2.98
容城	1142	0	0.00	371	32.49	763	66.81	8	0.70
安新	2335	3	0.13	712	30.49	1498	64.15	122	5.22
雄县	1722	0	0.00	552	32.06	1145	66.49	25	1.45

表 2-7-7　2017 年各地初中专任教师各学历层次情况比较

（单位：人，%）

区域	总计	研究生 数量	比例	本科 数量	比例	专科 数量	比例	高中阶段及以下 数量	比例
全国	3548688	92411	2.60	2910727	82.02	539517	15.20	6033	0.17
北京	34451	6065	17.60	28085	81.52	294	0.85	7	0.02
天津	26869	2347	8.73	23552	87.65	927	3.45	43	0.16
河北	187549	3952	2.11	157993	84.24	25490	13.59	135	0.07
保定	25419	452	1.78	20617	81.11	4333	17.05	17	0.07
雄安	2302	18	0.78	1660	72.11	623	27.06	1	0.04
容城	546	1	0.18	318	58.24	226	41.39	1	0.18
安新	898	12	1.34	638	71.05	248	27.62	0	0.00
雄县	858	5	0.58	704	82.05	149	17.37	0	0.00

表 2-7-8　2017 年各地普通高中专任教师各学历层次情况比较

（单位：人，%）

区域	总计	研究生 数量	比例	本科 数量	比例	专科 数量	比例	高中阶段及以下 数量	比例
全国	1773963	158550	8.94	1582588	89.21	32175	1.81	640	0.04
北京	21452	6061	28.25	15368	71.64	22	0.10	1	0.005
天津	16504	2752	16.67	13658	82.76	93	0.56	1	0.006
河北	94430	7793	8.25	84474	89.46	2147	2.27	16	0.02
保定	12612	974	7.72	11310	89.68	328	2.60	0	0.00
雄安	981	51	5.20	874	89.09	56	5.71	0	0.00
容城	274	3	1.09	247	90.15	24	8.76	0	0.00
安新	400	20	5.00	349	87.25	31	7.75	0	0.00
雄县	307	28	9.12	278	90.55	1	0.33	0	0.00

但是，调研中发现，实际上雄安新区教师初始学历为大专以上学历的教师比例仅为 10%，教师初始学历普遍偏低，且普遍存在教师任教学科与所学专业不一致的"教非所学"现象。

(3) 教师结构失衡严重

教师年龄结构失衡，主力非骨干。雄安新区义务教育阶段教师中45岁及以上教师占25.80%，其中50岁及以上教师为974人，占专任教师的12.98%，考虑到中小学教师工作量大的实际特点，教师队伍呈现出老龄化趋势，且培训提升空间较小。

青年教师数量少，后备力量不足，29岁及以下的青年教师仅占10.63%，明显出现断层，而且其中有相当数量为代课教师，稳定性很差。

35—44岁的中年教师是教师队伍的主力，占比为53.86%，人数超过一半，为中坚力量。但是，这部分教师中，各县职教中心师资班毕业的教师占据相当数量。这些教师中，虽不乏优秀教师，但整体上文化基础较为薄弱，发展后劲不足。如雄县职教中心于1994年至2000年间，以普通中职和职业中专形式，先后招收师资班学员1407人，其中1067人为原民办代课教师，340人为社会人员，不能满足现阶段教育对于教师素质的需求，"教师主力非骨干"是焦点问题。图2-7-1为雄安新区义务教育专任教师年龄结构。

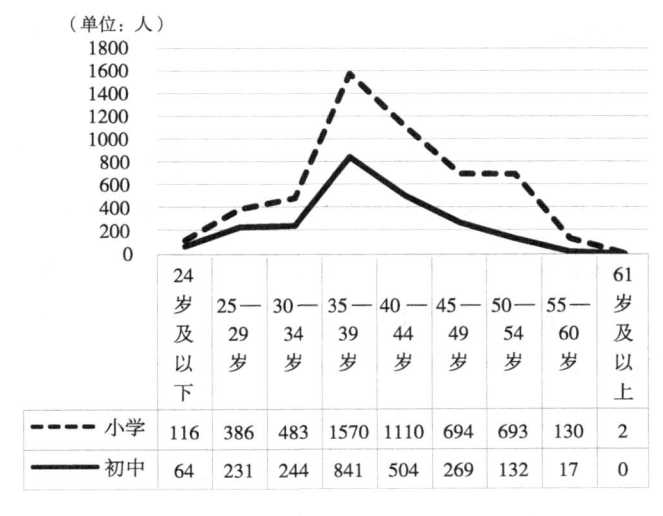

(单位：人)	24岁及以下	25—29岁	30—34岁	35—39岁	40—44岁	45—49岁	50—54岁	55—60岁	61岁及以上
小学	116	386	483	1570	1110	694	693	130	2
初中	64	231	244	841	504	269	132	17	0

图2-7-1　2017年雄安新区义务教育专任教师年龄结构

教师学科结构失衡。小学教师中，语文、数学教师占比达66.80%，艺术、音乐和美术教师总体比例仅为5.00%，外语教师占9.10%。初中教师中，语文、数学、外语教师占44.79%，音体美和信息技术总计占14.25%。音体美和信息技术教师短缺，教师跨学科跨班级任课现象普遍。雄安新区中职学校专任教师中，任职专业实践课的只有雄县7人，而容城县和安新县无专任的专业实践教师。

（4）教师待遇低下，教师队伍不稳定

教师待遇的低下直接造成了教师资源尤其是优质教师资源的流失，农村骨干教师向县城学校流动现象严重。在人事制度层面，教师因为编制缺乏，导致无动力进修、职业倦怠严重等问题。雄安新区教育发展基础薄弱，教师队伍在一定程度上存在"招不进""留不下"和"教不好"的现象，三县虽然实施了一些倾斜政策，但是如同杯水车薪，效果不大。

如容城县2017年的教师平均月工资为3182元，教师们普遍关注的管理人员工资、取暖费、降温费、误餐补助、车补、农村教师补贴、专业技术人员职级分类、新退休人员退休费等各种待遇至今没有一项落实。

3. 办学条件达标率低，硬件资源浪费严重

（1）办学条件达标率低

尽管近几年，政府在办学条件方面逐步加大改善的力度，但雄安新区办学条件与其他地区学校的各项硬件设施和教育教学设备相比还有很大差距，而乡村地区学校的差距就更为明显。雄安新区小学、初中和普通高中办学条件达标率普遍在河北省处于落后水平，更是远远低于北京。其中，容城和安新的小学，办学条件达标率尤其低[①]。其中安新小学大部分办学条件指标达标率低于30%，容城县小学大部分指标达标率低于40%，办

---

① 北京市和河北省分别采取不同办学条件标准。

学条件之差可见一斑。而安新仅有的两所高中，仍有一所未达标。见表 2-7-9 所示。

表 2-7-9　2017 年各地学校总体办学条件学校达标率概况

(单位：%)

学校	地区	体育运动场面积	体育器械	音乐器材	美术器材	数学自然实验仪器（理科实验仪器）
小学	北京	85.80	96.10	96.10	95.80	95.30
	河北	82.51	88.28	87.53	87.34	89.62
	保定	68.15	78.93	78.98	78.61	83.17
	雄安	44.09	45.91	46.82	46.36	51.82
	容城	29.51	39.34	37.70	40.98	45.90
	安新	25.93	24.07	26.85	24.07	32.41
	雄县	100.00	100.00	100.00	100.00	100.00
初中	北京	93.50	95.00	94.40	95.30	94.10
	河北	88.59	93.31	92.38	92.08	94.65
	保定	82.23	91.40	91.12	90.83	93.98
	雄安	87.80	87.80	90.24	90.24	90.24
	容城	70.00	70.00	90.00	90.00	90.00
	安新	87.50	87.50	81.25	81.25	81.25
	雄县	100.00	100.00	100.00	100.00	100.00
普通高中	北京	86.90	97.00	95.10	95.70	94.40
	河北	90.32	91.75	90.00	90.63	93.81
	保定	84.00	90.67	89.33	90.67	90.67
	雄安	60.00	80.00	80.00	80.00	80.00
	容城	100.00	100.00	100.00	100.00	100.00
	安新	50.00	50.00	50.00	50.00	50.00
	雄县	100.00	100.00	100.00	100.00	100.00

注：表中小学指小学和教学点，初中指三年制初级中学和九年一贯制学校。北京为 2016 年数据，且北京市与河北省办学标准不同；暂缺天津数据。

(2) 硬件资源利用率低

在硬件设施上，雄安乡村小学生均学校占地面积普遍较高，但资源利用率低。而在教学设备上，即使有的学校配置了先进的教学设施，如计算机房、多媒体网络教室等，但是由于接受过培训的教师少，利用率也不高。

雄安新区小学信息化工作人员比例仅占5.79%，初中仅占3.47%。虽然初级中学阶段硬件器材设备达标率乐观，但是没有专业对口教师的教授、没有相关教程和教学方法的配合，课程不能正常开设，微机室、电脑和网络这些硬件资源如同废铁，教学硬件设施形同虚设，是对教育资源的隐性浪费，造成了财力和物力的极大浪费。各学校新配置的标准化的教学仪器设备和技术装备，利用率普遍不足，农村学校更为突出。大量教学场地、仪器设备闲置，看不出有使用过的痕迹，有的甚至还没有打开包装。图书资料摆放整齐，散发着浓浓墨香，很明显，平时无人问津，只是有领导视察的时候，临时组织学生摆摆样子，围坐阅览而已。信息技术装备偶有运用，但显得很初级，未能充分利用，有时甚至仅仅成为应付检查的摆设或表演。主要原因是不适用、不会用，师资和管理不匹配。

4. 教育经费投入不足与京津差异巨大

（1）教育经费总投入严重不足

按照公布的2016年各地教育经费统计比较，雄安新区各级各类学校的生均经费均低于全国、河北省和北京、天津平均水平，且与北京、天津差距悬殊。见表2-7-10所示。

表2-7-10　2016年各地生均公共财政预算教育事业费和公用经费情况

（单位：元）

地区	生均公共财政预算教育事业费				生均公共财政预算公用经费			
	普通小学	普通初中	普通高中	中等职业	普通小学	普通初中	普通高中	中等职业
全国	9557.89	13415.99	12315.21	12227.70	2610.86	3562.05	3198.05	4778.79
北京	25793.55	45516.37	50802.57	38661.50	10308.69	16707.86	18425.09	15587.33

(续表)

地区	生均公共财政预算教育事业费				生均公共财政预算公用经费			
	普通小学	普通初中	普通高中	中等职业	普通小学	普通初中	普通高中	中等职业
天津	18284.41	29961.87	31425.02	26651.70	4244.66	5790.51	7977.08	7312.38
河北	7300.16	10532.56	10858.95	13524.02	1861.95	2695.48	2427.95	3943.54
保定	6751.68	9689.99	8625.03	14096.96	1953.38	2591.68	2418.98	4189.70
雄安	5479.74	7443.29	暂缺	暂缺	1285.66	1676.93	暂缺	暂缺
容城	6653.38	11127.90	暂缺	暂缺	1827.35	1336.66	暂缺	暂缺
安新	5729.70	6991.80	暂缺	暂缺	1261.80	1855.90	暂缺	暂缺
雄县	4573.30	6017.40	8314.02	15981.26	1005.00	1716.70	1759.64	2049.32

注：雄安新区生均经费为2017年数据，且通过容城县、安新县和雄县生均经费计算所得，其余为2016年数据。

然而，雄安新区生均教育经费水平，与北京、天津相比则是成倍的差距。尤其是北京市小学、初中的生均公用经费分别是雄安新区的8.02倍、9.96倍，简直是天壤之别。见表2-7-11所示。

表2-7-11 2016年北京、天津与雄安新区生均公共财政预算教育事业费和公用经费比值

(单位：倍)

地区	生均公共财政预算教育事业费				生均公共财政预算公用经费			
	普通小学	普通初中	普通高中	中等职业	普通小学	普通初中	普通高中	中等职业
北京	4.71	6.12	暂缺	暂缺	8.02	9.96	暂缺	暂缺
天津	3.34	4.03	暂缺	暂缺	3.30	3.45	暂缺	暂缺
雄安	1.00	1.00	暂缺	暂缺	1.00	1.00	暂缺	暂缺

根据公布的2017年北京市教育经费统计数据计算，2017年北京市生均教育经费的主要指标都在雄安三县的4.5倍到12.4倍，这种差距还在进一步拉大。2017年北京市普通小学生均公共财政预算教育事业费约是容

城县的4.51倍、安新县的5.24倍、雄县的6.56倍。北京市普通初中生均公共财政预算教育事业费约是容城县的5.18倍、安新县的8.24倍、雄县的9.58倍。

北京市普通小学生均公共财政预算公用经费分别约为容城县、安新县和雄县的5.94倍、8.60倍和10.80倍,北京市普通初中生均公共财政预算公用经费约为容城县、安新县和雄县的15.92倍、11.47倍和12.40倍。

(2) 教育经费使用结构有待优化

从经费使用结构看,教育事业费中人员经费部分支出比重偏大,教育事业费中公用经费支出比例不到30%,占比偏低,见表2-7-12所示。雄安新区三县人员经费与公用经费的投资结构的比例均超出国际标准。用于学校正常运行和发展方面的经费不足,经费使用结构不合理,主要是因为在当前义务教育主要依赖地方财政收入的大背景下,整个雄安新区既没有资源优势也没有区位优势,这导致新区经济社会发展相对缓慢,政府的财政收入不足以为当地义务教育提供更多的教育经费。有限的教育经费投入以人员经费为主,只能保障教职工的基本工资收入,实际上就是社会上常说的"吃饭财政",公用经费严重短缺。而且,就目前教师工资收入来看,人员经费投入的总量也是远远不够的。这种背景下,目前的投入及认购也是无奈之举,再增加公用经费比例,已经是没有余地了。

表2-7-12 2016年教育经费支出情况

(单位:万元)

市县名称	合计	小计	个人部分 金额	个人部分 占比	公用部分 金额	公用部分 占比	基本建设 金额	基本建设 占比
保定市	1506956	1505962	988299	65.63%	509753	33.85%	7911	0.53%
雄县	37144	37139	26791	72.14%	10348	27.86%	0	0
安新县	47317	47317	34623	73.17%	12694	26.83%	0	0
容城县	26586	26586	19667	73.98%	6898	25.95%	20	0.08%

（二）继发性问题

雄安新区成立以来，作为国家的重大战略，中央和京津冀各级政府十分重视，雄安教育发展也引起了社会各界的高度关注，支持雄安新区教育发展已成共识，各项工作正在紧张而有序地进行。北京市政府启动了"建三帮四"（建设三所，帮扶四所）项目，京津冀各类学校和学术研究机构也纷纷展开调研与帮扶，雄安新区管委会以及三县政府也启动了"三年教育提升计划"，广大教职员工工作热情空前高涨，对标北京，积极挖掘内部潜力，引进外部优质资源，提高教育质量。

但是，由于雄安新区本身教育基础薄弱，在新区未来教育发展的目标愿景上，在与外部优质资源融合过程中也出现了不少新的困惑、矛盾和冲突，这些问题在很大程度上制约了新区教育的未来发展。

1. 基础教育改革的目标与标准模糊不清

（1）未来高考定位不明

毋庸讳言，在当代中国，高考仍然是最关键的指挥棒，尤其是对于雄安新区现有学校来讲，高考升学仍然是追求的主要目标。这就涉及"对标北京"的背景下，以后高中毕业生参加哪里的高考。众所周知，雄安新区和北京市的教育理念、师生素质、办学条件和评价体系等差异巨大。河北省的应试教育全国闻名，如果还是参加河北省的高考，北京市先进的素质教育理念很难被接受，如果参加北京市的高考，雄安目前的教育体系更是难以应对，估计北京市也不会接受。雄安新区以后高中毕业生参加哪里的高考，是河北？还是北京？抑或独立组织？这一核心问题不仅影响雄安新区现有学校教育改革提升以及与北京优质教育资源对接的整体系统性的工作，也涉及雄安新区未来基础教育体系的建构。

(2) 评价标准模糊不清

目前，雄安新区的教育改革还停留在对未来发展的一般性描述上，愿景美好但方向、路线不明。到底对北京的什么标？树立怎样的先进理念？办学条件达到什么样的标准？好的教学到底是什么样的？办学质量如何评价？这些涉及操作性的办学评价体系没有建立，几乎一切都停留在想象中。调研中领导老师们都知道自己落后，但到底目标和标准应该是什么样子，谁都说不清，普遍处于一种忙碌但又茫然的状态。

2. 帮扶对接的保障激励机制亟待完善

目前，有不少北京学校与雄安学校建立了帮扶对接关系，特别是北京市启动了"建三帮四"项目，北京市四所学校已经对雄安学校展开了实质性的帮扶。然而，这些学校的帮扶对接工作进展并不顺利，实际效果远远不如预期，主要原因在于缺乏配套的保障激励机制。

(1) 援助校本身缺乏保障

援助校都是北京、河北当地的优质学校，其本身的优质教育资源无疑具有很强的引领示范作用。但是，这些学校往往也都是资源紧张的学校，难以抽出较多的干部教师支援雄安教育，加之政府没有明确的资金、人员配套措施，外派人员待遇也没有标准，外派教师积极性受到影响。如北京某小学入住雄安某小学的教师已从最初设想的20人减少到12人，北京某幼儿园也只能派出2—3名教师参与帮扶。

(2) 受援单位条件有限

对于雄安三县来讲，对接北京的主要方式就是"请进来"和"走出去"。"请进来"无疑是最好的引进优质资源的办法，但不可能大规模实施。而"走出去"，往往就是组织校长、教师到北京参观考察和集体培训。每组织一次，都要涉及交通、食宿、学习费用等大量的经费投入，三县财政普遍难以支撑，不可能成为常态。

3. 校际的融合交流壁垒较重

北京、雄安两地在教育文化、师资力量、生源质量、培养环境等方面差距很大,即使双方都能够保障足够的人员和经费投入帮扶对接,短期内也会在很多层面互不适应,难以融合。

(1) 先进教育理念难以落地

大班额致使再先进的理念也难以实施。北京学校平均班额约30人,雄安新区学校平均班额近70人,两地班额悬殊,实践中北京教师的先进教育理念和方法在雄安的超大班额学校中根本无法实施。而雄安学校的办学基础条件又不能支撑其他活动的开展。如某小学接受北京学校帮扶,北京教师来了,一进教室就被黑压压的满教室学生所震动,已有的教学设计根本无法应用。后来考虑可以帮学校组织一些社团活动,结果又发现没有功能教室和基本的设备,英雄根本无用武之地。

(2) 陈旧教育观念与习惯根深蒂固

多年来的应试教育观念和低层次的教学习惯已根深蒂固,无论是在领导和教师身上,还是在家长和社会的思维方式中,都已经习惯了落后的观念和做法。再加上本身的办学条件和环境以及自身素质的制约,雄安三县当地教师在接受帮扶学校的办学和管理理念方面往往显得力不从心,消化不良,或者是觉得无所适从。

4. 生源回流进一步加剧现实冲突

雄安新区基础教育由于基础过于薄弱,原来存在着大量的生源流失,特别是初中和高中阶段,大量学生转到大城市或周边几个教育质量相对较好的县,或者初中毕业后直接就业。这种状况已持续多年,成为常态。从另一个角度讲,目前的雄安基础教育在办学规模、办学条件和师资队伍等方面已经适应了这种状态。

但是，从雄安新区成立以来，人们对未来的新区发展都有一个美好的憧憬，特别是对子女教育普遍存在很好的预期。一方面，他们认为孩子只有具备了较高的文化素质，才能适应将来新区的发展需要，从而普遍提高了对子女受教育的重视程度；另一方面，他们也认为国家将来很可能对雄安教育采取特殊政策，所以纷纷将以前到外地上学的孩子转回当地。

这些转回来的学生绝大部分都要进入县城的优质学校，再加上国家"二胎政策"所造成的人口出生率的上升，这必将打破现有的教育平衡，进一步加大雄安新区原有优质学校的压力，校舍面积、师资配备、办学条件和教育经费面临更大的不足，使本来就已经非常紧张的优质教育资源更加紧缺，大校额、大班额现象更加突出。

5. 教育发展中公平问题更加凸显

雄安新区教育基础本身就存在着很大的公平问题，校级之间、区域之间无论是办学规模、办学条件还是办学水平都很不均衡。但是，在今后新区教育的发展过程中，如果处理不当，不仅不能解决以后的教育公平问题，很有可能会带来更大的不公平，甚至为以后的社会稳定埋下隐患。

（1）帮扶校、新建校可能会导致更大的不均衡

从目前情况来看，雄安接受帮扶的学校，大部分是当地的优质学校，且数量不多。这些学校本身就处在一个优质资源聚集的高地位置，如果不及时对现有薄弱学校升级改造，这些优质学校经过帮扶后，会进一步拉大与当地薄弱学校的差距，发展更不均衡。

未来新区将在核心城区新建三所学校（幼儿园、小学、初中各一所），在将来三县的移民安置区也将建设若干所新的学校，这些学校无疑会是高起点、高质量的学校，这些学校也会与附近原有学校，特别是现在县城人口聚集区的学校形成很大差距。

(2) 新移民与原住民子女的教育问题

疏解北京非首都功能是雄安新区建立的主要目标。为了更好地完成这一任务，为新移民子女提供优质教育就成为关键举措之一。毫无疑问，新建校，尤其是核心城区有北京新建的三所学校将承担这一任务。但是，如果原住民子女就学的学校还处于较低水平的话，这些原住民，尤其是那些失房失地为新区发展作出牺牲的原住民会不满意，会感到不公平，可能为以后的社会稳定埋下隐患。

三、雄安新区三年教育提升的对策建议

就目前雄安新区的教育基础来看，如果仅仅依靠或者主要依靠雄安新区现有的教育体制机制和教育资源，想要短期内对标北京，大幅度提升教育质量，达到三年教育提升计划的目标，实现跨越式发展，是不可能的。现有教育资源的规模、水平和投入力度，是远远不够的。必须充分认识新区教育质量提升的重大战略意义，正视新区与京津、现实与未来的巨大差异，统一思想、更新观念，改革管理体制机制，整合京津冀各种优质教育资源，结合当地实际，加大投入力度，像脱贫攻坚一样，实施全覆盖，扎扎实实提升新区教育内生发展的能力，提高质量，为对接实施中长期教育发展规划奠定基础。这不是"培育温室里的花朵"，而是"在温室里培育能够适应未来生长环境的新苗"。

（一）从战略高度认识雄安教育质量提升的重大意义

要从国家战略高度认识雄安新区教育质量提升的重大意义。从总体上来讲，雄安新区工业基础薄弱，开发水平较低，这为新区以后的开发

提供了广阔的空间，可以说是在白纸上画最新最美的图画。但是，雄安新区原有的 100 多万人口和 20 多万各级各类学生是客观存在的，而且在近期内仍然是新区人口主要部分。原住民子女的教育问题无疑是新区未来教育体系的基础和重要组成部分，也是新区未来社会和谐的重要基石。同时考虑到教育发展本身有其特殊的内在规律，需要长时间积淀，短期内不可能产生明显的质的变化，因此，必须高度重视，超前谋划，强力推进，为对接未来高标准、高起点的新型学校建设奠定基础，为未来新区教育的均衡发展奠定基础，绝不能使未来的新区教育出现教育均衡的先天不足。

从另一个角度看，当前雄安新区正处于规划设计阶段，尚未进行大规模的建设。同时，雄安新区大部分生产性企业关停，居民收入受到影响，日常的基本建设也暂时停止，社会各领域变化尚不明显，民众心态出现了茫然、焦躁等不稳定因素。因此，必须以教育为抓手，尽快大幅度提升教育质量，让当地民众感受到变化，有安全感和获得感。可以说，雄安新区教育发展不仅仅是一个教育问题，也是一个社会问题、民生问题，甚至是重大的政治问题。

（二）为设立国家级教育综合改革实验区明确方向

在雄安新区整体教育发展规划出台之前，首先把雄安新区作为一个独立区域，对现有的基础教育、中等职业教育的发展方向、目标定位做出近期的整体规划，着力解决人们普遍关注的教育管理体制、考试招生制度、学校建设要求、质量提升标准、经费投入标准、师资队伍建设等热点问题。例如，把雄安新区作为一个独立区域进行高考招生制度改革，并以此引领基础教育改革，转变观念，恢复应有的教育生态。

（三）设立统一的教育行政管理机构，整合资源

各级政府和教育行政部门要树立大局意识、整体意识、平等意识、配合意识，充分发挥河北省的主体责任，充分尊重与发挥京津冀三地各方优势，形成合力，明确中央和京津冀三地各级政府及其教育行政部门的职、权、责、利，成立统一的综合性的教育行政管理机构，统一管理协调新区各县教育。该机构近期的工作重点是整合内外部各种教育资源，特别是京津冀各种优质教育资源与新区教育的对接帮扶。条件成熟时，可以尝试对新区内部教育管理体制进行教育行政机构和学区制改革。

需要注意，加强权力整合十分必要，要加强对各种教育信息与资源的动态监测，要避免各自规划、各自推动、信息不共享而导致的人力浪费、政策交叉或矛盾，提高规划的科学性与规划落实的效率。

（四）加大教育经费投入力度，优化投入结构

经费问题直接关系到教育的发展水平，对雄安新区的教育经费问题应该有所重视。首先，短期目标是缩小雄安新区与北京地区教育经费投入的差距，这不单单需要河北省发力，更需要得到教育部以及京津地区相关教育部门的大力支持；远期的目标是赶超北京的教育经费投入，并达到适合雄安新区教育发展需要的经费标准。

1. 落实政策性投入，守住基本底线

政府作为义务教育均衡发展的承担主体，要不折不扣地落实教育法对教育投入"三个增长"的要求，要保证对教育费附加、农村税费改革专项转移支付、城市维护建设税、土地出让金计提、成人教育费等政策性教育资金，足额征收、足额按时拨付，并按照政策规定投入使用，这是保证教

育经费投入的最低限度的要求。

2. 大幅度增加投入，奠定提升基础

中央政府和京津冀三地政府协调各方力量，通过政府先期注资、企业捐资、金融机构借贷、社会力量投资等多种渠道，大幅度提高教育投入。三年后，新区教育经费各项主要指标与北京当年水平基本持平，最低限度也要达到北京的2/3水平。实际上，即使达到了这一水平，大部分资金也只是用于弥补长期以来形成的历史欠账和短板，也只是一种保底的投入。在此基础上，优化经费投入结构，提高经费使用效率。

3. 完善支出结构，软硬件同步发展

严格按照公共教育财政体制的要求，调整完善教育支出结构，软硬件建设同步进行，向教师素质提升、向日常教学活动倾斜。

（五）保障待遇优化结构，提升教师队伍素质

1. 重新核定编制，大量补充教师

基于雄安新区的战略定位，尽快对标北京重新核定教师编制，并考虑到适度超前做好师资储备的需要。加强和规范教职工编制管理，排除挤占、挪用、截留编制和有编不补的情况。完善教师待遇保障机制，健全教师工资长效联动机制，核定绩效工资总量时统筹考虑当地公务员实际收入水平，确保教师平均工资收入水平不低于或高于当地公务员平均工资收入水平。

通过引进全国优秀师资，招收高质量本科生和研究生，以及通过定向培养等方式，有计划地大量补充新教师。同时，也要适度超前地做好教师

储备，不仅仅要满足当前教学工作的需要，更要为今后教师培训顶岗和教育规模大幅度扩大提前做好青年教师的储备。

2. 调整现有人员，力求平稳分流

对现有的教师的使用做出调整规划，做到人尽其用。一方面通过培训让资质达标、适合教学的老师尽快适应新的教育形势（后面专题讨论），另一方面在保障待遇的基础上，对不具备较大提升空间的教师，通过转岗、买断、分流等形式，让不适合教学的教师自愿转到教辅岗或工勤岗，或调到更能发挥其长处的岗位，做出妥善安置，使得老师获得实实在在的安全感。

3. 实施精准帮扶，覆盖全部学校

实施精准帮扶计划，做好教师的校本培训。遴选京津冀教育较为发达的县区和优质学校，实施一对一精准帮扶。优质学校派遣干部和优秀教师住校一年或一年以上，全程全面参与雄安学校的管理与教学，以提高教师素质为重点，双向置换，精准帮扶。首先要实现166所完全小学、42所初中和5所普通高中全覆盖，然后再向农村教学点和学前教育领域辐射。还可以通过政府任命等方式引进京津冀名校长、名师，以点带面，通过内生和外发相结合的方式，解决教师结构失衡和质量低下的问题。

4. 利用现有平台，争取政策支持

充分利用国家现有的各种项目和平台，争取政策支持。由教育部或政府协调，将雄安新区作为一个特殊区域，争取现有的各种计划项目为新区设立专项。如积极申请争取"农村义务教育阶段学校教师特设岗位计划"（简称"特岗计划"）专项以补充农村学校的师资，争取"中小学教师国家级培训计划"(简称"国培计划")专项以培训各类师资和校(园)长,争取各师范类院校或师范类专业的"顶岗实习计划"专项以临时补充新师资并置换原有教师参加培训,争取"农村学校教育硕士师资培养计划"(简称"硕师计划"或"农硕计划")以培养高水平教师和校长,争取"教育科学规划课题"雄安专项以促进提升基层教师的教科研水平等。

(六)大力发展职业教育,普职融通

雄安新区职业教育既要缓解普职比例明显失衡、高中学位不足的压力,又要解决未来雄安需要大量中低端技能人才的问题,避免由于大量中低端服务人员的涌入而形成新的大城市病。

建议走内生发展与合作办学相结合的道路。一方面立足雄安的原有职业学校升级改造,面向新区未来产业结构和社会服务,整合资源,调整专业设置,做大做强优势专业。另一方面,协调教育部和京津冀三地,筛选全国优秀职业院校,选择职业院校中的优势专业专门设置雄安班,培训师资,培养学生,提高雄安职业教育的自我发展能力。

(七)成立新区教育研究院,提供智力支撑

整合新区内部教研机构,引进优质教研资源,统一雄安新区教育教学研究活动的组织与实施,建立多层次、多形式的教研组织,大兴教学研究之风,让全体教师在校本研修过程中,解决实际问题,提升业务水平,真正使先进教育理念落地生根。

作为专业机构,组织多种层次与规模的教育发展研究活动,使雄安新区未来现代教育体系建构与实现路径的研究系统化、常态化,为雄安新区教育发展的规划与实施提供决策参考。

（八）推动教育信息化发展，改善条件物尽其用

选择先进信息技术产品、资源和管理平台，科学配置学校设备设施。加强学校信息化硬件配置水平，实现多媒体教室全覆盖。在农村学校发展无线可移动的网络教学平台，加快义务教育信息资源的建设，共享京津冀等地先进的教育信息和教学资料，建设同步课堂。鼓励有条件的教育信息产业公司，在雄安新区建设示范性智慧校园、智慧课堂，总结经验再全面推广。

在此基础上，充分利用现代信息技术创新社区教育供给体制，加快建设资源共享的公共服务平台，促进教育公共服务与社区建设深度融合。

参考文献

中文文献

安晓敏:《集中连片特困地区义务教育发展的战略思考》,"新城镇化背景下义务教育改革与发展机制研究" 2014 年学术研讨会论文集,2014 年 7 月。

《保定经济统计年鉴 2016》,中国统计出版社 2016 年版。

[美] 保罗·萨缪尔森、威廉·诺德豪斯:《经济学》(第十四版),胡代光等译,北京经济学院出版社 1996 年版,第 24—33 页。

曾晓东、曾娅琴:《中国教育改革 30 年——关键数据及国际比较卷》,北京师范大学出版社 2009 年版,第 121—122 页。

曾新、付卫东:《内生发展视域下农村小规模学校教师队伍建设》,《教育发展研究》2014 年第 6 期。

陈安丽、佐斌:《走进义务教育新时代》,华中师范大学出版社 2017 年版,第 251 页。

陈静漪、宗晓华:《从城乡分立到城乡一体化——中国农村义务教育供给机制演进路径分析》,《西南大学学报》(社会科学版)2012 年第 5 期。

陈鹏:《义务教育教师均衡配置的法理探源与法律重构》,《陕西师范大学学报》(哲学社会科学版)2010 年第 1 期。

陈晓宇:《教育财政体制改革应设计出科学可行的保障机制》,《教育与经济》2014 年第 1 期。

陈彦芳:《农村小学寄宿生心理健康状况调查及干预研究》,山西大学教育科学学院 2010 年研究生学位论文。

陈莺燕、谢跃湘：《农村小规模学校师资配置的困境与破解》，《教书育人：校长参考》2015年第23期。

褚宏启、杨海燕：《教育公平的原则及其政策含义》，《教育研究》2008年第1期。

褚宏启：《城乡教育一体化：体系重构与制度创新——中国教育二元结构及其破解》，《教育研究》2009年第11期。

端木晓薇：《陕西省农村寄宿制小学学生生活管理的现状、问题与对策研究》，陕西师范大学物理学与信息技术学院2011年研究生学位论文。

范建平：《我国农村义务教育供给困境研究》，江西财经大学财税与公共管理学院2013年硕士学位论文。

范先佐、郭清扬、赵丹：《义务教育均衡发展与农村教学点的建设》，《教育研究》2011年第9期。

高晓霞：《利川市农村寄宿制初中学生管理问题探究》，华中师范大学教育学院2012年硕士学位论文。

高政、刘胡权：《农村小规模学校教师队伍现状与改进对策》，《中国教育学刊》2014年第8期。

顾明远等：《学校学生管理运作全书》，开明出版社1995年版，第57页。

郭彩霞等：《运城农村寄宿制学校食宿问题调查研究》，《运城学院学报》2015年第6期。

何爱芬：《我国农村义务教育供给困境与对策研究》，《教育前沿》2016年第5期。

侯佳：《我国农村寄宿制学校的利弊权衡》，《金卡工程·经济与法》2009年第4期。

侯佳莹：《河北省县域城乡义务教育均衡发展财政政策效果评价研究》，河北大学管理学院2016年硕士学位论文。

黄启明、扈中平：《生活教育视域下的寄宿制学校生活管理——基于桂东山区寄宿制小学的调查》，《教育研究与实验》2015年第4期。

吉胜楠：《我国农村义务教育的有效供给》，《经济研究导刊》2014年第5期。

卡尔·雅斯贝尔斯（Karl Jaspers）：《什么是教育》，邹进译，生活·读书·新知三联书店1991年版。

雷万鹏、张雪艳：《论农村小规模学校的分类发展政策》，《教育研究与实验》2011年第6期。

李富贵：《寄宿制学校管理理论与实践》，兰州大学出版社2007年版，第53页。

李红婷：《"半耕时代"乡村教育发展的困境与出路——以湖南大金村为例》，《民族教育研究》2010年第1期。

刘芳：《义务教育阶段农村寄宿制学校学生管理问题研究》，河北大学教育学院2014年硕士学位论文。

刘建平、蓝红星：《集中连片特困地区的教育改革探析——以人力资本理论为视角》，《重庆科技学院学报》2013年第2期。

刘铭：《当代教学管理引论》，教育科学出版社1997年版，第1页。

刘善槐、邬志辉：《新城镇化背景下我国农村教师的核心问题与政策应对》，《东北师范大学学报》（哲学社会科学版）2014年第5期。

刘微显：《农村寄宿制学校学生管理探究》，《当代教育实践与教学研究》2015年第1期。

刘秀峰、廖其发：《论统筹城乡教育综合改革的要义》，《教育学术月刊》2011年第2期。

吕梦含：《农村初中"小规模化"问题研究——以J省P县为例》，南京师范大学教育科学学院2017年硕士学位论文。

齐春梅：《少数民族地区寄宿小学生心理与行为研究——以甘肃天祝藏族自治县为例》，兰州大学2013年研究生学位论文。

瞿葆奎、郑金洲：《中国教育研究新进展（2001）》，华中师范大学出版社2003年版，第61—63页。

瞿葆奎主编：《教育学文集·英国教育改革》，人民教育出版社1993年版，第130页。

沈红等：《城乡一体化研究现状与展望》，《国土与自然资源研究》2005年第4期。

司文：《禁止学校聘退休人员当门卫》，《西安日报》2013年3月8日。

孙来勤、秦玉友：《"后普九"时代农村小学教学点边缘化境遇和发展思路》，《当代教育科学》2010 年第 8 期。

滕大春编著：《外国教育史和外国教育》，河北师范大学出版社 1998 年版。

田宝军：《县域内义务教育城乡一体化发展研究——基于河北省的调查》，人民出版社 2017 年版，第 176 页。

王爱婷：《濮阳市农村寄宿制学校食堂存在的卫生问题及对策》，《中国公共卫生管理》2009 年第 3 期。

王路芳、沈文琴、石艺等：《农村小规模学校生存现状与发展策略研究——基于全国 20 省区农村小规模学校调研》，《教育导刊月刊》2014 年第 3 期。

邬志辉：《城乡教育一体化的制度束缚与破解》，《华南师范大学学报》（社会科学版）2013 年第 1 期。

吴璇欧等：《以新闻摄影方式报道草原旅游文化的新亮点——以坝上草原摄影报道为例》，《新闻知识》2012 年第 7 期。

吴亚林：《农村小规模学校的困境与出路——基于湖北省某县的个案分析》，《当代教育科学》2014 年第 8 期。

吴彦凰：《山区寄宿制小学校园安全现状调查研究——以 L 县 J 乡四所寄宿制小学为例》，云南师范大学教育科学与管理学院 2016 年研究生学位论文。

伍晓艳、陶芳标、陈钦、郝加虎、刘业勋、苏普玉、杨玲：《安徽省农村寄宿制学校食堂卫生现状》，《中国学校卫生》2008 年第 9 期。

徐辉、郑继伟编著：《英国教育史》，吉林人民出版社 1993 年版。

杨春芳：《天津市推进城乡教育一体化的现状及体制创新》，《现代教育管理》2009 年第 10 期。

杨东平：《建设小而优、小而美的农村小规模学校》，《人民教育》2016 年第 2 期。

杨勇：《新时代燕赵教师队伍建设的改革与探索》，《中国教师》2018 年第 10 期。

叶敬忠、潘璐：《农村小学寄宿制问题及有关政策分析》，《中国教育学》2008 年第 5 期。

于海英、秦玉友：《城乡教育一体化视域下农村小规模学校问题研究》，《现代教育管理》2012年第11期。

张翠玲:《城乡教育一体化进程中农村初中教学管理现状研究——以河北省沧县某乡中学》,天津师范大学教育科学学院2014年硕士学位论文。

张德元:《"以民为主"、"以县为主"与"以国为主"——论我国农村义务教育体制的变迁与现实选择》,《重庆工商大学学报·西部经济论坛》2003年第4期。

《张家口经济年鉴2017》,中国统计出版社2017年版。

张金英、陈通:《城乡教育一体化的理论与指标体系建构》,《中国农机化》2010年第4期。

张翔:《集中连片特困地区教育精准扶贫机制探究》,《教育导刊》2016年第6期。

张旭:《农村小规模学校教师发展路径探析》,《当代教师教育》2014年第4期。

张旭:《农村小规模学校师资队伍建设的成效与困境——基于全国1032名农村小规模学校教师的调研》,《苏州大学学报》(教育科学版)2015年第2期。

张学敏:《教育财政体制改革必须处理好政府与市场的关系》,《教育与经济》2014年第1期。

张瑛:《甘肃省民族地区农村寄宿制学校管理研究——基于甘肃省三个民族县的调查》,西北师范大学2008年硕士学位论文。

张治荣:《教育投入与脱贫效益关系的调查研究——基于六盘山集中连片特困地区宁夏片区的数据分析》,《宁夏大学学报》(人文社会科学版)2017年第1期。

赵丹、范先佐:《国外农村小规模学校研究综述》,《外国教育研究》2012年第2期。

赵丹、闫晓静:《农村小规模学校教师资源的现实困境与均衡配置策略——基于河南西部山区两所小学的质性调查》,《教育导刊》(月刊)2014年第12期。

赵亮:《后撤点并校时代:重振农村小规模学校》,《中国教育学刊》2015年第12期。

英文文献

Angela, W.L, *Learning and Teaching in Multigrade Settings*, Paper prepared for the UN_ESCO EFA Monitoring Report, 2005, p.8.

Burgess, R.G, *Experiencing Comprehensive Education*, London: Methuen, 1983.

Dennis M. M., *Rural and Remote Schools: A reality in search of a policy* [EB/OL]. [2009-10-01] http://www.mun.ca/edge2009/displaypapers.php?id=74.

DOH, *Boarding National Standards for Boarding Schools*, London: TSO, 2002, pp.48-49.

Etienne, B, Valérien, J.Multigrade schools, *Improving Access in Rural Africa*[EB/OL] .[2014-12-01]http//unesdoc.unesco.org/images/0013/001362/136280e.

George D kuh, Esther Walsh, *An Assessment of the Learning Disposition of Resident Students at Indiana University-Bloomington*, U.S.Department of Health, Education&Wealfare: National Institute of E-ducation, 1980, p.19.

Lambert, R., *The Rural School and Community Trust is a National Nonprofit Organization Addressing the Crucial Relationship between Good Schools and Thriving Communities* [EB/OL].[2017-11-2]http://www.arise citizens.org/index.php?option =com_docman& task=doc_ download&gid=112&ItemId=44.

Laurence W Norma, G., *Multigrade Schools and Technology* [EB/OL]. [2010-01-06] http://www.ioe.ac.uk/multi grade/.

Marklund, I., *The school in the centre of the village* [EB/OL].[2000-03-20] http://www.glesbygdsverket.se/Publikationer.asp.

Miller, B.A., *A Review of the Qualitative Research on Multigrade Education* [J]. Journal of Research in Rural Education, 1991, 7 (2) : 3-12.

Nicole, B., Rashmi, D., *Small, Multigrade Schools and Increasing Access to Primary Educationin India:National Context and NGO Initiatives* [R] Create pathways to access Research Monograph No.17, 2007.43-45.

Patricia A.M., White-Davison., *Schooling in Small. Rural Communities* [D]. University of Queensland, 1999.23-25.

Steven M.LaNasa, *The Impact of On-campus Student Growth on First-year Student Engagement and Success*, Research in Higher Education, 2007, p.943.

Ted Tapper and David Palfreyman, *Oxford and the Decline of the collegiate Tradition*, London & Portland: Wobum Press, 2000, p.18.

Walford, G, *Life in Public Schools*, London: Methuen & Co.Ltd, 1986.

Winsome G, Andre.L., *Enhancing the Effectiveness of Single-Teacher Schools and Multigrade Classes* [R] UNESCO in collaboration with the royal ministry of Education research church affairs, Norway, 1996.41.

后　记

　　河北省是古燕赵之地，也是一个孕育了无数慷慨悲歌之士的地方。我从小生活在河北省的一个普通村庄，启蒙于农村家庭，初读于农村小学，立志于农村师范，最初的工作是在农村初中。农村对于我来说，有一种永远磨灭不掉的情感，农村教育已经成为我血液中的一部分，我自己的成长也正是经历了从改革开放初期的农村经济体制改革到中国特色社会主义新时代，研究农村教育也就成为我多年来的使命。

　　2015年，本人主持的"河北省义务教育城乡一体化发展研究"获得河北省教育厅人文社会科学研究重大课题攻关项目立项资助，为我站在一体化的视角进一步系统审视河北省城乡义务教育提供了契机。此时，本人承担的教育部人文社科研究一般资助项目"县域义务教育城乡一体化研究——基于教育质量提升的视角"的研究已接近尾声。在此基础上，如何能够进一步深化研究，取得新的突破，就成为本课题面临的新任务。

　　从2015年4月开始，我有幸参加了河北省政协"城乡教育公平"调查组，历时两个多月遍及18个县（市、区）的调查。我作为主要执笔人起草了调查报告的初稿，后来该报告又经过省政协研究室的王冠军主任和徐凤娟处长修改后上报省委、省政府，并得到了省领导的肯定。这也就成为了本书七个专题报告的开篇之作，为后面的系列研究提供了有益的借鉴。

　　然而，在此后的研究过程中充满着反复。作为河北大学教育学院负责本科教学工作的副院长，我在学院的教学和管理事务繁多，很难抽出精力对课题进行系统研究，往往是刚有零星想法，瞬间就在脑海中消失。本打算利用假期时间，能够静下心来做做学问，但往往也是事与愿违。2019年3月，我又被调到河北师范大学，在河北省中小学教师继续教育中心主持业务工作。新的岗位，新的任务，迫使我又不得不暂时放下进行中的研究工作而投入到新的工作和学习中来，只能利用工作闲暇时间来整理分散的书稿。好在有博士生李燕的协助，才使得整个研究工作能够断断续续地坚持下来。

本书得到了诸多老师、领导、朋友和同学的帮助，回想起来仍历历在目，在此，我要真诚地表达对他们的感谢之情。

感谢河北省教育厅科技处王兴达处长、刘树船调研员，河北大学李金善副校长、河北大学社会科学处陈志国处长、张社列副处长、徐艳科长、顾岩峰科长，他们从课题立项之初到本书完成的全过程，都给予了大量无私的鼓励、帮助与支持。

感谢省政协"城乡教育公平"调查组的全体成员以及为调查提供了大量资料的各位领导和老师。

感谢保定市教育局、雄县教育局、容城县教育局、安新教育局以及为本书提供大量帮助的各位教育行政部门领导、学校校长和老师们。

感谢河北大学教育学院宋耀武教授、朱文富教授、何振海教授。他们在本书的前期设计、后期修改和资助出版等各个环节都提供了大量的支持与帮助。

感谢河北省教育厅基础教育处曾超敏处长、裴朝久老师。她们不仅参与了"城乡教育公平"调查组的调研，还为本研究提供了大量的统计数据和政策文件，解决了写作过程中诸多资料匮乏的问题。

还要感谢多年来先后参与本课题研究的我的学生们，他们的调研成果为本书的完成提供了有力的支撑。许艳同学在写作后期，对书稿做了校对和修改工作。

感谢河北省中小学教师继续教育中心的徐莉老师，她起草了本书的前言，也为本书的修改提供了有价值的建议。

书稿虽然完成，但我深知自己水平有限，而且到最后也是在仓促中完成，确实还存在很多问题。文献梳理还不够全面，实证材料的组织也显得比较松散；对策建议吸收了大量前人研究成果和各地的实践经验，自己独到的见解显得不足等，这都是以后研究中需要进一步完善的地方。在此也衷心希望各界朋友不吝赐教，批评指正！

田宝军

于河北师范大学行政楼值班室